普通高等教育"十一五"国家级规划教材

摩擦学设计基础

主编　王之栎　沈心敏

北京航空航天大学出版社

内容简介

本书是普通高等教育“十一五”国家级规划教材，共分8章，内容包括：第1章绪论，第2章摩擦学设计理论基础，第3章流体润滑基本方程，第4章流体动压轴承，第5章动载径向轴承，第6章动压轴承性能二维分析，第7章油膜润滑中的特殊效应，第8章气膜力学特征与气体动密封。书中主要介绍摩擦学研究的基本领域和一般性理论基础，以及摩擦学设计所涉及的润滑理论基础知识，较为详细地探讨了流体润滑理论在滑动轴承支承和密封设计特性方面的研究分析方法。

本书适合机械工程相关专业本科生和研究生使用，也可作为相关科研和技术人员研究设计的参考书。

图书在版编目(CIP)数据

摩擦学设计基础 / 王之栎，沈心敏主编. -- 北京 ：北京航空航天大学出版社，2018.1

ISBN 978-7-5124-2598-9

Ⅰ. ①摩… Ⅱ. ①王… ②沈… Ⅲ. ①摩擦－理论－硕士生入学考试－自学参考资料 Ⅳ. ①O313.5

中国版本图书馆 CIP 数据核字(2017)第278491号

摩擦学设计基础

主编　王之栎　沈心敏

责任编辑　王　实

*

北京航空航天大学出版社出版发行

北京市海淀区学院路37号(邮编100191)　http://www.buaapress.com.cn

发行部电话：(010)82317024　传真：(010)82328026

读者信箱：bhpress@263.net　邮购电话：(010)82316936

北京泽宇印刷有限公司印装　各地书店经销

*

开本：710×1 000　1/16　印张：16.25　字数：346千字

2018年1月第1版　2018年1月第1次印刷

ISBN 978-7-5124-2598-9　定价：49.00元

若本书有倒页、脱页、缺页等印装质量问题，请与本社发行部联系调换。联系电话：(010)82317024

前 言

摩擦学是近几十年发展起来的一门边缘学科，研究内容主要包括摩擦、磨损和润滑的理论与实践等，研究的目的是针对具有相对运动特征工作表面的摩擦过程和工作机理问题，寻找工程解决方案。摩擦学研究涉及机械学、力学、物理学、化学、材料学等诸多学科，交叉学科特点明显，其研究成果对相关学科的科学技术发展，以及工业水平的提高和经济发展都起到了重要作用。

本书作为机械工程及相关专业本科和研究生教材，旨在通过本课程的学习，使学生对摩擦学设计基础理论知识有一定的了解，同时拓展摩擦学相关的科学知识，为从事机械设计及相关学科的研究和设计工作奠定坚实的基础。教材中对摩擦学及利用摩擦学的知识进行设计的背景知识作了一般性介绍，对摩擦部件减小摩擦、降低磨损和延长使用寿命所应用的润滑理论基础作了较为深入的论述。

本书的编写，以北京航空航天大学出版社出版的《摩擦学基础》(1991 年)一书为基础，对一些章节进行了加工完善，增加了高速旋转部件间密封设计应用的部分。全书共分 8 章。第 1 章绪论，介绍摩擦学与摩擦学设计概要；第 2 章摩擦学设计理论基础，介绍摩擦学设计所涉及的主要研究内容和基础；第 3 章流体润滑基本方程，介绍摩擦学设计中应用的润滑力学基本方程；第 4 章流体动压轴承，介绍动压滑动轴承的静动性能和分析方法；第 5 章动载径向轴承，介绍动载荷作用下径向轴承运动特征及分析方法；第 6 章动压轴承性能二维分析，介绍构造二维数学模型对动压轴承的性能分析方法；第 7 章油膜润滑中的特殊效应，介绍油膜润滑条件下热、紊流、表面状态的影响及分析方法；第 8 章气膜力学特征与气体动密封，介绍润滑力学在气体流道密封中的应用，以及气膜和刷密封的分析方法。

书中，第 2～7 章，由沈心敏和王之栎在《摩擦学基础》一书的基础上编写完善，其中第 6 章的部分内容由刘雨川编写，第 1、8 章由王之栎、沈心敏、刘国西等编写，J. Chew 为刷密封部分提供了部分资料。沈心敏对全书文稿进行了认真细致的梳理，全书由王之栎和沈心敏统稿并任主编。在编写本书的过程中，马纲、陈心颐、陈辉、李理科、丁蕾等为部分内容的编写提供了材料，郭苗苗、迟佳栋等参加了部分文稿的编辑工作。

感谢《摩擦学基础》一书的作者，感谢参加编撰及为本书提供无私帮助和提出宝贵意见的各位同仁。

由于作者水平有限，书中如有不妥之处，敬请各位读者指正。

作 者

2016 年于北京航空航天大学

目 录

第1章 绪 论

摩擦学是研究相互运动表面之间的摩擦、磨损和润滑等现象和规律的科学。摩擦学设计则是应用摩擦学理论指导设计行为的方法与技术。系统中具有相对运动关系的零件之间都存在摩擦学问题，从原始简单劳动工具到现代复杂工程系统，从微循环机械装置到飞机、火箭和航天器，其机械系统中都普遍存在着各种不同形式的摩擦、磨损和润滑现象，其中很多问题的研究和解决，都依赖摩擦学的研究进展，同时其在科学技术的进步中起到重要作用。摩擦学的研究和摩擦学设计为人类的科学技术发展和社会文明进步做出了重要贡献。

本章简要介绍摩擦、磨损和润滑科学与技术的发展，以及摩擦学(设计)基础课程的性质、任务和内容特点。

1.1 摩擦学与摩擦学设计

摩擦学与摩擦学设计作为一种科学理论和设计技术准则对人类科学技术的发展和社会文明进步做出了重要贡献。公元前 2600 年前后，我国就有“黄帝作车”的记载，古车车轮与轴间就设计有滑动轴承。埃及古建筑内残存的浮雕像显示，在公元前 1900 年前后，就已经有在道路上倾倒润滑液以减小搬运置放于大型滑板上巨人时摩擦的施工方法。在这一时期，由于人们对摩擦学问题认识不多，运动副的摩擦、磨损和润滑的应用与研究进展缓慢。到 15 世纪，达·芬奇(Leonardo da Viaci)于 1508 年第一次提出了“摩擦力与法向载荷成正比，而与接触面积无关”的论述。约 200 年后，人们似乎已对达·芬奇的见解有些遗忘，阿蒙顿(G. Amondon)于 1699 年通过试验发现了两个摩擦定律。约在 1785 年，库伦(C. A. Coulomb)提出了第三摩擦定律。这三条摩擦定律虽有其局限性，但它们仍可适用于多种工况条件，因而一直为人们所使用，并被称为阿蒙顿-库仑摩擦定律，即摩擦力与法向载荷成正比；摩擦力与名义接触面积无关；摩擦力与滑动速度无关。

阿蒙顿-库仑所研究的领域，被今天的人们称为干摩擦和边界摩擦，这两种摩擦状态具有一个共同特征，即在摩擦过程中同时伴随表面磨损，而影响磨损的因素众多，其发生发展过程十分复杂，涉及的学科广泛，以致于人们对它的认识在某些方面还不十分清晰，尚未得出一个可靠而又简明的定律能替代上述摩擦定律。

流体粘性定律由牛顿(Newton)于 1887 年提出，到 19 世纪末，人们对流体动压润滑的工作原理有了较为深入的研究。彼特罗夫(N. P. Petrolf)于 1883 年给出了同心运动流体润滑轴承中的摩擦力与轴承运转参数之间的关系。同年，托威(B. Tower)在他的实验中,发现了流体动力润滑轴承中会自动形成流体动压力的现象。随即,雷诺(O. Reynolds)于1886年,运用粘性流体运动方程和流体连续方程,在一些物理假定的条件下,导出了油润滑状态下的流体动力微分方程,被后人称为雷诺方程。雷诺在其著作中,以近似解方式得到了轴承中的油膜动压力分布,并与托威实验测量结果进行了比较,其一致性良好。雷诺方程奠定了流体润滑的力学基础。

在一般机械工程设计中,根据相互运动表面状态和工作条件的不同,可以将摩擦分为三种,即干摩擦、流体摩擦和混合摩擦。其中,混合摩擦是指干摩擦、边界摩擦、流体摩擦中两种或两种以上同时存在的摩擦状态。当相互作用摩擦表面间添加有润滑剂时,其摩擦因数将有不同程度的降低,表现为摩擦力降低,表面磨损减小,这对于维持相互运动表面结构的几何特征和力学特征作用明显,因此,润滑设计也是工程和机械设计中的重要组成部分。

从19世纪末期到20世纪中期的约80年间,流体润滑力学方面的研究取得了一系列重要进展,标志性成果体现在1886年建立了流体润滑力学基本方程——雷诺方程,接着提出了各种求解方法,如从简化雷诺方程得到的无限宽和无限短轴承近似解及有限宽轴承的近似解等,为润滑力学的研究奠定了基础。1960年以后,随着计算技术的发展,数值计算方法日臻完善,气穴边界的提出,轴承性能的预计,静压支承技术的应用,流体动力润滑径向轴承动态特性概念的形成,滑动轴承与转子系统耦合的稳定性分析,转子临界转速与不平衡响应的预计,流体动力润滑径向轴承的非线性瞬态性能的分析,阶梯轴承、可倾瓦轴承、多油楔轴承的工程应用,高副线接触和点接触弹性流体动力润滑理论的建立和应用,紊流润滑理论的形成,固体润滑的发展和应用,等等,都使摩擦学理论研究和设计应用逐渐发展完善。

在摩擦和磨损理论研究进程中,1935年鲍登(F. P. Bowdon)等开始应用材料粘着概念来解释摩擦和磨损机理,于1950年提出了粘着理论,在以金属材料为对象的研究中取得了令人较满意的结果。这一时期在摩擦、磨损和润滑等诸多方面的研究多局限在某些学科范围内孤立进行,所取得的研究成果也较分散,因而未被广泛认识和应用,这对于解决生产实际中越来越多的跨学科综合性问题愈显不足。1966年,乔斯特(H. P. Jost)对英国当时的摩擦、磨损和润滑的教育与研究现状作了调查和分析,认为摩擦或润滑作为一门学科发展较晚,主要因为它是一门边缘学科,内容上与多学科关联紧密,加之人们把“润滑”局限地理解为“加油”等简单概念,妨碍了对摩擦学的经济技术意义的深入理解。据当时调查报告中的保守估计,仅在英国,如果采用当时拥有的相关知识去解决工业实际中有关摩擦、磨损和润滑问题,每年即可节约大约5.15亿英磅。为有利于学科的发展,乔斯特建议将这一跨学科的边缘学科称作摩擦学(Tribology),即研究相互运动表面之间的作用及其有关理论和实践的一门综合性科学与技术。它是摩擦、磨损和润滑研究的统称,也是一门既有传统继承又十分年轻的新兴学科。

摩擦学学科的建立,使相关研究工作得到迅速发展,原来分散在各个学科中从事摩擦、磨损和润滑的研究者，逐渐整合组成了各种国际性和区域性组织，出版摩擦学学术期刊，举办一系列国际学术会议，如1974年首次召开的、两年一届的里兹-里昂国际摩擦学会议等，使这门新兴学科在随后的30年里成为世界上发展最快的学科之一。

摩擦学研究的重要进展有：表面形貌的研究与处理；摩擦副表面粗糙度效应与弹流润滑；边界膜和干膜润滑的构成、摩擦特性及其破裂；摩擦副表面热效应；润滑膜的流变效应；金属加工中的流体动力润滑和弹流润滑；新材料和离子沉积等新技术的研究与开拓；两相或多相流润滑效应；人工关节和生物摩擦学；流体密封；润滑液和添加剂；微动摩擦；纳米和微纳米尺度上的摩擦学研究，等等。近年来，人们越来越深刻地认识到很多工程应用中的摩擦学问题，实际上是一个具有复杂系统特征的多学科系统工程问题，涉及机械、材料、物理、化学、生物等学科的宏观或微观领域，其研究方向众多，对工业产品质量影响明显，发展前景广阔。

1.2 摩擦学专业教育

1. 摩擦学课程

摩擦学及摩擦学设计课程一直依托摩擦学学科的建立。在乔斯特报告以前，在少数国家，如英、法、罗马尼亚等国就已有这方面的职业前教育和硕士学位设置。自1970年开始，随着摩擦学在国民经济发展中的地位受到关注，摩擦学教育也引起普遍重视，包括在大学中设置摩擦学相关课程，建立摩擦学相关专业，培养研究生等，并规划从摩擦学学科研究发展的角度教育和培养人才。

在机械设计及相关专业本科教学计划中的“机械设计”课程中，强度理论和结构设计能力得到加强，但作为机械学科的三大支柱之一的摩擦与润滑理论，虽然有所涉及，但系统性不强，至今仍是一个较薄弱的环节。在设计准则中，机械零件的结构尺寸和材料主要受强度条件制约，而其相对运动表面磨损和胶合失效的预防，仅是借用一些简单的强度公式或系数表征。在滑动轴承设计中，通常仅介绍液膜润滑机理和润滑力学原理，这显然不能很好地满足现代机械设计理论的状况和发展趋向。如现代航空燃气轮机旋转零件众多，且相对运动零部件的作业环境严酷，直接影响整机的工作状态，对其寿命、效率和可靠性的准确预估仍然是当今研究的课题，而这均与摩擦学问题相关。一般投资愈大和生产率愈高的机械设备，发生故障或损坏时所造成的损失也愈大。近几十年来的调查数据表明，一般机械零件的失效中70%左右是由其表面损伤和磨损所造成的，而由体积强度不够引起报废的零件只占较小比例，这也凸显了摩擦学问题的研究对于工业发展的重要性。

摩擦学与机械工程联系紧密，通常被认为是机械学的研究范畴。随着机械学及相关学科的发展，以及机械设备和装置性能的提高，作为机械学发展方向之一的摩擦学基础理论，对机械学科的发展发挥着不可替代的作用。摩擦学的研究及其成果的推广，以及其在设计工作中的应用，都已成为业界共同关注的研究课题。

摩擦学是一门跨多学科的边缘学科，是工程设计相关人才综合素质培养的必备课程之一。

2. 本书的主要内容及特点

《摩擦学设计基础》一书将结合摩擦学基本理论和摩擦学设计基本方法予以论述，着重对摩擦、磨损和润滑方面的基础理论及滑动轴承、流体密封等工程应用进行讨论，可作为机械专业本科和研究生的教材，也可作为一般相关技术人员的设计分析参考书。其主要内容及特点如下：

① 着重讨论和阐述摩擦学中有关摩擦、磨损和润滑基本物理概念的建立，摩擦学基本知识和基本理论，并对不可压缩流体润滑的基本公式进行推演论证。

② 阐述润滑流体物理性质、粘流润滑基本方程及其在典型运转条件下的应用，径向轴承的性能计算，以及楔形效应和挤压效应及其响应，并对轴承动态特性和非线性瞬态性能分析的一维和二维解法进行讨论。

③ 对流体润滑中的表面粗糙度效应、紊流效应、热效应、气穴效应、弹流润滑等问题，以及部分计算与试验测量结果之间的比较进行讨论。

④ 对气体动密封技术进行分析，讨论端面气膜密封和刷密封的分析方法和设计规律，以及设计参数对其性能的影响，为进一步研究提供参考。

第 2 章 摩擦学设计理论基础

2.1 摩擦表面的物理性质与表面接触

1. 固体的摩擦表面

摩擦、磨损和润滑均发生在相对运动的固体表面间，为了认识、研究与利用相对运动表面之间的摩擦学现象，应用摩擦学机理进行设计，首先需要深入地了解固体表面的几何特征、物理和化学性质，及其在一定载荷下的表面接触状态和作用过程。

真实的固体表面并不是几何上的平面。工程中所用的固体表面，存在自然或加工痕迹，其表面的几何形状特征非常复杂，通常由许许多多不规则的大小不同和形状各异的凸峰和凹谷构成，如图 2.1(a)所示。经过精加工的固体零件表面，则具有相对规则的凸峰和凹谷，如图 2.1(b)所示。可用表面测量仪器清楚地描绘固体的表面形貌，即固体表面的几何形态特征是由形成表面固体的物理性质、最终加工方法和加工条件所决定的，而相对运动表面间的表面形貌对其润滑状态、摩擦力的大小、耐磨性、接触刚度、疲劳强度以及对流体的阻力和表面涂附性能等都是至关重要的。

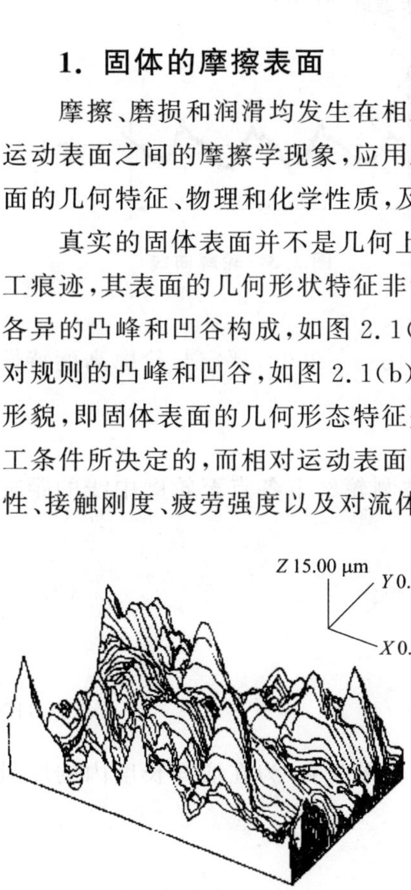

(a) 电火花加工表面

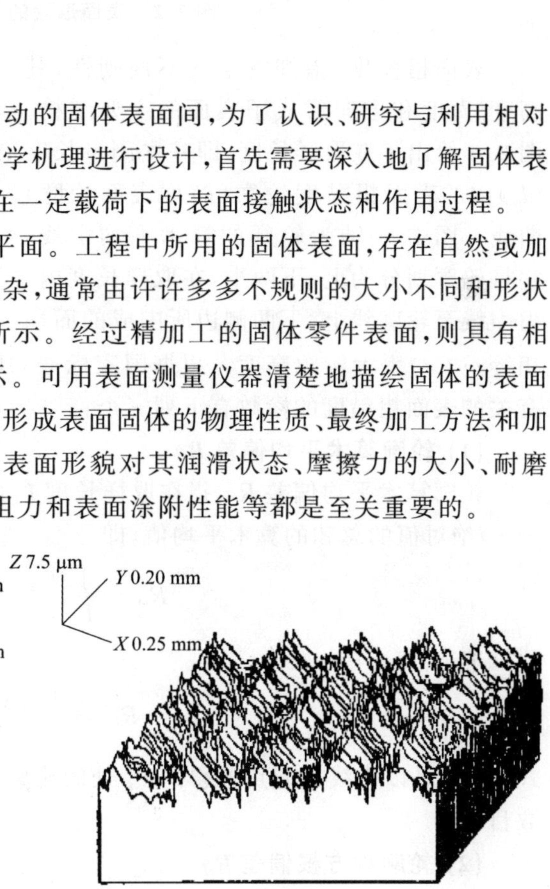

(b) 平铣表面

图 2.1 表面三维形貌图谱

2. 表面形貌及其描述

取得表面形貌三维特征可用光学仪器测量，图 2.2 所示为一个截面上的二维表面轮廓曲线。该图提供了表面形貌中的三个主要特征，即体现了表面加工方法固有特征的表面粗糙度、空间周期上不规则性的表面波度及形状误差。

图 2.2　表面形貌的三个主要特征

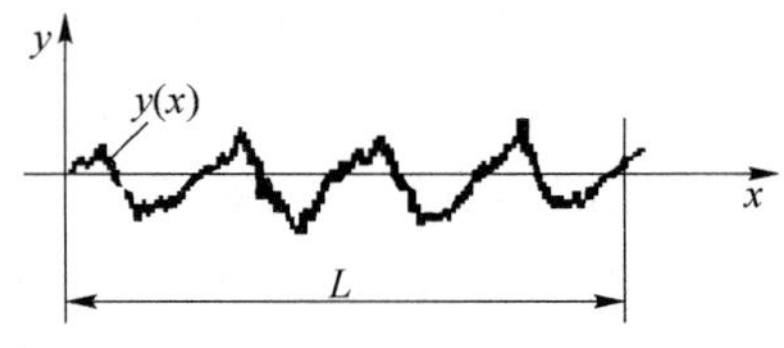

图 2.3　轮廓曲线

表面粗糙度，指细密空间不规则性，其高度、宽度和方向形成了表面的主要结构。图 2.3 给出了在取样长度，即基本测量长度（L）内的表面粗糙度轮廓（简称表面轮廓）曲线。图中 x 轴为轮廓的算术平均中线，它将轮廓划分为上、下两半，在取样长度内，由中线至轮廓线上、下两侧边所围成的面积相等；$y(x)$表示轮廓高度。根据国家标准 GB/T 1031—2009，评定与轮廓高度特性有关的表面粗糙度的参数有下列三个：

(1) 轮廓算术平均偏差 *Ra*

轮廓算术平均偏差 Ra 指在取样长度 L 内，被测轮廓上各点至轮廓中线的距离 $y(x)$绝对值的总和的算术平均值，即

$$Ra = \frac{1}{L}\int_0^L |y(x)| \mathrm{d}x \tag{2.1a}$$

或近似为

$$Ra = \frac{1}{n}\sum_{i=1}^{n} |y_i| \tag{2.1b}$$

式中：y_i 是以中线为起点量得的 x_i 处的轮廓高度偏差量；n 为在取样长度内的度量数目。

(2) 轮廓均方根偏差 *Rq*

因为式(2.1)的表达方式使得具有不同表面形貌的表面可以有相同的 Ra 值，见图 2.4。所以当表面细部特征与研究问题具有较大相关性时，就要求表面粗糙度有更加准确的表达方法。

轮廓均方根偏差 Rq 指在取样长度 L 内，轮廓上各点至中线距离 $y(x)$平方平均值的平方根，即

$$Rq = \left\{\frac{1}{L}\int_0^L [y(x)]^2 \mathrm{d}x\right\}^{1/2} \tag{2.2a}$$

或近似为

$$Rq = \left[\frac{1}{n}\sum_{i=1}^{n} y_i^2\right]^{1/2} \tag{2.2b}$$

偏差离中线较远的点给予了较大的比重，与算术平均偏差相比更能反映粗糙度高度的影响。图 2.4 中给出了不同廓形的 Rq。虽然均方根偏差比算术平均偏差能更好地描述表面形貌特征，但仍不能区分两个具有相同轮廓线而对称放置的表面的廓形。

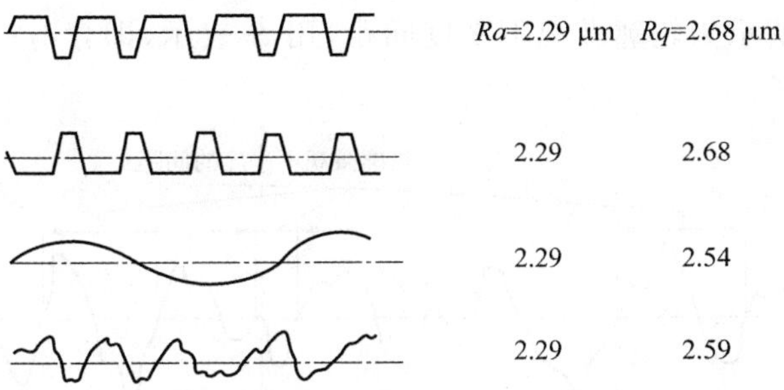

图 2.4　具有相同 *Ra* 值的不同表面形貌

(3) 轮廓单元的平均高度 *Rc*

轮廓单元的平均高度 Rc 是指在一个取样长度内轮廓单元高度 Zt（如图 2.5 所示）的平均值，表达式为

$$Rc = \frac{1}{n}\sum_{i=1}^{n} Zt_i \tag{2.3}$$

式中：n 为取样长度内的轮廓单元数；Zt_i 为第 i 个轮廓单元高度。

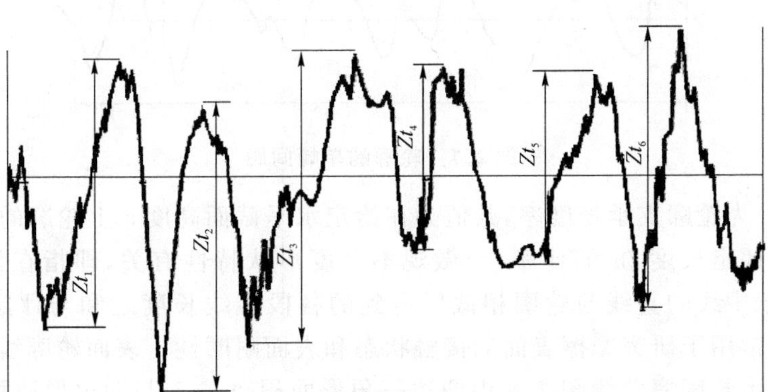

图 2.5　轮廓单元的高度（以粗糙度轮廓为例）

上述的表面粗糙度参数中，一般常采用算术平均偏差 Ra 和均方根偏差 Rq。

3. 表面粗糙度附加评定参数

表面粗糙度的描述最早是用高度特性参数评定的，随着研究的深入和技术的发展，需要更全面地描述表面形貌，以评定或判断表面的功能。定义与微观不平度间距特性有关的参数和与微观不平度形状特性有关的参数，前者有 S 和 S_t，后者有 $Rmr(c)$ 和 K。

S_m 为轮廓微观不平度的平均间距，即在取样长度内轮廓微观不平度间距的平均值。如图 2.6 所示为轮廓微观不平度间距，用 S 表示，即含有一个轮廓峰和一个邻谷的一段中线长。

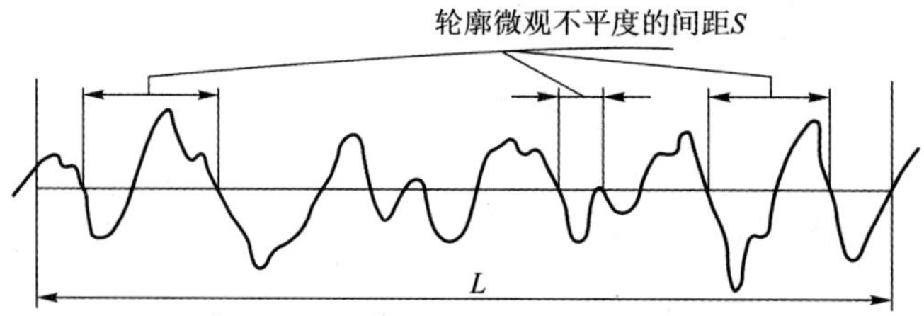

图 2.6　轮廓微观不平度间距

S_{tm} 为轮廓单峰平均间距，即在取样长度内轮廓单峰间距的平均值。图 2.7 所示为轮廓单峰间距 S_t，即两个相邻单峰的最高点之间的距离在中线上的长度。

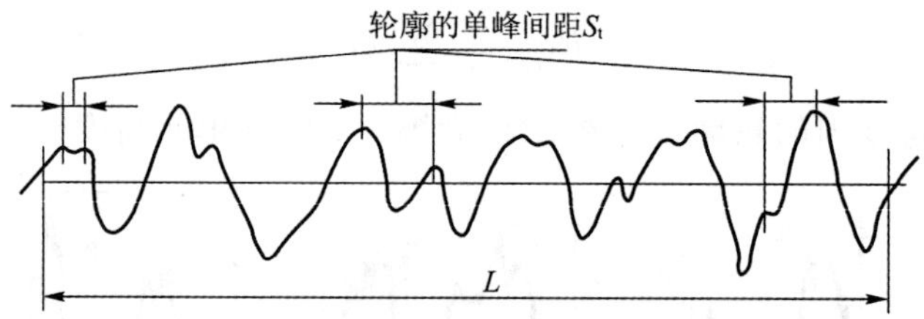

图 2.7　轮廓的单峰间距

$Rmr(c)$ 为轮廓支承长度率，其值为在给定水平截面高度 c 上轮廓的实体材料长度 $Ml(c)$ 与评定长度 ln 的比率，与微观不平度形状特性有关，即指在评定长度 ln 内，一平行于中线的直线与轮廓相截后得到的各段截线长度之和与评定长度 ln 之比。该参数常用于研究摩擦表面的接触状态和表面耐磨性。表面轮廓线的丰满程度可用轮廓支承长度率曲线图 2.8 中曲边三角形面积 $A_{\triangle ABC}$ 与四边形面积 $A_{\square ABCD}$ 的比值 K 表征。K 值越大，表面轮廓越丰满，表面的耐磨性能也越好。

4. 表面粗糙度轮廓的统计描述

由触针式轮廓仪所得到的表面粗糙度轮廓形状表明，粗糙度高度常显示出偶然性，即表现为随机变化特征。这种表面高度变化特征，可根据统计学原理，描述为表面粗糙度高度的频率分布。在取样长度 L 内，如图 2.9 所示，在跨高度分组的某组

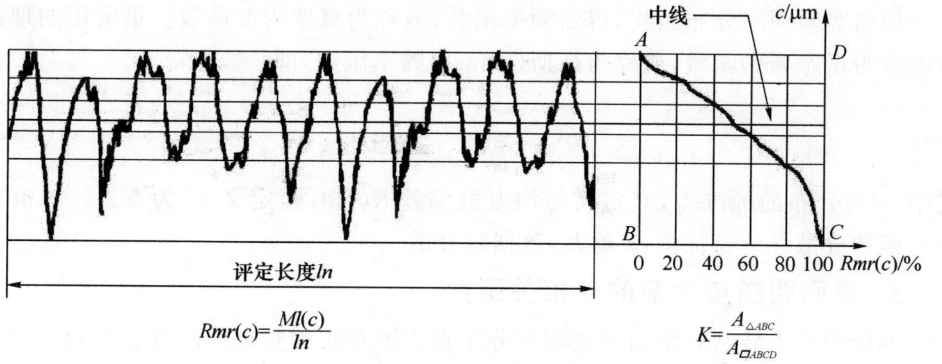

图 2.8　支承长度率曲线

平均高度 y_i 处($i=1,2,\cdots,n$,n 为分组数)作两条直线,相距为 Δy 且平行于中线,两平行线内轮廓线段的水平方向长度分别为 a、b、c、d…,其总和 l_{y_i} 与取样长度 L 的比值,称为该平均高度 y_i 的出现相对频率,即

$$l_{y_i}/L=(a+b+c+d+\cdots)_i/L \tag{2.4}$$

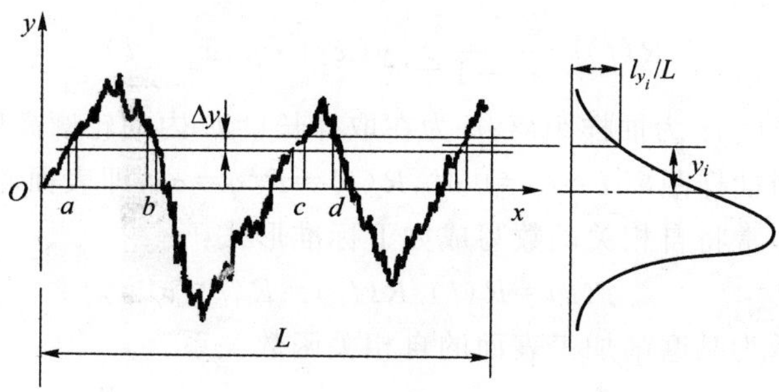

图 2.9　粗糙度轮廓的高度频率分布

全表面粗糙度高度的频率分布,可用各组平均高度 y_i 与其出现的相对频率(l_{y_i}/L)之间的函数关系来描述。粗糙度轮廓高度的频率分布直方图见图 2.10。

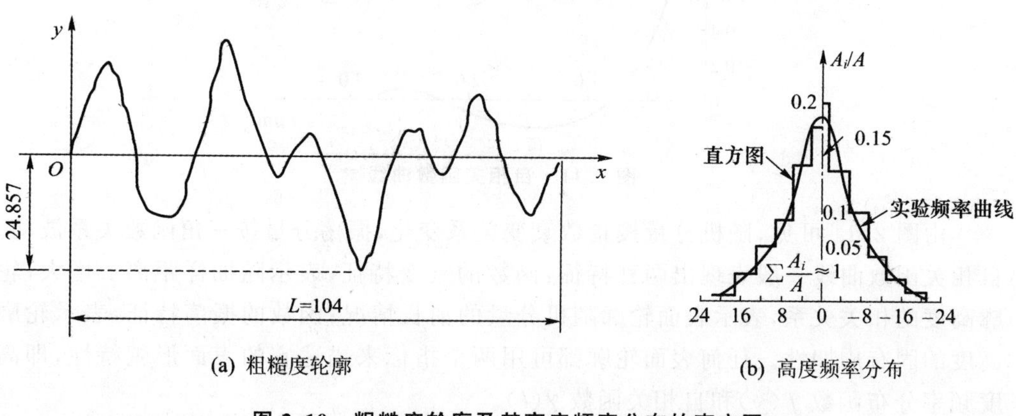

(a) 粗糙度轮廓　　(b) 高度频率分布

图 2.10　粗糙度轮廓及其高度频率分布的直方图

根据实验频率分布曲线，得到频率函数，或称为概率密度函数。最常用的理论频率函数为正态频率函数，或称为高斯（Gauss）频率函数，即

$$f(y)=-\frac{1}{\sigma\sqrt{2\pi}}e^{-\frac{y^2}{2\sigma^2}} \tag{2.5}$$

式中：σ 为分布的标准差，其定义与均方根偏差 Rq 相同，定义 σ^2 为方差。标准差是频率函数分散性的特征值，σ 越大，数据越分散。

5. 表面粗糙度轮廓的自相关函数

抽样距离 l 显然对绘制高度频率分布直方图和实验频率曲线具有影响。自相关函数 $R(l)$ 用以表述间隔一定时，抽样距离为 l 的两相邻轮廓高度之间的相互关系。对某一表面轮廓来说，在 x 处和 $x+l$ 处，轮廓高度的相关性可以用相应处轮廓高度 $y(x)$ 和 $y(x+l)$ 的乘积的平均值来表示，所以将自相关函数定义如下：

$$R(l)=\lim_{l\to\infty}\frac{1}{L}\int_0^L y(x)\cdot y(x+l)\mathrm{d}x \tag{2.6a}$$

或近似表示为

$$R(l)=\frac{1}{n-1}\sum_{i=1}^{n=1}y(x_i)\cdot y(x_i+l) \tag{2.6b}$$

式中：L 为取样长度；l 为抽样距离；n 为在取样长度 L 内的轮廓高度的度量数目。

由上可见，当抽样距离 $l=l_0=0$ 时，$R(l)=R^2q=\sigma^2$，即表面轮廓的自相关函数值为方差。据此，常将自相关函数写成如下标准形式：

$$\gamma(l)=R(l)/R(l_0)=R(l)/\sigma^2 \tag{2.7}$$

图 2.11 所示为某磨削加工表面的自相关函数关系。

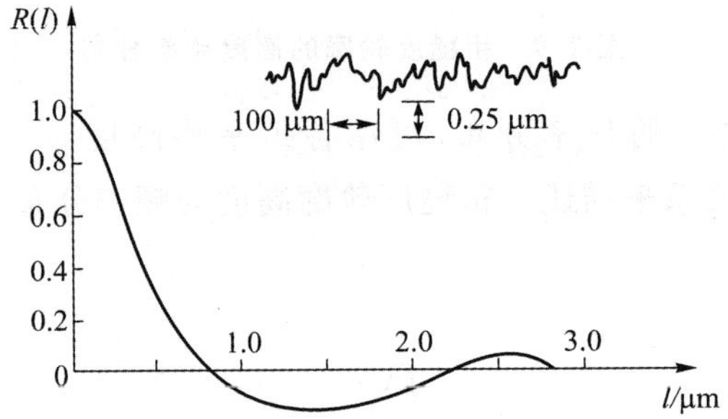

图 2.11 自相关函数曲线

由图 2.11 可见，随机分量按指数衰变关系变化，振荡分量按三角函数关系波动。自相关函数曲线一般表现出两种特征：函数的衰变特征，表示随抽样距离 l 增大，轮廓高度的相关关系，表示表面轮廓随机分量的消长情况；函数的振荡特征，表示轮廓高度的固有周期性。任何表面轮廓都可用两个指标来描述它的表面形貌特性，即高度频率分布函数 $f(y)$ 和自相关函数 $\gamma(l)$。

2.2　摩擦与磨损

摩擦是两个相互接触的物体在外力作用下沿接触面方向发生相对运动或具有相对运动趋势时，在接触面间产生的运动阻力或阻力矩。这种阻力或阻力矩叫做摩擦力或摩擦力矩。摩擦现象在自然界里普遍存在，且消耗大量能量。例如，汽车发动机20%～40%的功率为克服摩擦而损耗掉；纺织机械约85%的功率消耗于克服摩擦。摩擦还会导致过度发热，进而使工作温度升高，工作能力和寿命降低。此外，也有一些零部件是靠摩擦工作的，例如摩擦传动、制动器和离合器，等等。摩擦通常会造成磨损，而磨损则使零件表面材料缺失，几何形状发生改变，是造成零件失效的重要原因。由于磨损机理和过程较为复杂，涉及因素较多，因此对磨损的研究常依赖大量试验，本节将不作详细讨论。

2.2.1　摩擦的分类

1. 按摩擦副运动状态分类

① 静摩擦：一个物体沿着另一个物体表面有相对运动趋势时产生的摩擦。

② 动摩擦：一个物体沿着另一个物体表面做相对运动时产生的摩擦。

2. 按摩擦副运动形式分类

① 滑动摩擦：物体接触表面相对滑动时的摩擦。

② 滚动摩擦：在力矩作用下，物体沿接触表面滚动时的摩擦。

3. 按摩擦副表面摩擦润滑状况分类

① 干摩擦：摩擦表面间名义上没有润滑剂存在时的摩擦。严格地说，干摩擦应指无润滑又无湿气但非绝对纯净条件下的干表面摩擦，故又称为无润滑摩擦。

② 流体摩擦：相对运动的两物体表面完全被一层流体（液体或气体）润滑膜隔开时的摩擦。在流体摩擦时，摩擦发生在流体内部。

③ 边界摩擦：边界润滑条件下的摩擦。摩擦表面间的相对运动发生在吸附膜或反应膜之间，其厚度约为0.01 μm或更薄，这时的摩擦称为边界摩擦。其摩擦力取决于表面特性和润滑剂特性，与流体粘度关系不大，这层膜称为边界膜。

④ 混合摩擦：摩擦面上同时存在干摩擦和边界摩擦的半干摩擦，或者摩擦面上同时存在流体摩擦和边界摩擦的半流体摩擦。

2.2.2　库仑摩擦定律

1. 库仑摩擦定律的表述

对摩擦较为系统的研究可追溯到15世纪的利奥纳多·达·芬奇（1452—1519）、1699年的阿蒙顿和1785年的库仑。他们的实验大多是在干摩擦条件下，根据实验结果，对摩擦性质作出的概括，其结论一般称为库仑摩擦定律或古典摩擦定律，对摩擦性质的表述如下：

① 摩擦力与作用于接触面间的法向载荷成正比，即

$$F = fN \tag{2.8}$$

$$\mu = \frac{F}{N} \tag{2.9}$$

式中：F 为摩擦力；N 为法向载荷；μ 为摩擦因数。

② 摩擦力与表面接触面积的大小无关。

③ 摩擦力与滑动速度的大小无关。

④ 静摩擦因数大于动摩擦因数。

基于实验建立的库仑摩擦定律，揭示了滑动摩擦的基本性质，已有几百年的历史，现仍被用于工程计算。

2. 摩擦定律的局限性

对摩擦的深入研究发现，在某些条件下，上述摩擦定律与实际情况差异较大，主要表现在：

① 对于极硬材料如金刚石，对于极软材料如聚合物软材料，摩擦力与其所受垂直方向载荷都不呈线性关系。

② 对于屈服强度一定的材料，如钢等，摩擦力与名义接触面积的大小无关；但对于弹性材料和粘弹性材料，摩擦力和接触面积的大小存在一定关系。对于洁净光滑球面或承受大载荷表面，由于在接触面间出现分子或原子吸引力，从而使摩擦力与名义接触面积成正比。

③ 当滑动速度较大时，摩擦力与速度有关。

④ 对粘弹性材料，静摩擦因数不一定大于动摩擦因数。

此外，实验研究和理论分析表明，摩擦副相对运动时，克服摩擦力所消耗的能量包括：表面在垂直于速度方向上的微小位移，克服表面接触变形，克服接触表面之间的分子吸引力和克服表面磨损等方面所消耗的功。这在库仑摩擦定律中均未予考虑，因此，库仑定律虽然可以反映一般摩擦现象的规律，但在实际应用中存在一定的局限性。

2.2.3 摩擦机理

摩擦力发生和存在的解释涉及摩擦机理，有多种假说可以解释其原因，主要有机械啮合假说、分子机械假说、粘着假说等，其中，粘着假说比较直观，常在研究金属材料摩擦副时被采用。

1. 机械啮合假说

机械啮合假说是一种古典摩擦理论，认为摩擦表面凸凹不平，当它们相接触时，

凸凹部分彼此交错啮合；当发生相对运动时，互相交错啮合的凸凹部分将阻碍物体的运动。摩擦力则是所有这些啮合点切向阻力的总和。其模型如图 2.12 所示。静摩擦因数可表示为

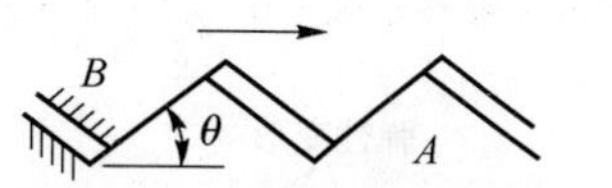

图 2.12　机械啮合假说模型

$$\mu_S = \tan\theta \tag{2.10}$$

这种假说可解释一般情况下粗糙表面比光滑表面的摩擦力大的原因，但机械啮合理论不能解释研磨光洁表面摩擦力反而增大，且擦伤的伤痕也宽的现象。

2. 分子机械假说

分子机械假说认为，在摩擦过程中，摩擦力是表面凸凹所致的机械啮合作用和相互接触表面间分子相互吸引作用所产生的切向阻力之和。一般用摩擦二项式定律来描述，即摩擦力

$$F = \beta N + \alpha A_r \tag{2.11}$$

$$F = \beta\left(N + \frac{\alpha}{\beta}A_r\right)$$

$$\mu = \beta + \alpha\frac{A_r}{N} \tag{2.12}$$

式中：A_r 为真实接触面积；α、β 分别为摩擦表面的物理性质和机械性质所决定的系数。β 为定值，根据纯机械啮合理论确定，$\alpha\dfrac{A_r}{N}$ 为变量，表现考虑分子作用力后对机械啮合理论的修正。摩擦二项式定律还可以表示为

$$F = \mu'(N + N_0)$$

$$\mu = \mu'\left(1 + \frac{N_0}{N}\right) \tag{2.13}$$

式中：N_0 为两物体间分子作用力的合力。

分子机械理论既适用于干摩擦，也适用于边界摩擦，可用来解释真实接触面积较大的摩擦问题。

3. 粘着假说

(1) 简单粘着理论

1935 年，鲍登(F. P. Bowden)等人开始从材料粘着概念出发研究摩擦，1950 年鲍登和泰伯(D. Tabor)提出了粘着理论。该理论基于两金属表面相互压紧时，主要在微凸体的顶端接触的假设。与分子机械假说不同，粘着假说认为真实接触面积很小，相互接触的微凸体顶部压力很大，因而产生塑性变形，如图 2.13(a)所示。接触处的塑性变形，使真实接触面积随载荷增大，直至真实接触面积恰好能承受所加载荷为止。图 2.13(b)所示为单个微凸体的接触模型。

对于理想的弹塑性材料，有：

$$N = A_r\sigma_{sy}$$

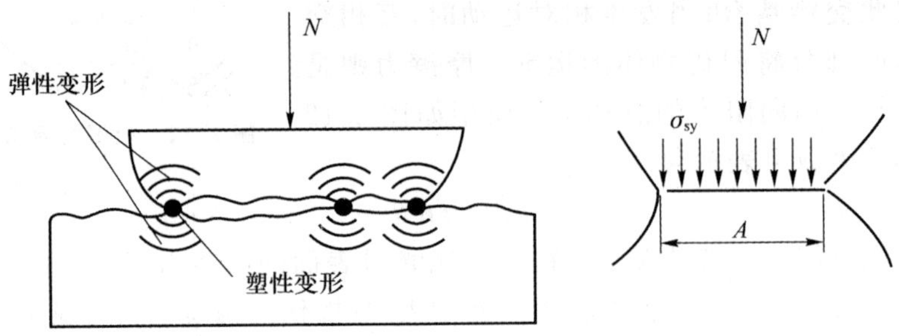

(a) 粘着说模型　　(b) 单个微凸体接触情况

图 2.13　接触与真实接触面积

式中：A_r 为真实接触面积；σ_{sy} 为金属的压缩屈服强度；N 为法向载荷。

实验表明，σ_{sy} 的大小与金属的压痕硬度相关。试验和理论证实，如两纯净金属表面无表面膜存在，在两金属紧密接触的区域内，因高压和变形，会发生强烈粘着，或称"固相焊合"，当在切向力作用下发生滑动时，粘着点被剪断。摩擦的过程表现为粘着与滑动交替的过程。当两摩擦表面相对滑动时，则摩擦力 F 为

$$F=A_r\tau_b'+P_e$$

式中：τ_b'为剪断粘着接点单位面积所需的力；P_e 为"犁削力"(Plough)。

P_e 是微凸体划过软表面所需的力。鲍登和泰伯指出：对于大多数无润滑情况，P_e 占比很小，可以忽略不计，则：

$$F=A_r\tau_b'=\frac{N\tau_b'}{\sigma_{sy}} \tag{2.14}$$

相应有：

$$\mu=\frac{F}{N}=\frac{\tau_b'}{\sigma_{sy}} \tag{2.15}$$

式(2.14)和式(2.15)为简单粘着理论的数学表达式。式(2.14)表明，摩擦力等于实际接触面积与主粘着点材料剪切强度的乘积。摩擦因数为粘着点材料的剪切强度与材料的屈服强度的比值。式(2.15)表明，摩擦力与名义接触面积无关，摩擦力与法向载荷成正比。

上面的分析中，假定材料为埋想弹-塑性材料，忽略冷作硬化效应影响，摩擦因数可表示为

$$\mu=\frac{\tau_b'(\text{较软金属材料的剪切强度})}{\sigma_{sy}(\text{较软金属材料的压缩屈服强度})} \tag{2.16}$$

(2) 修正的粘着理论

当金属摩擦时，连接点发生焊合，且对于大多数金属组合，按简单粘着理论得出的摩擦因数较实验值小。如在空气中，金属间摩擦因数一般大于 0.5，在真空中摩擦因数更大。鲍登和泰伯重新考虑了简单粘着理论的某些假设，对简单粘着理论进行

了修正，使计算更接近实际情况。

一般在真空环境中，摩擦因数很大，这是因为在高真空中，金属表面没有氧化膜或其他表面膜。这个事实说明，真空中实际接触面积比由简单粘着理论所描述的大。虽然简单粘着理论可以正确表述一般静止工况，但当相对运动表面间有相对滑动时，摩擦将使切向力产生作用，如图 2.14 所示。这时，材料的屈服是由正应力和剪应力联合作用的结果。

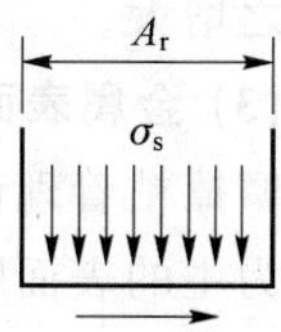

图 2.14 受正应力和剪应力联合作用

合成应力对连接点处的真实接触面积有影响，在法向载荷作用下，单个微凸体的接触如图 2.12(b)所示，如接触面积为 A，则有：

$$\frac{N}{A}=\sigma_{sy}$$

施加切向力，并逐渐增加到 F，由于切向力的作用，材料将进一步发生塑性流动。在剪应力和正应力的联合作用下，这种塑性流动将引起接触面积的增加，即连接点的扩大。法向力和切向力分别产生正应力和剪应力，它们将随接触面积的增大而减小，而接触点将继续增大到其合力满足上述二维关系。假定关系式

$$\sigma_s^2+a\tau^2=k^2 \tag{2.17}$$

成立，式中：σ_s 和 τ 分别为正应力和剪应力；a 和 k 为待定常数。可有：

$$\left(\frac{N}{A_r}\right)^2+a\left(\frac{F}{A_r}\right)^2=k^2 \tag{2.18}$$

式中：A_r 为在法向力和切向力联合作用时的实际接触面积。

若 $\tau=0$，即在静止状态时，连接点的压力必为 σ_{sy}，则

$$k=\sigma_{sy}$$

即有：

$$\sigma_s^2+a\tau^2=\sigma_{sy}^2 \tag{2.19}$$

由此可得：

$$A_r^2=\left(\frac{N}{\sigma_{sy}}\right)^2+a\left(\frac{F}{\sigma_{sy}}\right)^2 \tag{2.20}$$

式中：$\frac{N}{\sigma_{sy}}$为简单粘着理论中由法向载荷所引起的真实接触面积 A；而第二项 $a\frac{F}{\sigma_{sy}}$ 表示由切向力或摩擦力引起的接触面积的增加。实验证明，$a<25$，鲍登和泰伯公式中 $a=9$。表 2.1 给出 $a=10$ 时剪向载荷对实际接触面积的影响。

表 2.1 切向载荷对实际面积的影响

$\frac{F}{N}$	0.1	0.2	0.3	0.4	0.5	0.8	1.0
$\frac{A_r}{A}$	1.048	1.183	1.387	1.612	1.871	2.720	3.317

对纯净的金属表面，如真空中的金属，粘着点的面积增加明显，摩擦因数响应也将随之增大。

(3) 金属表面有自然表面膜时的摩擦粘着理论

摩擦粘着理论认为摩擦表面为纯净表面，但正常大气中的金属表面有一层以氧化膜为主的表面膜，这可用表面有薄膜时的粘着理论来解释。假设有一微凸体连接点承受法向载荷 N 和逐渐增大的切向载荷 F 的作用，且连接点间有一层很薄的薄膜。膜的剪切强度为 τ_μ，则有

$$\tau_\mu = c\tau_b$$

式中：c 为系数，一般 $c<1$。

当$\dfrac{F}{A_r}<\tau_\mu$ 时，连接点面积增大，基本符合无薄膜时的过程；当$\dfrac{F}{A_r}=\tau_\mu$时，表面膜被剪断，连接点的面积停止增大，发生宏观滑动。因此，宏观滑动开始的条件为

$$\sigma_s^2 + a\tau_f^2 = \sigma_{sy}^2$$

若 F 很大，由式(2.18)和式(2.19)知，在滑动情况下近似有

$$a\tau_b^2 \approx \sigma_{sy}^2, \quad a = \left(\frac{\sigma_{sy}}{\tau_b}\right)^2$$

因而

$$\sigma_s^2 + a\tau_\mu^2 = a\tau_b^2$$

或

$$\sigma_s^2 + a\tau_\mu^2 = \left(\frac{a}{c^2}\right)\tau_f^2$$

所以有

$$\mu = \frac{\tau_\mu}{\sigma_s} = \frac{c}{\sqrt{a(1-c^2)}} \tag{2.21}$$

式中：c 趋于 1 时，摩擦因数趋于无穷大，这相当于在真空中金属表面没有薄膜时的情况。图 2.15 所示为不同 a 值时，摩擦因数 μ 和 c 的关系曲线。图中曲线表明，当 c 从 1 减小时，μ 值很快下降。这说明，当界面薄膜剪切强度有减弱时，将引起 μ 值急剧减小。当 c 很小时，式(2.21)可写成：

$$\mu = \frac{c}{\sqrt{a}}$$

而

$$\sqrt{a} = \frac{\sigma_{sy}}{\tau_b}$$

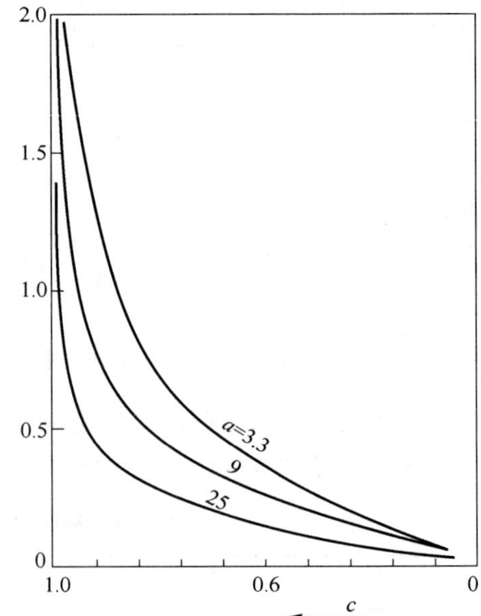

图 2.15 不同 a 值的摩擦因数 μ - c 曲线

所以

$$\mu = c\frac{\tau_b}{\sigma_{sy}} = \frac{\tau_\mu}{\sigma_{sy}} = \frac{\text{两表面间薄膜的剪切强度}}{\text{基体材料的压缩屈服强度}}$$

这与简单粘着理论所得结果基本一致。很明显，当摩擦表面间的材料抗剪强度较小时，连接点的面积不会显著增加，真实接触面积仅由法向载荷和压缩屈服强度决定。该理论模型简单，虽是假设，但与实际情况比较接近，可用以解释许多摩擦现象。其要点是：真实接触面积由塑性变形来决定，且两摩擦表面间被一层薄膜分开，该薄膜的剪切强度值在润滑剂的剪切强度极限到基体材料的剪切强度极限间变化，摩擦力则是该层薄膜所受的剪切力。

极端情况下，即金属与金属直接接触时，接触处发生焊合，可以认为，两金属间的分隔薄膜厚度为相对小尺度，或该膜为两金属中较软者。大气条件下，金属表面常覆盖有一层氧化物，干摩擦时，只有氧化膜破裂才会产生金属与金属间的直接接触和焊合。这时，结合面间的实际剪切强度取决于金属与金属接触时的剪切强度和氧化膜的剪切强度。其值的计算式为

$$F = A_r[k\tau_b + (1-k)\tau_\mu] \tag{2.22}$$

式中：A_r 为实际接触面积；τ_b 为摩擦副中较软金属的剪切强度；τ_μ 为氧化膜的剪切强度；k 为在实际接触面积内发生金属与金属直接接触部分的百分比。

(4) 犁沟作用对摩擦力的影响

硬金属粗糙表面在软金属表面上滑动时，硬金属上的微凸体可能被压入软表面使之塑性变形并划出一条沟槽，摩擦力中的犁沟项将表现为主项。对于磨粒磨损中的摩擦力，以及表面间粘着很小时的情形，该项也都将具有重要作用。

犁沟作用产生的摩擦力，除与材料性能有关外，还与微凸体的几何形状有关。假定表面具有半角为 θ 的相同锥形微凸体硬材料与一软材料表面相接触，见图 2.16，其法向作用力为 N，当摩擦作用时，每个锥形微凸体只有前表面与软材料相接触，其垂直总投影面积为

$$A_v = n\frac{\pi r^2}{2}$$

式中：n 为微凸体总数。

法向力 N 由材料在垂直方向接触面积上的压缩屈服应力平衡，于是：

$$N = A_v\sigma_{sy} = n\frac{\pi r^2}{2}\sigma_{sy}$$

同样，沿运动方向的力 F 由水平方向接触面积上的屈服压力平衡。此力的大小等于犁沟力即摩擦阻力 F_0。假设金属的塑性表现为各向同性，则水平方向的压缩屈服应力也等于 σ_{sy}，水平投影面积为

$$A_h = \pi rh$$

则

$$F = A_h \cdot \sigma_{sy} = nrh\sigma_{sy}$$

因此

$$\mu = \frac{F}{N} = \frac{A_h}{A_v} = \frac{2h}{r\pi} = \frac{2}{\pi}\cot\theta \tag{2.23}$$

对于不同加工方法所形成的表面微凸体，其半角不等，多数情况 θ 较大时摩擦力较小。对于半球形微凸体，其摩擦因数 μ 为

$$\mu = \frac{F}{N} = \frac{A_h}{A_v} = \frac{2}{3\pi} \cdot \frac{d}{R} \tag{2.24}$$

式中：d、R 如图 2.17 所示。

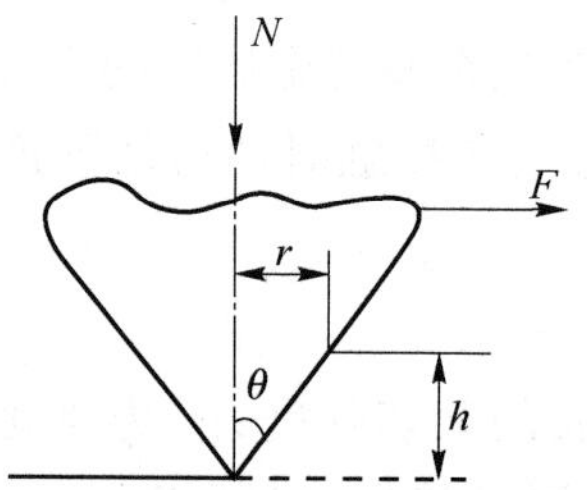

图 2.16　锥形微凸体在软材料接触表面上的犁沟

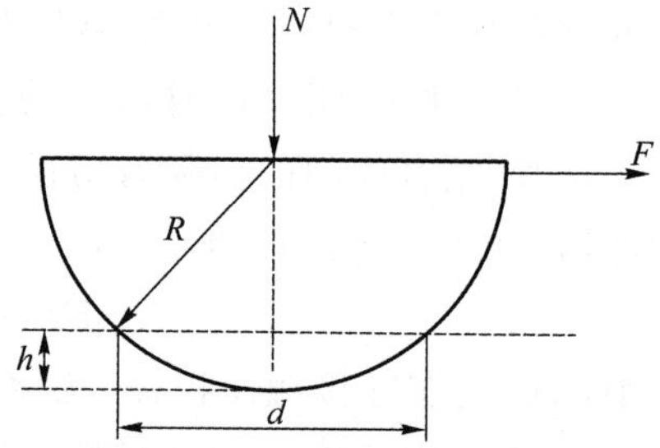

图 2.17　半球形微凸体在软表面上滑动

2.3　流体的物理性质

液体和气体统称为流体，在摩擦表面间工作的流体称为工作介质。摩擦学问题关心的是两个相对运动零件工作表面间的流体能否形成有效的润滑膜，以实现润滑，减小摩擦，降低磨损。作为分析流体润滑力学问题的基础，本节介绍流体的基本物理性质、连续介质概念、流体粘度、流体密度及压缩性等。

2.3.1　流体介质的连续性

在研究摩擦学问题时，建立相关润滑流体内部力学特征与数学模型是必要的。一般流体在微观上由离散不连续分子组成，但在分析中常定义为连续介质。这是因为在微观尺度上，组成流体物质的分子均在做不规则热运动，彼此不断碰撞，且几乎在所有包含流体膜润滑问题在内的工程应用中，流体结构典型尺寸都具有宏观尺度。例如：气体分子间距较大，在温度为 15 ℃、气压为 0.1 MPa 条件下，空气分子的两次碰撞间所走过距离的平均值，即平均自由行程 $l \approx 10^{-8}$ mm，而气体润滑膜的典型膜厚约为 10 μm。这就意味着，虽然气体润滑膜很薄，但在其膜厚方向上，可存在的空气分子数约为 10^5 个。对于液体润滑膜，容纳的分子数则更多。所以，尽管在微观上

组成流体的分子是离散的，但就宏观尺度而言，流体润滑膜内分子是均匀密集且无处不在的，即表现为连续介质特征。这样，在流体润滑膜中的物理量，如速度、切应力、压力、温度、粘度和密度函数等，都可认为是空间坐标和时间的连续函数，可以应用相应的数学概念和理论分析研究相关力学问题。

2.3.2　牛顿粘性定律与流体粘度

1. 牛顿粘性定律

流体分子之间存在相互吸引的内聚力，且流体分子与邻接壁面固体分子之间存在附着力。通常情况下，附着力大于内聚力，流体将吸附于固体壁面，具有一定的润滑作用，吸附于固体壁面的流体层一般具有与固体壁面相同的速度。有些流体，如汞，因其附着力小于内聚力而不能吸附于固体壁面。另外，运动流体在壁面形成表面蜗旋时，也会从固体表面脱离。

通常状态下，流体的性质决定其仅能承受压应力而几乎不能承受拉应力，且对剪切应力的抵抗较弱。流体的易流性表明，不管剪切力的作用多微小，流体总会发生连续变形；换言之，在剪切力作用下，流体内彼此相邻的微团间具有相对运动。应该注意到，固体内的相邻微团之间只有相对位移，这也正是流体与固体相区别的一个显著标志。当流体运动时，如图 2.18 所示，两平板间流体内彼此相邻的流体层之间存在流速变化，其中流体的快速层拖动慢速层，而慢速层对快速层具有阻滞作用。这种拖动与阻滞现象，正是流体粘性特征的表现，其拖动力与阻力常被称为流体的内摩擦力。

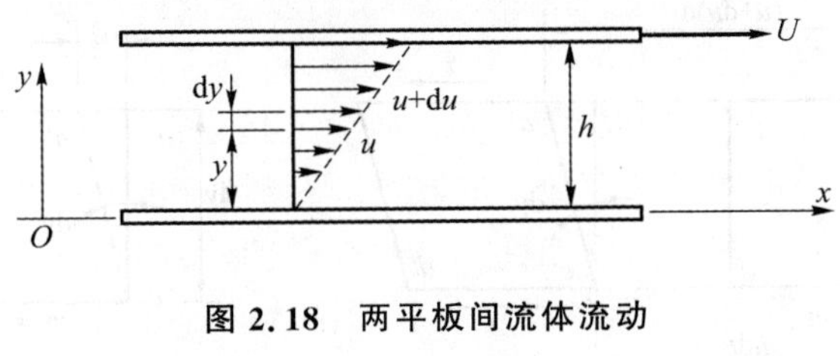

图 2.18　两平板间流体流动

牛顿于 1687 年对流体粘性特征作了描述，即流体的两部分由于缺乏润滑性而引起的阻力与流体两部分彼此分开的速度成正比，其数学表达为流体层间的内摩擦应力或切应力与其速度梯度 du/dy 成正比，这一规律被称为牛顿粘性定律，即

$$\tau = \eta \frac{du}{dy} \tag{2.25}$$

式中：η 为比例常数，称为动力粘度系数或绝对粘度系数。满足这一关系的流体被称为牛顿流体，常态下的滑油、水和空气等均为牛顿流体。不同的流体，具有不同的粘度系数。一般同一牛顿流体在不同温度、压力等状态下，其粘度系数也有所不同，图 2.19 所示为通常大气压下常用流体的温-粘特性曲线。在切应力与速度梯度之间具有变化比例系数的流体，称为非牛顿流体。流变学以研究非牛顿流体为对象。

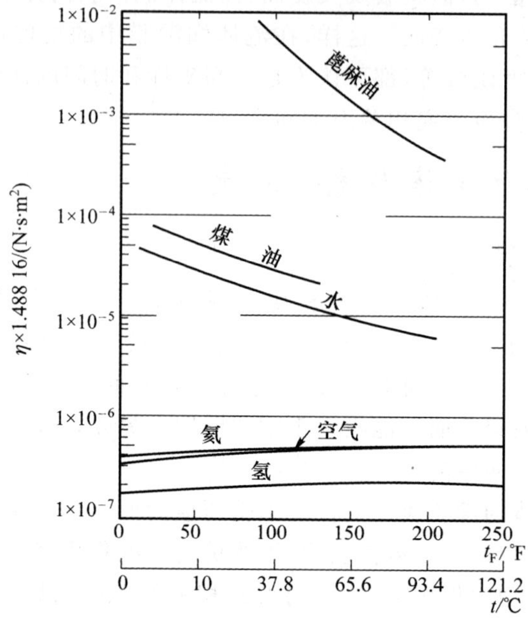

图 2.19 通常大气压下常见流体的温-粘特性曲线

在图 2.18 中取一微元，如图 2.20 所示，可以得到：

$$\frac{\mathrm{d}u \cdot \mathrm{d}t}{\mathrm{d}y}=\tan \mathrm{d}\gamma \approx \mathrm{d}\gamma, \quad \frac{\mathrm{d}u}{\mathrm{d}y} \approx \frac{\mathrm{d}\gamma}{\mathrm{d}t} \tag{2.26}$$

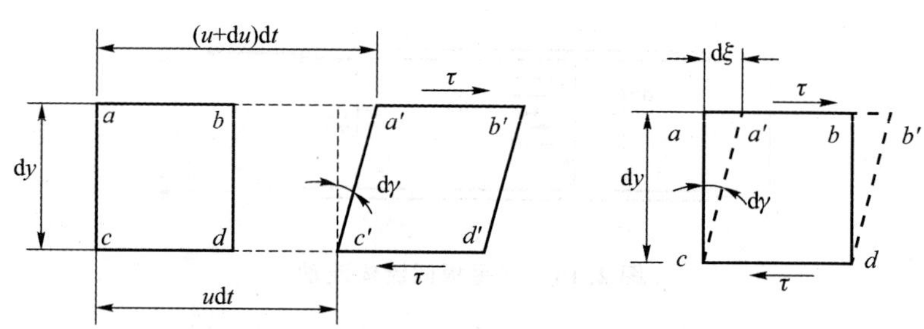

图 2.20 流体微元与弹性固体微元上切应力及变形

式(2.26)表明，速度梯度是流体微团做粘性流体运动时，对应于一定切应力产生的切向角应变率。所以，式(2.27)也可表述为切应力与切向角应变率成正比，即

$$\tau=\eta \frac{\mathrm{d}u}{\mathrm{d}y}=\eta \frac{\mathrm{d}\gamma}{\mathrm{d}t} \tag{2.27}$$

而动力粘度系数 η 的单位为应力单位乘以时间单位。对于受到平面切应力作用的弹性固体微元来说，没有运动速度，只有弹性位移，记为 $\mathrm{d}\xi$，其微元上切应力与位移的关系如图 2.20 所示，遵循剪切胡克定律，切应力与切向角应变成正比，即

$$\tau = G\mathrm{d}\gamma \approx G\frac{\mathrm{d}\xi}{\mathrm{d}y} \tag{2.28}$$

式中：G 为比例常数，称为剪切弹性模量，其单位为应力单位。

粘性流体的牛顿粘性定律(2.27)与弹性固体的剪切胡克定律(2.28)，分别建立在各自实验的基础上，分别称为牛顿流体和弹性固体的线性本构方程。应该注意到，它们具有类似的形式，但前者表现为应力与应变率成正比，后者为应力与应变成正比，且比例常数有所不同。这种表达形式上的类似和内在物质本构关系上的差别，将有助于对牛顿粘性定律物理解释的理解。

2. 粘度单位

在国际单位制(ISO)中，使相距 1 m、面积为 1 m^2 的两层平行流体间产生相对 1 m/s 移动速度，所需施加的力为 1 N，则这种流体的动力粘度为 1 Pa·s=1 N·s/m^2。常用的粘度单位是绝对单位制(CGs)中的 P(泊)，1 P=1 dyn·s/cm^2。使用中常因 P 单位过大，而常用它的百分之一作为动力粘度单位 cP(厘泊)。由 1 N=10^5 dyn，有如下换算关系：

$$1\ \mathrm{P} = 10^2\ \mathrm{cP} = 1\ \mathrm{dyn \cdot s/cm^2} = 10^{-1}\ \mathrm{N \cdot s/m^2} = 0.1\ \mathrm{Pa \cdot s} \tag{2.29}$$

测量流体粘度使用的粘度计，通常不能直接测定运动粘度，而是测量动力粘度 η 与密度 ρ 的比值，该比值称为运动粘度，即

$$\nu = \frac{\eta}{\rho} \tag{2.30}$$

在国际单位制中，因密度 ρ 的单位为 kg/m^3，即为 N·s^2/m^4，故运动粘度单位为 m^2/s。在绝对单位制中又把 1 cm^2/s 的运动粘度称为 1 St(斯[托克斯])，实用中常以其百分之一即 cSt 作为运动粘度单位，故又有如下的运动粘度单位的换算关系：

$$1\ \mathrm{cSt} = 10^{-2}\ \mathrm{St} = 10^{-2}\ \mathrm{cm^2/s} = 10^{-6}\ \mathrm{m^2/s} \tag{2.31}$$

在石油产品中，普遍采用条件粘度，或称相对粘度。我国也用恩氏粘度(°E)作为条件粘度单位。200 mL 待测油品，在规定的恒温 T 条件下，流过恩氏粘度计所需的时间与同体积蒸馏水在 20 ℃时流过粘度计的时间之比，通常采用 50 ℃或 100 ℃温度测试。表 2.2 所列为常用温度单位间的换算关系，表 2.3 所列为常用粘度及与粘度相关单位的换算关系。

表 2.2　常用温度单位换算表

摄氏度(℃)	华氏度(℉)	开尔文(K)
℃	9/5(t/℃+32)	t/℃+273.15
5/9(t_F/℉−32)	℉	5/9(t_F/℉+469.67)
T/K−273.15	9/5(T/K−459.67)	K

表 2.3　常用粘度及与粘度相关单位的换算表

物理量名称	符号	换算系数		
		国际单位制	米制工程单位	英制工程单位
力	F W	N	kgf	lbf
		1	0.101 9	0.224 8
		9.81	1	2.205 5
		4.448	0.453 4	1
压力	p	bar, 10^5 Pa	atm, kgf/cm^2	psi, lbf/in^2
		1	1.019 72	14.503 8
		0.980 665	1	14.223 3
		0.068 917 6	0.070 307	1
动力粘度	η	Pa·s	$kgf \cdot s/m^2$	$lbf \cdot s/ft^2$
		1	0.101 972	0.671 969
		9.806 65	1	6.589 76
		1.488 16	0.151 750	1
运动粘度	ν	m^2/s	m^2/s	ft^2/s
		1	1	10.763 9
		0.092 903	0.092 903	1
		$1\ cSt=10^{-2}St=10^{-6}m^2/s$		
热　量	Q	kJ	kcal	Btu
		1	0.238 846	0.947 83
		4.186 8	1	
		1.055 04		1
比热容	c	kJ/(kg·K)	kcal/(kgf·℃)	Btu/(lbf·℉)
		1	0.238 846	0.238 846
		4.186 8	1	1
		4.186 8	1	1
热导率	λ	W/(m·K)	kcal/(m·h·℃)	Btu/(ft·h·℉)
		1	0.859 845	0.577 789
		1.163	1	0.671 969
		1.730 73	1.488 16	1

续表 2.3

物理量名称	符号	换算系数			
		国际单位制	米制工程单位		英制工程单位
功　率	N	W	kcal/h	kgf·m/s	lbf·ft/s
		1	0.859 845	0.101 972	0.737 562
		1.163	1	0.118 583	0.857 785
		9.806 65	8.433 719	1	7.233 012
		1.355 818	1.165 793	0.138 255	1
质量	m	kg	g		lb
		1	1 000		2 204.6
		0.001	1		
		0.453 6	453.59		1

注：1 N＝1 kg·m/s^2；1 Pa＝1 N/m^2；1 bar＝10^5 Pa；1 J＝1 N·m；1 W＝1 J/s；1 kcal＝4.186 8 kJ。

3. 温度对粘度的影响

随着温度升高，液体膨胀，分子间距加大，内聚力减小，使粘度降低。气体由于它的动量转移对其粘度影响起了主要作用，因此，随着温度升高，气体粘度不是降低，而是趋向增加，如图 2.19 所示。一般油品粘度越高，对温度变化影响的敏感性越强。实验表明，动力粘度 η 对温度 T 的关系，可表示为

$$\frac{1}{\eta}\frac{\mathrm{d}\eta}{\mathrm{d}T}=-\frac{1}{P(T)} \tag{2.32}$$

式中：$P(T)$ 为多项式，即

$$P(T)=a+bT+cT^2+\cdots$$

如只取多项式的第一项，则有：

$$\frac{1}{\eta}\frac{\mathrm{d}\eta}{\mathrm{d}T}=-\frac{1}{a}=-\beta$$

积分后，得到温度 T 下所对应的粘度为

$$\eta=\eta_0\mathrm{e}^{-\beta(T-T_0)} \tag{2.33}$$

式中：β 为温粘指数；η_0 为参考温度 T_0 所对应的粘度。该近似方程式称为 Reynolds 温粘方程，虽表达简单，但精度不高，仅适用于小温度变化的情况，一般应用在 $t=20\sim80$ ℃范围内。如在上述多项式中取到 T 的一次或二次项，则所表述的温-粘关系将更精确，但计算和测定也较困难。典型机械油品的温-粘关系如图 2.21 所示。

4. 压力对粘度的影响

当流体压力增加时，分子间距缩小，内聚力增加，粘度也将随之增加，如图 2.22 所示。当压力增加到 400×10^5 N/m^2 时，滑油粘度与大气压下粘度相比增长了约 1 倍。当油膜压力继续增高时，相应粘度将逐渐呈现非线性增长。因此，在高润滑膜

压力下,考虑压力对粘度的影响十分必要。

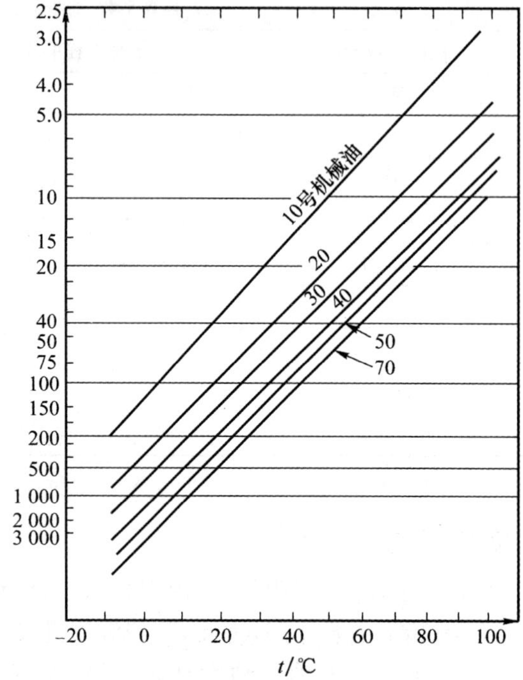

图 2.21 机械油品温-粘关系

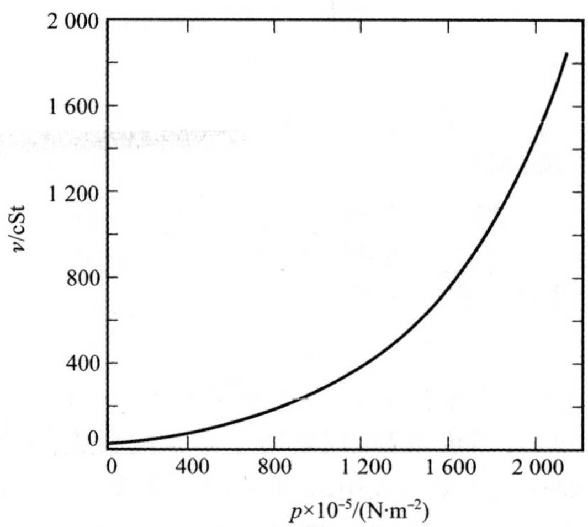

图 2.22 粘度与压力关系

实验表明,导数 $d\eta/dp$ 与粘度 η 的关系具有对数特征,即 $\lg(d\eta/dp)$ 对 $\lg\eta$ 呈线性关系。虽然在不同温度下曲线各异,但斜率却基本相同,且接近于 1。这时有:

$$\eta=\eta_0 e^{\alpha p} \tag{2.34}$$

该式常称为指数方程或巴鲁士(Barus)方程。式中：η 为当压力为 p 时的滑油粘度；η_0 为大气压下滑油粘度；a 为滑油的压粘系数。对环烷基滑油，该指数方程较为吻合。

当压力 p 以 N/m^2 为单位时，则 a 以 m^2/N 为单位，可用下式表述各物理量间的关系：

$$a=(0.6+0.965\lg \eta_0)\times 1.01972\times 10^{-8}\ m^2/N \tag{2.35}$$

式中：η_0 为相应温度下的滑油粘度。

2.3.3 密度、可压缩性与状态方程

1. 密度与比体积

流体具有质量，单位体积内的质量称为密度，以 ρ 表示。对于连续流体介质，其内部各点密度相等。若在流体内任意点处取一微体积 ΔV，且该体积内所含流体质量为 Δm，则该点处的流体密度为

$$\rho=\lim_{\Delta V\to 0}\frac{\Delta m}{\Delta V}=\frac{dm}{dV} \tag{2.36}$$

在国际单位制中，密度单位为 kg/m^3。表 2.4 所列为几种常见流体的物理特性。

表 2.4　常见流体的物理特性

常见流体	动力粘度 η/($N\cdot s\cdot m^{-2}$)(在 20℃ 0.101 3 MPa (标准大气压))	密度 ρ/($N\cdot s^2\cdot m^{-4}$)(在 20℃ 0.101 3 MPa (标准大气压))	弹性模量 E/($N\cdot m^{-2}$)(0.101 3 MPa (标准大气压))	比热容 c/[kJ·(kg·℃)$^{-1}$]
水	1 004.5	998.57	19.62×10^8	4.182 6
20 号机油	95 500	868.185	$(13.734\sim 19.62)^*\times 10^8$	1.842 2～2.009 7
空气	18.25	1.167	10.35×10^4	$c_p=0.7159$
	$c_p=1.009$			
水蒸气	10.06	0.765		$c_V=1.5073$
				$c_p=1.9259$

* 括号里数据泛指润滑油，这里列出供参考。

单位质量流体所占的体积称为比体积，以 υ 表示，比体积是密度的倒数，即

$$\upsilon=\frac{1}{\rho} \tag{2.37}$$

2. 可压缩性与弹性模量

流体的可压缩性，表现为流体在外力作用下密度的改变，可压缩性 C 表示在单位压力下所产生的相对密度变化，定义为

$$C=\frac{1}{\rho}\frac{d\rho}{dp} \tag{2.38}$$

上式也可按比体积 υ 表示为流体在单位压力下所产生的相对比体积的变化，即

$$C=\frac{1}{1/\upsilon}\frac{\mathrm{d}}{\mathrm{d}p}(1/\upsilon)=-\frac{1}{\upsilon}\frac{\mathrm{d}\upsilon}{\mathrm{d}p} \tag{2.39}$$

负号显示比体积随压力增长而减小。

流体可压缩性的倒数定义为流体的体积弹性模量，表示流体在单位体积应变下所对应的压力变化，即

$$E=\frac{1}{C}=\rho\frac{\mathrm{d}p}{\mathrm{d}\rho}=-\upsilon\frac{\mathrm{d}p}{\mathrm{d}\upsilon} \tag{2.40}$$

几种常见流体的体积弹性模量见表 2.4。

流体的可压缩性，常由实验所确定的体积弹性模量给出。例如：流体水，当其压力增量为 0.101 3 MPa(1 atm)时，所产生的相对密度变化为

$$\mathrm{d}\rho/\rho=\Delta p/E\approx 1.033/20\ 000\approx 0.52\times 10^{-4}$$

即密度增加万分之 0.5，或体积减小万分之 0.5；空气的弹性模量约为水的万分之 0.5，所以，空气可压缩性约为水的 2 万倍。一般情况下，液体常被当做不可压流体，气体则视为可压缩流体。

3. 状态方程

流体基本状态参数有压力、密度(或比容)和温度，这三者之间的数学关系称为状态方程。

由压力计所测得的流体压力称为压强，是分子不规则热运动撞击传感元件的平均结果。压力的高低与撞击频度和强度相关，因此与流体的密度和温度相关。根据实验，当气体压力不太高而温度又不太低时，气体性质与理想气体性质相似，可近似按理想气体考虑，基本状态参数间关系具有如下表达形式：

$$p=\rho RT$$

$$p\upsilon=RT \tag{2.41}$$

式中：p 为压力；ρ 为密度；T 为热力学温度；R 为气体常数；υ 为比体积。对于液体，其密度随压力和温度的变化很小，所以，只有当承受很大压强或极高温度时，才考虑状态方程的影响。

4. 流体的热力学特性

(1) 比热容

比热容是指单位质量流体，温度变化 1 ℃所需吸收或放出的热量，以 c 表示，单位为 kJ/(kg・℃)。质量为 M(kg)的流体，温度变化 Δt(℃)，所需的交换热量为 Q(kJ)，则比热容为

$$c=\frac{Q}{M\cdot\Delta t}$$

或

$$M\cdot\Delta t\cdot c=Q \tag{2.42}$$

实验表明，单位质量流体，升高或降低 1 ℃所需交换热量的多少，不仅与流体

种类有关，而且与流体换热过程相关。工程上，常有恒体积换热过程和恒压力换热过程，分别对应有比定容热容 c_V 和比定压热容 c_p。对于液体，两者相差不大，一般均采用 c 值，当研究对象为气体时，应注意两者的不同。几种常见流体的比热容见表 2.4。

(2) 传热系数

物体内的热量从温度较高部分传播到温度较低部分，传递热量的过程称为热传导过程。

已知物体内某点处的温度梯度为 $\mathrm{d}T/\mathrm{d}y$，定义 y 轴由低温指向高温，则单位时间内，高温物体通过垂直于 y 轴的单位面积传给低温物体的热量可用傅里叶热传导定律表达为

$$q_y = -k\mathrm{d}T/\mathrm{d}y$$

式中：k 为物体的传热系数，单位为 W/(m·℃)；负号表示物体的热量传递方向与温度梯度方向相反。典型滑油、钢和青铜的传热系数分别为：$0.267\,4\times10^{-4}$ W/(m·℃)，102.75×10^{-4} W/(m·℃)，$513.327\,5\times10^{-4}$ W/(m·℃)。

习　题

2.1　流体润滑膜中分子间存在间隙，但为什么可将其看做连续介质？

2.2　牛顿粘性定律以哪些物理假定为前提？它与弹性固体剪切胡克定律间有哪些异同？

2.3　图 2.23 所示的两平行平板之间充满粘性流体，上板以等速 U 沿 x 方向移动，板间流层速度分布如图中所示，粘流动力粘度 η 为常值，试写出流体中处于任一高度 y 的流层速度表达式。

2.4　如图 2.24 所示，在两平行平壁之间有粘性流体沿壁面方向流动，y 向截面上速度分布为抛物线：$u=U(1-y^2/H^2)$，其中心点速度为 $U=2$ m/s，在粘流动力粘度 $\eta=0.28\times10^{-3}$ N·s/m² 时，求距下壁 7 cm 水平面上的速度梯度和剪切应力。

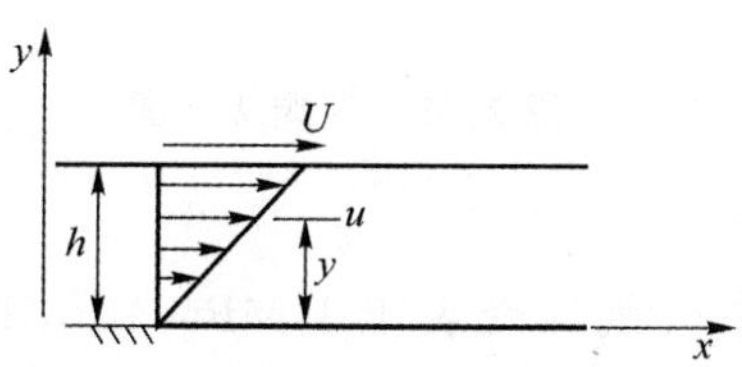

图 2.23　习题 2.3 图

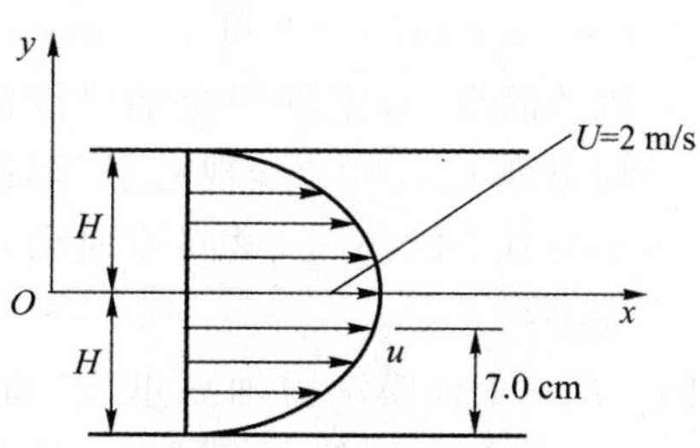

图 2.24　习题 2.4 图

2.5　计算并填写表 2.5 中滑油动力粘度单位的换算关系。

表 2.5　滑油动力粘度单位的换算

单　位	cP	$\frac{dyn \cdot s}{cm^2}$(P)	$\frac{N \cdot s}{m^2}$(Pa·s)	$\frac{kgf \cdot s}{m^2}$
cP				
$\frac{dyn \cdot s}{cm^2}$(P)				
$\frac{N \cdot s}{m^2}$(Pa·s)				
$\frac{kgf \cdot s}{m^2}$				

2.6　30 号机械油 50 ℃时运动粘度 $\nu=29$ cSt，取密度 $\rho=900$ kg/m^3，压粘指数 $\alpha=2\times10^{-8}$ m^2/N，η_0 按 50 ℃时大气压力下动力粘度取值，试计算：

(1) 压力 p 为 1 MPa，5 MPa，10 MPa，100 MPa，1 000 MPa 时，该油品的动力粘度 η；

(2) 由温-粘关系图线查出温度为 40 ℃和 75 ℃时该油品的运动粘度和动力粘度。

2.7　一径向动压轴承 $D=100$ mm，$L=100$ mm，受载荷 $W=300$ N，转速为 1 000 r/min，采用机械油 H_J—50，油膜平均温度 $t_m=50$ ℃，假定轴承处于同心运转，当其相对半径间隙 $c/R=0.002$ 和 0.004 时，计算两种工况下轴承的摩擦力和摩擦功耗。

2.8　图 2.25 所示为无重量锥形轴承，h 为油膜厚度，动力粘度为 η，轴转速为 n(r/min)，试写出该轴承摩擦扭矩表达式。

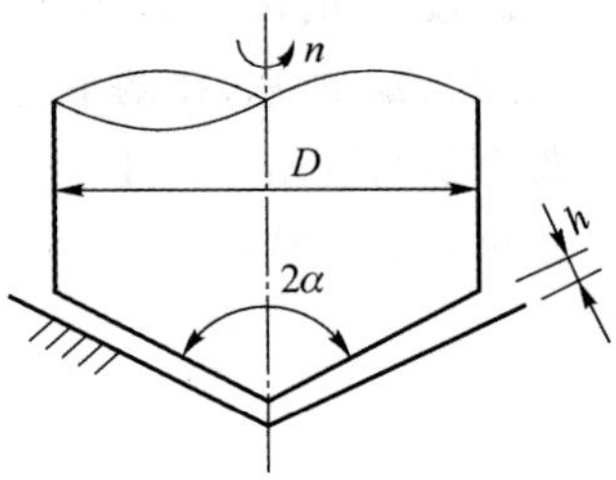

图 2.25　习题 2.8 图

2.9　一垂直安装的径向圆柱轴承，$D=60$ mm，$L=50$ mm，$n=3\ 600$ r/min，采用 H_J—50 机油润滑，假定处于全油膜润滑状态，其平均温度 $t_m=50$ ℃，现已量得轴颈的摩擦扭矩为 0.76 N·m，试问该轴承的半径间隙 c 为多少？

2.10　在一个油膜润滑轴承里，滑油在流动过程中分别经受表压 1 MPa，10 MPa，100 MPa，试问在不同受压状态下，滑油的相对体积变化量是多少？（取滑油体积弹性模量 $E=2\times10^3$ MPa）

第 3 章　流体润滑基本方程

流体润滑力学的分析和计算，依赖于流体膜中的压力分布，而以压力为待求变量的微分方程是流体润滑力学重要的基本方程。本章讨论广义运转条件下的流体连续方程和粘性流体运动方程，推导流体润滑力学微分方程，也称为雷诺方程。讨论不同条件、多种工况、不同形式膜厚方程下的雷诺方程求解，以及能量方程、粘温方程、粘压方程、密度方程和固体表面弹性变形方程及其影响。

3.1　连续方程

连续方程，即质量方程，是质量守恒定律在流体力学中的具体表现形式。在连续介质流场中，以任意坐标点(x,y,z)为中心，截取一个边长为$\mathrm{d}x$、$\mathrm{d}y$和$\mathrm{d}z$的微六面体，见图 3.1，该点流体密度为ρ。

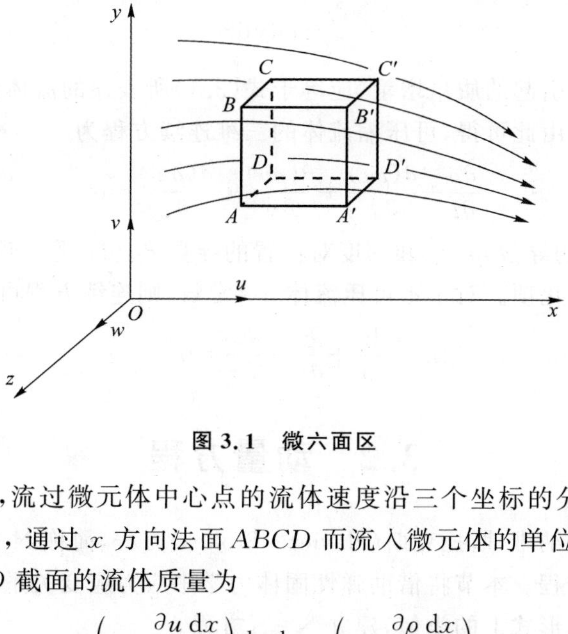

图 3.1　微六面区

在某一瞬时t，流过微元体中心点的流体速度沿三个坐标的分量分别是u、v和w。那么，在时刻t，通过x方向法面$ABCD$而流入微元体的单位质量流量，即单位时间内流过$ABCD$截面的流体质量为

$$\left(u-\frac{\partial u}{\partial x}\frac{\mathrm{d}x}{2}\right)\mathrm{d}y\mathrm{d}z\cdot\left(\rho-\frac{\partial \rho}{\partial x}\frac{\mathrm{d}x}{2}\right)$$

相应时刻由$A'B'C'D'$表面流出微体的单位质量流量为

$$\left(u+\frac{\partial u}{\partial x}\frac{\mathrm{d}x}{2}\right)\mathrm{d}y\mathrm{d}z\cdot\left(\rho+\frac{\partial \rho}{\partial x}\frac{\mathrm{d}x}{2}\right)$$

则微元体内质量净流，即流入流量与流出流量之差，或 x 向单位时间内积存在微元体内的质量为

$$\left(-\rho\frac{\partial u}{\partial x}-u\frac{\partial \rho}{\partial x}\right)\mathrm{d}x\,\mathrm{d}y\,\mathrm{d}z$$

同理，在 y 向和 z 向单位时间微元体内的质量积存，即净流分别为

$$\left(-\rho\frac{\partial v}{\partial y}-v\frac{\partial \rho}{\partial y}\right)\mathrm{d}x\,\mathrm{d}y\,\mathrm{d}z$$

和

$$\left(-\rho\frac{\partial w}{\partial z}-w\frac{\partial \rho}{\partial z}\right)\mathrm{d}x\,\mathrm{d}y\,\mathrm{d}z$$

于是，在单位时间内，积存在微元体内的总质量为

$$\left(-\rho\frac{\partial u}{\partial x}-\rho\frac{\partial v}{\partial y}-\rho\frac{\partial w}{\partial z}-u\frac{\partial \rho}{\partial x}-v\frac{\partial \rho}{\partial y}-w\frac{\partial \rho}{\partial z}\right)\mathrm{d}x\,\mathrm{d}y\,\mathrm{d}z \tag{3.1}$$

随时间增加，积存在微元体内的质量将使密度增加。若所论微元体原有质量为 $\rho\mathrm{d}x\,\mathrm{d}y\,\mathrm{d}z$，$\mathrm{d}t$ 时间后，该微元体内质量增为

$$\left(\rho+\frac{\partial \rho}{\partial t}\mathrm{d}t\right)\mathrm{d}x\,\mathrm{d}y\,\mathrm{d}z$$

单位时间内，密度增加所引起的质量增量为

$$\frac{\partial \rho}{\partial t}\mathrm{d}x\,\mathrm{d}y\,\mathrm{d}z \tag{3.2}$$

由密度增加所引起的质量增量，应等于式(3.1)所表述的流体流过微元边界在微元体内的积存量。由此可得，可压缩流体的三维连续方程为

$$\frac{\partial \rho}{\partial t}+\frac{\partial(\rho u)}{\partial x}+\frac{\partial(\rho v)}{\partial y}+\frac{\partial(\rho w)}{\partial z}=0 \tag{3.3}$$

式中：密度对时间的导数 $\partial\rho/\partial t$ 和密度对位置的导数 $\partial\rho/\partial x$ 等各项，分别为密度的当地变化项和迁移变化项。对于不可压流体 $\rho=$常数，则连续方程可简化为

$$\frac{\partial u}{\partial x}+\frac{\partial v}{\partial y}+\frac{\partial w}{\partial z}=0 \tag{3.4}$$

3.2 动量方程

动量方程也称纳维-斯托克斯(Navier - Stokes)方程，简称 N - S 方程，是粘性牛顿体的运动微分方程。本节将借助弹性固体力学中应力应变关系与牛顿流体中应力应变率关系在数学形式上的类似，建立 N - S 方程。

3.2.1 粘性流体微元体的受力与平衡

粘性流体运动时的内部应力状态，可表现为其中任一点流体微元的受力状态的集合。对于从流体内部任意拾取的六面体微元，取 $\mathrm{d}x$、$\mathrm{d}y$ 和 $\mathrm{d}z$ 为边长，研究其表面

力、体积力和惯性力。

1. 微元体受力

(1) 表面力

微元体表面受到相邻微元的作用，该作用力将阻碍微元体的运动，如图 3.2 所示。表面应力分为法向应力(σ)和切向应力(τ)，其下标按如下规则设定：第一下标为应力所在面的法向坐标，第二下标为应力的作用力方向。那么各表面应力之间的关系为

$$\left.\begin{aligned}
&\sigma'_{xx}=\sigma_{xx}+\frac{\partial\sigma_{xx}}{\partial x}\mathrm{d}x\\
&\sigma'_{yy}=\sigma_{yy}+\frac{\partial\sigma_{yy}}{\partial y}\mathrm{d}y\\
&\sigma'_{zz}=\sigma_{zz}+\frac{\partial\sigma_{zz}}{\partial z}\mathrm{d}z\\
&\tau'_{xy}=\tau_{xy}+\frac{\partial\tau_{xy}}{\partial x}\mathrm{d}x,\quad \tau'_{yx}=\tau_{yx}+\frac{\partial\tau_{yx}}{\partial y}\mathrm{d}y\\
&\tau'_{zx}=\tau_{zx}+\frac{\partial\tau_{zx}}{\partial z}\mathrm{d}z,\quad \tau'_{xz}=\tau_{xz}+\frac{\partial\tau_{xz}}{\partial x}\mathrm{d}x\\
&\tau'_{yz}=\tau_{yz}+\frac{\partial\tau_{yz}}{\partial y}\mathrm{d}y,\quad \tau'_{zy}=\tau_{xy}+\frac{\partial\tau_{zy}}{\partial z}\mathrm{d}z
\end{aligned}\right\}\tag{3.5}$$

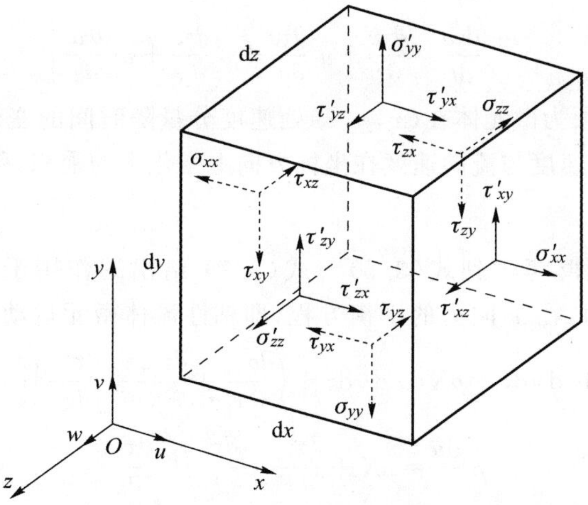

图 3.2　六面体微元上各表面的应力

(2) 体积力

作用于流体微元质量体上的力，称为体积力，或称为质量力。由于微元体的体积为均质小量，可以认为该力作用于质心上。常见体积力有重力场或电磁场等场力。若以 X、Y 和 Z 分别表示沿坐标轴 x、y 和 z 方向的单位质量力，则在六面体微元上的体积力分量分别为

$$\left.\begin{aligned}&X\cdot\rho\mathrm{d}x\mathrm{d}y\mathrm{d}z\\&Y\cdot\rho\mathrm{d}x\mathrm{d}y\mathrm{d}z\\&Z\cdot\rho\mathrm{d}x\mathrm{d}y\mathrm{d}z\end{aligned}\right\}\tag{3.6}$$

(3) 惯性力

微元体速度在图 3.2 中坐标轴 x、y 和 z 方向的分速度分别为 u、v 和 w，加速度分量分别为 $\mathrm{d}u/\mathrm{d}t$、$\mathrm{d}v/\mathrm{d}t$ 和 $\mathrm{d}w/\mathrm{d}t$。这样，微元体上所作用的三个惯性力分量分别为

$$\left.\begin{aligned}&\frac{\mathrm{d}u}{\mathrm{d}t}\cdot\rho\mathrm{d}x\mathrm{d}y\mathrm{d}z\\&\frac{\mathrm{d}v}{\mathrm{d}t}\cdot\rho\mathrm{d}x\mathrm{d}y\mathrm{d}z\\&\frac{\mathrm{d}w}{\mathrm{d}t}\cdot\rho\mathrm{d}x\mathrm{d}y\mathrm{d}z\end{aligned}\right\}\tag{3.7a}$$

式中的速度分量 u、v 和 w，一般是空间坐标(x,y,z)和时间 t 的函数，根据全微分法则，三个加速度分量分别为

$$\left.\begin{aligned}\frac{\mathrm{d}u}{\mathrm{d}t}&=\frac{\partial u}{\partial t}+u\frac{\partial u}{\partial x}+v\frac{\partial u}{\partial y}+w\frac{\partial u}{\partial z}\\\frac{\mathrm{d}v}{\mathrm{d}t}&=\frac{\partial v}{\partial t}+u\frac{\partial v}{\partial x}+v\frac{\partial v}{\partial y}+w\frac{\partial v}{\partial z}\\\frac{\mathrm{d}w}{\mathrm{d}t}&=\frac{\partial w}{\partial t}+u\frac{\partial w}{\partial x}+v\frac{\partial w}{\partial y}+w\frac{\partial w}{\partial z}\end{aligned}\right\}\tag{3.7b}$$

该式右边第一项为微元体在(x,y,z)处速度分量随时间的变化率，称为当地加速度；后三项是微元体速度与流向速度在坐标方向上变化率的乘积，称为迁移加速度。

2. 平衡方程

据牛顿第二定律，考虑到式(3.5)～式(3.7) 给出的作用于流体微元上的表面力、体积力和惯性力，在 x 向力的平衡方程，即粘性流体微元运动方程为

$$\rho\frac{\mathrm{d}u}{\mathrm{d}t}\mathrm{d}x\mathrm{d}y\mathrm{d}z=\rho X\mathrm{d}x\mathrm{d}y\mathrm{d}z+\left(\frac{\partial\sigma_{xx}}{\partial x}+\frac{\partial\tau_{yx}}{\partial y}+\frac{\partial\tau_{zx}}{\partial z}\right)\mathrm{d}x\mathrm{d}y\mathrm{d}z$$

即

$$\rho\frac{\mathrm{d}u}{\mathrm{d}t}=\rho X+\frac{\partial\sigma_{xx}}{\partial x}+\frac{\partial\tau_{yx}}{\partial y}+\frac{\partial\tau_{zx}}{\partial z}\tag{3.8a}$$

同理，得 y 向和 z 向的力的平衡方程分别为

$$\rho\frac{\mathrm{d}v}{\mathrm{d}t}=\rho Y+\frac{\partial\tau_{xy}}{\partial x}+\frac{\partial\sigma_{yy}}{\partial y}+\frac{\partial\tau_{zy}}{\partial z}\tag{3.8b}$$

$$\rho\frac{\mathrm{d}w}{\mathrm{d}t}=\rho Z+\frac{\partial\tau_{xz}}{\partial x}+\frac{\partial\tau_{yz}}{\partial y}+\frac{\partial\sigma_{zz}}{\partial z}\tag{3.8c}$$

根据作用在微元体上的力矩平衡条件，对各坐标轴取矩，并略去高阶小量，得切应力对称方程为

$$\left.\begin{aligned}\tau_{zy}&=\tau_{yz}\\\tau_{xz}&=\tau_{zx}\\\tau_{xy}&=\tau_{yx}\end{aligned}\right\}\tag{3.9}$$

3.2.2　牛顿流体应力与应变率的关系

考虑粘性牛顿流体的本构方程，在粘性流运动方程(3.8)中引入表面切向应力和法向应力与应变率之间的关系，研究牛顿流体应力与应变率的关系。

1. 应变分量

任何连续介质，其应变都可用法向应变和切向应变分量来表述。根据弹性固体与牛顿流体本构方程的相似性条件，通过弹性固体的应力-应变关系，可类推得到牛顿流体的应力与应变率的关系。图 3.3 中给出 $x-y$ 平面内的应变分量分析及其几何描述。

物体上边长为 $\mathrm{d}x$ 和 $\mathrm{d}y$ 的流体微元面 $OABC$，如图 3.3 所示，在外力系作用下，该微元面变形为 $O'A'B'C'$。变形前点 O 坐标为 x 和 y，变形后该点移至点 O'，坐标为 $x+\xi$ 和 $y+\eta$，对于三维微元体，在 z 上有 O 点坐标 z 和 O' 点坐标 $z+\zeta$。

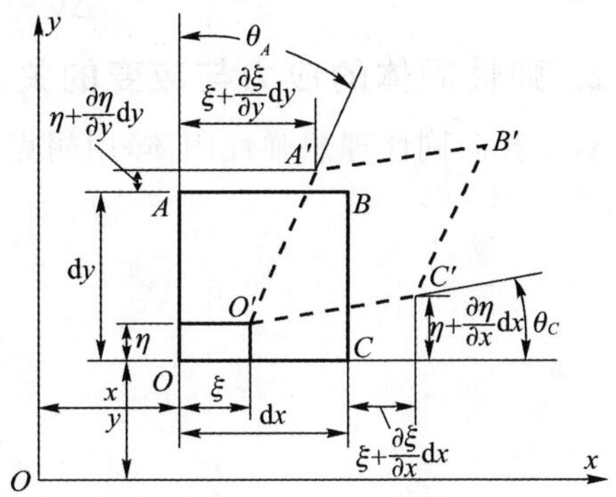

图 3.3　平面内的变形与应变

定义：法向应变分量等于微元面边长的改变量除以原边长，以 ε 记，其下标表示产生应变的方向，因此有：

$$\varepsilon_x=\frac{O'C'-OC}{OC}=\frac{\{(\mathrm{d}x-\xi)+[\xi+(\partial\xi/\partial x)\mathrm{d}x]\}-\mathrm{d}x}{\mathrm{d}x}=\frac{\partial\xi}{\partial x}$$

同理可得 y 向和 z 向应变，于是得三个法向应变为

$$\left.\begin{aligned}\varepsilon_x&=\frac{\partial\xi}{\partial x}\\\varepsilon_y&=\frac{\partial\eta}{\partial y}\\\varepsilon_z&=\frac{\partial\zeta}{\partial z}\end{aligned}\right\}\tag{3.10}$$

当微元面变形边为伸长时，法向应变为正。切向应变或角向应变定义为原正交两边在变形时夹角的变化，以 γ 记，两个下标表示变形平面内两正交轴的方向，因此有：

$$\gamma_{xy}=\theta_C+\theta_A=\frac{(\partial\eta/\partial x)\mathrm{d}x}{\mathrm{d}x}+\frac{(\partial\xi/\partial y)\mathrm{d}y}{\mathrm{d}y}=\frac{\partial\eta}{\partial x}+\frac{\partial\xi}{\partial y}$$

同理可得微元体的另外两平面内的正交轴方向的表达式，则三个切向应变为

$$\left.\begin{aligned}\gamma_{xy}&=\frac{\partial\eta}{\partial x}+\frac{\partial\xi}{\partial y}\\ \gamma_{yz}&=\frac{\partial\zeta}{\partial y}+\frac{\partial\eta}{\partial z}\\ \gamma_{zx}&=\frac{\partial\xi}{\partial z}+\frac{\partial\zeta}{\partial x}\end{aligned}\right\}\tag{3.11}$$

体积应变为变形微元体的体积变化量除以原体积，以 e 记，在略去高阶小量后得体积应变为

$$e=\frac{\mathrm{d}(\Delta V)}{\Delta V}=\varepsilon_x+\varepsilon_y+\varepsilon_z\tag{3.12}$$

2. 弹性固体的应力与应变的关系

对于各向同性理想弹性固体，用胡克定律表达应力与应变之间的关系为

$$\left.\begin{aligned}\varepsilon_x^0&=\frac{\sigma_{xx}}{E}\\ \varepsilon_y^0&=\frac{\sigma_{yy}}{E}\\ \varepsilon_z^0&=\frac{\sigma_{zz}}{E}\end{aligned}\right\}\tag{3.13}$$

式中：E 为固体弹性模量；ε_x 为由法向应力 σ_{xx} 所引起的 x 向应变。由于物体在拉力作用下有侧向收缩，所以法向应力 σ_{yy} 和 σ_{zz} 也将在 x 向引起应变。例如 σ_{yy} 所引起的 x 向应变 ε_x' 可用泊松比 μ 表示为

$$\varepsilon_x'=-\mu\varepsilon_y^0=-\mu\frac{\sigma_{yy}}{E}$$

同理，由 σ_{zz} 所引起的 ε'' 为

$$\varepsilon_x''=-\mu\varepsilon_z^0=-\mu\frac{\sigma_{zz}}{E}$$

因此有：

$$\left.\begin{aligned}\varepsilon_x&=\varepsilon_x^0+\varepsilon_x'+\varepsilon_x''=\frac{1}{E}[\sigma_{xx}-\mu(\sigma_{yy}+\sigma_{zz})]\\ \varepsilon_y&=\frac{1}{E}[\sigma_{yy}-\mu(\sigma_{xx}+\sigma_{zz})]\\ \varepsilon_z&=\frac{1}{E}[\sigma_{zz}-\mu(\sigma_{xx}+\sigma_{yy})]\end{aligned}\right\}\tag{3.14}$$

切应力通过剪切弹性模量 G 与切应变相联系，按剪切胡克定律得：

$$\left.\begin{aligned} \gamma_{xy} &= \frac{\tau_{xy}}{G} \\ \gamma_{yz} &= \frac{\tau_{yz}}{G} \\ \gamma_{zx} &= \frac{\tau_{zx}}{G} \end{aligned}\right\} \tag{3.15}$$

考虑到弹性模量 E、剪切弹性模量 G 和泊松比 μ 之间的内在关系：

$$G = \frac{E}{2(1+\mu)} \tag{3.16}$$

将式(3.14)中法向应力与法向应变之间的关系，转换为以剪切弹性模量 G 所表述的法向应力与法向应变之间的关系。式(3.14)和式(3.12)的体积应变可写为

$$e = \varepsilon_x + \varepsilon_y + \varepsilon_z = \frac{1}{E}(1-2\mu)(\sigma_{xx} + \sigma_{yy} + \sigma_{zz})$$

所以有：

$$\sigma_{xx} + \sigma_{yy} + \sigma_{zz} = \frac{E}{(1-2\mu)} e \tag{3.17}$$

于是，由式(3.14)有：

$$E\varepsilon_x = \sigma_{zz} - \mu\left(\frac{E}{1-2\mu}e - \sigma_{xx}\right)$$

所以

$$\sigma_{xx} = \frac{1}{1+\mu} E\left(\varepsilon_x + \frac{\mu}{1-2\mu}e\right)$$

即

$$\sigma_{xx} = 2G\left(\varepsilon_x + \frac{\mu}{1-2\mu}e\right) \tag{3.18}$$

由于

$$\sigma = \frac{1}{3}(\sigma_{xx} + \sigma_{yy} + \sigma_{zz})$$

有：

$$\begin{aligned} \sigma_{xx} &= 2G\left(\varepsilon_x + \frac{\mu}{1-2\mu}e\right) + \sigma - \frac{1}{3}(\sigma_{xx} + \sigma_{yy} + \sigma_{zz}) = \\ &\sigma + 2G\varepsilon_x + 2G\,\frac{\mu}{1-2\mu}e - \frac{1}{3}(\sigma_{xx} + \sigma_{yy} + \sigma_{zz}) \end{aligned}$$

将式(3.17)代入，得：

$$\sigma_{xx} = \sigma + 2G\varepsilon_x + 2G\,\frac{\mu}{1-2\mu}e - \frac{1}{3}\frac{E}{(1-2\mu)}e$$

由式(3.16)得：

$$\sigma_{xx}=\sigma+2G\varepsilon_x+2Ge\left[\frac{1}{1-2\mu}\left(\mu-\frac{1+\mu}{3}\right)\right]$$

同理,可得其余坐标上的应力表达,化简得到:

$$\left.\begin{aligned}\sigma_{xx}&=\sigma+2G\left(\varepsilon_x-\frac{e}{3}\right)\\\sigma_{yy}&=\sigma+2G\left(\varepsilon_y-\frac{e}{3}\right)\\\sigma_{zz}&=\sigma+2G\left(\varepsilon_z-\frac{e}{3}\right)\end{aligned}\right\}\tag{3.19}$$

由式(3.11)、式(3.15)和式(3.9)得到弹性固体的九个应力分量:

$$\left.\begin{aligned}\tau_{xy}&=\tau_{yx}=G\gamma_{xy}=G\left(\frac{\partial\eta}{\partial x}+\frac{\partial\xi}{\partial y}\right)\\\tau_{yz}&=\tau_{zy}=G\gamma_{yz}=G\left(\frac{\partial\zeta}{\partial y}+\frac{\partial\eta}{\partial z}\right)\\\tau_{zx}&=\tau_{xz}=G\gamma_{zx}=G\left(\frac{\partial\xi}{\partial z}+\frac{\partial\zeta}{\partial x}\right)\end{aligned}\right\}\tag{3.20}$$

式(3.19)和式(3.20)给出了以剪切弹性模量 G 表达的弹性固体中应力与应变的关系。

3. 牛顿流体的应力与应变率的关系

牛顿流体的线性本构方程与弹性固体线性本构方程,即牛顿粘性定律与剪切胡克定律具有相似的数学形式。前者表现为应力与应变率成正比,其比例常数为动力粘度系数 η;而后者表现为应力与应变成正比,其比例常数为剪切弹性模量 G。注意到这种表达形式上的相似性,以及内在的本构关系上的差别,通过弹性固体的应力-应变关系式(3.19)和式(3.20),类推可得到牛顿流体应力-应变率的关系式。

考虑以式(3.19)形式来表述牛顿流体的相应法向应力与应变率关系时,有:

$$\sigma_{xx}=\sigma+2\eta\frac{\partial}{\partial t}\left(\varepsilon_x-\frac{e}{3}\right)\tag{3.21}$$

式中:$\partial e/\partial t$ 为法向应变分量随时间的变化率,即法向应变率。由式(3.10)得:

$$\frac{\partial\varepsilon_x}{\partial t}=\frac{\partial}{\partial t}\left(\frac{\partial\xi}{\partial x}\right)=\frac{\partial}{\partial x}\left(\frac{\partial\xi}{\partial t}\right)=\frac{\partial u}{\partial x}\tag{3.22}$$

$\partial\varepsilon_x/\partial t$ 表示流体微元体积应变对时间的变化率,即体积应变率,或称体积膨胀率,由式(3.12)和式(3.10)得:

$$\frac{\partial e}{\partial t}=\frac{\partial u}{\partial x}+\frac{\partial v}{\partial y}+\frac{\partial w}{\partial z}\tag{3.23}$$

将式(3.22)和式(3.23)代入式(2.21),得:

$$\sigma_{xx}=\sigma+2\eta\frac{\partial u}{\partial x}-\frac{2}{3}\eta\left(\frac{\partial u}{\partial x}+\frac{\partial v}{\partial y}+\frac{\partial w}{\partial z}\right)\tag{3.24}$$

注意到，在静止流体中，某一点的法向应力不因作用方向不同而改变，并等于流体静压，即

$$\sigma_{xx}=\sigma_{yy}=\sigma_{zz}=\bar{\sigma}=-p$$

而在流动流体中，由于剪切应力的存在，这个性质将不再保持，即变形的粘性流中的平均法向应力 σ 不等于理想条件下的压力即热力学压力 p，而有：

$$\sigma=-p+\eta'\left(\frac{\partial u}{\partial x}+\frac{\partial v}{\partial y}+\frac{\partial w}{\partial z}\right) \tag{3.25}$$

式中：压力作用于压缩方向，以正号表示；压力作用于拉伸方向取负号，与正法向应力同向。η'为仅与体积应变(膨胀)率相关的第二粘度系数。液体几乎是不可压的，即体积应变率约为零，可取 $\eta'=0$。气体虽是可压缩的，但当体积应变率很大时，式(3.25)中右边的第二项是不可忽略的。对于气体润滑，假定 $\eta'\approx 0$，通常流体动力润滑问题取：

$$\bar{\sigma}=-p \tag{3.26}$$

因此，可得到包含压力在内的法向应力与应变率的关系为

$$\left.\begin{aligned}\sigma_{xx}&=-p+2\eta\frac{\partial u}{\partial x}-\frac{2}{3}\eta\left(\frac{\partial u}{\partial x}+\frac{\partial v}{\partial y}+\frac{\partial w}{\partial z}\right)\\ \sigma_{yy}&=-p+2\eta\frac{\partial v}{\partial y}-\frac{2}{3}\eta\left(\frac{\partial u}{\partial x}+\frac{\partial v}{\partial y}+\frac{\partial w}{\partial z}\right)\\ \sigma_{zz}&=-p+2\eta\frac{\partial w}{\partial z}-\frac{2}{3}\eta\left(\frac{\partial u}{\partial x}+\frac{\partial v}{\partial y}+\frac{\partial w}{\partial z}\right)\end{aligned}\right\} \tag{3.27}$$

同理，可由弹性固体的切向应力与切向应变关系式(3.20)，类推得到牛顿流体的切向应力与切向应变率的关系为

$$\left.\begin{aligned}\tau_{xy}&=\tau_{yx}=\eta\left(\frac{\partial v}{\partial x}+\frac{\partial u}{\partial y}\right)\\ \tau_{yz}&=\tau_{zy}=\eta\left(\frac{\partial w}{\partial y}+\frac{\partial v}{\partial z}\right)\\ \tau_{zx}&=\tau_{xz}=\eta\left(\frac{\partial u}{\partial z}+\frac{\partial w}{\partial x}\right)\end{aligned}\right\} \tag{3.28}$$

3.2.3　动量方程

将式(3.27)和式(3.28)代入式(3.8)，即引入牛顿流体的应力-应变率关系，得粘性流体微元的运动方程为

$$\rho\frac{\mathrm{d}u}{\mathrm{d}t}=\rho X+\frac{\partial}{\partial x}\left[-p+2\eta\frac{\partial u}{\partial x}-\frac{2}{3}\eta\left(\frac{\partial u}{\partial x}+\frac{\partial v}{\partial y}+\frac{\partial w}{\partial z}\right)\right]+$$
$$\frac{\partial}{\partial y}\left[\eta\left(\frac{\partial v}{\partial x}+\frac{\partial u}{\partial y}\right)\right]+\frac{\partial}{\partial z}\left[\eta\left(\frac{\partial u}{\partial z}+\frac{\partial w}{\partial x}\right)\right]$$

因此

$$\left.\begin{aligned}
\rho\frac{\mathrm{d}u}{\mathrm{d}t}=\rho X-\frac{\partial p}{\partial x}+\frac{2}{3}\frac{\partial}{\partial x}\left[\eta\left(\frac{\partial u}{\partial x}-\frac{\partial v}{\partial y}\right)\right]+\frac{2}{3}\frac{\partial}{\partial x}\left[\eta\left(\frac{\partial u}{\partial x}-\frac{\partial w}{\partial z}\right)\right]+\\
\frac{\partial}{\partial y}\left[\eta\left(\frac{\partial v}{\partial x}+\frac{\partial u}{\partial y}\right)\right]+\frac{\partial}{\partial z}\left[\eta\left(\frac{\partial u}{\partial z}+\frac{\partial w}{\partial x}\right)\right]\\
\rho\frac{\mathrm{d}v}{\mathrm{d}t}=\rho Y-\frac{\partial p}{\partial y}+\frac{2}{3}\frac{\partial}{\partial y}\left[\eta\left(\frac{\partial v}{\partial y}-\frac{\partial u}{\partial x}\right)\right]+\frac{2}{3}\frac{\partial}{\partial y}\left[\eta\left(\frac{\partial v}{\partial y}-\frac{\partial w}{\partial z}\right)\right]+\\
\frac{\partial}{\partial x}\left[\eta\left(\frac{\partial u}{\partial y}+\frac{\partial v}{\partial x}\right)\right]+\frac{\partial}{\partial z}\left[\eta\left(\frac{\partial v}{\partial z}+\frac{\partial w}{\partial y}\right)\right]\\
\rho\frac{\mathrm{d}w}{\mathrm{d}t}=\rho Z-\frac{\partial p}{\partial x}+\frac{2}{3}\frac{\partial}{\partial z}\left[\eta\left(\frac{\partial w}{\partial z}-\frac{\partial u}{\partial x}\right)\right]+\frac{2}{3}\frac{\partial}{\partial z}\left[\eta\left(\frac{\partial w}{\partial z}-\frac{\partial v}{\partial y}\right)\right]+\\
\frac{\partial}{\partial x}\left[\eta\left(\frac{\partial w}{\partial x}+\frac{\partial u}{\partial z}\right)\right]+\frac{\partial}{\partial y}\left[\eta\left(\frac{\partial w}{\partial y}+\frac{\partial v}{\partial z}\right)\right]
\end{aligned}\right\}\quad(3.29)$$

方程左边项为惯性效应，右边依次为体积力项、压力梯度项和粘性效应项。方程式(3.29)即粘性牛顿流体一般形式的纳维-斯托克斯方程，简称N－S方程或动量方程。

一小体积的粘性流体单元状态可以用单元坐标x、y和z，以及压力、密度、温度、粘度和时间八个参变量完全确定，需要七个独立方程，方可解为单参变量函数形式。N－S方程、质量方程、状态方程、粘度方程和能量方程为此提供了必要条件。其中，质量方程、N－S方程和能量方程由物理系统的三个守恒定律给出，它们可以是具有复杂边界条件的非线性偏微分方程，但这些方程的完整形式通常难以获得解析解，因此，对流体微元状态的求解也很少可以得到精确解析解。在工程应用中，一般采取近似的方法简化方程。随着计算技术的发展，具有一定精度的数值解被广泛应用于解决相关润滑力学理论分析和工程问题。

3.3 N－S方程的简化

1. 方程的简化

两板间流体润滑膜的一般状况如图3.4所示，通过引入有关物理假定，可将粘性牛顿流体运动方程的普遍形式即纳维-斯托克斯方程进行简化，建立流体润滑膜压力分布基本微分方程。N－S方程的简化形式，也可由普遍式(3.29)或通过润滑膜微元体受力平衡，在相同假定条件下得到。

对图3.4所示的润滑膜，引入如下近似假定：①由于润滑膜很薄，若以摩擦面几何尺寸L表示润滑膜在x向和z向的典型尺寸，则厚度h与L的比值一般约为10^{-3}，因此可认为：润滑膜中的流体压力在沿膜厚的y向不变，即$\partial p/\partial y=0$；②由于润滑膜中流体在y向的流速v远小于x向和z向的流速u和w，所以可以认为，在润滑膜中除y向速度梯度$\partial u/\partial y$和$\partial w/\partial y$外，其他所有速度梯度项均为小量，可以忽略;③在一般工况下,润滑膜里流体的惯性力和体积力,与表面力即压力和粘性切应力相比,为高阶小量可以忽略。这样,N－S 方程(3.29)可以简化为

$$\left.\begin{aligned}\frac{\partial p}{\partial x}&=\frac{\partial}{\partial y}\left(\eta\frac{\partial u}{\partial y}\right)\\\frac{\partial p}{\partial y}&=0\\\frac{\partial p}{\partial z}&=\frac{\partial}{\partial y}\left(\eta\frac{\partial w}{\partial y}\right)\end{aligned}\right\}\tag{3.30}$$

此方程称为简化 N－S 方程。

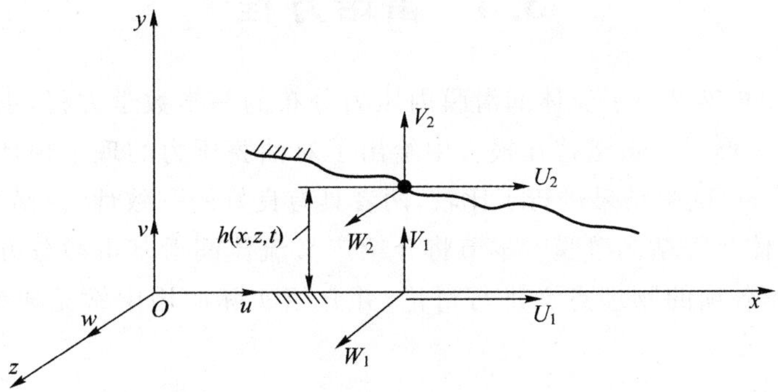

图 3.4　润滑膜坐标系和表面速度

2. 微元体受力平衡与 N－S 方程

上述假定条件下,在图 3.4 所示的流体润滑膜中任取一微元体,该微元体上所受的表面力、惯性力和体积力如图 3.5 所示,其他作用力项均为高阶小量可忽略不计,依据微元体在 x 向的受力平衡条件,得:

$$p\,\mathrm{d}y\,\mathrm{d}z+\left(\tau_{yx}+\frac{\partial\tau_{yx}}{\partial y}\mathrm{d}y\right)\mathrm{d}x\,\mathrm{d}z=\left(p+\frac{\partial p}{\partial x}\mathrm{d}x\right)\mathrm{d}y\,\mathrm{d}z+\tau_{yx}\,\mathrm{d}x\,\mathrm{d}z$$

引入牛顿粘性定律,保留表述 τ_{yy} 的式(3.28)中流速 u 在 y 向的速度梯度项,整理得:

$$\frac{\partial p}{\partial x}=\frac{\partial}{\partial y}\left(\eta\frac{\partial u}{\partial y}\right)$$

同理,由微元体在 z 向的受力平衡,可得:

$$\frac{\partial p}{\partial z}=\frac{\partial}{\partial y}\left(\eta\frac{\partial w}{\partial y}\right)$$

并由假定①有:

$$\frac{\partial p}{\partial y}=0$$

这样,由微元体受力平衡得到的结果,与简化 N－S 方程(3.30)同形。

同样,取微元体为柱体或柱体的斜截体,将速度分量分解到相应平面后,可以用

类似的方法得到相同形式的微分方程。

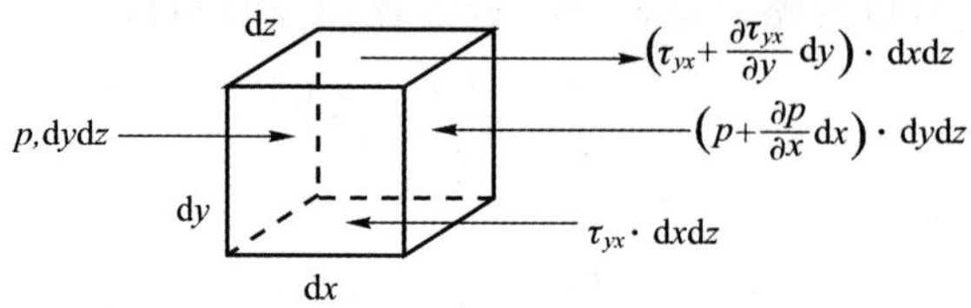

图 3.5 流体微元的 x 向受力

3.4 雷诺方程

雷诺于 1886 年导出了流体润滑膜内压力分布的基本数学方程,也称雷诺方程,表现为微分方程形式。雷诺曾在报告中给出了对油膜压力的理论预计,并将计算结果与托威(Tower)试验结果进行了比较,两者具有良好的一致性,雷诺当时的分析局限于不可压流体及等粘润滑膜。本节将介绍广义流体润滑基本微分方程,即广义雷诺方程,对方程各项的物理意义进行讨论,并介绍实际应用中常见典型模型的雷诺方程。

3.4.1 广义雷诺方程

将连续方程(3.3)与简化 N－S 方程(3.30)联解可导出雷诺方程,为此,需求出流速 u 和 w。

1. 广义雷诺方程中引入的假定

广义雷诺方程推导过程中引入了假定,了解引入的假定与实际条件间的关系,可以进一步明晰限用条件,合理估计计算精度,并作为修正基本微分方程的依据。在推导过程中引入的假定归纳如下:

① 认为润滑膜中流体是连续介质;

② 认为润滑膜中流体做层流运动,符合牛顿粘性定律,是牛顿流体;

③ 认为流体中惯性力和体积力与其表面力相比皆属高阶小量,可以略去;

④ 基于润滑膜很薄这一事实,认为沿膜厚方向(即 y 向)的流体压力、粘度和密度保持常值;

⑤ 基于润滑膜很薄及表面切向速度 u 和 w 又远大于法向速度 v,认为在流体中除了切向速度梯度$\partial u/\partial y$ 和$\partial w/\partial y$ 两项外,其余速度梯度项都是可忽略的;

⑥ 认为零件工作表面邻接的润滑膜流体与之吸附牢固,无相对滑动。

2. 流速方程

根据简化 N－S 方程,鉴于薄膜空间中压力 p 函数与 y 无关,将式(3.30)两端对

y 积分，得：

$$\left.\begin{aligned}\frac{\partial u}{\partial y}&=\frac{1}{\eta}\frac{\partial p}{\partial x}\cdot y+\frac{A}{\eta}\\ \frac{\partial w}{\partial y}&=\frac{1}{\eta}\frac{\partial p}{\partial z}\cdot y+\frac{C}{\eta}\end{aligned}\right\}\tag{3.31}$$

式中：A 和 C 为积分常数。在温度变化工况条件下，当沿膜厚 y 方向的温度变化显著时，y 向润滑膜流体粘度将有较大变化，推导雷诺方程时需考虑温-粘效应。在大多数流体润滑膜中，由于稳态运转时，温度变化不大，可以近似取粘度 η 为其在膜厚方向上的平均值。这样，由式(3.31)对 y 积分，得到：

$$\left.\begin{aligned}u&=\frac{1}{2\eta}\frac{\partial p}{\partial x}\cdot y^2+A\ \frac{y}{\eta}+B\\ w&=\frac{1}{2\eta}\frac{\partial p}{\partial z}\cdot y^2+C\ \frac{y}{\eta}+D\end{aligned}\right\}\tag{3.32}$$

又因为，润滑膜流体与邻接固体工作表面吸附牢固，其间无相对滑动，则式(3.32)中积分常数 A、B、C 和 D，可由图 3.4 所给的一般流速边界条件确定：

$$\left.\begin{aligned}&y=0\quad u=U_1\quad w=W_1\\ &y=h\quad u=U_2\quad w=W_2\end{aligned}\right\}\tag{3.33}$$

由此可得：

$$\begin{aligned}A&=\left(-\frac{h^2}{2\eta}\frac{\partial p}{\partial x}+U_2-U_1\right)\eta\Big/h\\ B&=U_1\\ C&=\left(-\frac{h^2}{2\eta}\frac{\partial p}{\partial z}+W_2-W_1\right)\eta\Big/h\\ D&=W_1\end{aligned}$$

代入式(3.32)，得流速方程为

$$\left.\begin{aligned}u&=\frac{1}{2\eta}\frac{\partial p}{\partial x}y(y-h)+\left(1-\frac{y}{h}\right)U_1+\frac{y}{h}U_2\\ w&=\frac{1}{2\eta}\frac{\partial p}{\partial z}y(y-h)+\left(1-\frac{y}{h}\right)W_1+\frac{y}{h}W_2\end{aligned}\right\}\tag{3.34}$$

3. 广义雷诺方程

根据连续方程(3.3)，在膜厚 h 范围对 y 积分，有：

$$\int_0^{h(x,z,t)}\left[\frac{\partial\rho}{\partial t}+\frac{\partial(\rho u)}{\partial x}+\frac{\partial(\rho v)}{\partial y}+\frac{\partial(\rho w)}{\partial z}\right]\mathrm{d}y=0$$

根据变上限积分法则有：

$$\int_0^h\frac{\partial}{\partial x}[f(x,y,z)]\mathrm{d}y=\frac{\partial}{\partial x}\int_0^h f(x,y,z)\mathrm{d}y-f(x,h,z)\frac{\partial h}{\partial x}$$

如取密度 ρ 为沿膜厚的平均密度，则上述积分方程可写为

$$h\frac{\partial\rho}{\partial t}+\frac{\partial}{\partial x}\left(\rho\int_0^h u\mathrm{d}y\right)-\rho U_2\frac{\partial h}{\partial x}+\frac{\partial}{\partial z}\left(\rho\int_0^h w\mathrm{d}y\right)-\rho W_2\frac{\partial h}{\partial z}+\rho(V_2-V_1)=0 \tag{3.35}$$

由式(3.34)和式(3.35)中的流速积分，得到通过单位宽度截面的体积流量：

$$\left.\begin{aligned} q_x&=\int_0^h u\mathrm{d}y=-\frac{h^3}{12\eta}\frac{\partial p}{\partial x}+\frac{1}{2}(U_1+U_2)h\\ q_z&=\int_0^h w\mathrm{d}y=-\frac{h^3}{12\eta}\frac{\partial p}{\partial z}+\frac{1}{2}(W_1+W_2)h\end{aligned}\right\} \tag{3.36}$$

将式(3.36)代入式(3.35)，整理得：

$$\begin{aligned}\frac{\partial}{\partial x}\left(\frac{\rho h^3}{12\eta}\frac{\partial p}{\partial x}\right)+\frac{\partial}{\partial z}\left(\frac{\rho h^3}{12\eta}\frac{\partial p}{\partial z}\right)=&\frac{1}{2}\frac{\partial}{\partial x}[(U_1+U_2)\rho h]+\\&\frac{1}{2}\frac{\partial}{\partial z}[(W_1+W_2)\rho h]+\rho(V_1-V_2)-\\&\rho U_2\frac{\partial h}{\partial x}-\rho W_2\frac{\partial h}{\partial z}+h\frac{\partial\rho}{\partial t}\end{aligned} \tag{3.37}$$

式中：左边第一、二项分别为流体润滑膜中由于压力梯度所产生的 x 向和 z 向的压力流，也称 Poiseuille 流；右边第一、二项分别表示表面速度所引起的剪切流，也称 Couette 流；右边第三、四、五项为 y 向挤压运动所引起的流量变化；右边末项为当地密度变化所产生的流量变化。式(3.37)也称为广义雷诺方程。

定义：

$$V_2-V_1=\frac{\partial h}{\partial t} \tag{3.38}$$

式(3.37)也可写为

$$\begin{aligned}\frac{\partial}{\partial x}\left(\frac{\rho h^3}{\eta}\frac{\partial p}{\partial x}\right)+\frac{\partial}{\partial z}\left(\frac{\rho h^3}{\eta}\frac{\partial p}{\partial z}\right)=&6\frac{\partial}{\partial x}[(U_1+U_2)\rho h]+6\frac{\partial}{\partial z}[(W_1+W_2)\rho h]+\\&12\frac{\partial(\rho h)}{\partial t}-12\rho U_2\frac{\partial h}{\partial x}-12\rho W_2\frac{\partial h}{\partial z}\end{aligned}$$

广义雷诺方程(3.37)是粘性牛顿流体动力润滑的基本微分方程。方程的待求变量是润滑膜压力，它们沿 x 向和 z 向分布。解算时可以根据工况条件分别考虑引入当地流体密度和粘度在 x 向和 z 向的变化，针对不同膜厚方程或间隙函数 $h(x,z,t)$ 加入固体表面弹性变形对膜厚的影响，以及考虑构成润滑膜的零件表面的不同运动状态等。这需要与相应物理、力学或几何方程联解。

3.4.2 典型物理模型对应的雷诺方程

工程计算中所应用的雷诺方程形式多种多样，如：不可压流体雷诺方程，可压流体雷诺方程，润滑流体粘度变化的雷诺方程，润滑膜压力源于楔形效应或挤压效应的雷诺方程，润滑膜瞬态和稳态雷诺方程等。

1. 不可压流体雷诺方程

研究中通常规定表面运动方向为 x 坐标轴方向，膜厚方向为 y 方向，这样垂直 xOy 平面的运动方向 z 上表面速度 $W_1=W_2=0$；不计轴承表面材料切向伸缩，有 $\partial(U_1+U_2)/\partial x=0$。这样：

$$\frac{\partial}{\partial x}\left(\frac{\rho h^3}{\eta}\frac{\partial p}{\partial x}\right)+\frac{\partial}{\partial z}\left(\frac{\rho h^3}{\eta}\frac{\partial p}{\partial z}\right)=6(U_1-U_2)\frac{\partial(\rho h)}{\partial x}+12\rho(V_2-V_1)+12U_2h\frac{\partial\rho}{\partial x}+12h\frac{\partial\rho}{\partial t}\tag{3.39a}$$

$$\frac{\partial}{\partial x}\left(\frac{\rho h^3}{\eta}\frac{\partial p}{\partial x}\right)+\frac{\partial}{\partial z}\left(\frac{\rho h^3}{\eta}\frac{\partial p}{\partial z}\right)=6(U_1-U_2)\frac{\partial(\rho h)}{\partial x}+12\frac{\partial(\rho h)}{\partial t}+12U_2h\frac{\partial\rho}{\partial x}\tag{3.39b}$$

对不可压流体，即密度 $\rho=$ 常数，则有：

$$\frac{\partial}{\partial x}\left(\frac{h^3}{\eta}\frac{\partial p}{\partial x}\right)+\frac{\partial}{\partial z}\left(\frac{h^3}{\eta}\frac{\partial p}{\partial z}\right)=6(U_1-U_2)\frac{\partial h}{\partial x}+12\frac{\partial h}{\partial t}\tag{3.40}$$

对于等温膜，润滑膜粘度不变，则式(3.40)可化为不可压缩流体、等粘润滑膜、瞬(动)态、二维雷诺方程，即

$$\frac{\partial}{\partial x}\left(h^3\frac{\partial p}{\partial x}\right)+\frac{\partial}{\partial z}\left(h^3\frac{\partial p}{\partial z}\right)=6\eta(U_1-U_2)\frac{\partial h}{\partial x}+12\eta\frac{\partial h}{\partial t}\tag{3.41}$$

对于稳(静)态状况，式(3.41)可化为

$$\frac{\partial}{\partial x}\left(h^3\frac{\partial p}{\partial x}\right)+\frac{\partial}{\partial z}\left(h^3\frac{\partial p}{\partial z}\right)=6\eta(U_1-U_2)\frac{\partial h}{\partial x}\tag{3.42}$$

这时，雷诺方程右边只有楔形效应项。

在某些运转条件下，雷诺方程右边只存在挤压效应项 $\partial h/\partial t$，也称为挤压膜雷诺方程，可由式(3.41)得到：

$$\frac{\partial}{\partial x}\left(h^3\frac{\partial p}{\partial x}\right)+\frac{\partial}{\partial z}\left(h^3\frac{\partial p}{\partial z}\right)=12\eta\frac{\partial h}{\partial t}\tag{3.43}$$

2. 圆柱坐标系下的雷诺方程

对于滑块轴承，在通常坐标下，轴承表面的每一对应点处，只有沿坐标轴的平移表面速度，它与图 3.4 所示的分析模型一致。因此，式(3.39)～(3.43)对于滑块轴承，可以直接适用。对于扇形止推轴承，宜采用圆柱坐标系，图 3.6 为扇形止推轴承的圆柱极坐标系及其运动方式。

由图 3.6 可见，圆柱极坐标系与直角坐标系的转换关系为

$$\left.\begin{aligned}&x=r\theta,\quad \frac{\partial}{\partial x}=\frac{1}{r}\frac{\partial}{\partial\theta}\\&y=y,\quad \frac{\partial}{\partial y}=\frac{\partial}{\partial y}\\&z=r,\quad \frac{\partial}{\partial z}=\frac{\partial}{\partial r}\end{aligned}\right\}\tag{3.44}$$

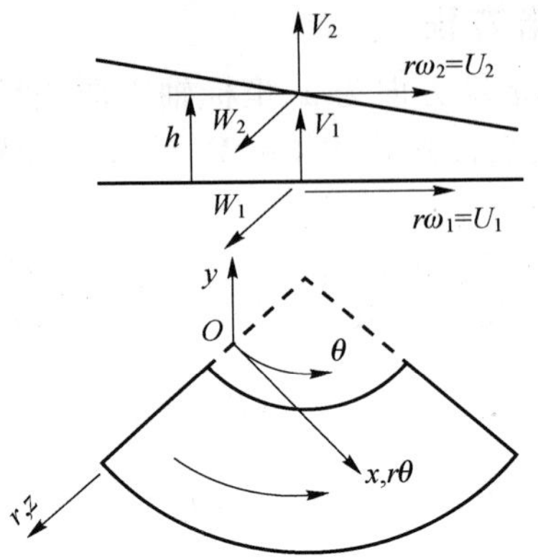

图 3.6　扇形止推轴承的圆柱极坐标系及其运动

不计润滑膜中的离心惯性效应时，可通过式(3.44)的转换关系，改写直角坐标系连续方程(3.3)，而得到圆柱极坐标系下连续方程为

$$\frac{\partial(\rho r)}{\partial t}+\frac{\partial(\rho u)}{\partial\theta}+\frac{\partial(\rho r v)}{\partial y}+\frac{\partial(\rho r w)}{\partial r}=0 \tag{3.45}$$

如取密度 ρ 为沿膜厚上的平均密度，并对式(3.45)在膜厚上积分，得：

$$h\,\frac{\partial(\rho r)}{\partial t}+\frac{\partial}{\partial\theta}\left(\rho\int_0^h u\,\mathrm{d}y\right)-\rho U_2\,\frac{\partial h}{\partial\theta}+$$

$$\rho r(V_2-V_1)+\frac{\partial}{\partial r}\left(\rho r\int_0^h w\,\mathrm{d}y\right)-\rho W_2\,\frac{\partial h}{\partial r}=0 \tag{3.46}$$

该连续方程，形式上与直角坐标积分方程(3.35)相似。将式(3.36)表述的单位宽度截面的体积流量代入式(3.46)，运用式(3.44)，考虑到一般条件下 $W_1=W_2=0$，$\partial(U_1+U_2)/\partial x=0$，应用式(3.38)，整理得到圆柱极坐标系下的雷诺方程为

$$\frac{\partial}{\partial\theta}\left(\frac{\rho h^3}{\eta}\frac{\partial p}{r\partial\theta}\right)+\frac{\partial}{\partial r}\left(\frac{\rho r h^3}{\eta}\frac{\partial p}{\partial r}\right)=6(U_1-U_2)\frac{\partial(\rho h)}{\partial\theta}+12\,\frac{\partial(\rho r h)}{\partial t}+12U_2 h\,\frac{\partial\rho}{\partial\theta} \tag{3.47a}$$

或

$$\frac{\partial}{r^2\partial\theta}\left(\frac{\rho h^3}{\eta}\frac{\partial p}{\partial\theta}\right)+\frac{\partial}{r\partial r}\left(\frac{\rho r h^3}{\eta}\frac{\partial p}{\partial r}\right)=6(W_1-W_2)\frac{\partial(\rho h)}{\partial\theta}+12\,\frac{\partial(\rho h)}{\partial t}+12W_2 h\,\frac{\partial\rho}{\partial\theta} \tag{3.47b}$$

式(3.47a)与式(3.39b)极为相似，它也可由式(3.39b)通过式(3.44)给出的坐标转换得到。显然，可以直接适用于滑块轴承的式(3.39)～(3.43)，对于扇形止推轴承，也可通过上述坐标转换关系得到相应的圆柱极坐标系下的雷诺方程。

例如，对常用的不可压等粘稳(静)态二维雷诺方程，其圆柱极坐标式可易由直角坐标式(3.42)经坐标转换关系式(3.44)得到：

$$\frac{\partial}{\partial\theta}\left(h^3\,\frac{\partial p}{r\partial\theta}\right)+\frac{\partial}{\partial r}\left(rh^3\,\frac{\partial p}{\partial r}\right)=6\eta r(W_1-W_2)\frac{\partial h}{\partial\theta} \tag{3.48}$$

通常 $W_2=0$，所以有：

$$\frac{\partial}{\partial\theta}\left(h^3\frac{\partial p}{r\partial\theta}\right)+\frac{\partial}{\partial r}\left(rh^3\frac{\partial p}{\partial r}\right)=6\eta rW_1\frac{\partial h}{\partial\theta} \tag{3.49}$$

3. 不可压等粘膜瞬态二维径向轴承的流体动力润滑微分方程

对于径向轴承，由于轴颈或轴承旋转产生表面切向速度非恒沿坐标轴方向，如图 3.7 所示，在相应雷诺方程中须计入垂直于坐标的附加法向分速度的影响。

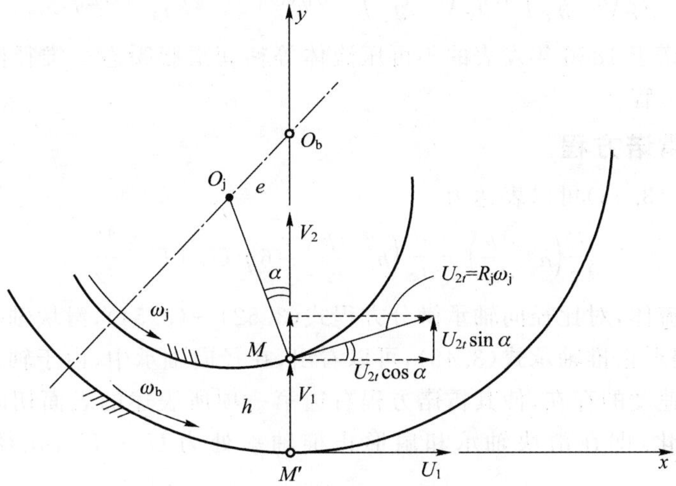

图 3.7　径向轴承坐标系和平移速度

将局部坐标系原点 M' 取在轴承表面上，轴颈上与轴承上 M' 所对应的点 M 处，表面切向速度 $U_{2t}=R_j\omega_j$，它在坐标 y 向即轴承法向的分速度为 $U_{2t}\sin\alpha$，在 x 向的分速度为 $U_{2t}\cos\alpha$。如考虑到对应点 M 处已有 y 向平移速度 V_2，那么在计及轴承附加法向分速度 $U_{2t}\sin\alpha$ 下，在径向轴承中，轴承上的 M' 点和轴颈上的对应点 M 处，与坐标轴 x 和 y 平行的平移速度分别为

$$\left.\begin{aligned}
U_1&=R_b\omega_b\\
U_2&=U_{2t}\cos\alpha\approx U_{2t}=R_j\omega_j\\
V_1&=0\\
V'_2&=V_2+U_{2t}\sin\alpha\approx V_2+U_2\frac{\partial h}{\partial x}
\end{aligned}\right\} \tag{3.50}$$

将式(3.50)代入式(3.39a)，整理得：

$$\frac{\partial}{\partial x}\left(\frac{\rho h^3}{\eta}\frac{\partial p}{\partial x}\right)+\frac{\partial}{\partial z}\left(\frac{\rho h^3}{\eta}\frac{\partial p}{\partial z}\right)=6(U_1+U_2)\frac{\partial(\rho h)}{\partial x}+12\rho(V_2-V_1)+12h\frac{\partial\rho}{\partial t} \tag{3.51a}$$

考虑到式(3.38)，得：

$$\frac{\partial}{\partial x}\left(\frac{\rho h^3}{\eta}\frac{\partial p}{\partial x}\right)+\frac{\partial}{\partial z}\left(\frac{\rho h^3}{\eta}\frac{\partial p}{\partial z}\right)=6(U_1+U_2)\frac{\partial(\rho h)}{\partial x}+12\frac{\partial(\rho h)}{\partial t} \tag{3.51b}$$

对不可压缩流体上式为

$$\frac{\partial}{\partial x}\left(\frac{h^3}{\eta}\frac{\partial p}{\partial x}\right)+\frac{\partial}{\partial z}\left(\frac{h^3}{\eta}\frac{\partial p}{\partial z}\right)=6(U_1+U_2)\frac{\partial h}{\partial x}+12\frac{\partial h}{\partial t} \tag{3.52}$$

对等粘润滑膜为

$$\frac{\partial}{\partial x}\left(h^3\frac{\partial p}{\partial x}\right)+\frac{\partial}{\partial z}\left(h^3\frac{\partial p}{\partial z}\right)=6\eta(U_1+U_2)\frac{\partial h}{\partial x}+12\eta\frac{\partial h}{\partial t} \tag{3.53}$$

此方程即为雷诺于1886年发表的不可压流体等粘润滑膜瞬态二维径向轴承的流体动力润滑微分方程。

4. 稳态雷诺方程

对稳态，式(3.53)可以表达为

$$\frac{\partial}{\partial x}\left(h^3\frac{\partial p}{\partial x}\right)+\frac{\partial}{\partial z}\left(h^3\frac{\partial p}{\partial z}\right)=6\eta(U_1+U_2)\frac{\partial h}{\partial x} \tag{3.54}$$

对不可压流体，对比径向轴承微分方程式(3.52)～(3.54)，滑块轴承式(3.40)～(3.42)，以及扇形止推轴承式(3.48)，可以看出，在径向轴承中，由于轴颈旋转所引起的附加法向分速度的存在，使其雷诺方程右边第一项所表述的表面切向速度楔形效应项发生了变化，即在滑块轴承和扇形止推轴承处为 U_1-U_2，在径向轴承处为 U_1+U_2。

而瞬态雷诺方程中，右边第二项所表述的表面法向速度挤压效应项，则有相同形式。

由此可见：当 $U_1=U_2$，即 U_1 与 U_2 同向时，滑块轴承和扇形止推轴承中无楔形效应，而径向轴承中的楔形效应则倍增；如 U_1 与 U_2 反向，则结论相反。

以上介绍的典型雷诺方程，其表述的润滑膜压力分布为二维。图3.8给出了轴承在 z 向宽度为 L，在 x 向即主运动方向的典型尺寸为 B，或在径向轴承中近似为 πR_j 时，其润滑膜的压力分布。

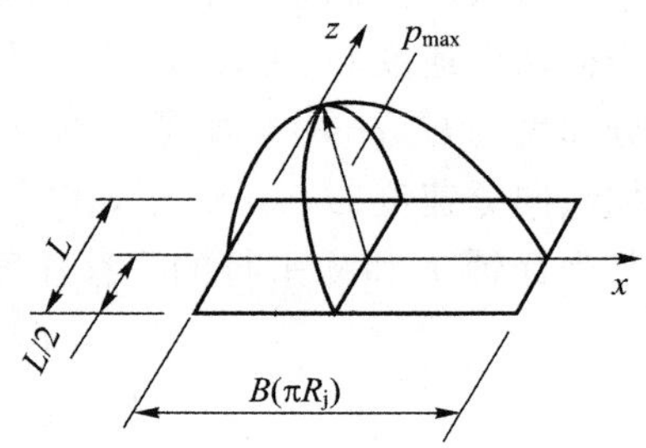

图3.8 轴承润滑膜压力分布

3.4.3 雷诺方程的一维解析解

对上述雷诺方程所表述的二维压力分布，至今仍没有精确解析解。分析计算中，常将如下两种情况简化为一维来求其近似解析解。

1. 长轴承解

当 $L\gg B$，其$\partial p/\partial z\ll\partial p/\partial x$，即宽度方向的尺寸 L 较大，可假定为无限宽(长)轴承，则式(3.54)简化为

$$\frac{\partial}{\partial x}\left(h^{3}\frac{\partial p}{\partial x}\right)=6\eta(U_{1}+U_{2})\frac{\partial h}{\partial x} \tag{3.55}$$

2. 短轴承解

当$L\ll B$,其$\partial p/\partial z\gg\partial p/\partial x$,即其宽度方向尺寸$L$较径向尺寸为小量时,可假定为无限窄(短)轴承,则式(3.54)简化为

$$\frac{\partial}{\partial z}\left(h^{3}\frac{\partial p}{\partial z}\right)=6\eta(U_{1}+U_{2})\frac{\partial h}{\partial x} \tag{3.56}$$

3. 瞬态雷诺方程

显然,以上假定将造成方程左边项有更大的压力梯度变化率,而右边项为源项,则无论是一维无限宽雷诺方程(3.55),还是一维无限窄雷诺方程(3.56),所解得的润滑膜压力分布总比实际的二维有限长轴承雷诺方程所得解偏高。

在内燃机等高速旋转机械中,其径向轴承会遇到变载荷工况,载荷的大小和方向均有改变。这时,轴颈中心O_j相对轴承中心O_b将不再处于静态平衡的位置,而是依一定轨迹运动,其润滑膜的动压来源,除了因轴颈和轴承表面旋转所产生的楔形效应外,还有因O_j对O_b的运动所引起的挤压效应。润滑膜力学性能一般是非稳态的,应按照瞬态方程进行分析计算。一般可联解雷诺方程和轴承所在系统的运动学方程。为了联解的需要和方便,常需在固定坐标系或旋转坐标系中表达瞬态雷诺方程。

(1) 固定坐标系下的雷诺方程

以轴承中心O_b为原点的固定坐标系(x,y,z)如图 3.9 所示,图中给出了轴颈中心O_j离开其稳态平衡位置后,在做任意位移(x_j,y_j)和任意速度$(\dot{x}_j,\dot{y}_j)$的挤压运动。

为将此固定坐标系里的运动表示为表面对应点处的平移运动,建立原点位于轴承表面任意点M'的局部坐标系(x,y,z)。由图 3.9 可知,转换后的轴承表面平移速度为

$$U_{1}=R_{j}\omega_{b}$$

$$U_{2}\approx R_{j}\omega_{j}-\dot{x}_{j}\sin\theta'+\dot{y}_{j}\cos\theta'$$

$$V_{1}=0$$

$$V_{2}=-\dot{x}_{j}\cos\theta'-\dot{y}_{j}\sin\theta'$$

代入式(3.51a),并考虑到$x=R_j\theta'$,得:

$$h=c-x_{j}\cos\theta'+y_{j}\sin\theta'$$

$$\frac{\partial h}{\partial\theta'}=x_{j}\sin\theta'-y_{j}\cos\theta'$$

$$\frac{\partial h}{\partial t}=-\dot{x}_{j}\cos\theta'+\dot{y}_{j}\sin\theta'$$

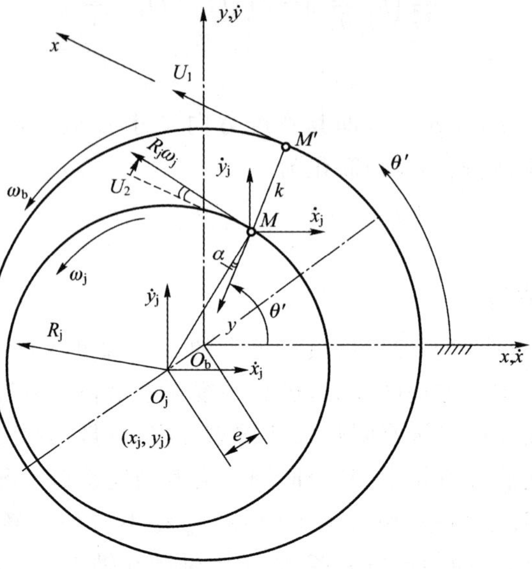

图 3.9　固定坐标系及轴承运动

略去小量 $\dot{x}_j/R_j$ 和 $\dot{y}_j/R_j$ 项，整理得固定坐标系瞬态雷诺方程：

$$\frac{1}{R_j^2}\frac{\partial}{\partial\theta'}\left(\frac{\rho h^3}{\eta}\frac{\partial p}{\partial\theta'}\right)+\frac{\partial}{\partial z}\left(\frac{\rho h^3}{\eta}\frac{\partial p}{\partial z}\right)=6(\omega_b+\omega_j)\frac{\partial(\rho h)}{\partial\theta'}+12\frac{\partial(\rho h)}{\partial t} \tag{3.57a}$$

此式也称为动态雷诺方程。

(2) 旋转坐标系下的雷诺方程

在图 3.10 所示的以轴承中心 O_b 为原点的旋转坐标系(r,t,z)中，轴颈中心 O_j 对轴承中心 O_b，既含有沿切向 t 的同步圆进动挤压速度分量 $e\Omega$，也包括沿径向 r 的径向挤压速度分量 $\dot{e}$。可容易地将旋转坐标系中的上述运动，转换到坐标原点建立在轴承表面 M' 点的局部坐标系(x,y,z)中，表示为表面对应点的平移运动。由图 3.10 可知，在这个局部坐标系里，表面的平移速度分别为

$$U_1\approx R_j\omega_b$$

$$V_1=0$$

$$U_2\approx R_j\omega_j-e\Omega\cos\theta+\dot{e}\sin\theta,\quad \theta=\theta'-\varphi$$

$$V_2=e\Omega\sin\theta+\dot{e}\cos\theta$$

代入径向轴承雷诺方程(3.51a)得：

$$h=c+e\cos\theta=c+e\cos(\theta'-\varphi)$$

$$\frac{\partial h}{\partial\theta}=-e\sin(\theta'-\varphi)$$

$$\frac{\partial h}{\partial t}=\dot{e}\cos(\theta'-\varphi)+e\dot{\varphi}\sin(\theta'-\varphi),\quad \dot{\varphi}=\Omega$$

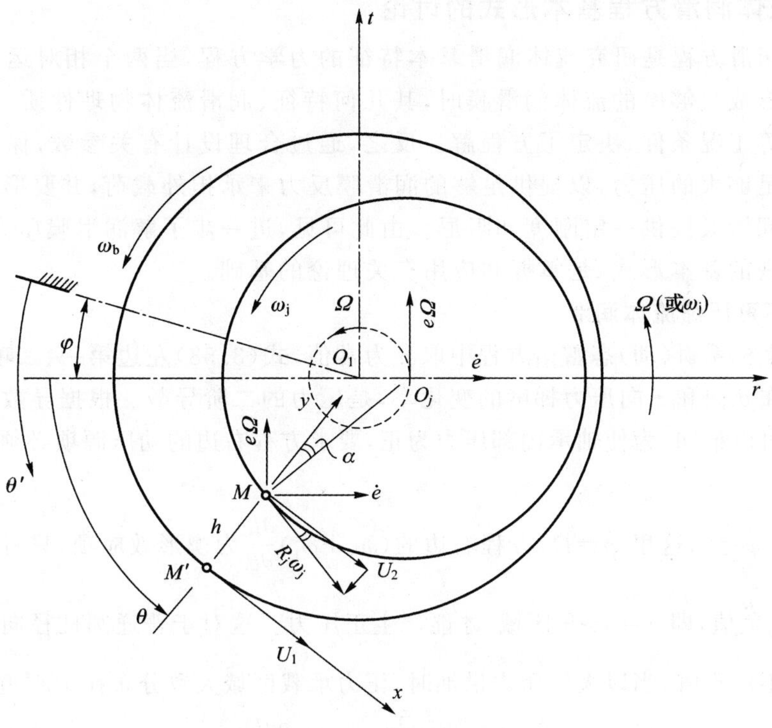

图 3.10　旋转坐标系及轴承运动

略去小量 e/R_j 和 $\dot{e}/R_j$ 项，整理可得：

$$\frac{1}{R_j^2}\frac{\partial}{\partial\theta'}\left(\frac{\rho h^3}{\eta}\frac{\partial p}{\partial\theta'}\right)+\frac{\partial}{\partial z}\left(\frac{\rho h^3}{\eta}\frac{\partial p}{\partial z}\right)=6(\omega_b+\omega_j)\frac{\partial(\rho h)}{\partial\theta'}+12\frac{\partial(\rho h)}{\partial t} \tag{3.57b}$$

式(3.57b)与式(3.57a)形式相同，但间隙函数 h 及其导数表示不同。右边项$\frac{\partial h}{\partial t}$中含有与$\dot{\varphi}$及$\dot{e}$有关的挤压效应，$\frac{\partial p}{\partial t}$中含有相应的两部分。因 $\dot{\varphi}$为常量下引起的挤压效应，在 r 轴上观察具有稳态性质，故不妨将此项归并到右边第一项，又因$\frac{\partial\varphi}{\partial\theta}=-1$，$\partial\theta'=\partial\theta$ 及 $12h\frac{\partial p}{\partial t}=-12h\dot{\varphi}\frac{\partial p}{\partial\theta}$，故有：

$$\frac{1}{R_j^2}\frac{\partial}{\partial\theta}\left(\frac{\rho h^3}{\eta}\frac{\partial p}{\partial\theta}\right)+\frac{\partial}{\partial z}\left(\frac{\rho h^3}{\eta}\frac{\partial p}{\partial z}\right)=6(\omega_b+\omega_j-2\dot{\varphi})\frac{\partial(\rho h)}{\partial\theta}+12\frac{\partial(\rho h)}{\partial t} \tag{3.58}$$

式中：$\frac{\partial h}{\partial t}=\dot{e}\cos\theta$，即得到旋转坐标系瞬态雷诺方程。

4. 流体润滑方程基本形式的讨论

流体润滑方程是研究流体润滑基本特征的力学方程，当两个相对运动的固体表面之间形成足够厚的流体润滑膜时，其几何特征、润滑流体物理性质、外载荷和运转状态等工况条件，决定了方程解。反之，通过合理设计有关参数，保证流体润滑膜产生足够大的压力，以提供足够的润滑膜反力来承担外载荷，并要形成足够厚的流体膜润滑及提供一定刚度和阻尼。由此可见，进一步了解润滑膜压力、产生机理及其表现的基本形式，是掌握和应用有关理论的基础。

(1) 不可压缩流体润滑

旋转坐标系瞬(动)态雷诺方程中取 ρ 为常值，式(3.58)左边第一、二项，分别表示膜压力在 θ 向和 z 向压力梯度的变化率，是压力的二阶导数。根据导数的性质和力学原理可以推知，为使轴承内部压力为正，要求方程右边的动压源项必须为负才能实现。

令 $\dot{e}=\dot{\varphi}=0$，这里 $\dot{\varphi}=\Omega$，方程右边的 $(\omega_b+\omega_j)\dfrac{\partial h}{\partial \theta}$ 为楔形效应项，只有在收敛楔形区，$\dfrac{\partial h}{\partial \theta}$ 为负值，即 $\theta=0\sim\pi$ 区域，才能产生正压力。这对于普通圆柱径向动压润滑轴承来说不难理解，当以大气压力供油时，压力承载区域大致分布在 180°范围内。

当 $\omega_b=\omega_j=\dot{e}=0$ 时，右边项为 $-2\dot{\varphi}\dfrac{\partial h}{\partial \theta}=-2\Omega\dfrac{\partial h}{\partial \theta}$，显然只有在发散楔形区，$\dfrac{\partial h}{\partial \theta}\theta$ 为正值，即 $\theta\in[\pi,2\pi]$ 区域，才可能产生压力。该项既是进动挤压效应项，也是瞬态径向轴承中一个挤压分速度效应。常见的同步圆进动挤压油膜轴承阻尼器的力学特征也是如此，是瞬态径向轴承中的一个挤压分速度效应，它将引起一种特殊的气穴现象。

当 $\omega_b=\omega_j=\dot{\varphi}=0$ 时，右边项 $\dfrac{\partial h}{\partial t}=\dot{e}\cos\theta$ 为径向挤压效应项，只有在 $\dot{e}\cos\theta$ 为负值，即在 $\theta\in\left[\dfrac{\pi}{2},\dfrac{3\pi}{2}\right]$ 区域，轴颈相对轴承彼此接近，才能产生正压力。这种挤压效应显然不能单独用来保证润滑，但在受到振动或变载荷的径向轴承中却起到重要的阻尼作用。

上述三种运转条件下，润滑膜压力分布分别在图 3.11 中给出。如同时具备多种运转条件，可将压力分布叠加，以得到相应结果。

固体表面的相对运动使流体润滑膜内产生正压力承载的润滑形式称为动压润滑，其压力来自三种效应，即楔形效应、进动挤压效应和径向挤压效应。除径向挤压效应不能持续外，其他两种效应皆可持续产生流体膜提供润滑功能。三种效应可相伴产生，形成动压润滑轴承的多种承载压力来源。

如当 $\omega_b=\omega_j=\dot{e}=\dot{\varphi}=0$，方程(3.58)右边为零时，意味着只能靠外部压力来不断

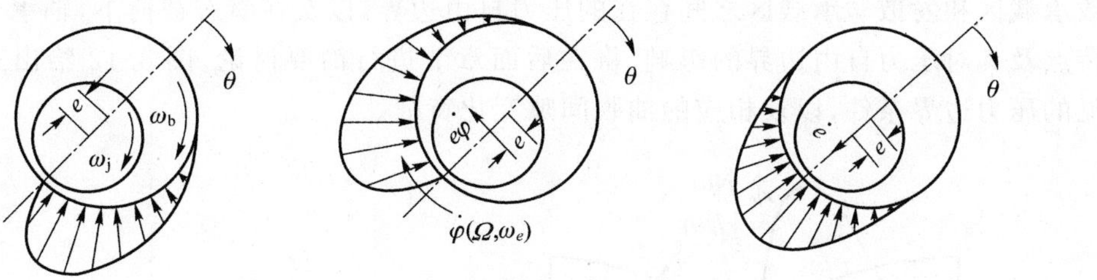

(a) 楔形效应　(b) 进动挤压效应　(c) 径向挤压效应

图 3.11　不同运转条件下的压力分布图

供给流体，以维持一定的轴承润滑膜厚 h 承载。这时，该式左边的第一、二项分别是外部供压下，轴承内所发生的 θ 向和 z 向的压力梯度变化。将外部供压作为边界压力代入方程求解，解域内边界上的外部供压，可等价为相应边界上的供油流量并代入方程，这种将流体输送到两固体表面之间的润滑形式，称为静压润滑。

流体支承设计中，多有静-动压组合的应用，如静压径向多腔轴承，既是静压润滑同时也伴有动压楔形效应，故也将其称为动静压混合润滑轴承；轴向柱塞油泵和油马达中的滑靴与斜盘之间的润滑，也是静压与挤压效应形成的动压共存。

(2) 可压缩流体润滑

对于可压缩流体润滑，密度变化的影响不能忽略，即 ρ 非常值。当气体径向轴承的转速极高时，气膜的支承能力可以完全来源于密度的变化，所对应的楔形气膜有时称为密度楔。实际的气膜则是几何楔效应与密度楔效应的混合。此外，气膜中的挤压效应因气体压缩性的影响，可以使轴承在高频振动下产生净承载能力，也就是气体挤压效应可以单独形成气体压膜轴承。

3.5　压力边界条件

3.5.1　压力边界

在求解雷诺方程这类偏微分方程或常微分方程时，须了解润滑膜解域的压力边界条件。对于不可压缩油膜润滑的雷诺方程，在形式上虽比可压缩气膜润滑的简单，但其压力边界条件较为复杂。

静载，即稳态载荷作用时，油润滑膜压力边界条件有两种基本情况：一是润滑表面与外部介质邻接的外部边界，该处油膜压力边界条件或为环境压力，或为由供油沟槽或小孔所限定的供油压力；二是油膜间隙内部的收敛区向发散区或发散区向收敛区过渡处，这些部位存在着油膜压力区和气穴区之间的自由边界，相应的边界条件称为压力自由边界条件或气穴自由边界条件。前一种压力边界条件简单明确，后一种压力边界条件在径向轴承中研究较多。至于稳态载荷下，径向轴承中润滑表面的收敛承载区和发散非承载区之间存在的压力自由边界，以及在瞬态载荷下，轴承中气穴特点及其对压力自由边界的影响，将在后面章节进行简要讨论。图 3.12 给出三种常见的压力边界条件，以及相应的油膜间隙变化特征。

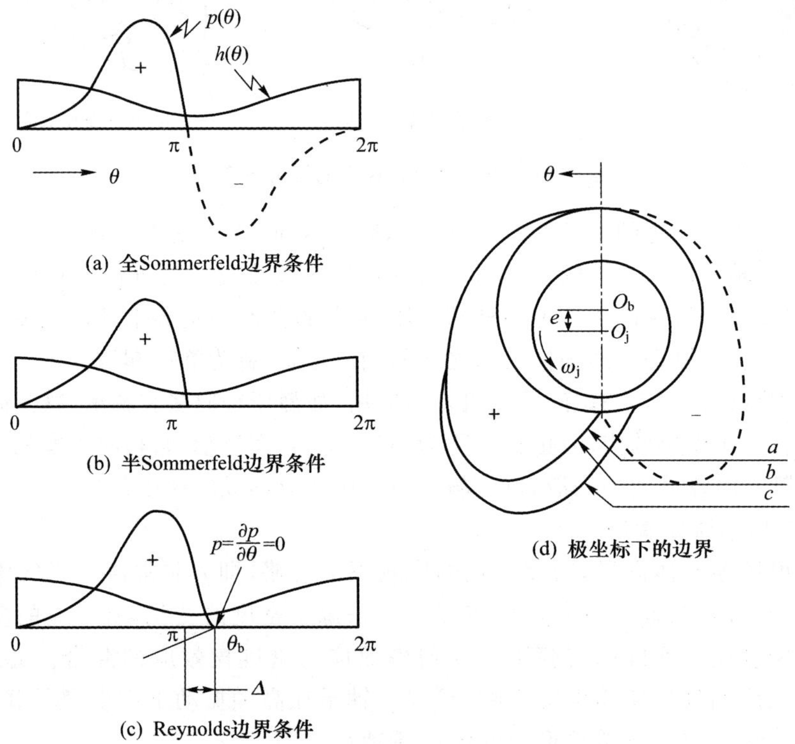

图 3.12　周向膜厚变化、压力分布及边界条件

3.5.2　常用边界条件

1. 全 Sommerfeld 边界条件

索默菲尔德(Sommerfeld)于 1904 年使用这种边界条件给出了雷诺方程的解，见图 3.12(a)。这种边界条件表述为，油膜在 360°范围内连续，周向压力分布表现为反对称周期性连续函数，即：

$$p(\theta)=p(\theta+2\pi),\quad p(0)=p(\pi)=0 \tag{3.59}$$

边界的假定，忽略了当负压足够大时，油膜在发散区所发生的气穴破裂现象。而事实上，油膜不能承受过大负压。这种假设条件下，数学处理简单，解的过程明了清晰，早期被用来进行粗略计算和限定性分析，但现在已很少采用。

2. 半 Sommerfeld 边界条件

吉姆贝尔(Gumbel)1921 年提出了半 Sommerfeld 边界条件，见图 3.12(b)。它考虑了油膜在发散区不能承受负压的状况，假定发散区压力均为零，即将边界条件表述为

$$p(\theta)\big|_{\theta=0}=p(\theta)\big|_{\theta=\pi\sim 2\pi}=0$$

它较全 Sommerfeld 边界条件接近实际，且仍保持了数学处理的简单性，至今仍被采用，尤其是在短轴承中。其局限性表现在，由收敛间隙转向发散间隙过渡处，即 $\theta=\pi$ 时，数学上表现为导数不连续，这与流体流动和压力的连续性不符。

3. Reynolds 边界条件

由油膜收敛间隙向发散间隙过渡处附近，油膜将破裂形成自由边界，见图 3.12(c)。此现象雷诺于 1886 年首先意识到，后由斯维夫特(Swift)和斯太贝尔(Stieber)分别在 1931 年和 1933 年完成数学描述。Reynolds 边界条件表现为在油膜收敛间隙向发散间隙过渡处，油膜流动连续并将自然破裂，其一维流动和二维流动表达式分别为

$$p=p_c,\quad \partial p/\partial x=0 \tag{3.60}$$

$$p=p_c,\quad \partial p/\partial x=\partial p/\partial z=0 \tag{3.61}$$

式中：p_c 为气穴压力，通常取为大气压力，即取 $p_c=0$。油膜压力区下游与油膜破裂区，即气穴区，上游形成自由边界。这种表述比较符合实际，解出压力分布具有最大正解域，压力分布值最高。采用 Reynolds 边界条件与采用半 Sommerfeld 边界条件所解得的油膜承载能力相比，压力提高 10%左右。另外，由于这种边界条件在数值迭代计算中用负压置零的方法实现，因此常被采用。

4. Floberg 边界条件

弗洛贝格(Floberg)于 1961 年根据试验现象和流量连续原理，得到：

$$\frac{1}{2}Uh_1=\frac{1}{2}Uh_2-\frac{h_2^3}{12\eta}\left(\frac{\partial p}{\partial x}-\frac{\partial p}{\partial z}-\frac{\mathrm{d}x}{\mathrm{d}z}\right) \tag{3.62}$$

式中：下标 1 和 2 分别表示气穴区上游边界和下游边界，式(3.62)也被称为 Floberg 边界条件。

这种边界条件考虑了由油膜发散间隙向收敛间隙过渡处，即油膜破裂区或称气穴区，区域下游或油膜压力区上游的自由边界条件，见图 3.13。图中 $h_{\max}$ 和 $h_{\min}$ 分别为径向轴承的最大油膜厚度与最小油膜厚度，p_s 和 p_a 分别为供油压力和环境大气压力。

在图 3.14 给出了 p 的等压线图，气穴区上游按 Reynolds 边界条件，下游按 Floberg 边界条件，所得到的数值计算结果与试验结果对比具有较好的一致性。

轻载条件下有时需计及气穴区负压对轴承力学性能的影响，此区处在由收敛间隙向发散间隙过渡处接近最大负压的部位。这时，在该处不可再用 Reynolds 边界条

件，而按弗洛贝格所提供的算法计算。

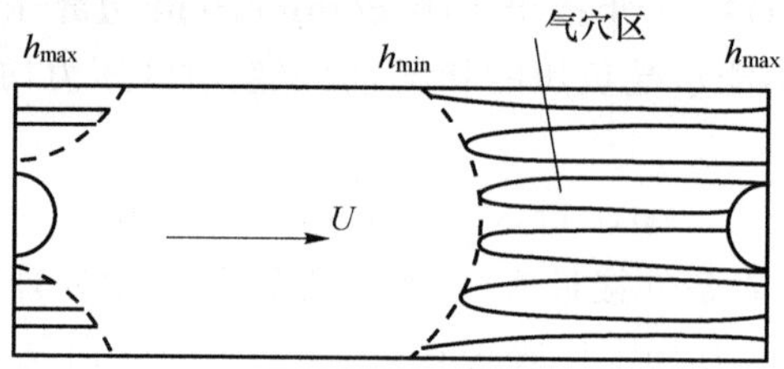

(a) 小孔供油

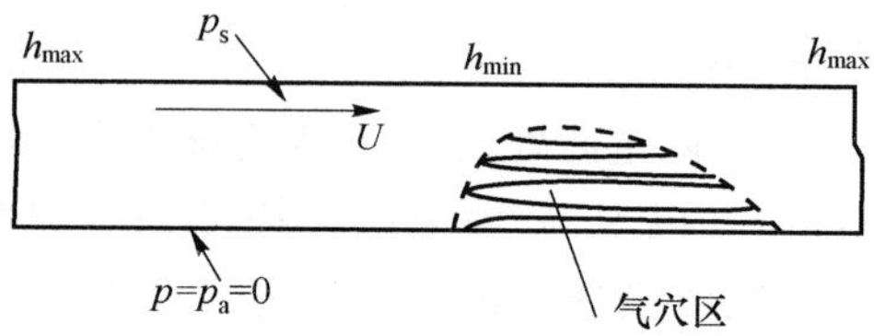

(b) 周向沟槽供油

图 3.13 径向轴承油膜压力区自由边界

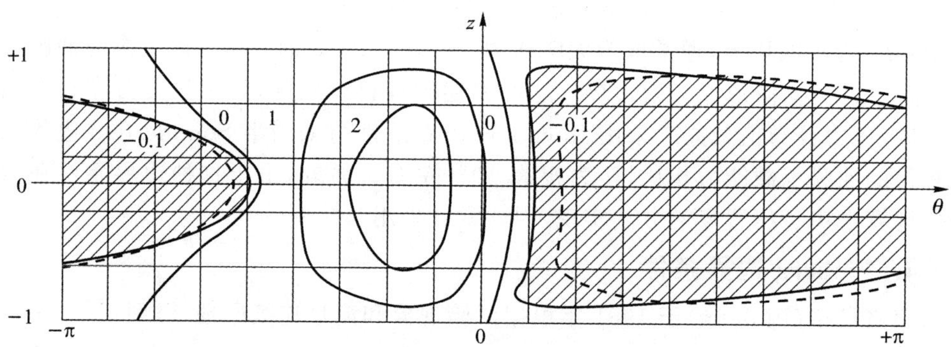

图 3.14 理论曲线和试验结果(虚线)的气穴区自由边界

习 题

3.1 图 3.15 所示为一圆形管道图，内径为 d，长度为 l，粘性流体动力粘度为 η，压力差 $\Delta p=p_1-p_2$，试利用简化 N－S 方程，求该圆形管道中稳定层流流量 Q_x。

3.2 假设图 3.16 所示为平板沿 z 向无限长(宽)，平板间充满粘性流体，试解答以下问题：

(1) 绘出各工况下典型截面速度 u 分布图；

(2) 写出各工况下单位宽度流量 q_x 的表达式。

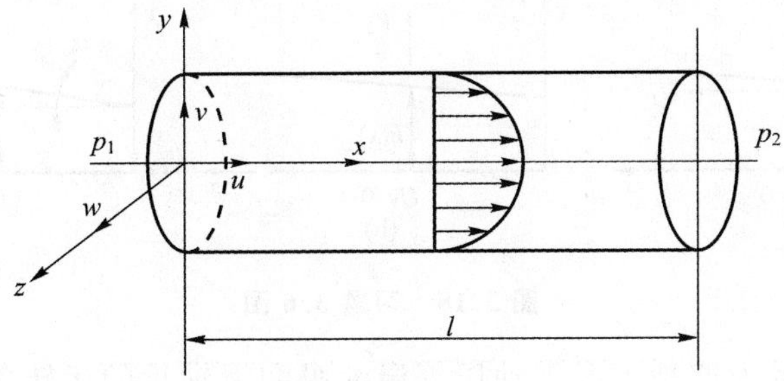

图 3.15　习题 3.1 图

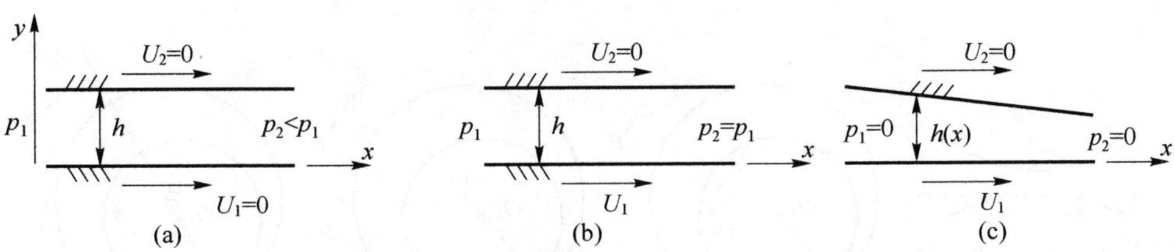

图 3.16　习题 3.2 图

3.3　粘性流体微元体在 x 向的受力状态如图 3.17 所示，已知由此模型所导出的简化 N-S 方程为 $\dfrac{\partial p}{\partial x}=\dfrac{\partial}{\partial y}\left(\eta\dfrac{\partial u}{\partial y}\right)$。

试问：在上述条件和简化过程中，在何处引入了哪些假定？

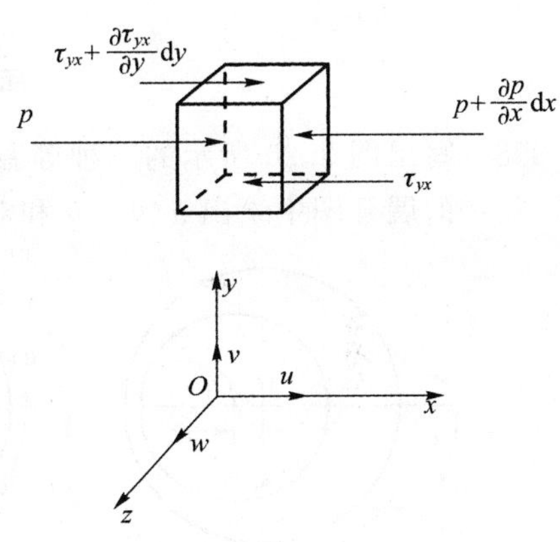

图 3.17　习题 3.3 图

3.4　在润滑膜模型力学分析和简化中，其具有的几何特征表述为 $h/l_x \approx h/l_z \approx 10^{-3}$，且为薄膜状况，试分析：广义雷诺方程的建立过程中可依此作出哪些物理假定？这些假定在理论分析时分别在何处被引入？有何作用？

3.5　请说明以下两个雷诺方程的限用条件分别是什么？

$$\frac{\partial}{\partial x}\left(\frac{h^3}{\eta}\frac{\partial p}{\partial x}\right)+\frac{\partial}{\partial z}\left(\frac{h^3}{\eta}\frac{\partial p}{\partial z}\right)=6(U_1-U_2)\frac{\partial h}{\partial x}+12\frac{\partial h}{\partial t} \tag{a}$$

$$\frac{\partial}{\partial x}\left(\frac{h^3}{\eta}\frac{\partial p}{\partial x}\right)+\frac{\partial}{\partial z}\left(\frac{h^3}{\eta}\frac{\partial p}{\partial z}\right)=6(U_1+U_2)\frac{\partial h}{\partial x}+12\frac{\partial h}{\partial t} \tag{b}$$

3.6　写出图 3.18 所示三种工况下，倾斜平板推力轴承对应的不可压流有限长(宽)轴承的雷诺方程。

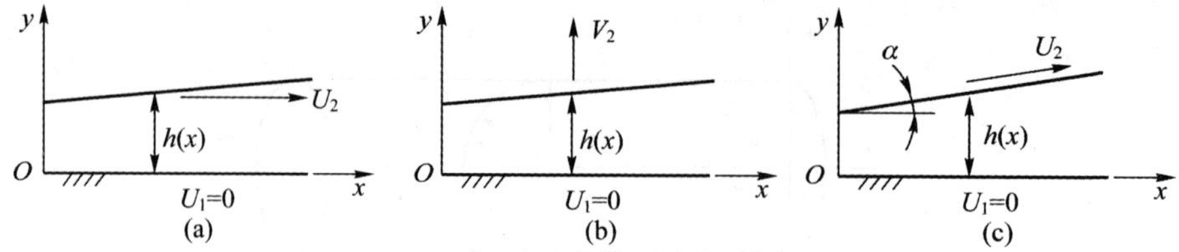

图 3.18　习题 3.6 图

3.7　图 3.19 所示为四种工况下动压等温油膜润滑轴承的运转条件和其间隙函数 $h(x)$或$h(\theta)$，试分别写出各种工况下的二维雷诺方程。

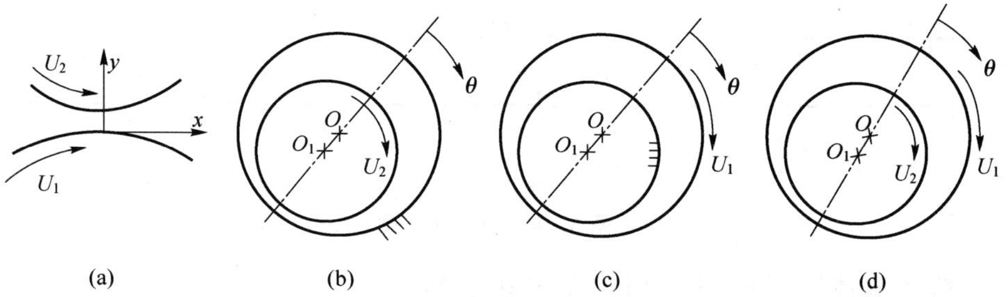

图 3.19　习题 3.7 图

3.8　写出图 3.20 所示的三种等温油膜润滑运转工况下的雷诺方程，并在径向轴承的展开图中绘出 $h(\theta)-\theta$ 和对应中央对称截面内的 $p(\theta)-\theta$ 压力分布图。

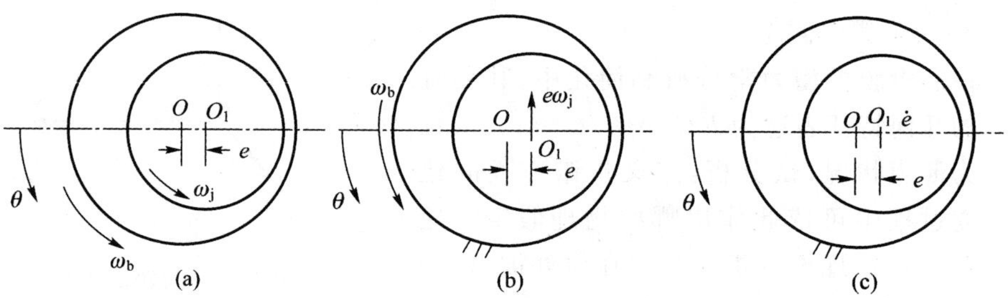

图 3.20　习题 3.8 图

3.9　图 3.21 所示为三油楔径向轴承所在的坐标系，已知轴颈角速度 ω_j，半径 R，间隙函数$h(\theta)$，轴颈中心速度分量 $V_=$ 和 $V_\perp$，试写出该有限长轴承的等温油润滑雷诺方程。

3.10　写出图 3.22 所示圆柱与平板之间的等温润滑油膜在以下四种工况下的雷诺方程，并判断在以下条件下，其压力区域内压力是否可以大于环境压力，设环境压力 $p=0$。

(1) 区Ⅰ，$U=0,\omega>0$；

（2）区Ⅰ,$U>0,\omega=0$；

（3）区Ⅱ,$U=0,\omega>0$；

（4）区Ⅱ,$U>0,\omega=0$。

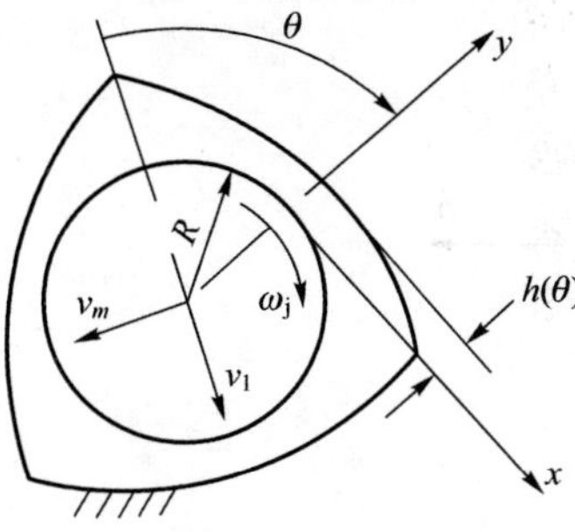

图 3.21　习题 3.9 图

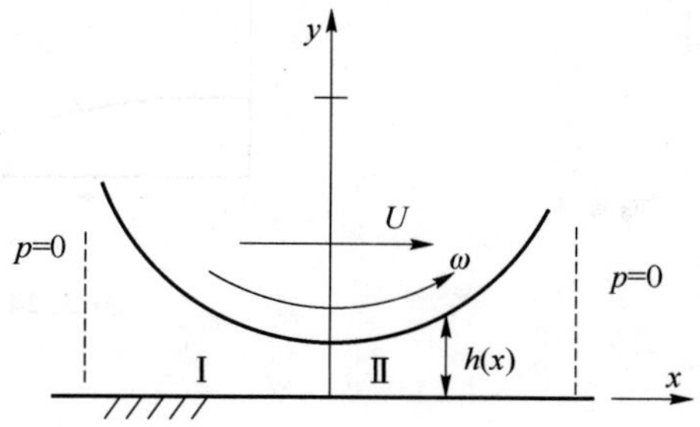

图 3.22　习题 3.10 图

3.11　写出图 3.23 所示的两种工况下的雷诺方程。

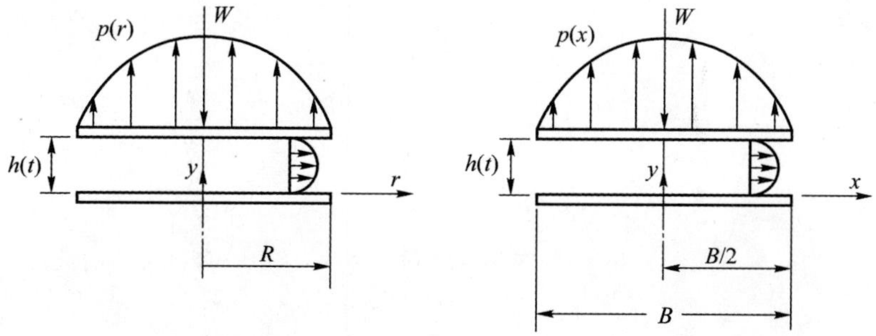

(a) 圆平板挤压油膜轴承　　(b) 无限长(宽)平板挤压油膜轴承

图 3.23　习题 3.11 图

3.12　在 N－S 方程基础上,对粘流膜润滑使用了哪些物理假定？经过怎样的简化从而得到如下的简化 N－S 方程：

$$\begin{cases}\dfrac{\partial p}{\partial x}=\dfrac{\partial}{\partial y}\left(\eta\dfrac{\partial u}{\partial y}\right)\\\dfrac{\partial p}{\partial y}=0\\\dfrac{\partial p}{\partial z}=\dfrac{\partial}{\partial y}\left(\eta\dfrac{\partial w}{\partial y}\right)\end{cases}$$

3.13　在通常所用的如下形式的雷诺方程中主要含有哪些物理假定？其中哪些可能与实际流体润滑条件相差较大？

$$\frac{\partial}{\partial x}\left(h^3\frac{\partial p}{\partial x}\right)+\frac{\partial}{\partial z}\left(h^3\frac{\partial p}{\partial z}\right)=6\eta(U_1+U_2)\frac{\partial h}{\partial x}+12\eta\frac{\partial h}{\partial t}$$

3.14 某油膜润滑轴承间隙为 $h(\theta)$，按图 3.14 所示给出运转条件，试在图上作出全 Sommerfeld 的、半 Sommerfeld 的和 Reynolds 的三种压力边界条件。

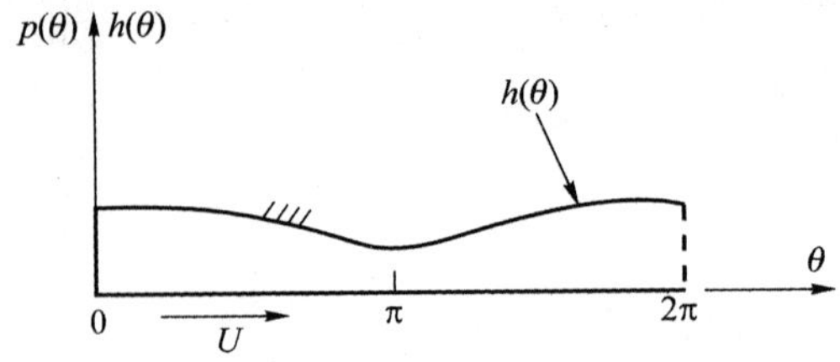

图 3.24　习题 3.14 图

第 4 章　流体动压轴承

流体动压轴承是依据流体动压润滑原理设计的一种支承部件。本章着重介绍不可压缩流体动压润滑轴承稳态和动态特性,包括推力轴承稳态性能、径向轴承稳态性能、挤压油膜轴承性能和径向轴承动态特性的一维解析解,定量分析方法和有关性能的影响参数、影响因素及物理意义。其中,对于止推轴承和平板挤压油膜轴承,采用无限长轴承近似解析解讨论;对于各种径向轴承,采用无限短轴承近似解析解讨论。

应该注意到,就轴承或相互运动表面间动压润滑的基本形式而言,楔形效应,取决于该轴承或相互运动表面能否在运动方向上构成收敛形状,而其形式多样,可以在相对运动零件表面通过适当设计构成;挤压效应,则是由相对运动表面的运动形式决定的。

4.1　推力轴承稳态性能

4.1.1　动压推力轴承的一般形式

动压推力轴承,一般可分为固定瓦推力轴承和可倾瓦推力轴承两类。固定瓦推力圆轴承的承载瓦面由许多扇形组成,如图 4.1 所示。扇形瓦面沿周向被径向油槽隔开,一般平面推力盘安装于轴上,在承载瓦面上设计有斜面、阶梯面或螺旋槽等,当轴运转时与轴推力盘的旋转平面共同构成油楔,在整个瓦面区域形成动压油膜。固定瓦推力轴承工况改变时将不能维持最佳设计工作状态,1905 年米切尔(Michell)在澳大利亚、金斯伯里(Kingsbury)在美国分别设计出能绕某支点自由摆动的可倾瓦轴承,如图 4.2(a)所示。瓦面斜率能随转速、载荷和滑油粘度等工况的变动而自动调节倾角,因而具有在全工况下维持设计状态的能力,且较易形成动压油膜。类似还有弹性支承推力轴承,如图 4.2(b)所示,瓦面倾斜角度与转速、载荷和滑油粘度等工况条件有关,同时靠瓦块与基底材料连接的弹性实现自动调节。因而,可倾瓦轴承具有一定的自适应性和自校正功能。

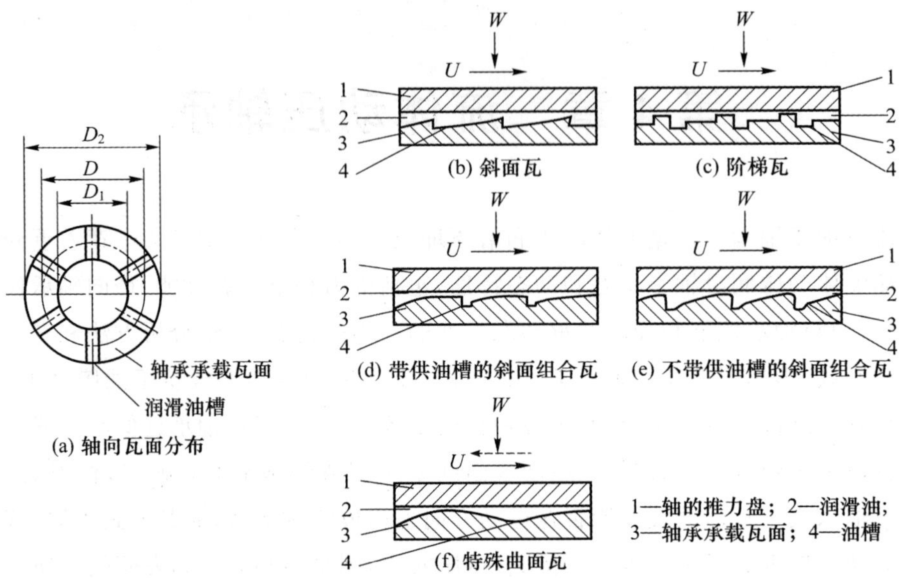

图 4.1　固定瓦推力轴承

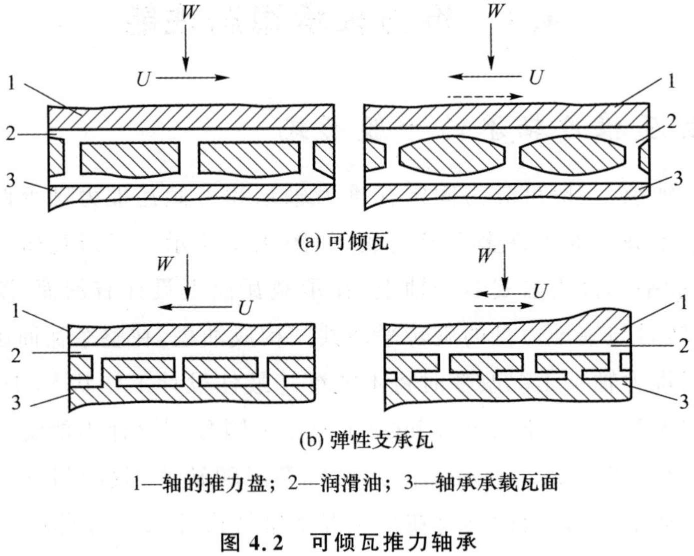

图 4.2　可倾瓦推力轴承

4.1.2　斜面推力轴承

斜面推力轴承是固定瓦推力轴承的基本形式，常由一平面与若干斜面组成，瓦面呈扇形，扇形径向尺寸 B 称为瓦宽，平均直径 $D=(D_1+D_2)/2$ 处的周向尺寸 L 称为瓦长，见图 4.1，瓦长与瓦宽之比(L/B)称为瓦面的长宽比。液体动压推力轴承大多属于多油楔，各瓦面尺寸相同，其承载能力为各瓦面承载能力之和。性能分析时，可只对单瓦进行，为便于分析，常把轴承扇形块作平面滑块处理。

斜面瓦块的收敛楔如图 4.3 所示，动板的速度为 U，承受载荷为 W，在承载区进口和出口，油膜厚度分别为 h_1 和 h_2，边界压力通常取为大气压力或环境压力，在承载区内任意点 x 处的油膜厚度为 h，其润滑间隙的几何特征可由下式确定：

$$x=L\left(1-\frac{h-h_2}{h_1-h_2}\right)$$

$$h=h_1-(h_1-h_2)\frac{x}{L}$$

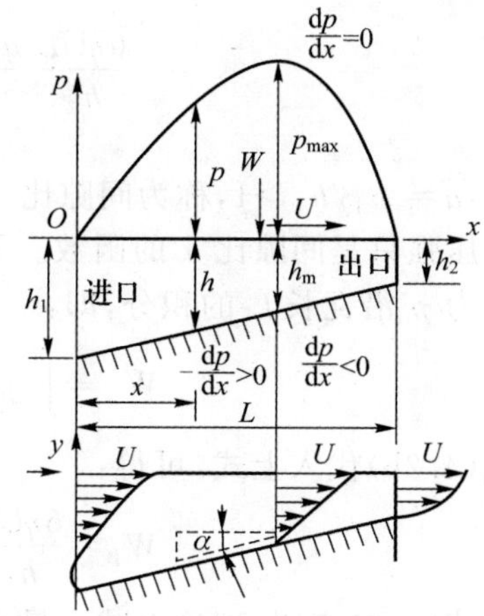

图 4.3　斜面轴承压力分布和流速

通常，轴承瓦面是固定的，轴上的推力盘相对轴承旋转，在无限长轴承假设的简化条件下，润滑剂流动满足一维稳态雷诺方程：

$$\frac{\mathrm{d}}{\mathrm{d}x}\left(h^3\frac{\mathrm{d}p}{\mathrm{d}x}\right)=6\eta U\frac{\mathrm{d}h}{\mathrm{d}x}$$

对 x 积分一次，利用条件 $\mathrm{d}p/\mathrm{d}x=0$ 时 $h=h_m$，确定积分常数，则可得表达式：

$$\frac{\mathrm{d}p}{\mathrm{d}x}=6\eta U\frac{h-h_m}{h^3} \tag{4.1}$$

将间隙函数关系代入式(4.1)并对 x 积分，可得到斜面滑块推力轴承的压力分布方程：

$$p(x)=6\eta U\left(\int_0^x\frac{\mathrm{d}x}{h^2}-h_m\int_0^x\frac{\mathrm{d}x}{h^3}\right)+C \tag{4.2a}$$

式中：

$$\int_0^x\frac{\mathrm{d}x}{h^2}=\int_{h_1}^h\left(-\frac{L}{h_1-h_2}\right)\frac{1}{h^2}\mathrm{d}h=\frac{L}{h_1-h_2}\left(\frac{1}{h}-\frac{1}{h_1}\right)$$

$$\int_0^x\frac{\mathrm{d}x}{h^3}=\int_{h_1}^h\left(-\frac{L}{h_1-h_2}\right)\frac{1}{h^3}\mathrm{d}h=\frac{L}{2(h_1-h_2)}\left(\frac{1}{h^2}-\frac{1}{h_1^2}\right)$$

根据边界条件：$h=h_1$ 时 $p=0$，解得积分常数 $C=0$；又 $h=h_2$ 时 $p=0$，解得 $h_m=2h_1h_2/(h_1+h_2)$，代入式(4.2a)，即可得到压力方程：

$$p(h)=6\eta U\frac{L}{h_1-h_2}\left[\left(\frac{1}{h}-\frac{1}{h_1}\right)-\frac{h_1h_2}{h_1+h_2}\left(\frac{1}{h^2}-\frac{1}{h_1^2}\right)\right]=$$

$$6\eta UL\frac{h_1-h_2}{h_1+h_2}\frac{\frac{x}{L}\left(1-\frac{x}{L}\right)}{\left[h_1-(h_1-h_2)\frac{x}{L}\right]^2}=$$

$$\frac{6\eta UL}{h_2^2}\frac{a-1}{a+1}\frac{\frac{x}{L}\left(1-\frac{x}{L}\right)}{\left[a-(a-1)\frac{x}{L}\right]^2} \tag{4.2b}$$

式中：$a=h_1/h_2>1$，称为间隙比。由式(4.2b)可以看出，当轴承长度 L 一定时，任意点压强只是间隙比 a 的函数。无限长推力轴承单位宽度上的承载量 W_B，实际上是压力 p 沿瓦长 L 的积分，即：

$$W_B=\int_0^L p\,\mathrm{d}x=\int_{h_2}^{h_1} p\left(-\frac{L}{h_1-h_2}\right)\mathrm{d}h$$

将式(4.2b)代入上式，可得：

$$W_B=\frac{6\eta UL}{h_2^2}\frac{1}{(a+1)^2}\left(\ln a-2\frac{a-1}{a+1}\right) \tag{4.3}$$

式(4.3)表明，理论上减小最小油膜厚度 h_2 可显著提高轴承的承载能力，但实际上还要考虑摩擦表面粗糙度和润滑油中杂质微粒尺寸的限制，以保证不发生接触。

在液体摩擦中，单位面积上的剪切力随着相对滑动速度的变化而改变，在 x 方向上剪切力 $\tau=\partial u/\partial y$，则单位宽度上总摩擦阻力为

$$F_B=-\int_0^L(\tau)_{y=0}\mathrm{d}x=-\int_0^L\left(\eta\frac{\partial u}{\partial y}\right)_{y=0}\mathrm{d}x \tag{4.4a}$$

式中的负号表示摩擦阻力与速度方向相反。

由速度方程

$$u=\left(\frac{h-y}{h}\right)U-\frac{1}{2\eta}\frac{\partial p}{\partial x}y(h-y)$$

对 y 微分，$y=0$ 处的$\partial u/\partial y$ 为

$$\left(\frac{\partial u}{\partial y}\right)_{y=0}=\left[-\frac{U}{h}-\frac{1}{2\eta}\frac{\mathrm{d}p}{\mathrm{d}x}(h-2y)\right]=-\frac{U}{h}-\frac{1}{2\eta}\frac{\mathrm{d}p}{\mathrm{d}x}h$$

将以上关系代入式(4.4a)得

$$\begin{aligned}F_B=&-\int_0^L\eta\left(-\frac{U}{h}-\frac{1}{2\eta}\frac{\mathrm{d}p}{\mathrm{d}x}\right)\mathrm{d}x=\\&-\int_0^L\eta\left(-\frac{U}{h}-\frac{h}{2\eta}6\eta UL\frac{h-h_m}{h^3}\right)\mathrm{d}x=\\&\frac{4\eta UL}{h_1-h_2}\int_{h_1}^{h_2}\frac{\mathrm{d}h}{h}+\frac{6\eta UL}{h_1^2-h_2^2}\int_{h_1}^{h_2}\frac{\mathrm{d}h}{h^2}=\\&\frac{\eta UL}{h_1-h_2}\left(4\ln a-6\frac{a-1}{a+1}\right)\end{aligned} \tag{4.4b}$$

定义 润滑油的摩擦因数 μ 为摩擦阻力与承载能力的比值，即：

$$\mu=\frac{F_B}{W_B}=\frac{h_1-h_2}{L}\frac{4\ln a-6\frac{a-1}{a+1}}{6\left(\ln a-2\frac{a-1}{a+1}\right)} \tag{4.5}$$

以上各式表明，承载能力和摩擦因数均为间隙比 a 的函数，选择最优间隙时，若以承载能力为判据，则承载能力愈大愈好；若以摩擦因数为判据，则摩擦因数愈小愈好。对应不同判据，可以有不同的最优间隙设计。对无限长轴承，一般可取 $a=1.8\sim2.8$ 时，轴承承载能力较高；$a=2.2$ 时左右达到峰值；$a=1.9\sim3.6$ 时，摩擦因数较低；$a=2.5$ 左右时最低。因此，从一般综合承载能力和摩擦因数两方面考虑，a 多选在 2～3 之间。

4.1.3　斜面-平面组合轴承

斜面-平面组合推力轴承中，各个扇形固定瓦分别由斜面和平面两部分组成，见图 4.4。其油膜间隙函数是对区域 L_2，$h=h_2$。

取 $x=L_2$ 为出口，即流出边，则边界条件为 $x=0$ 时，$p=0$；$x=L_2$ 时，$p=p_c$，那么，

$$L_1,\quad h=h_1-(h_1-h_2)\frac{x}{L_1}$$

$$L_2,\quad h=h_2$$

阶梯处的公共压力为

$$p_c=6\eta UL_2\,\frac{h_m-h_2}{h_2^3}$$

对区域 L_1，利用式(4.2a)可得：

$$p(h)=\frac{6\eta UL_1}{h_1-h_2}\left[\left(\frac{1}{h}-\frac{1}{h_1}\right)-\frac{1}{2}h_m\left(\frac{1}{h^2}-\frac{1}{h_1^2}\right)\right]+C$$

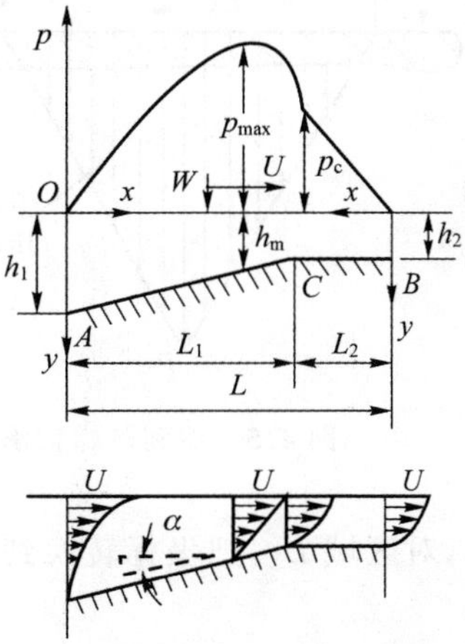

图 4.4　斜面-平面轴承压力分布和流速

其边界条件为

$$h=h_2,\quad p=p_c=6\eta UL_2\,\frac{h_m-h_2}{h_2^3}$$

$$h=h_1,\quad p=0$$

于是

$$p(h)=6\eta U\left\{L_2\left(\frac{h_m}{h_2^3}-\frac{1}{h_2^2}\right)+\frac{L_1}{h_1-h_2}\left[\left(\frac{1}{h}-\frac{1}{h_2}\right)-\frac{h_m}{2}\left(\frac{1}{2h^2}-\frac{1}{2h_2^2}\right)\right]\right\}\tag{4.6}$$

式中：

$$h_m=\frac{2h_1h_2(L_1h_2+L_2h_1)}{(h_1+h_2)[L_1h_2+2L_2h_1^2/(h_1+h_2)]}$$

应该注意，p_c 可表达为位置 h 的函数，p 在边界处连续。一般斜面长度 $L_1=0.8L$ 时，组合轴承承载能力处于最佳情况，其承载能力比相应的斜面轴承高 25%，但摩擦损失也有相应的提高。

4.1.4 瑞利(Rayleigh)阶梯轴承

在等温假设下，当间隙不变时，滑块中润滑膜是没有动压承载能力的，若润滑间隙沿流动方向为收缩阶梯形平行平面，则沿滑块全长将可以获得动压力，进而获得承载能力。阶梯轴承实际上是具有一个台阶的阶梯平面轴承。在1918年由瑞利首先提出，由两段具有阶梯的平行区的构成形式，如图4.5所示。入口区间隙为h_1，出口区间隙为h_2，滑油运动方向为大口进小口出，这时轴承可以产生流体动压力。在区域L_1内$h=h_1$，在区域L_2内$h=h_2$，各区内压力梯度$\mathrm{d}p/\mathrm{d}x$为常数，即压力按三角形分布，最大压力位于台阶处。

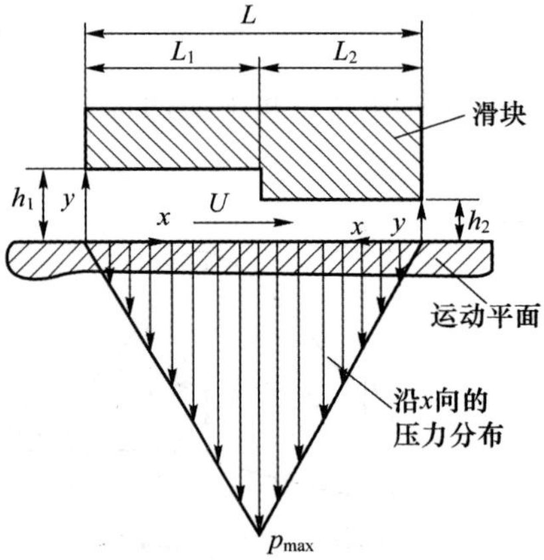

图4.5 瑞利阶梯轴承

将h作为常量对式(4.1)积分可得：

$$p=6\eta U\frac{h_m-h_2}{h^3}x+C_1$$

对区域L_1，因$x=0$时$p=0$，$x=L_1$时$p=p_{max}$，p_{max}是在阶梯处的公共压力，根据边界条件可得$C_1=0$及

$$p_{max}=6\eta U\frac{h_1-h_m}{h_1^3}L_1$$

同样，对区域L_2，把坐标转换到端部，亦有$C_1=0$及

$$p_{max}=6\eta U\frac{h_m-h_2}{h_2^3}L_2$$

于是，

$$\frac{h_m-h_2}{h_2^3}L_2=\frac{h_1-h_m}{h_1^3}L_1$$

或

$$h_m=\frac{h_1h_2(L_1h_2^2+L_2h_1^2)}{L_1h_2^3+L_2h_1^3}$$

其压力分布，对于区域L_1为

$$p(x)=\frac{6\eta U}{h_1^2}\left[1-\frac{h_2(L_1h_2^2+L_2h_1^2)}{L_1h_2^3+L_2h_1^3}\right]x \tag{4.7a}$$

对于区域L_2为

$$p(x)=\frac{6\eta U}{h_2^2}\left[\frac{h_1(L_1h_2^2+L_2h_1^2)}{L_1h_2^3+L_2h_1^3}-1\right]x \tag{4.7b}$$

轴承的承载能力，即为压力分布函数与x轴所包围面积之和，得到承载能力为

$$W = W_1 + W_2 = \frac{6\eta U(h_1 - h_m)B}{h_1^3}\int_0^{L_1} x\,\mathrm{d}x + \frac{6\eta U(h_m - h_2)B}{h_2^3}\int_0^{L_2} x\,\mathrm{d}x = \frac{3\eta UBL_1L_2L(h_1 - h_2)}{L_1h_2^3 + L_2h_1^3}$$

若令 $L_1 = L - L_2$，$a = h_1/h_2$，则上式可改写为

$$W = \frac{3\eta UBLL_2(L - L_1)(a - 1)}{(L_2a^3 + L - L_2)h_2^2} \tag{4.8}$$

为寻求最佳的 L_2 和 a 值，可取 $\partial W/\partial L_2 = 0$ 及 $\partial W/\partial a = 0$，解得 $a = 1 + \sqrt{3}/2 \approx 1.866$，相应 L_1/L_2 的最佳值为 2.549。与轴承承载能力比较，阶梯轴承在相同条件下具有较大的承载能力。

4.1.5　可倾瓦推力轴承

可倾瓦推力轴承与斜面推力轴承的不同点在于其每一瓦块都是独立的，且对支点是自由的，如图 4.6 所示。这种轴承通常有三个或三个以上瓦块，并封装在机匣中。可倾瓦轴承油膜压力中心应为载荷作用点，压力中心的坐标 x 可以根据载荷对坐标原点取矩求得。设单位宽度承载量为 W_B，压力中心距坐标原点距离为 x_c，则

$$W_B - x_c = \int_0^L px\,\mathrm{d}x$$

由式(4.2b)经积分简化整理后，可得支点位置系数为

$$\bar{x}_c = \frac{x_c}{L} = \frac{a(a+2)\ln a - \frac{1}{2}(a-1)(5a+1)}{(a^2-1)\ln a - 2(a-1)^2} \tag{4.9}$$

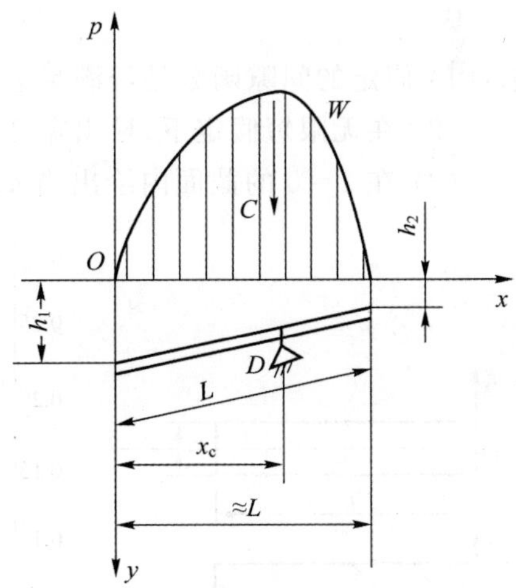

图 4.6　压力中心与支点位置

对于一具体瓦块而言，L 为固定值，由式(4.9)可以看出，无量纲支点位置系数 x_c 只是间隙比 a 的函数，如果瓦块支承在距原点 x_c 的 D 点上，则 x_c 为定值。对于斜面轴承，a 值固定，加一定载荷时，对应有最佳 a 值。而对于可倾瓦轴承，其瓦块支承在固定点 D 上，瓦块相对于 D 点摆动以适应不同工况。其特点是对于变载荷的适应能力较强，且允许轴与轴承有较大不同心度。

如支点设计在瓦块中心，则可适用于双向运转，理论上，这时没有楔形油膜，轴承不能承受载荷，但实际上由于瓦块表面并非理想平面，可能受到几何缺陷、悬臂及弯

曲变形等的影响，使瓦块表面自然弯曲或呈弧形，这时轴承仍能够产生一定动压承载。另外，这种轴承在启动和静止时，运动面与瓦块的前一部分存在着收敛油楔，于是启动后，流体动压力的建立比在两个平面间建立要容易得多，因而在透平机械轴向力较大的情况下经常使用。

以上仅给出了几种典型推力轴承的一维分析，因实体轴承是有限长的，滑油将从瓦面两侧发生泄漏，进而造成油膜压力下降。对于不同长宽比的轴承，可用二维雷诺方程得到不同的压力曲线供设计分析使用。

【例 4.1】 在图 4.7 所示推力轴承中，已知 L、B、h_1、h_2 及 U，并假定间隙函数 $h(x)$ 满足正弦（或余弦）规律，即

$$h(x)=m+n\cos\frac{\pi x}{L}$$

$$m=\frac{1}{2}(h_1+h_2)$$

$$n=\frac{1}{2}(h_1-h_2)$$

求：(1) 假定的间隙函数是否满足边界条件；

(2) 在无限短假定下，导出宽度为 B 的压力分布；

(3) 在 $z=0$ 的截面内绘出当 $h_1/h_2=2.0$、2.2 和 2.4 时的压力分布曲线。

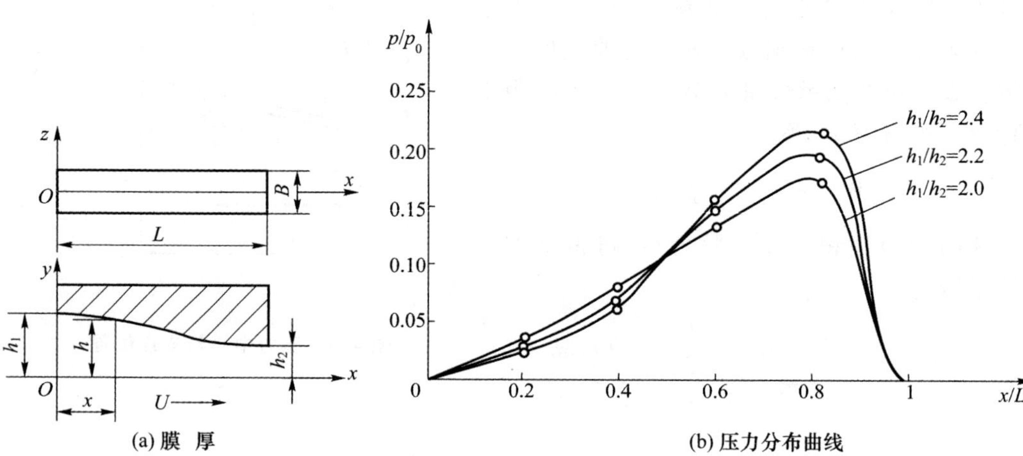

(a) 膜 厚　　(b) 压力分布曲线

图 4.7　例 4.1 图

解　(1)

$$h(0)=m+n=\frac{1}{2}(h_1+h_2)+\frac{1}{2}(h_1-h_2)=h_1$$

$$h(L)=m-n=\frac{1}{2}(h_1+h_2)-\frac{1}{2}(h_1-h_2)=h_2$$

所以 $h(x)=m+n\cos\dfrac{\pi x}{L}$ 满足所给边界条件。

(2) 在无限短(窄)假定下,根据前面的推导可知

$$\frac{\mathrm{d}}{\mathrm{d}z}\left(h^3\frac{\mathrm{d}p}{\mathrm{d}z}\right)=6\eta U\frac{\mathrm{d}h}{\mathrm{d}x}$$

由此可得

$$\frac{\mathrm{d}^2p}{\mathrm{d}z^2}=-\frac{6\eta U}{h^3}\frac{\pi}{L}n\sin\frac{\pi x}{L}$$

对 z 积分两次可得

$$p(x,z)=-\frac{6\pi\eta U}{Lh^3}n\sin\frac{\pi x}{L}\frac{z^2}{2}+C_1z+C_2$$

根据边界条件 $z=\pm B/2$ 时 $p=0$,解得积分常数为

$$C_1=0$$

$$C_2=\frac{3}{4}\cdot\frac{\pi\eta UB^2}{L}n\frac{\sin\dfrac{\pi x}{L}}{h^3}$$

将 C_1 及 C_2 代入即可得压力方程为

$$p(x,z)=-\frac{3\pi\eta U}{Lh^3}n\sin\frac{\pi x}{L}\left(z^2-\frac{B^2}{4}\right)=$$

$$\frac{-3\pi\eta U}{L}n\frac{\sin\dfrac{\pi x}{L}}{\left(m+n\cos\dfrac{\pi x}{L}\right)^3}\left(z^2-\frac{B^2}{4}\right)=$$

$$\frac{3\pi\eta Un(B^2-4z^2)\sin\dfrac{\pi x}{L}}{4L\left(m+n\cos\dfrac{\pi x}{L}\right)^3}$$

(3) 当 $z=0$ 时,

$$p(x,0)=\frac{3\pi\eta UnB^2\sin\dfrac{\pi x}{L}}{4L\left(m+n\cos\dfrac{\pi x}{L}\right)^3}$$

① $\dfrac{h_1}{h_2}=2.0$ 时:$m=\dfrac{1}{2}(h_1+h_2)=\dfrac{3}{2}h_2$,$n=\dfrac{1}{2}(h_1-h_2)=\dfrac{1}{2}h_2$,

$$p(x,0)=\frac{3\pi\eta UB^2\sin\dfrac{\pi x}{L}}{4Lh_2^3\left(3+\cos\dfrac{\pi x}{L}\right)^3}=\frac{3\sin\dfrac{\pi x}{L}}{\left(3+\cos\dfrac{\pi x}{L}\right)^3}p_0$$

② $\frac{h_1}{h_2}=2.2$ 时：$m=\frac{8}{5}h_2, n=\frac{3}{5}h_2$，

$$p(x,0)=\frac{3\pi\eta UB^2\sin\frac{\pi x}{L}}{4Lh_2^3\left(\frac{8}{5}+\frac{3}{5}\cos\frac{\pi x}{L}\right)^3}=\frac{225\sin\frac{\pi x}{L}}{4\left(8+3\cos\frac{\pi x}{L}\right)^3}p_0$$

③ $\frac{h_1}{h_2}=2.4$ 时：$m=\frac{17}{10}h_2, n=\frac{7}{10}h_2$，

$$p(x,0)=\frac{525\sin\frac{\pi x}{L}}{\left(17+7\cos\frac{\pi x}{L}\right)^3}p_0$$

据此，可求出不同$\frac{h_1}{h_2}$取值，$x=0, \frac{L}{5}, \frac{2L}{5}, \frac{3L}{5}, \frac{4L}{5}, L$ 时的压力值，数值曲线见图 4.7(b)。

4.2 径向轴承的承载

4.2.1 径向轴承

油润滑动压径向轴承是应用最为普遍的流体润滑轴承，应用与研究历史最长，也是最受关注的一类轴承。图 4.8 所示为一种典型的径向轴承，即圆柱轴承，其受静载荷 W，轴以角速度 ω_j 运转。若在给定 W 和 ω_j 下，则在轴颈转向所决定的收敛楔形间隙区域，滑油因粘性摩擦被轴颈从大口带向小口，进而产生动压，其周向压力分布如图 4.8(a)所示，收敛楔形间隙中的高压迫使滑油向轴承两端流动，最终从边界泄漏，端泄量 Q_z 使轴向油膜压力分布如图 4.8(b)所示。

这样，如果轴承几何尺寸和滑油粘度选择适当，则油膜压力所产生的油膜反力 F 便可抗衡外载荷 W，使轴颈在轴承中位置稳定，处于静态平衡状态，即稳态，并保有最小油膜厚度 $h_{\min}$ 隔开轴颈与轴承表面，轴颈中心 O_j 偏离轴承中心 O_b 的距离称为偏心距 e。轴承处于液体摩擦的流体动压润滑状态。如上述有关运转条件搭配不当，将使 $h_{\min}$ 过小，发生轴颈与轴承表面相互接触，随即出现非液体摩擦、边界润滑或混合润滑状态，固体表面将因发生摩擦和磨损，而很快失去正常工作能力。

为分析液体动压润滑轴承的稳态性能，首先对轴承内部的力学关系进行分析，进而对流体动压润滑径向轴承稳态性能进行分析计算。对于简单等粘工况，轴承内部受力关系的基本方程即为雷诺方程，可由式(3.54)得到：

$$\frac{\partial}{\partial x}\left(h^3\frac{\partial p}{\partial x}\right)+\frac{\partial}{\partial z}\left(h^3\frac{\partial p}{\partial z}\right)=6\eta U\frac{\partial h}{\partial x} \tag{4.10}$$

式中：$U=U_1+U_2$。对图 4.8 所示的典型运转条件，$U_1=\omega_b R_b=0$，$U=U_2=\omega_j R_j$。

可通过解算雷诺方程(4.10),求解其稳态性能。

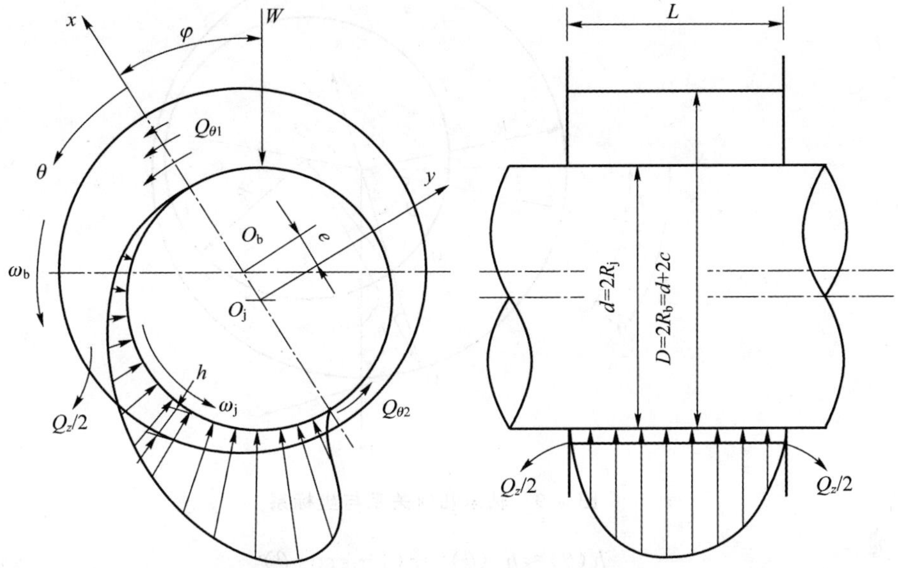

(a) 周向压力分布　　(b) 轴向压力分布

D—轴承直径; d—轴颈直径; L—轴承宽度; c—半径间隙; φ—偏位角;
e—偏心距; h—油膜厚度; θ—由最大膜厚量起的周向坐标

图 4.8 径向轴承压力分布

4.2.2 径向轴承间隙函数

解算雷诺方程时,需有轴承运动表面之间的油膜厚度 h,在轴颈轴线与轴承轴线平行的条件下,h 是轴颈中心对轴承中心偏心距及周向坐标的函数,因此常被称为间隙函数或膜厚方程。

图 4.9 所示为径向轴承几何关系及坐标系。其中,O_bxy 为固定坐标系,$M'xy$ 为局部坐标系,θ 为从最大膜厚处为原点的周向坐标,θ'为从固定坐标轴 x 量起的周向坐标,$\varphi=\theta'-\theta$,称为轴颈在固定坐标系下的偏位角。于是有:

$$h=\frac{h_1}{\cos\alpha_1} \tag{4.11a}$$

$$h_1+R_1=R_b\cos\alpha_1+e\cos(\theta-\alpha_1) \tag{4.11b}$$

式中:

$$\alpha_1=\arcsin\left[e\sin\frac{(\theta-\alpha_1)}{R_b}\right]$$

一般 $e/R_b<0.002$,$\alpha_1<8'$,可近似有:

$$\cos\alpha_1\approx 1.0000,\quad \cos(\theta-\alpha_1)\approx\cos\theta$$

代入式(4.11b)及式(4.11a),可得径向轴承间隙函数:

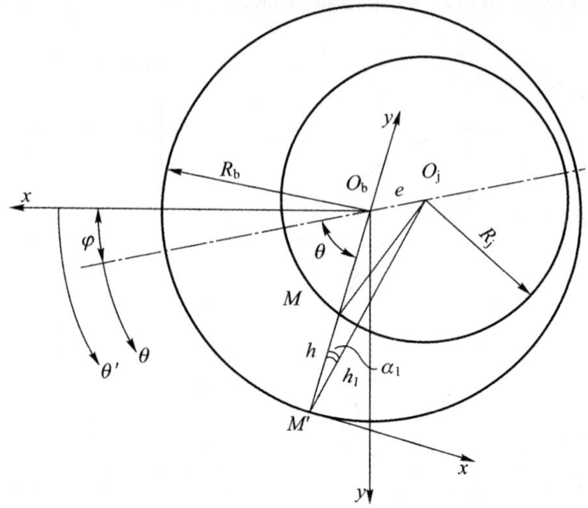

图 4.9　轴承几何关系与坐标系

$$h(\theta)\approx h_1(\theta)=c(1+\varepsilon\cos\theta) \tag{4.12a}$$

式中：$c=R_b-R_j$，$\varepsilon=e/c$，称为偏心率。式(4.12a)可写为

$$h=c+e\cos(\theta'-\varphi)$$

展开，并考虑到 $e\cos\theta=-x_j$ 及 $e\sin\varphi=-y_j$，则有：

$$\left.\begin{aligned}&h=c-x_j\cos\theta'-y_j\sin\theta'\\&\frac{\partial h}{\partial\theta'}=x_j\sin\theta'-y_j\cos\theta'\\&\frac{\partial h}{\partial t}=-\dot{x}_j\cos\theta'-\dot{y}_j\sin\theta'\end{aligned}\right\} \tag{4.12b}$$

如将坐标系 O_bxy 中的 x 轴和 y 轴改向相反方向，而 θ' 的角起线不动，则有：

$$e\cos\varphi=x_j,\quad e\sin\varphi=y_j$$

可得到：

$$\left.\begin{aligned}&h=c+x_j\cos\theta'+y_j\sin\theta'\\&\frac{\partial h}{\partial\theta'}=\partial x_j\sin\theta'+y_j\cos\theta'\\&\frac{\partial h}{\partial t}=\dot{x}_j\cos\theta'+\dot{y}_j\sin\theta'\end{aligned}\right\} \tag{4.12c}$$

4.2.3　无限短轴承压力分布

径向轴承中的无限短轴承，也称无限窄轴承，其理论解是由奥克沃克(Ocvirk)等完成于 1950 年代初，晚于无限长轴承理论解(1904 年)，但由于它能提供比较完整的轴承性能解析式，且表达较为简单，且具有一定的实用性。因此，在一些教科书中常以较突出的位置和一定的篇幅给予表述，在一些带有滑动轴承的转子动力学分析中，也常采用。

在无限短轴承假定下，式(4.10)可写为

$$\frac{\partial}{\partial z}\left(h^3\frac{\partial p}{\partial z}\right)=6\eta U\frac{\partial h}{\partial x} \tag{4.13}$$

当不计及轴颈轴线对轴承轴线倾斜时，h 不是 z 的函数，式(4.13)可写为

$$\frac{\mathrm{d}^2 p}{\mathrm{d}z^2}=\frac{6\eta U}{h^3}\frac{\mathrm{d}h}{\mathrm{d}x}$$

对 z 积分两次，得：

$$p=\frac{6\eta U}{h^3}\frac{\mathrm{d}h}{\mathrm{d}x}\cdot\frac{1}{2}z^2+Az+B \tag{4.14}$$

采用径向供油润滑条件时，可有如下的压力边界条件：

$$z=0,\quad \frac{\mathrm{d}p}{\mathrm{d}z}=0$$

$$z=\pm\frac{L}{2},\quad p=0$$

式(4.14)中积分常数 A 和 B 分别为

$$A=0$$

$$B=-\frac{3\eta U}{h^3}\frac{\mathrm{d}h}{\mathrm{d}x}\cdot\frac{L^2}{4}$$

代入式(4.14)，又因：

$$\frac{\mathrm{d}h}{\mathrm{d}x}=\frac{\mathrm{d}h}{\mathrm{d}(R_\mathrm{j}\cdot\theta)}=\frac{1}{R_\mathrm{j}}c(-\varepsilon\sin\theta)$$

则式(4.14)可写为

$$p(\theta,z)=\frac{3\eta U}{R_\mathrm{j}c^2}\left(\frac{L^2}{4}-z^2\right)\frac{\varepsilon\sin\theta}{(1+\varepsilon\cos\theta)^3} \tag{4.15}$$

可见，无限短轴承理论解表现的压力分布具有以下特点：

① 压力在周向按正弦规律变化，且在 $\theta=\pi$ 处是反对称的；

② 在轴承轴向按抛物线规律变化；

③ 式(4.15)解所表现的油膜压力值偏高，且这种误差随轴承宽度 L 和轴颈在轴承中偏心率的增长亦趋增长。

4.2.4　油膜反力与承载能力

1. 油膜反力

油膜反力 F 可由油膜压力积分得到，在稳态运转条件下，它将与外加载荷 W 大小相等，方向相反。在图 4.8 所给出的轴承系统坐标系 $O_\mathrm{j}xy$ 中，油膜反力分量为

$$\left.\begin{aligned} F_x &= -2\int_0^{L/2}\int_{\theta_1}^{\theta_2} p(\theta,z)\cos\theta \cdot R_j \mathrm{d}\theta \mathrm{d}z \\ F_y &= 2\int_0^{L/2}\int_{\theta_1}^{\theta_2} p(\theta,z)\sin\theta \cdot R_j \mathrm{d}\theta \mathrm{d}z \end{aligned}\right\} \tag{4.16}$$

式中：积分限 θ_1 和 θ_2 要根据轴承油膜的压力区与气穴区之间的边界条件确定。由式(4.15)可以解出，当 $\theta = 0\sim\pi$ 时，$p\geqslant 0$；而当 $\theta=\pi\sim 2\pi$ 时，$p\leqslant 0$。在物理意义上，一般矿物油润滑条件下，油膜不能承受过大负压，即不能受拉伸，当负压存在时，溶于滑油中的气体将逸出，进而发生油膜破裂；负压过低，油膜有时还会发生沸腾或汽化现象。对于中载和重载条件，负压区压力可近似取大气压力 p_a，并以此为气穴压力 p_c。这样，可采用半 Sommerfeld 边界条件，取压力区积分限 $\theta_1=0$，$\theta_2=\pi$ 解算，如图 4.8 所示。

将式(4.15)代入式(4.16)，并考虑到：

$$2\int_0^{L/2}\left(\frac{L^2}{4}-z^2\right)\mathrm{d}z = \frac{L^3}{6}$$

则有：

$$\begin{Bmatrix} F_x \\ F_y \end{Bmatrix} = \frac{\eta U L^3 \varepsilon}{2c^2}\int_0^{\pi} \frac{\varepsilon\sin\theta}{(1+\varepsilon\cos\theta)^3} \cdot \begin{Bmatrix} -\cos\theta \\ \sin\theta \end{Bmatrix} \mathrm{d}\theta \tag{4.17}$$

对 θ 进行积分可以得到油膜反力的表达式。

2. 承载能力的求解

(1) 轴承计算中三角函数的积分

轴承性能与其压力分布关系密切，在解算径向轴承性能时，须对形如式(4.15)的压力分布函数进行积分。Sommerfeld 完成了对形如

$$\int_{\theta_1}^{\theta_2} \frac{\sin^i\theta \cdot \cos^j\theta}{(1+\varepsilon\cos\theta)^k}\mathrm{d}\theta \equiv A_k^{ij} \tag{4.18}$$

函数的积分运算。式中：i,j,k 均分别为 0，1，2，3。运算中使用了三角函数代换关系：

$$\cos\gamma = \frac{e+\cos\theta}{1+\varepsilon\cos\theta} \tag{4.19a}$$

式中：γ 和 θ 只在 0，π 和 2π 处相等。式(4.19a)也可写为

$$1-\varepsilon\cos\gamma = 1-\frac{e+\cos\theta}{1+\varepsilon\cos\theta} = \frac{1-\varepsilon^2}{1+\varepsilon\cos\theta}$$

所以有

$$1+\varepsilon\cos\theta = \frac{1-\varepsilon^2}{1-\varepsilon\cos\gamma} \tag{4.19b}$$

由此得代换关系式

$$\cos\theta = \frac{\cos\gamma-\varepsilon}{1-\varepsilon\cos\gamma} \tag{4.19c}$$

由于

$$\sin\gamma=(1-\cos^2\gamma)^{1/2}=\left[1-\left(\frac{\varepsilon+\cos\theta}{1+\varepsilon\cos\theta}\right)^2\right]^{1/2}$$

所以得

$$\sin\gamma=\frac{(1-\varepsilon^2)^{1/2}\sin\theta}{1+\varepsilon\cos\theta}\tag{4.20}$$

微分式(4.19a),得

$$-\varepsilon\sin\theta\mathrm{d}\theta=-\frac{(1-\varepsilon^2)\varepsilon\sin\gamma\mathrm{d}\gamma}{(1-\varepsilon\cos\gamma)^2}$$

将式(4.20)代入上式,并考虑式(4.19b),得

$$\mathrm{d}\theta=-\frac{(1-\varepsilon^2)^{1/2}\mathrm{d}\gamma}{1-\varepsilon\cos\gamma}\tag{4.21}$$

因此,由式(4.19b)和式(4.21),可得式(4.17)中的积分

$$\int\frac{\mathrm{d}\theta}{1+\varepsilon\cos\theta}=\int\frac{(1-\varepsilon^2)^{1/2}\mathrm{d}\gamma}{(1-\varepsilon\cos\gamma)}\cdot\frac{1-\varepsilon\cos\gamma}{(1-\varepsilon^2)}=$$

$$\int\frac{\mathrm{d}\gamma}{(1-\varepsilon^2)^{1/2}}=\frac{\gamma}{(1-\varepsilon^2)^{1/2}}+\text{常数}\tag{4.22}$$

$$\int\frac{\mathrm{d}\theta}{1+\varepsilon\cos\theta}=\int\frac{1-\varepsilon\cos\gamma}{(1-\varepsilon^2)^{3/2}}\mathrm{d}\gamma=\frac{\gamma-\varepsilon\sin\gamma}{(1-\varepsilon^2)^{3/2}}+\text{常数}\tag{4.23}$$

$$\int\frac{\mathrm{d}\theta}{(1+\varepsilon\cos\theta)^3}=\int\frac{(1-\varepsilon\cos\gamma)^2}{(1-\varepsilon^2)^{5/2}}\mathrm{d}\gamma=$$

$$\int\frac{1}{(1-\varepsilon^2)^{5/2}}(1-2\varepsilon\cos\gamma+\varepsilon^2\cos^2\gamma)\mathrm{d}\gamma=$$

$$\frac{1}{(1-\varepsilon^2)^{5/2}}\left(\gamma-2\varepsilon\sin\gamma+\frac{1}{2}\varepsilon^2\gamma+\frac{1}{4}\varepsilon^2\sin\gamma\right)+\text{常数}\tag{4.24}$$

对式(4.18)的一般积分,常遇到以下几个典型形式:

$$A_2^{01}=\int_{\theta_1}^{\theta_2}\frac{\cos\theta\mathrm{d}\theta}{(1+\varepsilon\cos\theta)^2}=$$

$$\frac{1}{\varepsilon}\int_{\theta_2}^{\theta_1}\frac{\mathrm{d}\theta}{(1+\varepsilon\cos\theta)}-\frac{1}{\varepsilon}\int_{\theta_1}^{\theta_2}\frac{\mathrm{d}\theta}{(1+\varepsilon\cos\theta)^2}=$$

$$\frac{1}{\varepsilon}\left[\frac{\gamma}{(1-\varepsilon^2)^{1/2}}-\frac{\gamma-\varepsilon\sin\gamma}{(1-\varepsilon^2)^{3/2}}\right]\Bigg|_{\theta_1}^{\theta_2}\tag{4.25}$$

$$A_2^{20}=\int_{\theta_1}^{\theta_2}\frac{\sin^2\theta\mathrm{d}\theta}{(1+\varepsilon\cos\theta)^3}=\frac{1}{\varepsilon}\int_{\theta_1}^{\theta_2}\sin\theta\frac{-\varepsilon\sin\theta}{(1+\varepsilon\cos\theta)^3}\mathrm{d}\theta$$

积分得

$$A_3^{20} = -\frac{1}{\varepsilon}\left[\sin\theta \cdot \frac{-1}{(1+\varepsilon\cos\theta)^2}\Big|_{\theta_1}^{\theta_2} - \int_{\theta_1}^{\theta_2}\frac{-\cos\theta \mathrm{d}\theta}{2(1+\varepsilon\cos\theta)^2}\right] =$$

$$-\frac{1}{\varepsilon}\left[\sin\theta \cdot \frac{-1}{2(1+\varepsilon\cos\theta)^2}\Big|_{\theta_1}^{\theta_2} + \frac{1}{2}A_2^{01}\right] \tag{4.26}$$

$$A_3^{02} = \int_{\theta_1}^{\theta_2}\frac{\cos^2\theta \mathrm{d}\theta}{(1+\varepsilon\cos\theta)^3} =$$

$$\int_{\theta_1}^{\theta_2}\frac{\mathrm{d}\theta}{(1+\varepsilon\cos\theta)^3} - \int_{\theta_1}^{\theta_2}\frac{\sin^2\theta}{(1+\varepsilon\cos\theta)^3}\mathrm{d}\theta =$$

$$\int_{\theta_1}^{\theta_2}\frac{\mathrm{d}\theta}{(1+\varepsilon\cos\theta)^3} - A_3^{20} \tag{4.27}$$

$$A_3^{11} = \int_{\theta_1}^{\theta_2}\frac{\sin\theta\cos\theta}{(1+\varepsilon\cos\theta)^3}\mathrm{d}\theta =$$

$$\int_{\theta_1}^{\theta_2}\left[\frac{1}{\varepsilon} - \frac{1}{\varepsilon(1+\varepsilon\cos\theta)}\right]\frac{\sin\theta}{(1+\varepsilon\cos\theta)^2}\mathrm{d}\theta =$$

$$-\frac{1}{\varepsilon^2}\int_{\theta_1}^{\theta_2}\frac{-\varepsilon\sin\theta \mathrm{d}\theta}{(1+\varepsilon\cos\theta)^2} + \frac{1}{\varepsilon^2}\int_{\theta_1}^{\theta_2}\frac{-\varepsilon\sin\theta \mathrm{d}\theta}{(1+\varepsilon\cos\theta)^3} =$$

$$\frac{1}{\varepsilon^2}\left[(1+\varepsilon\cos\theta)^{-1}\right]\Big|_{\theta_1}^{\theta_2} - \frac{1}{\varepsilon^2}\left[\frac{1}{2}(1+\varepsilon\cos\theta)^{-2}\right]\Big|_{\theta_1}^{\theta_2} \tag{4.28}$$

(2) 承载能力

利用以上变换，对式(4.17)积分，得到

$$\left.\begin{aligned} F_x &= \frac{\eta U L^3}{c^2}\frac{\varepsilon^2}{(1-\varepsilon^2)^2} \\ F_y &= \frac{\eta U L^3}{4c^2}\frac{\pi\varepsilon}{(1-\varepsilon^2)^{3/2}} \end{aligned}\right\} \tag{4.29}$$

油膜反力

$$F = (F_x^2 + F_y^2)^{1/2} = \frac{\eta U L^3}{4c^2}\frac{\varepsilon^2}{(1-\varepsilon^2)^2}\left[\pi^2(1-\varepsilon^2) + 16\varepsilon^2\right]^{1/2} \tag{4.30}$$

可以看出，油膜反力表现为偏心率 ε 的高度非线性函数。

在稳态运转条件下，考虑到 $F=W$，现定义平均压力 $p_{\mathrm{m}}=W/(Ld)$ 及 $F=W=p_{\mathrm{m}}dL$，$U=\pi dn$，其中 n 的单位为 r/s，则式(4.30)可写为

$$\frac{(1-\varepsilon^2)^2}{\varepsilon^2}\left[\frac{1}{\pi^2(1-\varepsilon^2)+16\varepsilon^2}\right]^{1/2} = \pi\frac{\eta n_{\mathrm{s}}}{p_{\mathrm{m}}\left(\frac{2c}{d}\right)^2}\left(\frac{L}{d}\right)^2$$

定义　$2c/d = c/R_{\mathrm{j}} = \psi$ 为相对间隙，并定义：

$$S=\frac{\eta n_{s}}{p_{m}\psi^{2}}=\frac{\eta LR_{j}\omega_{j}}{\pi W\psi^{2}} \tag{4.31a}$$

可得：

$$S=\frac{1}{(L/d)^{2}}\frac{(1-\varepsilon^{2})^{2}}{\pi\varepsilon}\left[\frac{1}{\pi^{2}(1-\varepsilon^{2})+16\varepsilon^{2}}\right]^{1/2} \tag{4.31b}$$

式中：S 为一无量纲参数，称为轴承承载特性系数或 Sommerfeld 数。S 数由径向轴承所受外载荷 W，运转速度 n_s，轴承几何参数 d、L 和 c，以及油膜滑油粘度 η 等主要运转参数和设计参数决定。应该注意，针对不同的研究需要，为简化理论分析，常对此无量纲参数规定以不同的特征量值。在设计轴承时，上述运转参数和几何参数中，有些设计对象是按设计要求给定的，而其他参数则可在最佳轴承性能下设计出合理的参数值。

在宽径比 L/d 一定的条件下，一定的 S 数将对应一定的轴颈偏心率 ε，并可由式(4.31)迭代解出，进而可得相应的最小油膜厚度

$$h=c+e=c(1-\varepsilon) \tag{4.32}$$

显然，ε 值不能过大；否则，将因 h_{min} 过小造成轴颈与轴承表面相互接触，而使液体摩擦的流体动压油膜润滑破裂，油膜承载力大幅降低，所以应予避免。此外，还应合理设计轴承沿径向供油的位置，以避免将供油孔设计在高压区。

轴承最小油膜厚度的位置，由图 4.8 所示的连心线 O_jO_b 与外载荷 W 之间的夹角 φ 即偏位角确定。由图 4.8，考虑到式(4.29)，可得：

$$\varphi=\arctan\frac{F_y}{F_x}=\arctan\left[\frac{\pi}{4}\frac{(1-\varepsilon^{2})^{1/2}}{\varepsilon}\right] \tag{4.33}$$

为得到偏位角 φ 与偏心率 ε 之间的关系显式，假定式(4.21)中 $\pi/4\approx1$，则该式可近似为

$$\tan\varphi=\frac{(1-\varepsilon^{2})^{1/2}}{\varepsilon} \tag{4.34}$$

根据直角三角形勾股弦间的关系，在极坐标系 $\varepsilon-\varphi$ 中满足该式轴颈中心 O_j 的轨迹落在以数 1 为直径的半圆上，如图 4.10 所示。可以认为，由短轴承理论得到的式(4.21)所表达的 φ 与 ε 之间的关系，可以表现为一条接近以数 1 为直径的半圆曲线。在图 4.10 中，还给出了有限长径向轴承的计算结果，其 O_j 轨迹也接近此半圆。

通常，将这种表达径向轴承在流体动力润滑下的偏位角 φ 与偏心率 ε 之间关系的图形，称为“平衡半圆”图或平衡轨迹图。从图中不仅可直接看到 φ 与 ε 之间的内在联系，以及它们与最小膜厚 h_{min} 之间的关系，而且还表现出径向轴承的以下两个重要特性：

① 在可形成动压油膜润滑的条件下，径向轴承对外载荷 W 和运转速度 n_s 的变化，具有自动调节，以实现新的稳态平衡的特性。当 W 增加时，将使 ε 增加和 φ 减小，这将产生较高的油膜反力与 W 相抗衡；当 n_s 增加时，将使油膜反力 F 增加，进而

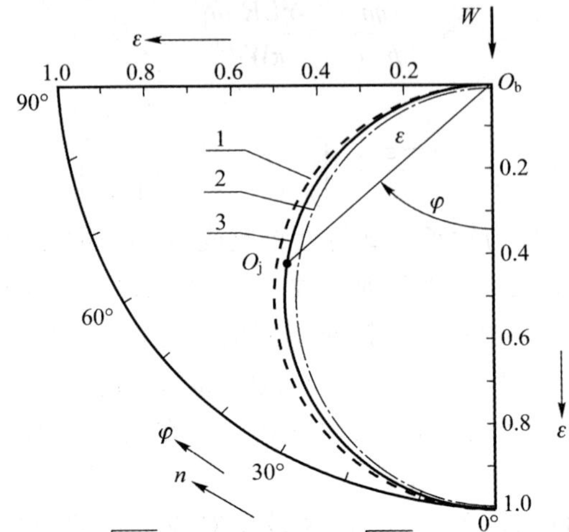

1—$\varphi=\arctan\left(\frac{\sqrt{1-\varepsilon^2}}{\varepsilon}\right)$; 2—$\varphi=\arctan\left(\pi\frac{\sqrt{1-\varepsilon^2}}{4\varepsilon}\right)$; 3—有限长数值解，$\frac{L}{D}=1$

图 4.10　偏位角与偏心率

ε 值减小，φ 加大，以使在较小 ε 值下产生足够的 F 来达到新的平衡状态。正是这一自协调功能，使得虽然在某些工况下一些运转参数无法准确预计，但是设计参数的适当选取，依然可以使轴承处于满意的工作状态下。

② 从图中曲线可以看出，轴颈在轴承中的偏心方向并不与外载荷或油膜反力方向重合，其间保有偏位角 φ，这一性质对轴承的动态特性具有决定性的影响。

3. 流量计算

为保持轴承的动压润滑油膜，充足的滑油供给是必不可少的，供油流量应满足轴承泄漏的滑油补偿。补偿流量可分为两部分：一是油膜压力区起点和终点处的周向流量差；二是在油膜压力作用下造成的轴向两端泄漏流量。后者与承载区的端泄流量相等；在非承载区没有轴向油沟且供油压力为大气压力时，区内轴向流量为零。

若以 Q_{x1} 和 Q_{x2} 分别表示轴承油膜压力区的入口（起点）和出口（终点）处的周向流量，以 Q_z 表示油膜压力区端泄流量，由于轴承油膜气穴区压力接近大气压力，而无轴向压力流，见图 4.8，根据流量连续原理有：

$$Q_x = Q_{x1} - Q_{x2} \tag{4.35}$$

将 x 向单位宽度流量在 z 向积分，考虑 $U_1+U_2=U$，可得：

$$\left.\begin{aligned} Q_{x1} &= \int_0^L q_{x1}\,\mathrm{d}z = L\cdot\left[-\frac{h_1^3}{12\eta}\left(\frac{\partial p}{\partial x}\right)_1+\frac{1}{2}Uh_1\right] \\ Q_{x2} &= \int_0^L q_{x2}\,\mathrm{d}z = L\cdot\left[-\frac{h_2^3}{12\eta}\left(\frac{\partial p}{\partial x}\right)_2+\frac{1}{2}Uh_2\right] \end{aligned}\right\} \tag{4.36}$$

鉴于无限短轴承理论中，周向压力梯度 $\partial p/\partial x$ 可略；又因为油膜压力起点 $\theta_1=0$ 处，$h_1=h_{\max}=c+e$，终点 $\theta_2=\pi$ 处，$h_2=h_{\min}=c-e$，得到：

$$Q_z = \frac{1}{2}UL[(c+e)-(c-e)] = ULe = ULc\varepsilon \tag{4.37}$$

端泄流量 Q_z 也可通过对式(3.37)中 z 向单位宽度流量 q_z 沿 x 向积分得到。因对一般径向轴承 $W_1 = W_2 = 0$，所以有：

$$Q_z = 2\int_{\theta_1}^{\theta_2} q_z \big|_{z=L/2} R_j \mathrm{d}\theta = 2\int_{\theta_1}^{\theta_2} \left(-\frac{h^3}{12\eta}\frac{\partial p}{\partial z}\right)\Bigg|_{z=L/2} R_j \mathrm{d}\theta \tag{4.38}$$

对无限短径向轴承，式中：

$$\left.\begin{aligned} & h = c(1+\varepsilon\cos\theta) \\ & p = \frac{3\eta U}{R_j c^2}\left(\frac{L^2}{4} - z^2\right)\frac{\varepsilon\sin\theta}{(1+\varepsilon\cos\theta)^3} \\ & \frac{\partial p}{\partial z} = \frac{3\eta U}{R_j c^2}(-2z)\frac{\varepsilon\sin\theta}{(1+\varepsilon\cos\theta)^3} \end{aligned}\right\} \tag{4.39}$$

考虑压力区即承载区积分限 $\theta_1 = 0, \theta_2 = \pi$，将式(4.39)代入式(4.38)，借助式(4.26)得：

$$Q_z = 2\int_0^{\pi} \frac{1}{4} cUL\varepsilon\sin\theta \mathrm{d}\theta = ULc\varepsilon \tag{4.40}$$

相应的端泄流量系数定义为

$$C_q = \frac{Q_z}{R_j c n_s L} = 2\pi\varepsilon \tag{4.41}$$

4. 摩擦力、摩擦因数和摩擦功

流体润滑轴承的摩擦由流体粘性切应力引起，摩擦力为

$$F_\mu = \int_0^L \int_{\theta_1}^{\theta_2} \tau \cdot R_j \mathrm{d}\theta \mathrm{d}z \tag{4.42}$$

根据牛顿粘性定律和流速方程，对一般径向轴承 $U_1 = 0, U = U_2$，在轴承和轴颈表面处有：

$$\tau = \eta \frac{\mathrm{d}u}{\mathrm{d}y}\bigg|_{y=0,h} = \pm\frac{\partial p}{\partial x}\cdot\frac{h}{2} + \frac{U}{h} \tag{4.43}$$

式中："+"用于轴颈，因轴颈处 $y = h$；"−"用于轴承，因该处 $y = 0$。短轴承条件下略去 $\partial p/\partial x$，得到轴颈旋转所受到的摩擦力为

$$F_\mu = \int_0^L \int_{\theta_1}^{\theta_2} \eta \frac{U}{h} R_j \mathrm{d}\theta \mathrm{d}z \tag{4.44}$$

实验表明，在稳态运转条件下，油膜破裂后将形成指状条纹的气穴，气穴区油膜内仅在实际有效宽度上存在油膜。同时，考虑油膜压力区和气穴区的摩擦力，气穴区上游油膜破裂边界 $\theta = \theta_2$ 处、气穴区内及气穴区下游油膜处再形成边界 $\theta = \theta_1$ 处都将仅存剪切流量，因此由流量连续条件，有：

$$\frac{1}{2}Uh_2 \cdot L = \frac{1}{2}Uh \cdot l$$

式中：h 为气穴区内及下游边界处油膜厚度，沿运动方向，h 为 l、L 和 h_0 的函数，即

$$l=\frac{h_2}{h}L$$

考虑到这一关系，式(4.44)可写为

$$F_{\mu}=F_{\mu,\text{oil}}+F_{\mu,\text{cav}}=\eta ULR_{\text{j}}\left(\int_{\theta_1}^{\theta_2}\frac{\mathrm{d}\theta}{h}+h_2\int_{\theta_2}^{\theta_1}\frac{\mathrm{d}\theta}{h^2}\right) \tag{4.45a}$$

即

$$F_{\mu}=\frac{\eta ULR_{\text{j}}}{c}\left[\int_0^{\pi}\frac{\mathrm{d}\theta}{1+\varepsilon\cos\theta}+(1-\varepsilon)\int_{\pi}^{2\pi}\frac{\mathrm{d}\theta}{(1+\varepsilon\cos\theta)^2}\right] \tag{4.45b}$$

积分得：

$$F_{\mu}=\frac{\eta ULR_{\text{j}}}{c}\cdot\frac{\pi}{(1-\varepsilon^2)^{1/2}}\left[1+\frac{1}{1+\varepsilon}\right] \tag{4.46}$$

式中，方括号内所含两项分别表示油膜区和气穴区的摩擦力。可见，气穴区内所发生的摩擦力占相当大的比重，当 $\varepsilon=0$ 时，两区域粘性摩擦力比值为 1∶1；当 $\varepsilon=0.5$ 时，这一比值为 1∶(1～1.5)。

定义摩擦因数为

$$\mu=F_{\mu}/W \tag{4.47}$$

注意到稳态时 $F=W$，得：

$$\mu=\psi\frac{1}{(L/d)^2}\cdot\frac{\pi(1-\varepsilon^2)^{3/2}\left[1+\frac{1}{1+\varepsilon}\right]}{\varepsilon[\pi^2(1-\varepsilon^2)+16\varepsilon^2]^{1/2}} \tag{4.48}$$

相应的摩擦特性系数定义为

$$C_{\mu}=\frac{\mu}{\psi}=\frac{1}{(L/d)^2}\cdot\frac{\pi(1-\varepsilon^2)^{3/2}\left[1+\frac{1}{1+\varepsilon}\right]}{\varepsilon[\pi^2(1-\varepsilon^2)+16\varepsilon^2]^{1/2}} \tag{4.49}$$

单位时间摩擦功为

$$N_{\mu}=F_{\mu}\cdot U=\frac{\eta U^2LR_{\text{j}}}{c}\cdot\frac{\pi\left[1+\frac{1}{1+\varepsilon}\right]}{(1-\varepsilon^2)^{1/2}} \tag{4.50a}$$

$$N_{\mu}=\mu W\cdot U \tag{4.50b}$$

5. 滑油平均温升

按能量守恒定律，轴承工作时，摩擦功将转换为热能。形成的热量一部分被流动的润滑剂带走，另一部分则由轴承及轴承座通过传导散逸到相邻空间。径向轴承中，当润滑油有良好的循环时，一般后者散热比重较小。因此，采用轴承整体的简化热平衡条件来计算滑油平均温升，可认为单位时间内轴承所产生的粘性摩擦热量近似等于同时间内流动滑油所带走的热量。

对于非压力供油和无轴向油沟的径向轴承，有：

$$\mu WU=c_V\rho Q_z\Delta T \tag{4.51}$$

式中：Q_z 为轴承承载区的端泄流量，m^3/s；ΔT 为滑油平均温升，℃；c_V 为滑油比定容热容，为 1.68～2.10 kJ/(kg·℃)；ρ 为滑油密度，为 850～900 kg/m。于是有：

$$\Delta T=\frac{\mu WU}{c_V\rho Q_z}=\frac{C_\mu \cdot p_m}{\frac{c_V\rho}{4\pi}C_q} \tag{4.52a}$$

对无限短轴承，C_μ 和 C_q 分别可取式(4.49)和式(4.41)，于是平均压力为 $p_m=W/(dL)$。滑油平均温升也可表示为

$$\Delta T=\frac{F_\mu U}{c_V\rho Q_z}=\frac{\eta UR_j}{c_V\rho c^2\varepsilon(1-\varepsilon^2)^{1/2}}\left[1+\frac{1}{1+\varepsilon}\right] \tag{4.52b}$$

可见，在一定运转条件下，若能保持一个 ε，使 ΔT 值最小，将使轴承保持一个较好的运转状态。

例如，不计气穴区摩擦对温升的影响，由式(4.52b)可有：

$$\Delta T=\mu\left[\frac{1}{\varepsilon(1-\varepsilon^2)^{1/2}}\right]$$

令 $x\equiv\varepsilon$，$y\equiv(1-\varepsilon^2)^{1/2}$，所以 $x\cdot y=\varepsilon\cdot(1-\varepsilon^2)^{1/2}$。为使 ΔT 最小，则 $x\cdot y$ 应为极大，取

$$\frac{d}{d\varepsilon}(x\cdot y)=0 \tag{4.53}$$

则

$$y\frac{dx}{d\varepsilon}+x\frac{dy}{d\varepsilon}=0 \tag{4.54}$$

由此：

$$\left.\begin{aligned} x&=\varepsilon, & \frac{dx}{d\varepsilon}&=1\\ y&=(1-\varepsilon^2)^{1/2}, & \frac{dy}{d\varepsilon}&=-\frac{\varepsilon}{(1-\varepsilon^2)^{1/2}}\end{aligned}\right\} \tag{4.55}$$

将式(4.55)代入式(4.54)，可得：

$$\varepsilon=\pm\sqrt{0.5}=\pm 0.707 \tag{4.56}$$

可见，对于无限短轴承，使滑油平均温升 ΔT 最小的最佳偏心率 ε，应近似等于 0.70。

6. 无限短轴承理论解析解的讨论

通过对无限短轴承理论解析解的讨论，可得到以下结论：

① 从无限短轴承理论解析解中的径向轴承压力分布、油膜反力、偏心率、最小膜厚、偏位角、滑油流量、摩擦力和滑油温升等性能表达，可以看出：

- 决定径向轴承这些力学性能的运转参数包含三个方面，即载荷与转速条件、轴承几何和滑油粘度，它们集中表现在轴承承载特性系数 S 中。其中，有的可以是设计给定的，有的需要在轴承设计时予以考虑。

- 在所有轴承力学性能中，最基本的参量之一是偏心率 ε，它不仅直接决定最小膜厚度 h_{min}，而且也可用以表述其他轴承性能。
- 除在无限短轴承理论解中将 $\partial p/\partial x$ 忽略之外，在各个轴承力学性能计算中，最基本的计算首先是解算雷诺方程，以得到润滑膜压力分布。事实上，对流体润滑膜压力分布的研究是一项基础工作，理论计算和实验验证大多从润滑力学开始，因而一直受到众多研究者的关注。

② 短轴承理论解有如下特点：

- 短轴承解具有较完整的轴承性能解析式，应用简便，且可清楚地表达轴承性能与有关参数之间的内在联系。
- 短轴承解计算的润滑膜压力偏高，偏心率偏小，分析计算表明，在轴承宽径比 L/D 和轴颈偏心率 ε 不大的情况下，有一定的计算准确性，当 $L/D\leqslant 1$ 和 $\varepsilon\leqslant 0.6$ 时可以用于工程计算。
- 上述解仅适用于光滑圆柱面轴承，而不能直接用于处理任意包角轴瓦的轴承性能分析计算。

4.2.5 无限宽轴承解

径向轴承中的无限宽长轴承(也称无限长轴承)理论解是由索默菲尔德于 1904 年提出的，他采用了 Sommerfeld 边界条件，没有涉及油膜负压下出现油膜破裂的问题，因而给出的油膜承载能力明显偏离精确解。此外，长轴承解不能提供轴承端泄流量和滑油温升的计算。鉴于上述情况，这里仅介绍它的压力方程。

对于无限宽轴承假定，略去小量，雷诺方程可表达为

$$\frac{\partial}{\partial x}\left(h^3\frac{\partial p}{\partial x}\right)=6\eta U\frac{\partial h}{\partial x}$$

积分上式得到：

$$h^3\frac{\mathrm{d}p}{\mathrm{d}x}=6\eta Uh+C_1 \tag{4.57}$$

基于周向压力分布特点，存在油膜厚度 h_0 位置处，$\mathrm{d}p/\mathrm{d}x$ 为零，由此，积分常数 $C_1=-6\eta Uh_0$，则式(4.57)可写为

$$\frac{\mathrm{d}p}{\mathrm{d}x}=6\eta U\frac{h-h_0}{h^3} \tag{4.58}$$

考虑到：

$$h=c(1+\varepsilon\cos\theta)$$
$$h_0=c(1+\varepsilon\cos\theta_0)$$
$$x=R_j\theta$$

式(4.58)可写为

$$\mathrm{d}p=\frac{6\eta UR_j}{c^2}\left[\frac{\mathrm{d}\theta}{(1+\varepsilon\cos\theta)^2}-\frac{(1+\varepsilon\cos\theta_0)\mathrm{d}\theta}{(1+\varepsilon\cos\theta)^3}\right]$$

定义　$p=P/P_s$，P_s 为典型压力，可取供油压力，得：

$$\mathrm{d}\bar{p}=\frac{6\eta\omega_j}{p_z\psi^2}\left[\frac{\mathrm{d}\theta}{(1+\varepsilon\cos\theta)^2}-\frac{(1+\varepsilon\cos\theta_0)\mathrm{d}\theta}{(1+\varepsilon\cos\theta)^3}\right] \tag{4.59}$$

转化为三角函数积分：

$$\int\frac{\mathrm{d}\theta}{(1+\varepsilon\cos\theta)^2}\text{和}\int\frac{\mathrm{d}\theta}{(1+\varepsilon\cos\theta)^3}$$

利用索默菲尔德三角代换，γ 的关系式为

$$\cos\gamma=\frac{\varepsilon+\cos\theta}{1+\varepsilon\cos\theta} \tag{4.60}$$

式中：γ 和 θ 仅在 0，π 和 2π 处相等，得：

$$\int\frac{\mathrm{d}\theta}{(1+\varepsilon\cos\theta)^2}=\frac{\gamma-\varepsilon\sin\gamma}{(1-\varepsilon^2)^{3/2}}+C \tag{4.61}$$

及

$$\int\frac{\mathrm{d}\theta}{(1+\varepsilon\cos\theta)^3}=\frac{\gamma-2\varepsilon\sin\gamma+\varepsilon^2\gamma/2+\varepsilon^2\sin(2\gamma/4)}{(1-\varepsilon^2)^{5/2}}+C \tag{4.62}$$

由式(4.59)得：

$$\left.\begin{aligned}&1-\varepsilon\cos\gamma=1-\frac{\varepsilon(\varepsilon+\cos\theta)}{(1+\varepsilon\cos\theta)}=\frac{1-\varepsilon^2}{1+\varepsilon\cos\theta}\\&1+\varepsilon\cos\theta=\frac{1-\varepsilon^2}{1-\cos\gamma}\end{aligned}\right\} \tag{4.63}$$

此外，在 $\mathrm{d}p/\mathrm{d}x=0$ 处，取 $\theta=\theta_0=\pi-\alpha_0$，相应的 $\gamma_0=\pi-\beta_0$，则有：

$$1+\varepsilon\cos(\pi-a_0)=\frac{1-\varepsilon^2}{1+\varepsilon\cos\beta_0} \tag{4.64}$$

将式(4.61)、(4.62)和式(4.64)代入式(4.59)，积分得：

$$\bar{p}=\frac{6\eta\omega_j}{p_z\psi^2}\left\{\frac{\gamma-\varepsilon\sin\gamma}{(1-\varepsilon^2)^{3/2}}\cdot\frac{1-\varepsilon^2}{1+\varepsilon\cos\beta_0}\left[\frac{1}{(1-\varepsilon^2)^{5/2}}\left(\gamma\left(1+\frac{\varepsilon^2}{2}\right)-2\varepsilon\sin\gamma+\frac{\varepsilon^2}{4}\sin 2\gamma\right)\right]\right\}+C_2 \tag{4.65a}$$

考虑 $\sin 2\gamma=2\cos\gamma\sin\gamma$，整理可得：

$$\bar{p}=\frac{6\eta\omega_j}{p_z\psi^2}\cdot\frac{1}{(1-\varepsilon^2)^{3/2}}\left[\gamma-\varepsilon\sin\gamma-\frac{\gamma(2+\varepsilon^2)-4\varepsilon\sin\gamma+\varepsilon^2\sin\gamma\cos\gamma}{2(1+\varepsilon\cos\beta_0)}\right]+C_2 \tag{4.65b}$$

式中：C_2 及与 θ_0（或 h_0）相关的 β_0，皆为积分常数，可由两个独立边界条件来确定。

当 $\theta=\gamma=0$ 时，有

$$\bar{p}=0=C_2 \tag{4.66}$$

当 $\theta=\gamma=2\pi$ 时，有

$$\bar{p}=0=\frac{6\eta\omega_j}{p_z\psi^2}\cdot\frac{1}{(1-\varepsilon^2)^{3/2}}\left[2\pi-\frac{2\pi(2+\varepsilon^2)}{2(1+\varepsilon\cos\beta_0)}\right]$$

或

$$2(1+\varepsilon\cos\beta_0)=2+\varepsilon^2$$

因此

$$\cos\beta_0=\varepsilon/2 \tag{4.67}$$

将式(4.66)中的 C_2 和式(4.67)中的 $\cos\beta_0$ 代入式(4.65b)，整理可得：

$$\bar{p}=\frac{6\eta\omega_j}{p_z\psi^2}\cdot\frac{\varepsilon\sin\gamma}{(1-\varepsilon^2)^{3/2}}\left[\frac{2-\varepsilon(\varepsilon+\cos\gamma)}{2+\varepsilon^2}\right]$$

由式(4.60)得：

$$\sin\gamma=\frac{(1-\varepsilon^2)^{1/2}\sin\theta}{1+\varepsilon\cos\theta}$$

$$\cos\gamma=\frac{\varepsilon+\cos\theta}{1+\varepsilon\cos\theta}$$

则有

$$\bar{p}=\frac{6\eta\omega_j}{p_z\psi^2}\cdot\frac{\varepsilon\sin\theta(2+\varepsilon\cos\theta)}{(2+\varepsilon^2)(1+\varepsilon\cos\theta)^2} \tag{4.68}$$

由此可见，压力分布在周向按正弦规律变化，并对 $\theta=\pi$ 反对称，轴承轴向没有压力变化，因而没有端泄流量，所解得的油膜压力值偏高。

4.3 挤压油膜轴承

稳态运转状态下，轴心运动而表面不回转的径轴承，是一种典型轴承运转方式，也称为纯挤压油膜润滑轴承。安装于高速旋转机械支承处，带有定心弹支的油膜阻尼器即是一种典型的挤压油膜轴承。对某些工况条件，可用挤压油膜模型做简化处理，如内燃机的活塞销轴承，因冲击振动载荷较大，表面旋转楔形效应较弱，即可当做圆进动挤压油膜轴承处理，简化为径向挤压轴承进行性能分析。

4.3.1 挤压油膜雷诺方程

对纯挤压平板轴承或纯挤压径向轴承，其二维不可压流等温膜雷诺方程具有相同形式，即

$$\frac{\partial}{\partial x}\left(h^3\frac{\partial p}{\partial x}\right)+\frac{\partial}{\partial z}\left(h^3\frac{\partial p}{\partial z}\right)=12\eta\frac{\partial h}{\partial t} \tag{4.69}$$

经坐标变换，上式也可表示为柱坐标形式

$$\frac{1}{r}\frac{\partial}{\partial\theta}\left(h^3\frac{\partial p}{\partial\theta}\right)+\frac{\partial}{\partial r}\left(rh^3\frac{\partial p}{\partial r}\right)=12\eta r\frac{\partial h}{\partial t} \tag{4.70}$$

4.3.2　平行平板挤压油膜轴承

1. 圆形平板

(1)挤压膜力学特征

如图 4.11 所示，图中给出了上板在载荷 W 作用下向下板趋近时的情况，这时其油膜厚度 $h(t)$ 处处相等，图中还给出了相应的局部流速分布、压力分布和分析所采用的坐标系。

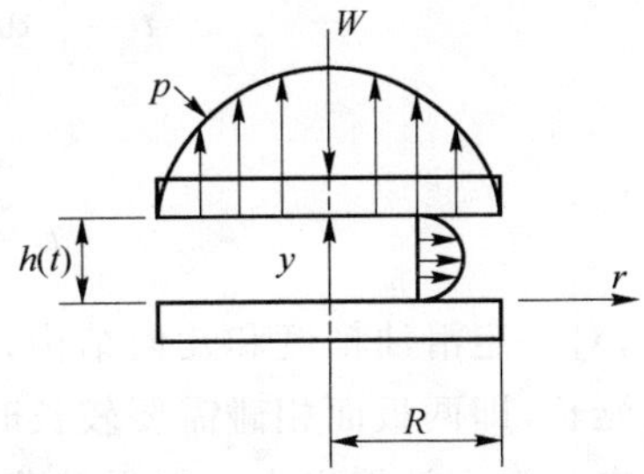

图 4.11　圆形平板挤压油膜轴承

鉴于挤压油膜中压力是轴对称的，即 $\partial p/\partial\theta=0$ 时，雷诺方程(4.70)可写为

$$\frac{\mathrm{d}}{\mathrm{d}r}\left(r\ \frac{\mathrm{d}p}{\mathrm{d}r}\right)=\frac{12\eta r}{h^3}\frac{\mathrm{d}h}{\mathrm{d}t} \tag{4.71}$$

积分一次，得：

$$r\ \frac{\mathrm{d}p}{\mathrm{d}r}=\frac{12\eta}{h^3}\frac{\mathrm{d}h}{\mathrm{d}t}\cdot\frac{r^2}{2}+C_1$$

因在 $r=0$ 处，$\mathrm{d}p/\mathrm{d}r=0$，所以 $C_1=0$，两边除以 r 后，再次积分得：

$$p=\frac{6\eta}{h^3}\frac{\mathrm{d}h}{\mathrm{d}t}\cdot\frac{r^2}{2}+C_2$$

考虑到 $r=R$ 处，边界处环境压力 $p=0$，可求得 C_2，因此得：

$$p=-\frac{3\eta}{h^3}\frac{\mathrm{d}h}{\mathrm{d}t}(R^2-r^2) \tag{4.72}$$

动板上所用的油膜反力将与外载荷 W 抗衡，于是得到：

$$W=\int_0^R p\cdot 2\pi r\cdot \mathrm{d}r=-1.5\pi\eta R^4\ \frac{1}{h^3}\ \frac{\mathrm{d}h}{\mathrm{d}t} \tag{4.73}$$

(2) 圆形平板轴承的性能分析

① 当动板向静板靠近时，即 $\mathrm{d}h/\mathrm{d}t<0$ 时，在板间产生正的挤压油膜压力和油膜反力。反之，如果动板不是向静板靠近而是分离，则在板间出现负压，滑油中原先所溶解的空气将析出，产生气穴。不难预测，如果外载荷 W 是交变载荷，动板重复向静板趋近和分离运动，在动板分离时所产生的气穴尚未由板间排出以及并未被新鲜滑油所填补的条件下，板间油膜将不是纯油，而是油和气穴构成的两相混合流体。严格地说，对受交变载荷平板挤压的油膜轴承，不可应用基于单相连续介质而得到的雷诺方程。此处将近似按单相油膜处理。挤压油膜反力与板间膜厚的三次方成正比。

② 由式(4.73)可知，在动板向静板趋近时，单位速度所对应的载荷可表为

$$W\Big/\left(-\frac{\mathrm{d}h}{\mathrm{d}t}\right)=1.5\pi\eta R^4/h^3 \tag{4.74}$$

这实质上是圆形平板挤压油膜轴承的阻尼系数。由此可见，在一定滑油粘度和板表面

几何形状下，动板愈接近静板，即 h 愈小时，这一阻尼系数将以高度非线性趋势增长。

③ 在一定外载荷下，油膜厚度从某一初值 h_0 减小到任一 h 所需要的时间 t 可由式(4.73)得到，即

$$t=\int_0^t \mathrm{d}t=-1.5\pi\frac{\eta R^4}{W}\int_{h_0}^{h}\frac{\mathrm{d}h}{h^3}$$

所以

$$t=\frac{3\pi}{4}\frac{\eta R^4}{W}\left(\frac{1}{h^2}-\frac{1}{h_0^2}\right) \tag{4.75}$$

可见，对一定滑油粘度和几何结构，当载荷一定时，欲使 h 趋近于 0，则所需时间 t 将无限延长，即两板面相碰需要较长时间。这足以说明，互相趋近的两平板间的油液不可能在一瞬间被挤出去。如果载荷只在足够短的时间内起作用，则两板面不会相遇。当载荷卸掉或反向时，如果设计合理，则油膜能够及时恢复其厚度，承受下次的加载。这即是交变载荷下挤压油膜的承载原理。

2. 无限长矩形平板

z 向无限长的矩形平板挤压油膜轴承如图 4.12 所示，其雷诺方程表达为

$$\frac{\mathrm{d}^2 p}{\mathrm{d}x^2}=\frac{12\eta}{h^3}\frac{\mathrm{d}h}{\mathrm{d}t} \tag{4.76}$$

积分，得

$$\frac{\mathrm{d}p}{\mathrm{d}x}=\frac{12\eta}{h^3}\frac{\mathrm{d}h}{\mathrm{d}t}x+C_1$$

$$p=\frac{12\eta}{h^3}\frac{\mathrm{d}h}{\mathrm{d}t}\cdot\frac{1}{2}x^2+C_1x+C_2$$

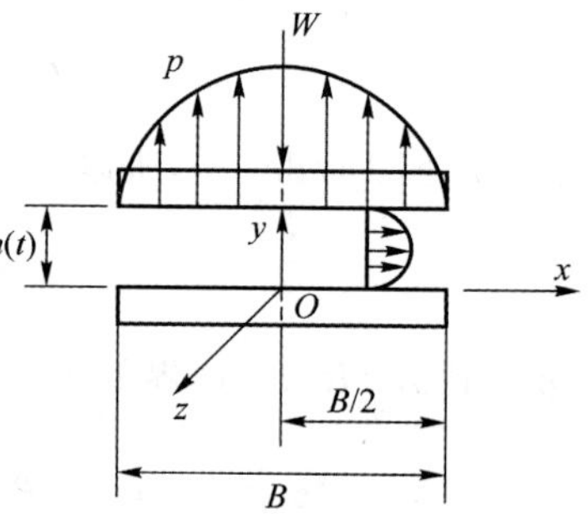

图 4.12 无限长矩形平板挤压油膜轴承

根据压力边界条件，即 $x=0$ 时 $\mathrm{d}p/\mathrm{d}x=0$，$x=\pm B/2$ 时 $p=0$，可分别求得积分常数为

$$C_1=0$$

$$C_2=\frac{-6\eta}{h^3}\frac{\mathrm{d}h}{\mathrm{d}t}\cdot\frac{B^2}{4}$$

于是有压力方程

$$p=\frac{6\eta}{h^3}\frac{\mathrm{d}h}{\mathrm{d}t}\left(x^2-\frac{B^2}{4}\right) \tag{4.77}$$

单位长动板所受油膜反力，将与单位长外载荷平衡，因此有

$$W_L\equiv\frac{W}{L}=\int_{-B/2}^{B/2}p\,\mathrm{d}x=-\eta\left(\frac{B}{h}\right)^3\frac{\mathrm{d}h}{\mathrm{d}t} \tag{4.78}$$

得到无限长矩形平板挤压油膜轴承的阻尼系数

$$W\Big/\left(-\frac{\mathrm{d}h}{\mathrm{d}t}\right)=\eta\left(\frac{B}{h}\right)^3\cdot L \tag{4.79}$$

在一定外载荷下，膜厚从初值 h_0 减小到任一现行值 h 时，所需时间为

$$t=\int_0^t \mathrm{d}t=-\eta\frac{B^3L}{W}\int_{h_0}^{h}\frac{\mathrm{d}h}{h^3}=\frac{\eta B^3L}{2W}\left(\frac{1}{h^2}-\frac{1}{h_0^2}\right) \tag{4.80}$$

式(4.77)～(4.80)有关各项的物理意义，以及一些参变量之间的相互关系均与圆形平板相应结果类似，这里不再赘述。

4.3.3　共曲柱面挤压油膜轴承

1. 径向挤压油膜轴承

径向轴承即是一种典型的共曲柱面轴承，如图 4.13 所示。在径向载荷 W 作用下，轴颈中心 O_j 沿载荷作用线产生一径向挤压速度 $\dot{e}$，并在 $\partial h/\partial t<0$ 一侧由于轴颈对轴承的径向挤压和圆进动挤压，形成压力油膜。以无限短径向轴承为例，采用短轴承近似时，雷诺方程为

$$\frac{\mathrm{d}^2 p}{\mathrm{d}z^2}=\frac{12\eta}{h^3}\frac{\mathrm{d}h}{\mathrm{d}t} \tag{4.81}$$

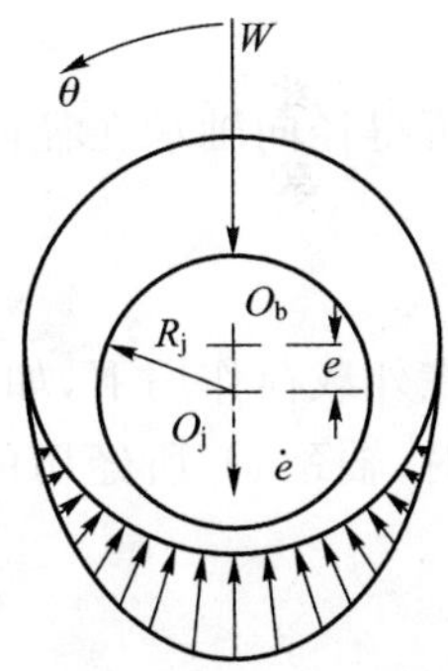

图 4.13　径向挤压油膜轴承

其中膜厚方程为

$$h=c(1+\varepsilon\cos\theta)$$

积分得：

$$\frac{\mathrm{d}p}{\mathrm{d}z}=12\eta\dot{\varepsilon}\frac{\cos\theta}{c^2(1+\varepsilon\cos\theta)^3}z+C_1$$

$$p=6\eta\dot{\varepsilon}\frac{\cos\theta}{c^2(1+\varepsilon\cos\theta)^3}z^2+C_1z+C_2$$

考虑压力边界条件，即 $z=0$ 时 $\frac{\mathrm{d}p}{\mathrm{d}z}=0$，$z=\pm\frac{L}{2}$时 $p=0$，得积分常数为

$$C_1=0$$

$$C_2=-6\eta\dot{\varepsilon}\frac{\cos\theta}{c^2(1+\varepsilon\cos\theta)^3}\cdot\frac{L^2}{4}$$

所以

$$p=6\eta\dot{\varepsilon}\frac{\cos\theta}{c^2(1+\varepsilon\cos\theta)^3}\left(z^2-\frac{L^2}{4}\right) \tag{4.82}$$

考虑到在图 4.13 工况下，挤压油膜压力呈现对称分布特征，积分得到油膜反力，且与外载荷 W 相平衡，即有

$$W=2\int_{-L/2}^{L/2}\int_0^{\pi}p(-\cos\theta)R_j\,\mathrm{d}\theta\mathrm{d}z=$$

$$-\frac{12\eta\dot{\varepsilon}}{c^2}R_j\int_{-L/2}^{L/2}\int_0^{\pi}\frac{\cos^2\theta}{(1+\varepsilon\cos\theta)^3}\left(z^2-\frac{L^2}{4}\right)\mathrm{d}\theta\mathrm{d}z \tag{4.83}$$

应用 Sommerfeld 变换的三角函数积分表简化运算过程，取积分限 $0\sim\pi$，应该注意这将因 $0\sim\pi/2$ 区间的分离区负压被计入而使计算误差增加，重载工况下误差增加不大，而轻载下将使误差增加明显，要慎重使用。

式(4.83)中

$$\int_{-L/2}^{L/2}\left(z^2-\frac{L^2}{4}\right)\mathrm{d}z=-\frac{L^3}{6}$$

$$\int_0^{\pi}\frac{\cos^2\theta}{(1+\varepsilon\cos\theta)^3}\mathrm{d}\theta=\int_0^{\pi}\frac{1-\sin^2\theta}{(1+\varepsilon\cos\theta)^3}\mathrm{d}\theta$$

应用三角函数积分，可得：

$$\int_0^{\pi}\frac{1-\sin^2\theta}{(1+\varepsilon\cos\theta)^3}\mathrm{d}\theta=\frac{\pi}{2}\frac{1+2\varepsilon^2}{(1-\varepsilon^2)^{5/2}}$$

于是得到：

$$W=\eta\dot{\varepsilon}R_jL^3\frac{\pi}{c^2}\frac{1+2\varepsilon^2}{(1-\varepsilon^2)^{5/2}} \tag{4.84}$$

进而可得径向轴承在径向挤压工况下的油膜阻尼系数：

$$\frac{W}{c\dot{\varepsilon}}=\pi\eta R_j\left(\frac{L}{c}\right)^3\frac{1+2\varepsilon^2}{(1-\varepsilon^2)^{5/2}} \tag{4.85}$$

在外载荷作用下，如轴颈中心 O_j 偏离轴承中心 O_b，由某初始位置 ε_0 到任一 ε 位置时，轴颈 O_j 所经历的时间 t，可由式(4.84)得到：

$$t=\int_0^t\mathrm{d}t=\frac{\pi\eta R_jL^3}{Wc^2}\int_{\varepsilon_0}^{\varepsilon}\frac{1+2\varepsilon^2}{(1-\varepsilon^2)^{5/2}}\mathrm{d}\varepsilon \tag{4.86}$$

由式(4.84)～(4.86)可见，对具有一定几何参数和滑油粘度的轴承，其径向挤压油膜的承载能力、阻尼系数和挤压过程此外，如作用于轴颈上外载荷 W 为交变载荷时，将会在轴颈与轴承的挤压侧出现滑油和气穴所构成的两相混合流体润滑状态。

所经历的时间，都与偏心率 ε 成高度非线性关系，这与前述平行平板挤压油膜轴承类似。

2. 进动挤压油膜

对于 $\omega_b=\omega_j=0$ 的径向轴承，当轴颈或轴承受一转速为 Ω 或 ω_1 的旋转常载荷 W 作用时，其轴颈中心 O_j 偏离轴承中心 O_b，且其偏心距为 e，则 O_j 上作用一个进动挤压速度 $e\Omega$，相应的油膜压力分布见图 4.14。

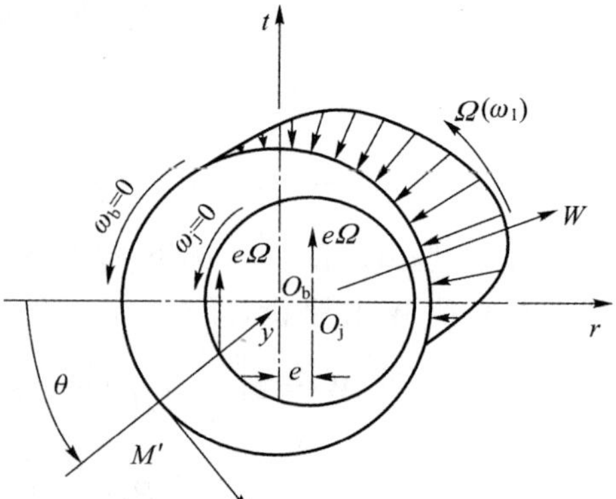

图 4.14 圆进动挤压油膜轴承

在旋转常载荷下，在 O_j 绕 O_b 做圆轨迹的进动挤压运动的同时，油膜压力场也将做同步旋转，其压力波形状与大小不变。这样，轴承中油膜在旋转压力场中受到正压和负压的交替作用，油膜也将成为滑油和气穴所构成的两相混合流体润滑膜。这里，为简化分析，仍假定油膜为单相的无气穴混合的不可压缩流体。

圆进动挤压油膜轴承的雷诺方程，可在图 4.14 所给的运转条件下，在图示的 $M'xy$ 局部坐标系里，有

$$V_1=U_1=0$$
$$V_2=e\Omega\sin\theta$$
$$U_2=-e\Omega\cos\theta$$

考虑到$\dfrac{\partial h}{\partial t}=V_2-V_1$，利用式(3.53)，得：

$$\frac{\partial}{\partial x}\left(h^3\frac{\partial p}{\partial x}\right)+\frac{\partial}{\partial z}\left(h^3\frac{\partial p}{\partial z}\right)=6\eta\left[(-e\Omega\cos\theta)\frac{\partial h}{\partial x}+2e\Omega\sin\theta\right]=$$
$$6\eta\left(-\frac{e}{R_j}\cos\theta\Omega-2\Omega\right)\frac{\partial h}{\partial\theta}$$

上式右边第一、二项分别为楔形效应项和进动挤压效应项，且前者约比后者小三个数量级，可略去，再考虑短轴承近似，得：

$$\frac{\partial}{\partial z}\left(h^3\frac{\partial p}{\partial z}\right)=-12\eta\Omega\frac{\partial h}{\partial\theta}\tag{4.87}$$

略去由 $e\Omega$ 所引起的附加楔形效应，式(4.87)也可由式(4.69)得到。积分式(4.87)得：

$$\frac{\partial p}{\partial z}=12\eta\Omega\frac{\varepsilon\sin\theta}{c^2(1+\varepsilon\cos\theta)^3}z+C_1$$

$$p=\frac{6\eta\Omega\varepsilon}{c^2}\frac{\sin\theta}{(1+\varepsilon\cos\theta)^3}z^2+C_1z+C_2$$

考虑压力边界条件，即 $z=0$ 时$\dfrac{\mathrm{d}p}{\mathrm{d}z}=0$；$z=\pm\dfrac{L}{2}$时 $p=0$，得到：

$$C_1=0$$

$$C_2=-6\frac{\eta\Omega\varepsilon}{c^2}\frac{\sin\theta}{(1+\varepsilon\cos\theta)^3}\cdot\frac{L^2}{4}$$

所以

$$p=\frac{6\eta\Omega\varepsilon}{c^2}\frac{\sin\theta}{(1+\varepsilon\cos\theta)^3}\left(z^2-\frac{L^2}{4}\right)\tag{4.88}$$

对图 4.14 所给的坐标系 $O_\mathrm{b}rt$，积分得油膜反力为

$$\begin{bmatrix}F_r\\F_t\end{bmatrix}=2\int_0^{L/2}\int_{\theta_1}^{\theta_2}p\begin{bmatrix}\cos\theta\\\sin\theta\end{bmatrix}R_\mathrm{j}\mathrm{d}\theta\mathrm{d}z$$

考虑油膜正压力范围，取 $\theta_1=\pi,\theta_2=2\pi$，运用三角函数积分，得：

$$\left.\begin{aligned}F_r&=-\frac{\eta\Omega R_\mathrm{j}L^3}{c^2}\frac{2\varepsilon^2}{(1-\varepsilon^2)^2}\\F_t&=-\frac{\eta\Omega R_\mathrm{j}L^3}{c^2}\frac{\pi\varepsilon^2}{2(1-\varepsilon^2)^{3/2}}\end{aligned}\right\}\tag{4.89}$$

式中,负号表示力与图 4.15 坐标轴反向。这样,可得圆进动挤压油膜轴承的等效刚度和等效阻尼系数分别为

$$\left.\begin{aligned} k_0 &= \frac{-F_r}{e} = \frac{\eta\Omega R_j L^3}{c^3}\frac{2\varepsilon}{(1-\varepsilon^2)^2} \\ d_0 &= \frac{-F_t}{e\Omega} = -\frac{\eta R_j L^3}{c^3}\frac{\pi}{2(1-\varepsilon^2)^{5/2}} \end{aligned}\right\} \tag{4.90}$$

式中,负号分别表示力与径向位移 e 和切向速度 $e\Omega$ 反向。

由此可见,圆进动挤压油膜轴承中的油膜反力、刚度、阻尼,均显现为偏心率的高度非线性函数。

4.4 径向轴承动态特性

轴承的稳态性能解是讨论其动态特性的基础,在不同外载荷的运转条件下,轴承油膜可使轴颈中心位置自动调整,而保持油膜反力与外载荷的平衡;同时,保证最小油膜厚度和承担外载荷的能力,必要的滑油供给、相应摩擦损失将决定油膜平均温度的变化。

工程实际中,动压径向轴承往往作为转子系统的一个重要组成部分,有时轴承油膜所固有的刚度与阻尼作用对转子系统的动态性能有着至关重要的影响。由前述分析可知,轴承刚度和阻尼,对于轴颈在轴承中的偏心状态显示出强烈的非线性特征,所以,当涉及轴颈在轴承中位移的动态分析时,原则上必须把瞬态油膜反力的计算和轴颈运动规律的计算耦合求解。

作为轴承的一种固有特性,分析计算时,常将油膜反力函数做局部线性化处理,得到该轴承在各个稳态平衡位置上的刚度系数和阻尼系数,并统称为动态特性系数。简言之,轴承刚度和阻尼系数,分别表现为油膜反力-轴颈偏心曲线以及油膜反力-轴颈速度曲线上各点的切线斜率,反映了轴颈在稳态平衡位置附近因位移或速度扰动所引起的油膜反力响应特性。

因此,对于带有动压径向轴承的转子系统,当只涉及小振幅的动态响应问题,如对转子系统的临界转速计算、稳定性分析和不平衡响应计算,且不必考虑转子的运动规律时,可直接应用动压径向轴承的动态特性系数进行分析计算。

确定动压径向轴承动态特性系数的方法,一般有理论计算和试验测量两种。理论计算虽尚有缺陷或局限,但其基本计算方法较为完善,常用于理论分析。

4.4.1 径向轴承刚度和阻尼系数

在正常运转条件下,隔开轴颈与轴承表面的油膜,既能像机械弹簧那样具有油膜刚度,又能像机械阻尼器那样具有油膜阻尼,但比一般机械振动中所遇到的弹簧和阻尼器复杂,动压径向轴承的油膜力学特性具有两个显著特点:一是,一般运转条件下偏位角 φ 不为零,如图 4.10 和图 4.15 所示;二是,轴承中油膜反力是偏心距 e 的高

度非线性函数。

偏位角不为零意味着轴颈位移方向与外载荷方向不一致，即外加载荷将同时引起沿载荷方向和垂直载荷方向的位移；反之，轴颈在轴承中的位移，也将同时导致在位移方向上和垂直于位移方向上的油膜反力。如在图 4.15 所示平衡条件下，无论在 $O_j xy$ 坐标系或在 $O_j rt$ 坐标系中，考察这种油膜反力与轴颈位移之间关系时，都将存在上述的轴承交叉刚度特性。

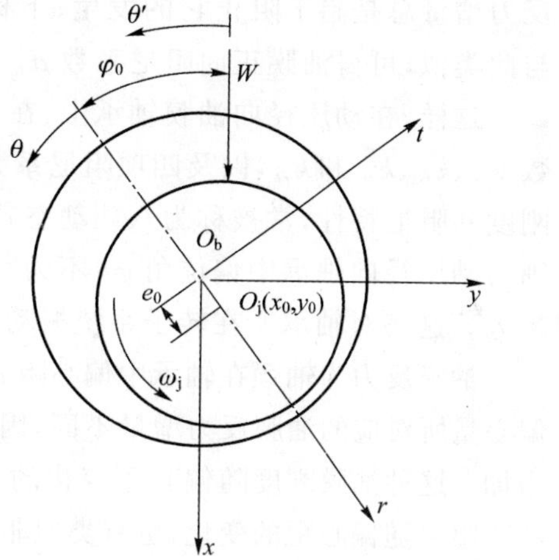

图 4.15　载荷与位移关系及坐标系

在 $O_j rt$ 坐标系中分析油膜轴承的动态特性，在坐标 r 方向上，当轴颈中心 O_j 相对轴承中心 O_b 有一位移增量 Δr 时，将在 r 方向和 t 方向上将分别引起油膜反力增量 ΔF_r 和 ΔF_t。假定这种位移增量 Δr 足够小，则可将其非线性函数关系局部线性化处理得到轴颈中心在平衡位置处的油膜刚度系数为

$$
\begin{aligned}
k_{rr} &= -\left.\frac{\Delta F_r}{\Delta r}\right|_0 \\
k_{tr} &= -\left.\frac{\Delta F_t}{\Delta r}\right|_0
\end{aligned}
\tag{4.91}
$$

式中：k_{rr} 是由 r 向单位位移增量引起的 r 向的油膜反力增量，常称为油膜正向刚度系数；k_{tr} 是由 r 向单位位移增量引起的 t 向的油膜反力增量，常称为油膜交叉刚度系数；第一下标表示力的方向；第二下标表示位移方向；负号则表示油膜反力增量总是发生于阻止位移变大；下标"0"表示刚度在平衡位置（e_0，φ_0）处取值。

同理，t 向位移增量 Δt，也将分别在 t 向和 r_i 向引起油膜反力增量 ΔF_t 和 ΔF_r，可类似地得到油膜正向刚度系数 k_{tt} 和油膜交叉刚度系数 k_{rt}。

轴颈在轴承中任意方向的位移速度增量，也将同时导致在该位移速度方向上的和垂直于此速度方向上的油膜反力增量。如 r 向速度增量 Δv_r 将引起相应的 ΔF_r 和 ΔF_t，假定 Δv_r 足够小，可得到线性化油膜阻尼系数为

$$
\begin{aligned}
d_{rr} &= -\left.\frac{\Delta F_r}{\Delta \dot{r}}\right|_0 \\
d_{tr} &= -\left.\frac{\Delta F_t}{\Delta \dot{r}}\right|_0
\end{aligned}
\tag{4.92}
$$

式中：d_{rr} 是由 r 向单位位移速度引起的 r 向挤压油膜反力，常称为油膜正向阻尼系数；d_{tr} 是由 r 向单位位移速度引起的 t 向挤压油膜反力，常称为油膜交叉阻尼系数；

第一下标表示力的方向；第二下标表示位移速度方向；负号表明位移速度引起的油膜反力增量总是趋于阻止它的发生；下标"0"表示该阻尼在平衡位置(e_0,φ_0)处取值。与此类似，可得油膜正向阻尼系数 d_{tt} 和交叉阻尼系数 d_{rt}。

这样，在动压径向油膜轴承中，在任意位移和任意速度微扰下，可有四项刚度系数 k_{rr}、k_{tr}、k_{tt} 和 k_{rt}，以及四项阻尼系数 d_{rr}、d_{tr}、d_{tt} 和 d_{rt}，用以表征这种轴承的油膜刚度和阻尼特性，常被称为八项动态特性系数。其中，交叉刚度和交叉阻尼的存在，则与动压径向轴承中偏位角 φ_0 不为零这一固有特性紧密相关，且 φ_0 越大，交叉项也越大。这将对轴承所在转子系统振动稳定性产生决定性的影响。

油膜反力为轴颈在轴承中偏心距 e_0 的强烈非线性函数，这表明在不同 e_0 下，单位偏心量所对应的油膜反力增量不同，因而随 e_0 的增加，相应油膜刚度将非线性地急剧增加。这种油膜刚度随偏心距变化的非线性关系，与变刚度弹簧工作特征有些相似。油膜阻尼随偏心距的变化，也有类似非线性特性，但它不像刚度随 e_0 的变化那样明显。

由第 3 章所导出的广义雷诺方程可知，隐含在该式中的油膜压力 p 是轴颈中心相对轴承中心位移和速度的函数，对于轴颈在轴承中某一稳态的平衡位置 e_0 和 φ_0，一般可将油膜压力及相应油膜反力分量表示为

$$\left.\begin{aligned} p_0 &= p(\theta, z, r_0, t_0, \dot{r}_0, \dot{t}_0) \\ F_{r0} &= F_r(r_0, t_0, \dot{r}_0, \dot{t}_0) \\ F_{t0} &= F_t(r_0, t_0, \dot{r}_0, \dot{t}_0) \end{aligned}\right\} \tag{4.93}$$

对于单向静载荷，式中 $r_0=e_0, t_0=\dot{r}_0=\dot{t}_0=0$；对于旋转常载荷，这时 O_j 将以载荷转速 Ω 绕轴承中心 O_b 做同步圆进动，即 $r_0=e_0, \dot{t}_0=e_0\Omega, t_0=\dot{r}_0=0$。

如轴颈在平衡位置受到某种随机位移扰动或速度扰动后，则相应的油膜反力分量为

$$\left.\begin{aligned} F_r &= F_r(r, t, \dot{r}, \dot{t}) \\ F_t &= F_t(r, t, \dot{r}, \dot{t}) \end{aligned}\right\} \tag{4.94}$$

按照泰勒公式，在平衡位置处展开得到：

$$F_r = F_{r0} + \left.\frac{\partial F_r}{\partial r}\right|_0 (r-r_0) + \left.\frac{\partial F_r}{\partial t}\right|_0 (t-t_0) + \left.\frac{\partial F_r}{\partial \dot{r}}\right|_0 (\dot{r}-\dot{r}_0) + \left.\frac{\partial F_r}{\partial \dot{t}}\right|_0 (\dot{t}-\dot{t}_0) + \cdots$$

$$F_t = F_{t0} + \left.\frac{\partial F_t}{\partial r}\right|_0 (r-r_0) + \left.\frac{\partial F_t}{\partial t}\right|_0 (t-t_0) + \left.\frac{\partial F_t}{\partial \dot{r}}\right|_0 (\dot{r}-\dot{r}_0) + \left.\frac{\partial F_t}{\partial \dot{t}}\right|_0 (\dot{t}-\dot{t}_0) + \cdots$$

由于微扰使轴颈中心偏离平衡位置的扰动量

$$\Delta r = r - r_0$$

$$\Delta t = t - t_0$$

$$\Delta \dot{r} = \dot{r} - \dot{r}_0$$

$$\Delta \dot{t} = \dot{t} - \dot{t}_0$$

很小，略去式中高阶小量，保留线性项，得到近似线性化的油膜反力。这样，对应微小

扰动的油膜反力增量可表示为

$$\left.\begin{aligned}\Delta F_r=F_r-F_{r0}=-(k_{rr}\Delta r+k_{rt}\Delta t+d_{rr}\Delta\dot{r}+d_{rt}\Delta\dot{t})\\ \Delta F_t=F_t-F_{t0}=-(k_{tr}\Delta r+k_{tt}\Delta t+d_{tr}\Delta\dot{r}+d_{tt}\Delta\dot{t})\end{aligned}\right\}\tag{4.95}$$

式中：负号表示油膜弹性恢复力和阻尼力总是分别与轴颈扰动位移和扰动速度方向相反。数学上，八个动态特性系数表达为

$$\left.\begin{aligned}k_{rr}=-\frac{\partial F_r}{\partial r}\bigg|_0,\quad k_{rt}=-\frac{\partial F_r}{\partial t}\bigg|_0,\quad k_{tr}=-\frac{\partial F_t}{\partial r}\bigg|_0,\quad k_{tt}=-\frac{\partial F_t}{\partial t}\bigg|_0\\ d_{rr}=-\frac{\partial F_r}{\partial \dot{r}}\bigg|_0,\quad d_{rt}=-\frac{\partial F_r}{\partial \dot{t}}\bigg|_0,\quad d_{tr}=-\frac{\partial F_t}{\partial \dot{r}}\bigg|_0,\quad d_{tt}=-\frac{\partial F_t}{\partial \dot{t}}\bigg|_0\end{aligned}\right\}\tag{4.96}$$

式中：F_r 和 F_t 分别为 O_jrt 坐标系中油膜反力的径向和切向分量。

对于图 4.15 所示的 O_jxy 坐标系中的油膜轴承系统振动动态特性，如在 O_jrt 坐标系中的分析过程，可以得到平衡位置(x_{0j},y_{0j})处的近似线性表达的油膜反力，对应微小扰动下的油膜反力增量为

$$\left.\begin{aligned}\Delta F_x=F_x-F_{x0}=-(k_{xx}\Delta x+k_{xy}\Delta y+d_{xx}\Delta\dot{x}+d_{xy}\Delta\dot{y})\\ \Delta F_y=F_y-F_{y0}=-(k_{yx}\Delta x+k_{yy}\Delta y+d_{yx}\Delta\dot{x}+d_{yy}\Delta\dot{y})\end{aligned}\right\}\tag{4.97}$$

在 O_jxy 坐标系中八个动态特性系数可简化为

$$\left.\begin{aligned}k_{ij}=-\frac{\partial F_i}{\partial j}\bigg|_0\quad i,j=x,y\\ d_{ij}=-\frac{\partial F_i}{\partial j}\bigg|_0\quad i=x,y;j=\dot{x},\dot{y}\end{aligned}\right\}\tag{4.98}$$

式中：F_x 和 F_y 为 O_jxy 坐标系中的油膜反力分量。

由此定义的油膜刚度和阻尼系数，均为对某一特定稳态平衡位置的刚度和阻尼系数，即作为油膜对微小扰动反应能力的八项系数是不同平衡位置(e_0,φ_0)的函数。

4.4.2　短轴承油膜刚度和阻尼系数计算

一维短轴承近似解，是对二维雷诺方程的简化解，当宽径比 L/D 较小和偏心率 ε 不大时，具有一定的计算精度，加之可提供解析解，物理意义明了，应用简便，因而仍常被采用。对于一维短轴承油膜的八项动态特性系数，将着重讨论如图 4.15 所示 O_jrt 坐标系下的油膜刚度和阻尼系数。

对不可压等温膜，取 $\omega_j=(\omega_b+\omega_j-2\Omega)$，其中 $\Omega=\varphi$ 为连心线 O_bO_j 旋转速度，一般与旋转载荷速度同步。为分析轴颈的任意位移和任意速度扰动，由无限短轴承假设下的瞬态雷诺方程为

$$\frac{\partial}{\partial z}\left(h^3\frac{\partial p}{\partial z}\right)=6\eta\left(\omega_j\frac{\partial h}{\partial\theta}+2\frac{\partial h}{\partial t}\right)\tag{4.99}$$

式中：

$$h = c(1+\varepsilon\sin\theta)$$

$$\frac{\partial h}{\partial \theta} = -c\varepsilon\sin\theta$$

$$\frac{\partial h}{\partial t} = -c\dot{\varepsilon}\cos\theta$$

在轴线无倾斜情况下，将式(4.99)积分两次，得：

$$p(\theta,z) = \frac{6\eta}{c^2(1+\varepsilon\sin\theta)^2}(-\varepsilon\omega_j\sin\theta + 2\dot{\varepsilon}\cos\theta)\frac{1}{2}z^2 + C_1z + C_2$$

在压力边界条件 $p\left(\theta,\frac{L}{2}\right) = p\left(\theta,-\frac{L}{2}\right) = 0$ 下，可得：

$$p(\theta,z) = \frac{3\eta}{c^2(1+\varepsilon\sin\theta)^2}(-\varepsilon\omega_j\sin\theta + 2\dot{\varepsilon}\cos\theta)\left(z^2+\frac{L^2}{4}\right) \tag{4.100}$$

式(4.100)所表达的油膜压力函数 $p(\theta,z)$，包括 $\omega_b+\omega_j$ 所引起的楔形效应，且含有以 Ω 为表征的进动挤压效应和以 e 为表征的径向挤压效应。对压力分量积分，可得油膜反力的径向和切向分量为

$$\begin{bmatrix} F_r \\ F_t \end{bmatrix} = \int_{-L/2}^{L/2}\int_{\theta_2}^{\theta_1} p(\theta,z)\begin{bmatrix}\cos\theta \\ \sin\theta\end{bmatrix} R_j\,\mathrm{d}\theta\,\mathrm{d}z$$

考虑到式(4.100)所表达的微扰油膜压力分布函数中，$2\dot{\varepsilon} \ll \varepsilon\omega_j$，近似取该式右边第一项所产生的正压力油膜范围作为积分限，即 $\theta_1=0$，$\theta_2=\pi$。因此有：

$$\begin{bmatrix} F_r \\ F_t \end{bmatrix} = \int_{-L/2}^{L/2}\int_0^{\pi} \frac{3\eta}{c^2(1+\varepsilon\sin\theta)^2}(-\varepsilon\omega_j\sin\theta + 2\dot{\varepsilon}\cos\theta)\left(z^2+\frac{L^2}{4}\right)\begin{bmatrix}\cos\theta \\ \sin\theta\end{bmatrix} R_j\,\mathrm{d}\theta\,\mathrm{d}z$$

经三角函数积分得到：

$$\left.\begin{aligned} F_r &= \frac{\eta R_j L^3}{c^2}\left[\frac{-\omega_j\varepsilon^2}{(1-\varepsilon^2)^2} - \frac{\pi\dot{\varepsilon}(1+2\varepsilon^2)}{2(1-\varepsilon^2)^{5/2}}\right] \\ F_t &= \frac{\eta R_j L^3}{c^2}\left[\frac{\omega_j\pi\varepsilon}{4(1-\varepsilon^2)^{3/2}} + \frac{2\dot{\varepsilon}\varepsilon}{(1+\varepsilon^2)^2}\right] \end{aligned}\right\} \tag{4.101}$$

按式(4.96)求八项动态特性系数时，首先分别给出位移扰动量 Δr 和 Δt 及速度扰动量 $\Delta\dot{r}$ 和 $\Delta\dot{t}$，再分别导出相应的刚度系数和阻尼系数。考虑到在各微扰扰动量下，式(4.101)中各有关运动参量 ε、e 和 ω_j 将因扰动量的单独作用发生变化。由式(4.96)和式(4.101)，可分别得到：

$$k_{rr} = -\left.\frac{\partial F_r}{\partial r}\right|_0 = -\left.\frac{\partial F_r}{\partial(c\varepsilon)}\right|_0 = \frac{\eta R_j L^3\omega_j}{c^3}\frac{2\varepsilon_0(1+\varepsilon_0^2)^2}{(1-\varepsilon_0^2)^2} \tag{4.102a}$$

$$k_{tr} = -\left.\frac{\partial F_t}{\partial r}\right|_0 = -\left.\frac{\partial F_t}{\partial(c\varepsilon)}\right|_0 = \frac{-\eta R_j L^3\omega_j}{c^3}\frac{\pi(1+2\varepsilon_0^2)}{4(1-\varepsilon_0^2)^{5/2}} \tag{4.102b}$$

$$d_{rr} = -\left.\frac{\partial F_r}{\partial \dot{r}}\right|_0 = -\left.\frac{\partial F_r}{\partial(c\dot{\varepsilon})}\right|_0 = \frac{-\eta R_j L^3}{c^3}\frac{\pi(1+2\varepsilon_0^2)}{2(1-\varepsilon_0^2)^{5/2}} \tag{4.102c}$$

$$d_{tr}=-\left.\frac{\partial F_t}{\partial \dot{r}}\right|_0=-\left.\frac{\partial F_t}{\partial (c\dot{\varepsilon})}\right|_0=\frac{-\eta R_j L^3}{c^3}\frac{2\varepsilon_0}{(1-\varepsilon_0^2)^2} \tag{4.102d}$$

$$d_{rt}=-\left.\frac{\partial F_r}{\partial \dot{t}}\right|_0=-\frac{\eta R_j L^3}{c^2}\frac{\partial}{\partial \dot{t}}\left[\frac{-(\omega_j-2\dot{t}/e_0)\varepsilon^2}{(1-\varepsilon_0^2)^2}\right]\Bigg|_0=$$

$$\frac{-\eta R_j L^3}{c^3}\frac{2\varepsilon_0}{(1-\varepsilon_0^2)^2}=d_{tr} \tag{4.102e}$$

$$d_{tt}=-\left.\frac{\partial F_t}{\partial \dot{t}}\right|_0=-\frac{\eta R_j L^3}{c^2}\frac{\partial}{\partial \dot{t}}\left[\frac{\pi(\omega_j-2\dot{t}/e_0)\varepsilon}{4(1-\varepsilon_0^2)^{3/2}}\right]\Bigg|_0=\frac{-\eta R_j L^3}{c^3}\frac{\pi}{2(1-\varepsilon_0^2)^{3/2}} \tag{4.102f}$$

对由切向微扰 Δt 所引起的交叉刚度 k_{rt} 和正向刚度 k_{tt}，可以按照 Δt 引起的 F_r 增量和 F_t 增量使之产生小的转角求得，见图 4.16。图中，$\varphi=\arctan(\Delta t/e_0)$。

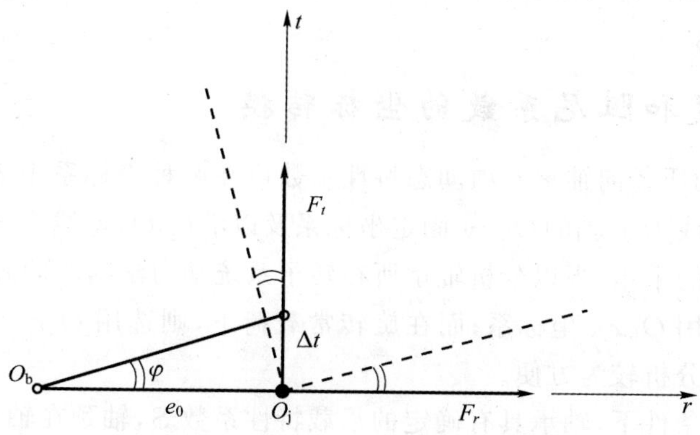

图 4.16　刚度 k_{rt}、k_{tt} 与 F_r、F_t 增量

轴颈中心 O_j 受到切向微扰 Δt 后的径向油膜反力 F_r' 和切向油膜反力 F_t' 可分别表为

$$F_r'=F_r\cos\varphi+F_t\sin\varphi\approx F_r+F_t\tan\varphi$$
$$F_t'=-F_r\sin\varphi+F_t\cos\varphi\approx -F_r\tan\varphi+F_t$$

由此得：

$$\left.\begin{aligned}\Delta F_r&=F_r'-F_r=F_t\tan\varphi=F_t\frac{\Delta t}{e_0}\\ \Delta F_t&=F_t'-F_t=-F_r\tan\varphi=-F_r\frac{\Delta t}{e_0}\end{aligned}\right\} \tag{4.103}$$

由式(4.96)、(4.103)及式(4.101)，可得：

$$k_{rt}=-\left.\frac{\partial F_r}{\partial r}\right|_0\approx-\left.\frac{\Delta F_r}{\Delta t}\right|_0\approx-\left.\frac{F_t}{e_0}\right|_0=-\frac{\eta R_j L^3\omega_j}{c^3}\frac{\pi}{4(1-\varepsilon_0^2)^{3/2}} \tag{4.104a}$$

$$k_{tt}=-\frac{\partial F_t}{\partial t}\bigg|_0\approx-\frac{\Delta F_t}{\Delta t}\bigg|_0\approx-\frac{F_r}{e_0}\bigg|_0=-\frac{\eta R_j L^3\omega_j}{c^3}\frac{\varepsilon_0}{(1-\varepsilon_0^2)^2}\tag{4.104b}$$

式(4.102)和式(4.104)表明，虽然刚度系数和阻尼系数是轴颈偏心率的高度非线性函数，但在一定的平衡位置偏心率 ε_0 处，小扰动下，可按局部线性化处理，用 ε_0 处的轴承动态特性系数去分析这种小扰动运动性质。这样，为按式(4.102)和式(4.104)计算八项动态特性系数，则首先要找出轴承在一定运转条件下轴颈在稳态平衡位置处的编心率 ε_0。

对于短轴承解，可按一定运转条件下的轴承承载特性系数 S，通过试凑法或迭代法，得到相应的 ε_0 值，进而解算相应的八项动态特性系数。

此外，如外载荷、轴承形状和尺寸及油粘度等给定后，八项系数仅是轴颈转速的函数。应该指出，对于几何形状一定的固定瓦不可压缩流体膜径向轴承，其八项动态特性系数只是轴颈位置的函数；而对于活动瓦可压缩流体膜径向轴承，其八项系数还与运动频率相关。

4.4.3 刚度和阻尼系数的坐标转换

如前所述，动压径向轴承八项动态特性系数可在两种坐标系中表达，见图 4.15，即以沿外载作用线为 x 轴的 O_bxy 固定坐标系及以沿 O_bO_j 连线为 r 轴的 O_brt 旋转坐标系。坐标系的采用，当以分析轴承所在转子系统动力学问题的方便而定：一般在单向静载荷下宜用 O_bxy 坐标系；而在旋转常载荷下，则选用 O_brt 坐标系进行转子轴承系统动力学分析较为方便。

在一定运转条件下，轴承具有确定的承载特性系数 S，轴颈在轴承中的平衡位置 $(\varepsilon_0,\varphi_0)$ 一定，则轴承相应的八项动态特性系数一定。不同坐标之间，这些系数将遵循一定的转换关系。按定义及图 4.15 中油膜刚度所对应的油膜反力关系，可写出：

$$\begin{bmatrix}F_x\\F_y\end{bmatrix}=\begin{bmatrix}k_{xx}&k_{xy}\\k_{yx}&k_{yy}\end{bmatrix}\begin{bmatrix}x\\y\end{bmatrix}=\begin{bmatrix}k_{xx}&k_{xy}\\k_{yx}&k_{yy}\end{bmatrix}\begin{bmatrix}\cos\varphi_0&-\sin\varphi_0\\\sin\varphi_0&\cos\varphi_0\end{bmatrix}\begin{bmatrix}r\\t\end{bmatrix}$$

和

$$\begin{bmatrix}F_r\\F_t\end{bmatrix}_k=\begin{bmatrix}\cos\varphi_0&\sin\varphi_0\\-\sin\varphi_0&\cos\varphi_0\end{bmatrix}\begin{bmatrix}F_x\\F_y\end{bmatrix}_k$$

即有：

$$\begin{bmatrix}k_{rr}&k_{rt}\\k_{tr}&k_{tt}\end{bmatrix}\begin{bmatrix}r\\t\end{bmatrix}=\begin{bmatrix}\cos\varphi_0&\sin\varphi_0\\-\sin\varphi_0&\cos\varphi_0\end{bmatrix}\begin{bmatrix}k_{xx}&k_{xy}\\k_{yx}&k_{yy}\end{bmatrix}\begin{bmatrix}\cos\varphi_0&-\sin\varphi_0\\\sin\varphi_0&\cos\varphi_0\end{bmatrix}\begin{bmatrix}r\\t\end{bmatrix}\tag{4.105}$$

由此可得，不同坐标系之间刚度系数的矩阵转换关系为

$$[K]_{rt}=[T][K]_{xy}[T]^{\mathrm{T}}\tag{4.106}$$

式中：

$$[K]_{rt}=\begin{bmatrix} k_{rr} & k_{rt} \\ k_{tr} & k_{tt} \end{bmatrix}$$

$$[K]_{xy}=\begin{bmatrix} k_{xx} & k_{xy} \\ k_{yx} & k_{yy} \end{bmatrix}$$

$$[T]=\begin{bmatrix} \cos\varphi_0 & \sin\varphi_0 \\ -\sin\varphi_0 & \cos\varphi_0 \end{bmatrix}$$

$$[T]^{\mathrm{T}}=\begin{bmatrix} \cos\varphi_0 & -\sin\varphi_0 \\ \sin\varphi_0 & \cos\varphi_0 \end{bmatrix}$$

其中：φ_0 为平衡位置偏位角，对无限短轴承，可由式(4.21)确定。

同理，可得到阻尼系数的矩阵式转换关系：

$$[D]_{rt}=[T]\,[D]_{xy}\,[T]^{\mathrm{T}} \tag{4.107}$$

式中：

$$[D]_{rt}=\begin{bmatrix} d_{rr} & d_{rt} \\ d_{tr} & d_{tt} \end{bmatrix}$$

$$[D]_{xy}=\begin{bmatrix} d_{xx} & d_{xy} \\ d_{yx} & d_{yy} \end{bmatrix}$$

表 4.1 给出了无限短轴承解的无量纲刚度系数和阻尼系数在 O_bxy 坐标系的数据。

表 4.1　短轴承解的无量纲刚度系数和阻尼系数

ε_0	φ_0	k_{xx}	d_{xx}	k_{xy}	d_{xy}	k_{yx}	d_{yx}	k_{yy}	d_{yy}
0.00	90.00	0.000 0	1.570 7	0.785 4	0.000 0	−0.785 4	0.000 0	0.000 0	1.570 7
0.05	86.352 8	0.050 83	1.589 5	0.797 47	0.100 44	−0.785 15	0.100 44	0.100 42	1.575 7
0.10	82.707 7	0.106 78	1.646 8	0.834 46	0.203 56	−0.784 35	0.203 56	0.203 43	1.590 8
0.15	79.066 7	0.173 60	1.746 3	0.898 69	0.312 28	−0.782 76	0.312 28	0.311 80	1.616 6
0.20	75.431 2	0.258 44	1.894 5	0.994 40	0.429 92	−0.779 95	0.429 92	0.428 76	1.654 1
0.25	71.801 7	0.370 92	2.101 7	1.128 2	0.560 59	−0.775 21	0.560 59	0.558 25	1.705 2
0.30	68.178 0	0.524 77	2.383 7	1.310 5	0.709 58	−0.767 36	0.709 58	0.705 37	1.772 1
0.35	64.558 4	0.740 50	2.763 9	1.556 5	0.884 01	−0.754 52	0.884 01	0.876 94	1.858 2
0.40	60.939 6	1.050 0	3.278 1	1.889 6	1.093 8	−0.733 62	1.093 8	1.082 5	1.968 3
0.45	57.316 1	1.505 2	3.981 8	2.346 0	1.353 4	−0.699 56	1.353 4	1.336 0	2.109 4
0.50	53.680 2	2.193 5	4.963 5	2.983 9	1.684 5	−0.643 6	1.684 5	1.658 2	2.291 6
0.55	50.020 3	3.270 4	6.371 2	3.900 4	2.121 5	−0.550 27	2.121 5	2.082 2	2.530 1
0.60	46.320 7	5.028 4	8.463 8	5.265 7	2.720 8	−0.390 78	2.720 8	2.661 9	2.849 2
0.65	42.559 1	8.057 6	11.725	7.398 8	3.581 9	−0.108 3	3.581 9	3.492 8	3.289 0
0.70	38.704 0	13.662	17.136	10.947	4.892 6	0.418 61	4.892 6	4.754 5	3.920 3
0.75	34.708 6	25.084	26.913	17.374	7.045 2	1.478 1	7.045 2	6.822 1	4.879 9
0.80	30.500 1	51.824	46.864	30.327	10.975	3.862 3	10.975	10.589	6.465 3
0.85	25.954 3	129.41	95.974	62.990	19.408	10.279	19.408	18.656	9.447 1
0.90	20.826 0	458.41	264.01	174.37	43.351	34.119	43.351	41.516	16.490
0.95	14.474 7	3 835.9	1 491.5	990.24	171.86	222.26	171.86	163.97	44.366

4.5 动压径向轴承稳定性

4.5.1 动压径向轴承的失稳

一般研究动压径向轴承的稳定性主要关心两个问题：一是在一定运转条件下，轴承轴颈中心相对于轴承中心是否处在一个稳定或相对静止的平衡位置上运转；二是当轴承遇到某种干扰后，轴颈在离开其原平衡位置后，能否回复到初始平衡状态。

动压径向轴承，由于其油膜力与运转条件之间的固有关系，致使带有这类轴承的转子轴承系统，在某些高速轻载运转条件下，受到微小扰动后，易于产生一种自激的小幅振荡，有时将逐步发展成自激振荡。后者常成为轴承及系统中其他机件毁坏的重要原因之一。因此，动压径向轴承中油膜振荡特点、产生机理、油膜振荡的预计，以及提高轴承稳定性等问题对于提高轴承性能十分重要。

带有动压径向轴承的转子支承系统的振幅和频率特性如图 4.17 所示，轴颈振动振幅 A 和振动角频率 ω_w 随轴的工作角速度 ω 的变化特征。图中给出三种不同受载形式。当轴及其上旋转零件制造精确，平衡好且受静载荷作用时，在轴角速度不高的运转状况下，轴颈中心将处于在轴承中心附近一个静止的平衡位置上工作。但随着 ω 增大，将出现下述情况：

① 轻载下，当轴的角速度 ω 达到足够高时，轴颈中心开始绕其平衡位置沿近似椭圆形封闭轨道进行涡动，如图 4.17(a)所示，涡动一旦开始，就会在较大的运转角速度范围内持续，其涡动频率不大于 $\omega/2$，这一现象常被称为半频涡动（也称半速涡动）或半频振荡，属于一种自激小振荡。开始出现涡动的轴的角速度，称为失稳角速度 ω_s。

② 当轴的角速度 ω 达到系统一阶临界角速度 ω_{cr} 时，将会引发大振幅的同步振动，至 ω 超过 ω_{cr} 后，大振幅立即衰减，但仍维持半速涡动。事实上，油膜自激半速涡动是一种非同步振动。

③ 当轴的角速度 ω 高达 2 倍系统一阶临界角速度（$2\omega_{cr}$）时，油膜自激共振出现。这时，轴颈振动极其剧烈，轴心运动轨迹将有沿螺线向外发散趋势，但由于油膜反力与轴颈偏心距间存在高度非线性特征，使轴心轨迹呈现一极限环状。且当轴的角速度继续增加时，轴颈振动几乎以同样大的振幅持续，且不衰减，而不像同步共振那样，振幅能随着越过临界转速而迅速下降。显然，这种油膜自激大振荡将更加危险，常被称作油膜共振振荡，设计时必须避免。

④ 将图 4.17(a)、(b)及(c)比较，可以看出，轴承的固有动态特性使轴承受载越轻，半速涡动越易早期出现，油膜振荡越易发生；反之，增加载荷，则可推迟和抑制油膜振荡。实际的转子轴承系统中，轴颈中心的同步涡动和半速涡动常同时存在，一般需要通过频率特征判明它们的主次。

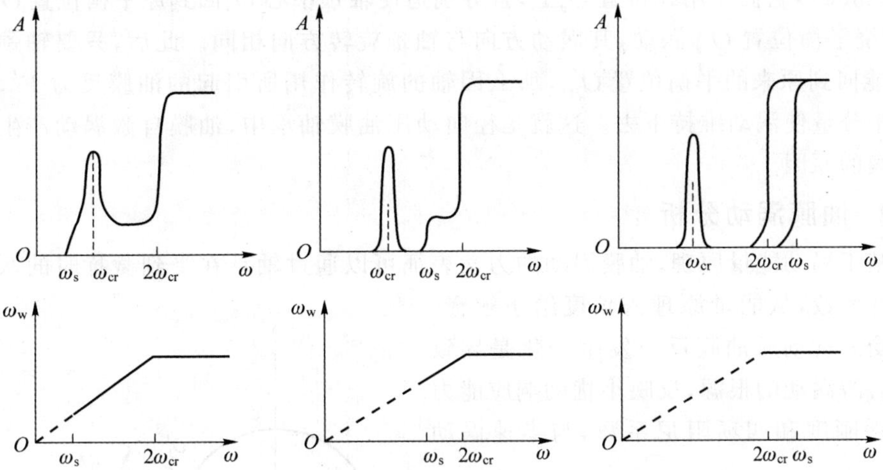

(a) 轻载轴承　　(b) 中载轴承　　(c) 重载轴承

图 4.17　轴的振动振幅 A 和振动频率 ω_w 特性

4.5.2　失稳机理

1. 外部扰动下的自激失稳

外部扰动可使油膜自激半速涡动和共振振荡失去平衡，图 4.18(a)给出了轴颈中心在轴承中处于平衡位置 O_{j0} 时运转的情形，此时油膜反力 F 恰好与轴承载荷 W 大小相等、方向相反。如在外界某种扰动轴颈中心偏离平衡位置而到达位置 O'_j 时，见图 4.18(b)，瞬时油膜反力 F' 将不再与载荷 W 平衡，当 F' 的一个分量 F'_1 与 W 平衡后，将存在油膜反力分量 F'_2。

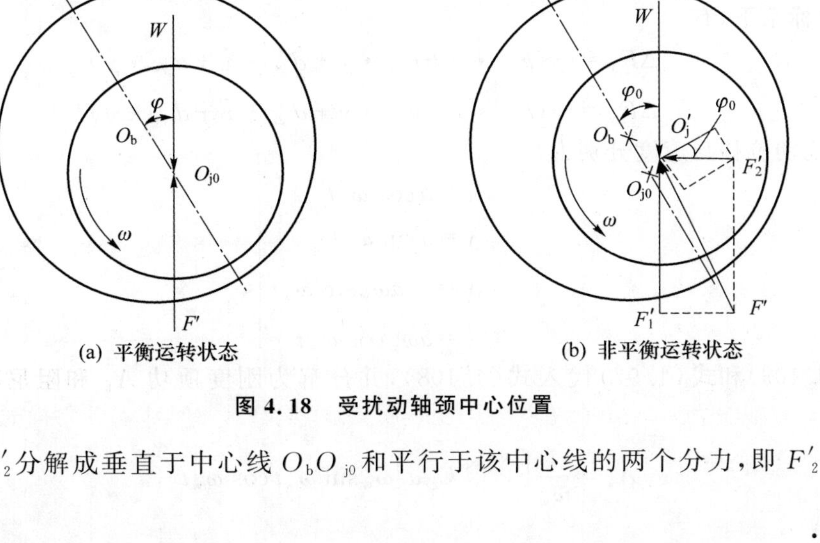

(a) 平衡运转状态　　(b) 非平衡运转状态

图 4.18　受扰动轴颈中心位置

将 F'_2 分解成垂直于中心线 O_bO_{j0} 和平行于该中心线的两个分力，即 $F'_2\cos\varphi_0$

和 $F'_2\sin\varphi_0$，它们作用在位置 O'_j 上，且分别迫使轴颈中心 O'_j 回到原平衡位置 O_{j0}，并使 O'_j 绕平衡位置 O_{j0} 涡动，其涡动方向与轴颈旋转方向相同。此后，只要轴颈中心 O'_j 不能回到原来的平衡位置 O_{j0}，那么因轴的旋转作用所引起的油膜反力 F'，总存在一个分量使涡动维持下去。这就是径向动压油膜轴承中，油膜自激涡动产生并得以继续的原因。

2. 油膜涡动分析

基于涡动能量原理，油膜涡动的力学表征可以通过轴承在受到微扰时的八项动态特性系数，从能量原理的角度给予解释。轴承受到扰动后油膜反力发生变化是导致轴心自激涡动的根源，反映小扰动响应能力的四项刚度和四项阻尼系数，与半速涡动相关。

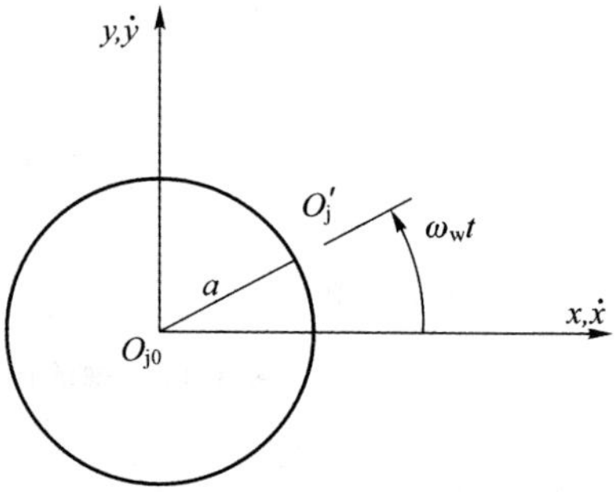

图 4.19 轴颈中心 O'_j 运动轨道

简化起见，假定受扰动后的轴颈中心 O'_j 围绕平衡位置 O_{j0} 沿一半径为 a 的微小圆轨道以角速度 ω_w 做等速涡动，如图 4.19 所示。涡动轴心运动达到一周时，油膜反力增量所作的功为 A。若 $A=0$，则意味着轴颈中心 O'_j 的涡动将保持现有的圆轨道持续下去；若 $A>0$，则表示现有的圆轨道涡动半径将在油膜动力激励下继续扩大；若 $A<0$，则原圆轨道涡动将因能量逐渐消耗而使 O'_j 逐渐回到原平衡位置 O_{j0} 处。

涡动一周所作的功可表达为

$$A=\int_0^{2\pi/\omega_w}(\Delta F_x\cdot\dot{x}+\Delta F_y\cdot\dot{y})\mathrm{d}t \tag{4.108}$$

式中：ΔF_x 和 ΔF_y 表示微小扰动下的线化油膜反力增量。由式(4.95)可知，在图 4.19 所示坐标系下，有

$$\left.\begin{aligned}\Delta F_x&=-(k_{xx}\cdot x+k_{xy}\cdot y+d_{xx}\cdot\dot{x}+d_{xy}\cdot\dot{y})\\ \Delta F_y&=-(k_{yx}\cdot x+k_{yy}\cdot y+d_{yx}\cdot\dot{x}+d_{yy}\cdot\dot{y})\end{aligned}\right\} \tag{4.109}$$

式中：扰动位移与速度分别为

$$\left.\begin{aligned}x&=a\cos\omega_w t\\ y&=a\sin\omega_w t\\ \dot{x}&=-a\omega_w\sin\omega_w t\\ \dot{y}&=a\omega_w\cos\omega_w t\end{aligned}\right\} \tag{4.110}$$

将式(4.109)和式(4.97)代入式(4.108)，并分解为刚度项功 A_k 和阻尼项功 A_d，得到：

$$A_k=\frac{1}{\omega_w}\int_0^{2\pi/\omega_w}[k_{xx}a^2\omega_w\sin\omega_w t\cos\omega_w t+$$

$$k_{xy}a^2\omega_w\sin^2\omega_w t - k_{yx}a^2\omega_w\cos^2\omega_w t -$$
$$k_{yy}a^2\omega_w\sin\omega_w t\cos\omega_w t]\mathrm{d}(\omega_w t) \quad (4.111)$$

根据三角函数系正交性，式(4.111)右边第一、四两项的积分为零，求积后可得：

$$A_k = \pi a^2(k_{xy} - k_{yx})$$

同理，可得：

$$A_d = -\pi a^2\omega_w(d_{xx} + d_{yy})$$

所以有：

$$A = A_k + A_d = \pi a^2[(k_{xy} - k_{yx}) - \omega_w(d_{xx} + d_{yy})] \quad (4.112)$$

式(4.112)表明：

① 两个交叉刚度 k_{xy}、k_{yx} 之差和正向阻尼 d_{xx}、d_{yy} 之和，分别对轴心涡动作正功和负功。从表 4.1 所提供数据可以看出，一般情况下，油膜轴承的正向阻尼 d_{xx} 和 d_{yy} 为正，而交叉刚度 k_{xy} 常为正和 k_{yx} 常为负。这意味着，正向阻尼项($d_{xx}+d_{yy}$)将使涡动趋于收敛，而交叉刚度项($k_{xy}-k_{yx}$)是使涡动趋于扩大。因此，正向阻尼项是利于稳定，而交叉刚度项是不利于稳定的因素。

② 两个正向刚度 k_{xx}、k_{yy} 及交叉阻尼 d_{xy}、d_{yx} 在轴颈中心 O'_j 绕其平衡位置 O_{j0} 沿一微小圆轨道做等速涡动时不作功，即它们既不会使轴心涡动扩大，也不会使之缩小。事实上，由于轴颈中心涡动轨迹是类似椭圆的，所以它们对涡动的稳定性或多或少会有一些影响。

③ 随偏心率 ε_0 增加、偏位角 φ_0 减小，参见表 4.1，式(4.112)中的交叉刚度项增长趋势相对减慢，而正向阻尼项的增长趋势却在加快，从而使涡动功随之减小，甚至为负。此外，随 ε_0 增加，油膜正向刚度又在非线性地迅速增长，提高了系统临界转速，扩大了系统稳定性运转范围。而随 ε_0 增加，动压径向轴承的油膜共振振荡将难以发生。因此，有各种使 ε_0 增加而抑制油膜振荡的轴承结构设计。

3. 基于流量连续理论的讨论

为便于分析，试考虑轻载下轴颈工作在轴承中平衡位置 O_{j0} 于轴承中心 O_b 近似重合，当受到扰动后，新的轴颈中心 O'_j 绕其平衡位置 O_{j0} 即 O_b 涡动，其涡动速度为 ω_w，见图 4.20。不计轴承端泄，取中心线 $O_bO'_j$ 受挤压一侧轴承间隙作为控制空间讨论流量连续条件，且润滑剂不可压缩，流动属层流，由图可见，进入控制空间单位轴承宽度上的体积流量为

$$q_B = \frac{1}{2}(R_j\omega - e\omega_w)(c+e)$$

而流出的体积流量为

$$q_V = \frac{1}{2}(R_j\omega - e\omega_w)(c-e)$$

二者之差应等于轴颈平移速度 $e\omega_w$ 所造成的控制容积减小率 $2R_je\omega_w$，于是，当忽略压差引起的流动时，得

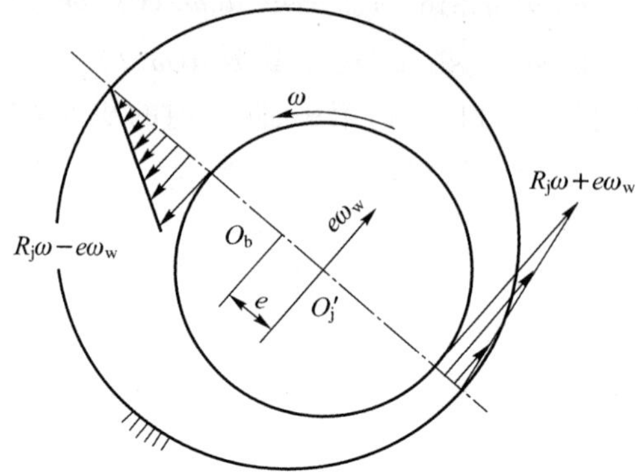

图 4.20 轴承间隙内的流动

$$\frac{1}{2}(R_j\omega-e\omega_w)(c+e)-\frac{1}{2}(R_j\omega+e\omega_w)(c-e)=2R_je\omega_w \tag{4.113}$$

由式(4.113)解得轴颈中心涡动角速度为

$$\omega_w=\frac{\omega}{2+\dfrac{c}{R_j}}\approx\frac{1}{2}\omega \tag{4.114}$$

其转向与轴颈旋转方向相同。

由此可见：

① 涡动角速度 ω_w 约为轴颈自转角速度之半，其涡动方向与轴颈转向相同。

② 当轴的转速增长约为实际系统一阶临界转速的 2 倍时，油膜半速涡动频率便与系统的一阶固有频率重合，于是发生油膜共振振荡。同时，轴的涡动振幅将急剧增加，呈强烈振动趋势。因此，提高系统一阶临界转速，可扩大轴承稳定运转范围。

③ 由于动压径向轴承中涡动是一种自激现象，所以，半速涡动和油膜共振振荡都具有自激特征。

4.5.3 轴承系统稳定性与失稳界限转速

在径向动压轴承中，油膜力学特性及相关参数，如油膜反力、刚度和阻尼都是轴颈偏心率 ε_0 的高度非线性函数；而轴颈在轴承中的自激半速涡动及共振振荡，都是在任意微小扰动后，轴颈偏离其平衡位置后的运动表现。采用局部线化处理进行稳定性分析，则是要判定轴颈在其平衡位置处受小位移扰动后，能否回到其原来平衡位置的性质和条件，如能收敛于原来平衡位置，则表示该系统是稳定的，否则是处于不稳定状态。

线化稳定性分析表明，油膜半速涡动一旦发生，其位移就将无限扩大，即达到不稳定状态。实际上，由于油膜特性的非线性反应，这种涡动常表现为有限振幅，有时是可以允许的；而大振幅的油膜共振振荡会带来轴承和机件毁坏，是必须避免的。共振振荡是半速涡动在涡动角频率等于系统一阶临界角速度 ω_{cr} 时的一个特定情况。因此，经线化稳定性分析能避免发生半速涡动时，也可使油膜共振振荡得以避免。

带有油润滑径向动压轴承转子轴承系统的线化稳定性分析，与研究其他物理系统稳定性一样，通常是在平衡位置上分别给以位移的和速度的小扰动，然后根据油膜对微小扰动的反应，即油膜刚度和阻尼系数，与轴系的其他力学参数，如转子质量和刚度等，列出平衡位置附近的被扰运动微分方程，并对其求解，以判定轴颈处在该平衡位置上的稳定性，并进一步探求轴承及系统中其他有关零部件的最佳设计参数。本小节也将介绍简单转子轴承系统的失稳界限转速计算方法。

1. 无质量对称刚性转子

对于简单转子轴承系统，即一无质量刚性转子支承于一对相同油膜润滑圆轴承上，见图 4.21 (a)。转子角速度为 ω，受外载荷为 W，忽略转子和轴承所受重力及质量惯性力作用。

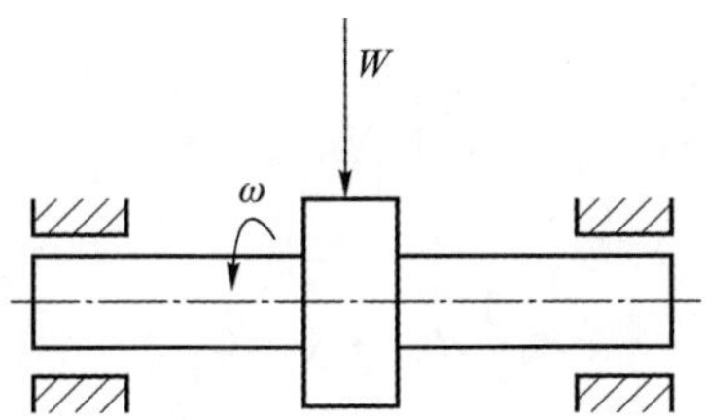

(a) 转子结构

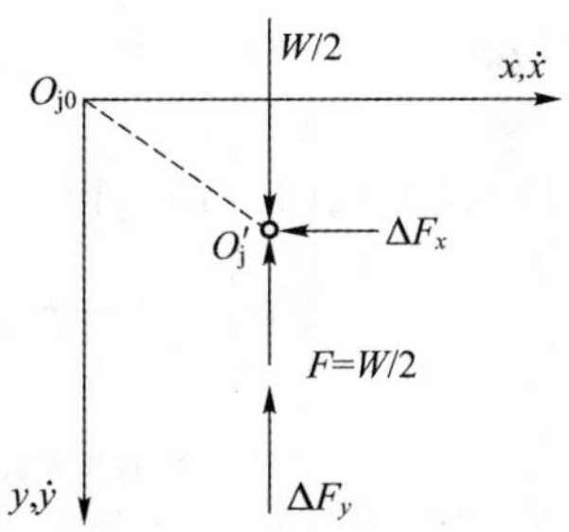

(b) 质心位置与受力

图 4.21　简单转子轴承系统

由于转子是刚性的，且支承对称，所以轴颈中心在一轴承中的运动，可以表征为系统转子在两个支承中的运动。图 4.21 (b)中 O_{j0} 表示轴颈在稳态运转下的静平衡位置，当受微小扰动后，轴心由 O_{j0} 移至 O'_j，因而产生相应油膜反力 F 的变化，其分力增量为 ΔF_x 和 ΔF_y。如以 O_{j0} 为直角坐标 $x-y$ 的原点，由前述可知：

$$\Delta F_x = -(k_{xx}\cdot x + k_{xy}\cdot y + d_{xx}\cdot \dot{x} + d_{xy}\cdot \dot{y})$$
$$\Delta F_y = -(k_{yx}\cdot x + k_{yy}\cdot y + d_{yx}\cdot \dot{x} + d_{yy}\cdot \dot{y})$$

根据牛顿第二定律，有

$$ma = \sum F$$

因这里 $m=0$，所以轴颈中心的微扰运动微分方程为

$$\left.\begin{aligned} k_{xx}\cdot x + k_{xy}\cdot y + d_{xx}\cdot \dot{x} + d_{xy}\cdot \dot{y} = 0 \\ k_{yx}\cdot x + k_{yy}\cdot y + d_{yx}\cdot \dot{x} + d_{yy}\cdot \dot{y} = 0 \end{aligned}\right\} \tag{4.115}$$

为计算方便，引入无量纲油膜动态特性系数，即以 k_{ij} 和 d_{ij} 分别表示轴承的无量纲油膜刚度系数和阻尼系数，其表达形式为

$$\left.\begin{aligned} k_{ij} &= k_i \cdot \bar{k}_{ij} \\ d_{ij} &= d_i \cdot \bar{d}_{ij} \qquad i,j=x,y \end{aligned}\right\} \tag{4.116}$$

且一般有

$$d_i = k_i/\omega$$

式中：k_i 和 d_i 分别表示油膜刚度系数和阻尼系数的相对单位，根据量纲分析由一些典型参数组成，也称无量纲因子。在无限短径向轴承分析中，见表 4.1，采用

$$\left.\begin{aligned} k_i &= \eta R_j L^3 \omega / c^3 \\ d_i &= \eta R_j L^3 / c^3 \end{aligned}\right\} \tag{4.117a}$$

对有限长径向轴承，取

$$\left.\begin{aligned} k_i &= \eta R_j^3 L\omega / c^3 \\ d_i &= \eta R_j^3 L / c^3 \end{aligned}\right\} \tag{4.117b}$$

也可采用

$$\left.\begin{aligned} k_i &= W/c \\ d_i &= W/c\omega \end{aligned}\right\} \tag{4.117c}$$

将式(4.117)代入式(4.116)，得

$$\left.\begin{aligned} k_{xx} \cdot x + k_{xy} \cdot y + \frac{1}{\omega} d_{xx} \cdot \dot{x} + \frac{1}{\omega} d_{xy} \cdot \dot{y} = 0 \\ k_{yx} \cdot x + k_{yy} \cdot y + \frac{1}{\omega} d_{yx} \cdot \dot{x} + \frac{1}{\omega} d_{yy} \cdot \dot{y} = 0 \end{aligned}\right\} \tag{4.118}$$

假定各微扰运动参数都具有相同频率，取式(4.118)中微扰运动的解为

$$x = x_0 e^{\lambda t}, \qquad y = y_0 e^{\lambda t}$$

式中：x_0 和 y_0 是初位移，为小实数；λ 为复数，与轴承刚度系数和阻尼系数等有关。将所设解代入式(4.118)，整理得到如下矩阵表达式：

$$\begin{bmatrix} k_{xx} + \frac{\lambda}{\omega} d_{xx} & k_{xy} + \frac{\lambda}{\omega} d_{xy} \\ k_{yx} + \frac{\lambda}{\omega} d_{yx} & k_{yy} + \frac{\lambda}{\omega} d_{yy} \end{bmatrix} \begin{bmatrix} x_0 \\ y_0 \end{bmatrix} = 0 \tag{4.119}$$

为得到 x_0 和 y_0 的非零解，式(4.119)的系数矩阵行列式应为零。将该行列式展开为含特征值 λ 的一元多项式，得到微扰运动微分方程(4.115)的特征方程为

$$a_0 \left(\frac{\lambda}{\omega}\right)^2 + a_1 \left(\frac{\lambda}{\omega}\right) + a_2 = 0 \tag{4.120}$$

式中：

$$\begin{aligned} a_0 &= d_{xx} d_{yy} - d_{xy} d_{yx} \\ a_1 &= k_{xx} d_{yy} + k_{yy} d_{xx} - k_{xy} d_{yx} - k_{yx} d_{xy} \\ a_2 &= k_{xx} k_{yy} - k_{xy} k_{yx} \end{aligned}$$

该二次特征方程的解为

$$\frac{\lambda}{\omega}=\frac{-a_1\pm\sqrt{a_1^2-4a_0a_2}}{2a_0}$$

如此解为实数,则非振动解,不属于讨论范围。当 $a_1^2-4a_0a_2<0$ 时,解可写为

$$\frac{\lambda}{\omega}=\frac{-a_1}{2a_0}\pm\mathrm{i}\frac{\sqrt{4a_0a_2-a_1^2}}{2a_0} \tag{4.121a}$$

或写其特征值为

$$\lambda=d_r\pm\mathrm{i}\omega_e \tag{4.121b}$$

式中:

$$d_r=\left(-\frac{a_1}{2a_2}\right)\cdot\omega$$

$$\omega_e=\frac{\sqrt{4a_0a_2-a_1^2}}{2a_0}\cdot\omega$$

d_r 为特征值实部,表征系统振动的衰减或增长率,又称系统阻尼指数。当 $d_r<0$ 时,轴颈振动位移 x 和 y 随时间 t 的增长将表现为衰减的;当 $d_r>0$ 时则相反,轴颈振动位移将增长;当 $d_r=0$ 时,特征值为纯虚数,轴颈振动位移将既不衰减也不增长,表示处在临界状态,这时相应的转子转速称为失稳临界或界限转速。由此可见,只当特征值所有实部均为负值时,轴颈或系统的振动才被衰减,小扰动后的轴心 O_j' 才可返回到原平衡位置 O_{j0},即原平衡位置为稳定平衡位置。特征值实部 d_r 是否为负,即为判断系统的平衡位置是否稳定的判据,或称为稳定性准则。

ω_e 为特征值的虚部,表示系统中轴颈在平衡位置 O_{j0} 处的自激振动频率。

a_0、a_1 和 a_2 为特征方程系数,与轴承油膜刚度系数和阻尼系数相关,都与轴承宽径比 L/D 和平衡位置偏心率 ε_0 有关。

所以,特征值 λ 的实部 d_r 和虚部 ω_e 是由轴承几何、滑油粘度和运转条件综合决定的,可通过控制有关设计因素来控制 d_r 和 ω_e,进而控制转子轴承系统的稳定性。

【例 4.2】 对一个以普通短圆柱轴承支承的高速轻载水平转子轴承系统,假定轴承上不受载荷,其偏心率 $\varepsilon_0\approx0$,试计算其特征值,判断其稳定性。

解 由表 4.1 可知,这时轴承的八项动态特性系数的关系为

$$k_{xx}=k_{yy}=0,\qquad d_{xy}=d_{yx}=0,$$
$$k_{xy}=-k_{yx}>0,\quad d_{xx}=d_{yy}>0,$$
$$d_{xx}\approx2k_{xy}$$

代入式(4.120)的系数中,得:

$$a_0=d_{xx}d_{yy}$$
$$a_1=0$$
$$a_2=-k_{xy}k_{yx}=k_{xy}^2$$

代入式(7.121b),得 $d_r=0$, $\omega_e=\omega/2$,所以

$$\lambda = 0 \pm \mathrm{i}\,\frac{1}{2}\omega$$

计算结果表明，由于特征值实部 $d_r = 0$，轴颈以封闭轨道涡动，这种涡动的自振频率 ω_e，即涡动角频率 ω_w 等于轴转速 ω 之半，与前述分析所得结论一致。可以看出，在高速轻载水平转子轴承系统中，当 $\varepsilon_0 = 0$ 时，采用圆柱轴承，很容易发生油膜的自激半速涡动。轴承油膜对轴颈的自激振动效应表明，即使不存在质量惯性力，一转子轴承系统仍可发生半速涡动。此外，如只需求解失稳界限转速，则可在特征值 λ 中保留虚部进行分析。

2. 单质量对称刚性转子

图 4.22 (a)所示为一个单质量对称刚性转子，支承在两个相同的径向动压轴承上。假定转子质量为 $2m$，并集中在转子中心 O_m 处，且没有不平衡力作用，则在轴截面内摆动惯性矩为零。

因刚性转子中心 O_m 与轴颈中心重合且对称，所以，轴承在外载荷 $2W$ 作用下（含转子重量 $2mg$），轴颈中心位于静态平衡位置 O_{j0}，在微小扰动下，轴颈中心由 O_{j0} 移至 O_j'，见图 4.22 (b)。按线化处理来预计油膜反力增量 ΔF_x 和 ΔF_y。根据牛顿第二定律，轴颈中心 O_j' 的微扰运动微分方程为

$$\left.\begin{aligned} m\ddot{x} + k_{xx}\cdot x + k_{xy}\cdot y + d_{xx}\cdot \dot{x} + d_{xy}\cdot \dot{y} = 0 \\ m\ddot{y} + k_{yx}\cdot x + k_{yy}\cdot y + d_{yx}\cdot \dot{x} + d_{yy}\cdot \dot{y} = 0 \end{aligned}\right\} \tag{4.122}$$

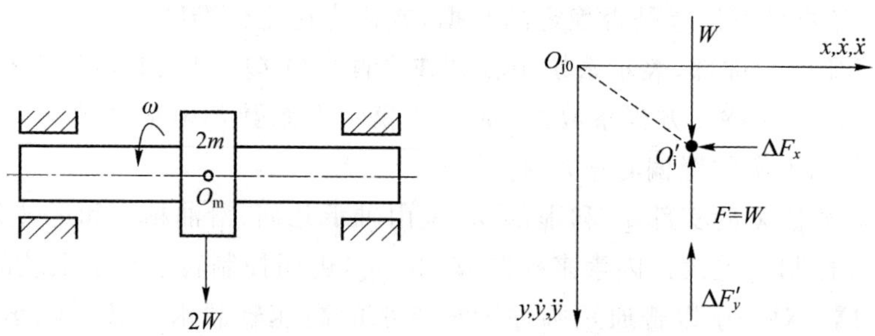

(a) 转子结构　　(b) 质心位置与受力

图 4.22　单质量对称刚性转子

(1) 稳定性准则

将油膜刚度和阻尼系数无量纲化，则式(4.122)为

$$\left.\begin{aligned} \frac{m}{k_i}\ddot{x} + k_{xx}\cdot x + k_{xy}\cdot y + \frac{1}{\omega}d_{xx}\cdot \dot{x} + \frac{1}{\omega}d_{xy}\cdot \dot{y} = 0 \\ \frac{m}{k_i}\ddot{y} + k_{yx}\cdot x + k_{yy}\cdot y + \frac{1}{\omega}d_{yx}\cdot \dot{x} + \frac{1}{\omega}d_{yy}\cdot \dot{y} = 0 \end{aligned}\right\} \tag{4.123}$$

设式(4.123)的解为

$$x = x_0 e^{\lambda t}, \qquad y = y_0 e^{\lambda t}$$

代入式(4.123),整理得矩阵

$$\begin{bmatrix} \frac{m}{k_i}\lambda^2 + k_{xx} + \frac{\lambda}{\omega}d_{xx} & k_{xy} + \frac{\lambda}{\omega}d_{xy} \\ k_{yx} + \frac{\lambda}{\omega}d_{yx} & \frac{m}{k_i}\lambda^2 + k_{yy} + \frac{\lambda}{\omega}d_{yy} \end{bmatrix} \begin{bmatrix} x_0 \\ y_0 \end{bmatrix} = 0 \tag{4.124}$$

为得到非零解,系数矩阵行列式应为零,并将该行列式展开为多项式,于是得到微扰运动微分方程的特征方程

$$a_0\lambda^4 + a_1\lambda^3 + a_2\lambda^2 + a_3\lambda + a_4 = 0 \tag{4.125}$$

式中:

$$a_0 = \left(\frac{m}{k_i}\right)^2$$

$$a_1 = \left(\frac{m}{k_i}\right)\frac{1}{\omega}A_1$$

$$a_2 = \left(\frac{m}{k_i}\right)A_0 + \frac{1}{\omega^2}A_2$$

$$a_3 = \left(\frac{m}{k_i}\right)\frac{1}{\omega}A_3$$

$$a_4 = A_4$$

其中:

$$A_0 = k_{xx} + k_{yy}$$

$$A_1 = d_{xx} + d_{yy}$$

$$A_2 = d_{xx}d_{yy} - d_{xy}d_{yx}$$

$$A_3 = k_{xx}d_{yy} + k_{yy}d_{xx} - k_{xy}d_{yx} - k_{yx}d_{xy}$$

$$A_4 = k_{xx}k_{yy} - k_{xy}k_{yx}$$

特征方程(4.125)的方次 $N=2n$,n 为系统自由度数,因此特征方程便有 N 个解,即有 n 对共轭复根

$$\lambda_{1,2} = (d_r \pm i\omega_e)_{1,2}$$

如前所述,只有全部特征值实部 d_r 为负值时,离开平衡位置的微小扰动随时间的增量才是收敛的,即系统平衡处于稳定状态。

通过式(4.125),可研究其系数所包含的各参变量,如油膜轴承几何、滑油物性、工作转速、转子质量和外加载荷等对特征值实部的影响规律。为此,常要运用数值计算方法。如只需判断系统工作时是否稳定,则不必去解式(4.125),特别是对于更高阶次的特征方程。

(2) 失稳界限转速计算

实际上,有时仅需分析出系统平衡的失稳界限转速,以控制工作转速。对一些较复杂的转子轴承系统,常要用数值解法,通过逐次改变工作转速,考察各转速下特征值的实部,以分析解算失稳界限转速值。

对一些较简单的转子轴承系统，为求失稳界限转速，常应用失稳转速的解析解。这里将介绍图4.22(a)所示单质量$2m$对称刚性转子轴承系统的失稳界限角速度ω_s的解析算法。

由于在失稳界限状态下，特征值λ的实部d_r为零，即$\lambda = i\omega_{es}$，ω_{es}为界限状态下涡动自激振动频率。将该λ值代入式(4.125)，得

$$a_0\omega_{es}^4 - ia_1\omega_{es}^3 - a_2\omega_{es}^2 + ia_3\lambda\omega_{es} + a_4 = 0 \tag{4.126}$$

由式(4.126)虚部为零，可得

$$\omega_{es}^2 = \frac{a_3}{a_1} = \frac{k_i}{m}\left(\frac{k_{xx}d_{yy} + k_{yy}d_{xx} - k_{xy}d_{yx} - k_{yx}d_{xy}}{d_{xx} + d_{yy}}\right)$$

或写为

$$\omega_{es}^2 = \frac{k_i}{m}k_{eq} = \frac{k_{eq}}{m} \tag{4.127}$$

式中：

$$k_{eq} = \frac{k_{xx}d_{yy} + k_{yy}d_{xx} - k_{xy}d_{yx} - k_{yx}d_{xy}}{d_{xx} + d_{yy}} \tag{4.128}$$

由此可见，在失稳界限状态下，轴承中油膜八项动态特性系数综合表现为一个各向同性弹簧，其刚度是k_{eq}，常称为等效刚度系数。由式(4.126)实部为零，可有

$$a_0\left(\frac{a_3}{a_1}\right)^2 - a_2\left(\frac{a_3}{a_1}\right) + a_4 = 0$$

将式(4.127)和式(4.125)中系数代入上式整理，并将式中的转子角速度ω改为界限状态下转子失稳界限角速ω_s，得

$$\left(\frac{\omega_{es}}{\omega_s}\right)^2 = \frac{(\bar{k}_{eq} - \bar{k}_{xx})(\bar{k}_{eq} - \bar{k}_{yy}) - \bar{k}_{xy}\bar{k}_{yx}}{d_{xx}d_{yy} - d_{xy}d_{yx}} \tag{4.129}$$

而(ω_{es}/ω_s)即为失稳界限涡动自振频率与转子失稳界限角速度之比，简称界限涡动比。得到k_{eq}和(ω_{es}/ω_s)值后，当前者为正值而后者为负值时，系统为恒稳定状态；如前者为负值，则系统为恒不稳定；二者均为正值时，失稳界限角速度为ω_s，因

$$k_{eq} = \bar{k}_{eq} \cdot k_i = \bar{k}_{eq} \cdot d_i\omega_s = m\left[\left(\frac{\omega_{es}}{\omega_s}\right)\omega_s\right]^2$$

得

$$\omega_s = \frac{d_i}{m}\frac{k_{eq}}{\left(\frac{\omega_{es}}{\omega_s}\right)^2} \tag{4.130}$$

稳定运转时，实际转子工作角速度ω应满足稳定运转条件

$$\omega < \omega_s \tag{4.131}$$

显然，k_{eq}值愈大愈好，(ω_{es}/ω_s)值愈小愈好。

以上计算的是在一定的轴颈偏心率ε_0下的解，即在一定运转条件对应的系统平

衡状态下的解。如在此运转条件下所解得的 ω_s 不能使式(4.131)得以满足，则应调整运转条件，改变 ε_0 值，重新进行计算，最终使式(4.131)得以满足。式(4.131)中的 ω_s 值并不意味着一个稳定运转的轴颈转角达到该值时将开始失稳，因其他条件不变时，随转速增大 ε_0 将减小，其八项动态特性系数随之改变。要确定轴颈开始失稳时的转速，须迭代求解。

【例 4.3】 对普通径向短圆柱轴承支承的垂直转子，如不计不平衡旋转载荷，其轴颈偏心率 $\varepsilon_0 \approx 0$，要求计算其失稳界限转速，分析转子轴承系统稳定性。

解　由表 4.1 可知：

$$\bar{k}_{xx}=\bar{k}_{yy}=\bar{d}_{xy}=\bar{d}_{yx}=0$$

$$\bar{k}_{xy}=-\bar{k}_{yx}>0$$

$$\bar{d}_{xx}=\bar{d}_{yy}>0，且\ \bar{d}_{xx}\approx 2\bar{k}_{xy}$$

代入式(4.128)，再代入式(4.129)，分别得到

$$\bar{k}_{\mathrm{eq}}=\frac{0}{\bar{d}_{xx}+\bar{d}_{yy}}=0$$

$$\left(\frac{\omega_{\mathrm{es}}}{\omega_{\mathrm{s}}}\right)^2=\frac{0+\bar{k}_{xy}^2}{\bar{d}_{xx}^2}=\frac{1}{4}$$

所以 $\omega_{\mathrm{es}}=\dfrac{1}{2}\omega_s$，而由式(4.130)有 $\omega_s=0$，即只要转子一转动就破坏了式(4.131)所给的稳定性条件。可见，在理论上，用普通圆柱短轴承支承垂直转子时，其在全部转速范围内，均为不稳定。

3. 单质量对称柔性转子

对具有单质量 $2m$ 的柔性轴，其刚度系数为 k，该转子对称支承在两个相同的动压径向轴承上，构成单质量对称柔性转子轴承系统。其稳定性问题的讨论，可类似地应用以上对刚性转子的分析方法，通过扰动微分方程的特征方程，求解特征值，判定该转子轴承系统的稳定性。现仅介绍该系统的失稳界限角速度计算。

在界限状态下，轴承油膜八项动特性系数综合表现为一个各向同性弹簧，其等效刚度为 k_{eq}，因柔性轴刚度 k 的存在，可将此对称柔性转子轴承系统取半，看做一个质量为 m 支承在两个串联弹簧 $k/2$ 和 k_{eq} 上的简化系统。对这个简化系统，可有

$$m\omega_{\mathrm{es}}^2=k_{\mathrm{e}}=\frac{1}{\dfrac{1}{k/2}+\dfrac{1}{k_{\mathrm{eq}}}} \tag{4.132}$$

式中：ω_{es} 为界限状态下涡动自振频率；k_{e} 为两个串联弹簧的总刚度。由式(4.132)可得

$$k_{\mathrm{eq}}=\frac{km\omega_{\mathrm{es}}^2}{k-2m\omega_{\mathrm{es}}^2} \tag{4.133}$$

该式可写为

$$\bar{k}_{eq}\cdot k_i=\frac{km\left(\dfrac{\omega_{es}}{\omega_s}\right)^2}{\dfrac{k}{\omega_s^2}-2m\left(\dfrac{\omega_{es}}{\omega_s}\right)^2}$$

式中：ω_s 为其界限状态下转子失稳界限角速度。考虑到 $k_1=\omega_s d_1$，整理可得，某运转条件下偏心率 ε_0 对应失稳界限角速度可表示为

$$\omega_s=\frac{-m\omega_{er\,1}^2}{2k_{eq}d_i}+\omega_{er\,1}^2\sqrt{\left(\frac{m\omega_{er\,1}}{2k_{eq}d_i}\right)^2+\frac{1}{\left(\dfrac{\omega_{es}}{\omega_s}\right)^2}} \tag{4.134}$$

式中：$\omega_{er\,1}=\sqrt{\dfrac{k}{2m}}$，为柔性轴的一阶临界转速；$k_{eq}$ 和 $\left(\dfrac{\omega_{es}}{\omega_s}\right)^2$ 是动压径向轴承在界限状态下的固有特性，取决于轴承八项动态特性系数，可分别由式(4.128)和式(4.129)确定；d_1 为油膜阻尼系数的相对单位，根据所使用八项系数的数据来源具体确定。

不出现半速涡动的稳定条件，由式(4.131)给出，此方法还可用于更多转子轴承系统稳定性分析，如在轴承套外围设置有外加阻尼器的情形等。

4. 劳思-霍尔维茨判别法

包含在特征方程中的待求变量——特征值的实部的正、零、负，是由特征方程的系数确定的。劳思(Ronth)对其规律做了总结，后霍尔维茨(Hurwitz)用系数行列式的形式加以概括，得到常用的劳思-霍尔维茨稳定性判别法。劳思-霍尔维茨稳定性判别法可表述如下：

当 n 次特征方程为

$$a_0\lambda^n+a_1\lambda^{n-1}+\cdots+a_{n-1}\lambda+a_n=0 \tag{4.135}$$

霍尔维茨行列式为

$$\begin{vmatrix} a_1 & a_0 & 0 & 0 & 0 & \cdots & 0\\ a_3 & a_2 & a_1 & a_0 & 0 & \cdots & 0\\ a_5 & a_4 & a_3 & a_2 & a_1 & \cdots & 0\\ a_7 & a_6 & a_5 & a_4 & a_3 & \cdots & 0\\ \vdots & & & & \ddots & & \vdots\\ 0 & & & & & \ddots & 0\\ 0 & 0 & \cdots & \cdots & \cdots & 0 & a_n \end{vmatrix} \tag{4.136}$$

该行列式的构成法则是：在主对角线上依次写出从特征方程的第二个系数 a_1 起到最后一个系数 a_n 为止的各元素，而各行元素则以主对角线为基准，它们的下标向左递增，向右递减，其中凡是遇到下标大于 n 或小于 0 的元素，均以 0 代替那个元素。

按劳思-霍尔维茨稳定性判别法，特征方程(4.135)所有根的实部均为负的充分必要条件是：当首项系数 $a_0>0$(总可把首项系数化为正值)时，要求上述行列式(4.136)中，同等数目的行和列所构成的各个行列式 $D_i(i=l,2,\cdots,n)$ 均为正，即当 $a_0>0$ 时，要求

$$\left.\begin{aligned}
&D_1 = a_1 > 0\\
&D_2 = \begin{vmatrix} a_1 & a_0 \\ a_3 & a_2 \end{vmatrix} > 0\\
&D_3 = \begin{vmatrix} a_1 & a_0 & 0 \\ a_3 & a_2 & a_1 \\ a_5 & a_4 & a_3 \end{vmatrix} > 0\\
&\cdots\\
&D_n = \begin{vmatrix} a_1 & a_0 & \cdots & 0 \\ a_3 & a_2 & a_1 & \vdots \\ \vdots & & \ddots & \vdots \\ 0 & \cdots & \cdots & a_n \end{vmatrix} > 0
\end{aligned}\right\} \tag{4.137}$$

例如，对特征方程(4.135)，其霍尔维茨行列式为

$$\begin{vmatrix} a_1 & a_0 & 0 & 0 \\ a_3 & a_2 & a_1 & a_0 \\ 0 & a_4 & a_3 & a_2 \\ 0 & 0 & 0 & a_4 \end{vmatrix}$$

根据劳思-霍尔维茨稳定性判别法，该系统平衡是否稳定，充分必要条件是：当 $a_0>0$ 时，要求

$$D_1 = a_1 > 0$$

$$D_2 = \begin{vmatrix} a_1 & a_0 \\ a_3 & a_2 \end{vmatrix} = a_1 a_2 - a_0 a_3 > 0$$

$$D_3 = \begin{vmatrix} a_1 & a_0 & 0 \\ a_3 & a_2 & a_1 \\ 0 & a_4 & a_3 \end{vmatrix} = a_3 D_2 - a_1^2 a_4 > 0$$

$$D_4 = \begin{vmatrix} a_1 & a_0 & 0 & 0 \\ a_3 & a_2 & a_1 & a_0 \\ 0 & a_4 & a_3 & a_2 \\ 0 & 0 & 0 & a_4 \end{vmatrix} = a_1 a_2 a_3 a_4 - a_1^2 a_4^2 - a_0 a_3^2 a_4 > 0$$

4.5.4　动压径向轴承的抑振方法

一般油膜动压轴承比滚动轴承的抗振性好，这是因为它具有非常显著的油膜粘性阻尼及很强的吸收或消耗振动能量功能。然而，它也可能发生严重缺陷，如动压径向轴承中的油膜共振振荡等。这就要求，设计应用油膜动压径向轴承时，不仅要求其能衰减来自轴承以外的强迫振动，还要有抑制甚至消除来自轴承本身的自激振动能力。这里介绍一些常用动压径向轴承的典型形式及其抑振原理。

如前所述，轴颈偏心率 ε_0 增加，可抑制油膜自激振荡，扩大稳定运转范围；反之，

在 ε_0 接近于零的情况下，圆柱动压轴承的稳定性较差。增加 $e\varepsilon_0$，以实现动压径同轴承稳定运转，是多种形式轴承实现振动抑制的一个基本方法，由此产生了一系列加大偏心率 ε_0 以抑制轴承涡动的轴承形式。常用的方法有：

① 采用宽径比 L/D 较小的窄轴承，增加端泄，使油膜承载区压力降低，而导致 ε_0 的加大。

② 采用间隙比 ψ 较大的轴承，以增加端泄。

③ 在受载方向轴瓦上开轴向油沟，见图 4.23 (a)，原理同上。

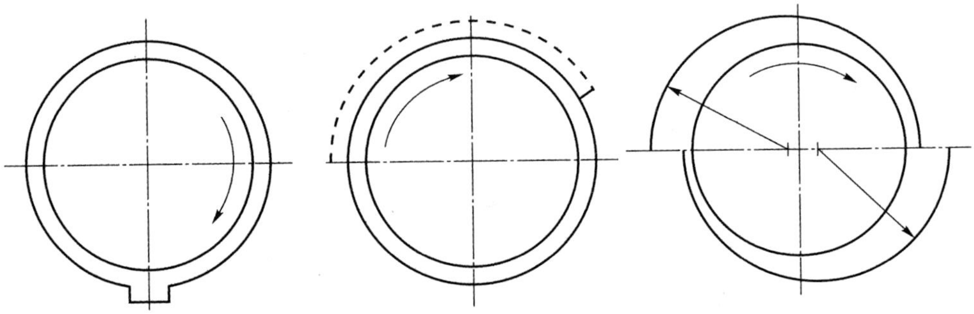

(a) 轴向油沟　　(b) 开　槽　　(c) 错位轴向油沟

图 4.23　轴瓦上开有轴向油沟的轴承

④ 在非承载轴瓦上开凹槽，即瑞利(Rayieigh)阶梯，见图 4.23 (b)，可形成动压将轴颈下推，以增大 ε_0。图 4.23(c)所示为错位轴承，上瓦可产生动压推轴颈向下，造成下瓦 ε_0 增大。

⑤ 椭圆轴承及其他固定瓦轴承，见图 4.24，其在结构上的共同特征是造成预偏心。此外，椭圆轴承是错位轴承的一种形式，亦称"柠檬轴承"，具有类似错位轴承的工作原理图 4.24 (b)和(c)所示的固定瓦三油叶轴承和三油楔轴承，也可增大 ε_0 而起到抑振作用。

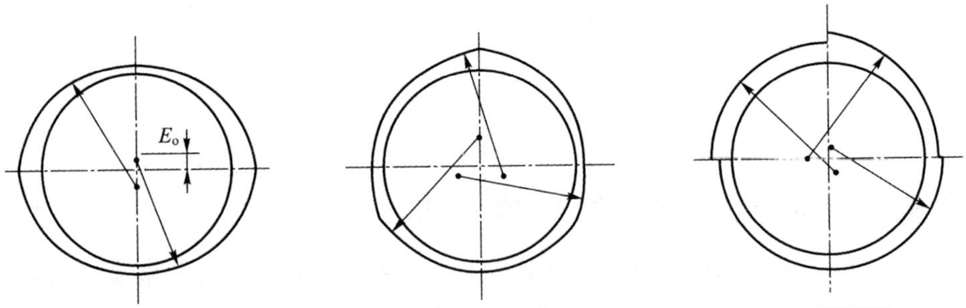

(a) 椭圆轴承　　(b) 三叶轴承　　(c) 三楔轴承

图 4.24　偏心圆弧结构轴瓦

⑥ 可倾瓦轴承，是一种活支瓦块轴承，可有效提高稳定性。图 4.25 所示为三瓦可倾瓦轴承。也有采用四瓦、五瓦的可倾瓦轴承，它利用几何上预偏心加大 ε_0，提高

稳定性，当略去瓦块惯性、瓦块支点摩擦时，各瓦可自由伴随轴颈中心位置随扰动而做相应的随机摆动，而使各瓦产生的油膜反力总落在通过各瓦支点到轴颈中心的连线上，因此轴颈中心会很快回到原来的平衡位置，以免产生使轴颈中心涡动的切向分力。实际上，由于不可能没有瓦块惯性及其支点摩擦的影响，因此这种轴承也是会有失稳可能的。

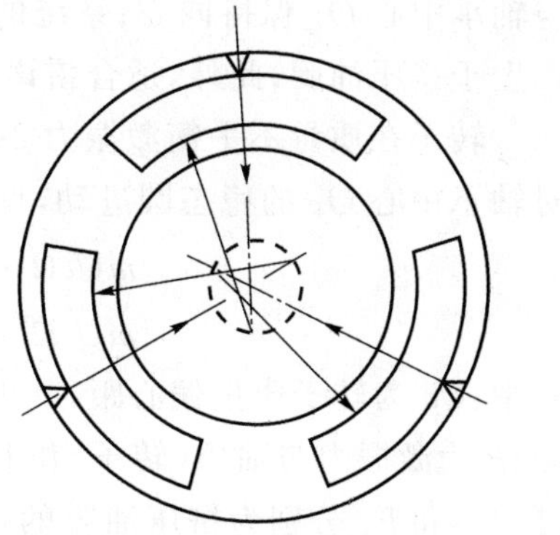

图 4.25　可倾瓦轴承

在衰减外来强迫振动方法中，另一类常用的方法，即是在滑动轴承或滚动轴承的外围设置种种外加阻尼器，其阻尼减振能力很强，如图 4.26 所示。

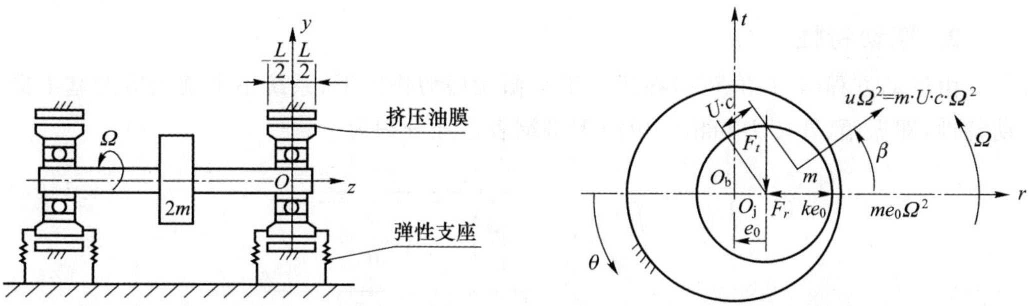

(a) 转子系统　　(b) 轴颈位置示意图

图 4.26　挤压油膜转子支承系统

4.5.5　挤压油膜轴承的阻尼减振

挤压油膜轴承，有时也称挤压油膜阻尼器，是高速转子支承系统中使用的多种外加阻尼器之一，在一些高速旋转机中减振效果显著，一般可降低振幅 50%左右。库勃（Cooper）于 1963 年首先发表了关于挤压油膜轴承对于抑制高速转子振动的试验研究与理论分析。其工作原理与进动挤压油膜径向轴承类似，也可用于高速气体润滑的场合。

1. 运动方程

带进动挤压油膜轴承阻尼器和弹性支座的对称刚性转子支承系统，转子支承系及其转子的运动与受力关系如图 4.26 所示。

为研究转子系统的稳态不平衡响应及其阻尼减振作用，引入以下假定：

系统转子质量为 $2m$，其轴向与转子质量作用点对称，周向各向同性；转子、滚动轴承和挤压油膜轴承座为绝对刚性；弹性支座可实行预调，使运转前的轴颈中心 O_j

与轴承中心 O_b 保持同心；系统的激振力主要来自转子质量不平衡，系统的阻尼主要产生于挤压油膜；此外，适合雷诺方程推导中所引入的其他有关假定。

转子在质量不平衡激振力 $2m \cdot U \cdot c \cdot \Omega^2$ 作用下的运动，可简化为轴颈中心 O_j 对轴承中心 O_b 的稳态圆进动，见图 4.26(b)。转子运动方程为

$$\left.\begin{aligned} mUc\Omega^2\cos\beta + me_0\Omega^2 - (F_r + ke_0) = 0 \\ mUc\Omega^2\sin\beta - F_t = 0 \end{aligned}\right\} \tag{4.138}$$

式中：Uc 为转子质量偏心距，其中 U 为转子质量偏心率，c 为挤压油膜轴承的半径间隙；β 为激振力与轴颈（转子）位移即轴颈偏心距 ε_0 之间的相位角；k 为弹性支座刚度；F_r 和 F_t 分别为挤压油膜的径向反力和切向反力，它们可用油膜等效刚度系数 k_0 和等效阻尼系数 d_0 来表述：

$$\left.\begin{aligned} F_r = k_0 \cdot e_0 \\ F_t = d_0 \cdot e_0\Omega \end{aligned}\right\} \tag{4.139}$$

2. 振动特性

由运动方程(4.138)可得在质量不平衡激振力作用下，系统不平衡响应的基本振动特性，即振幅、外传力和相位角的无量纲表达式分别为

$$\frac{e_0}{U} = \frac{e_0}{Uc} = \frac{\delta^2}{\sqrt{\left(\dfrac{k_0}{k} + 1 - \delta^2\right)^2 + \left(2\dfrac{d_0}{d_k}\delta\right)^2}} \tag{4.140a}$$

$$T = \frac{F_1}{mUc\Omega^2} = \frac{\sqrt{\left(\dfrac{k_0}{k} + 1\right)^2 + \left(2\dfrac{d_0}{d_k}\delta\right)^2}}{\sqrt{\left(\dfrac{k_0}{k} + 1 - \delta^2\right)^2 + \left(2\dfrac{d_0}{d_k}\delta\right)^2}} \tag{4.140b}$$

$$\beta = \arctan\frac{2\dfrac{d_0}{d_k}\delta}{\dfrac{k_0}{k} + 1 - \delta^2} \tag{4.140c}$$

式中：

$$\delta = \frac{\Omega}{\omega},\ \omega = \sqrt{\frac{k}{m}}$$

$$d_k = 2m\omega$$

$$F_i = \sqrt{(F_r + ke_0)^2 + F_t^2}$$

由式(4.140)可见，在影响系统振动特性的诸参量中，除了转子质量 $2m$、弹性支座刚度 k、转子质量偏心率 U 和转子转速 Ω 外，还有挤压油膜等效刚度 k_0 和等效阻尼 d_0。

图 4.27 给出了无量纲振幅 ε_0/U 在转子的不同质量偏心率 U 和不同无量纲转

速 δ 下的稳态不平衡响应。为了比较油膜性能的求解方法对振动特性的影响，图中除给出了一维短轴承解以外，还给出了二维短校正解。其中，$B=\dfrac{\eta R_{\mathrm{j}}L^{3}}{2m\omega_{\mathrm{e}}^{3}}$，称为阻尼器轴承参数。

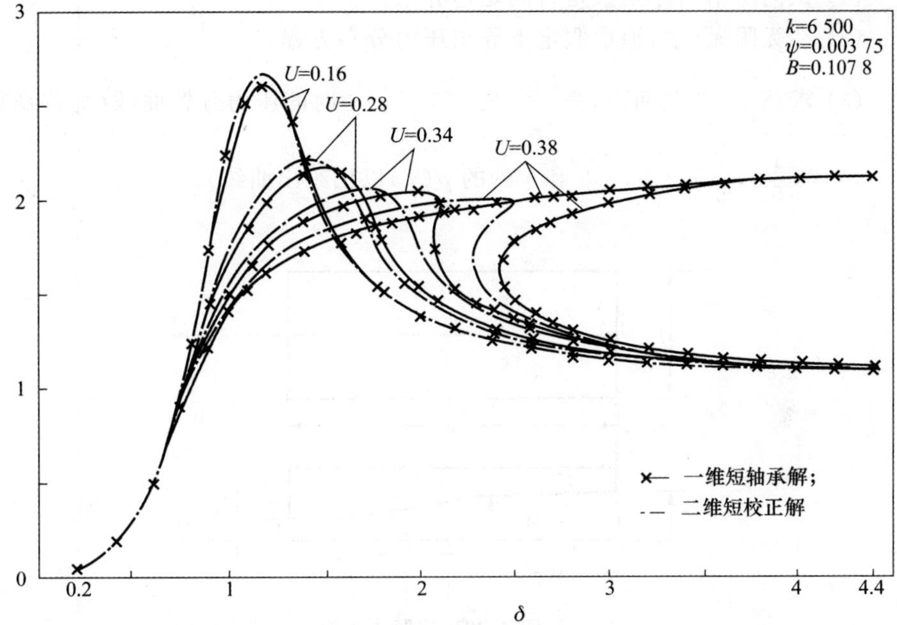

图 4.27　系统不平衡响应

图 4.27 中的曲线表现出：

① 挤压油膜轴承的油膜阻尼显著地降低了转子过临界时的振动峰值，且随转子质量偏心率 U 的增加，即离心载荷增加和轴颈偏心率 ε_0 增加，油膜阻尼作用以更显著的趋势增加。

② 转子质量偏心率 U 增加，且因轴颈偏心率 ε_0 增加使油膜刚度非线性急剧增长，不仅明显地提高了转子支承系统的临界转速，甚至可能发生“双稳态(bistable)”或“跳跃(jump)”。这种非线性强迫振动不稳定现象，可能引起轴颈对轴承的猛烈碰撞，应在高速转子支承系统设计时尽量避免。

③ 由于一维短轴承解中油膜刚度和阻尼偏高，因此基于这一解法所得到的振动特性预计，会造成“双稳态”或“跳跃”容易出现的假象，所以在要求较高的转子支承系统动力学分析中，采用较精确的阻尼器油膜性能计算方法具有现实意义。

习　题

4.1　已知一平板楔隙推力轴承，瓦长(在运动方向)$L=50$ mm，入口膜厚 $h_1=20\ \mu$m，出口膜厚 $h_2=h_1/2$，动板表面速度 $U=1.5$ m/s，用机械油 HJ－40 润滑，平均油温为 50 ℃，试按无限长（宽）假设计算单位宽度的承载能力和该轴承所耗功率？

4.2 在图 4.28 所示推力轴承中，已知 b、l、h_1、h_2 和 U，并假定间隙函数符合正弦规律，即有 $h(x)=m+n\sin(\pi x/b)$：

(1) 试问所给间隙函数是否满足边界条件？

(2) 在无限短（窄）轴承假定下导出压力分布方程。

(3) 求在 $z=0$ 截面内，当 $\dfrac{h_1}{h_2}=2.0, 2.2, 2.4$ 时的压力分布曲线（允许离散地求 $x=0, \dfrac{1}{5}b, \dfrac{2}{5}b, \dfrac{3}{5}b, \dfrac{4}{5}b$ 和 b 处的 $p(x)$ 以描绘出曲线）。

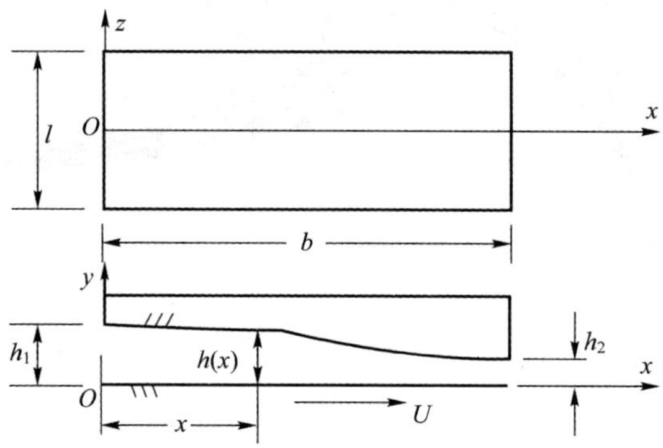

图 4.28　习题 4.2 图

4.3 图 4.29 所示为一无限长（宽）阶梯轴承，已知在等温油润滑下，其运动粘度为 ν，密度为 ρ，若实际宽度为 B，试根据雷诺方程导出其承载能力方程。

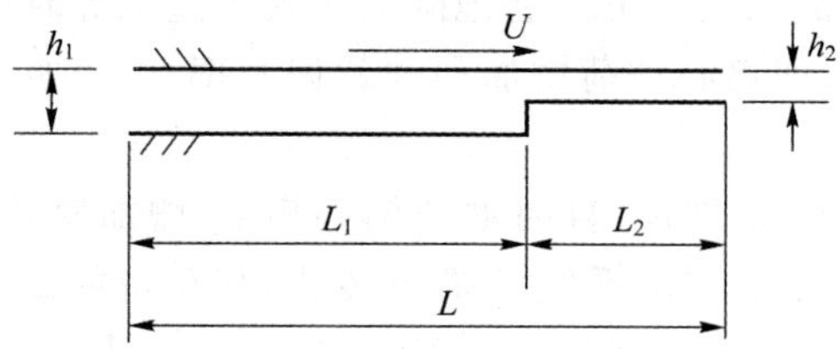

图 4.29　习题 4.3 图

4.4 设计一个船用螺旋桨推力轴承，已知其轴径为 75 mm，若取轴承内半径 $R_1=44$ mm，外半径 $R_2=84$ mm，在平均半径处看轴承瓦块外廓近似矩形，且各瓦块之间的间隔约为瓦块周长的 1/4。要求最小油膜厚度约为 0.015 mm，对于最大承载能力取 $h_1/h_2=2.19$，相应压力中心为 $0.58L$。现又知轴向载荷为 20 000 N，转速为 7 500 r/min，平均油温为 62.5 ℃，试确定轴承瓦块数并选用适当滑油。

4.5　已知某试验机径向滑动轴承，轴颈旋转，其中心固定；载荷 W 加于轴承上，轴承未作固定。轴承 $D=L=60$ mm，包角 $\beta=360°$，相对间隙 $\psi=0.001\ 2$，轴颈转速 800 r/min，外载荷 $W=2\ 480$ N，轴颈与轴承表面粗糙度分别为 $Ra0.8$ 和 $Ra1.6$，选用 10 号机油，滑油平均工作温度约 35 ℃。现已测得轴承的压力分布 $p_c(\theta)$ 如图 4.30 所示（下标 c 表示在轴承轴向中央截面）。试按一维短（窄）轴承解，按离散点 $\theta=0°$、$100°$、$120°$、$140°$、$160°$和 $180°$计算 $p_c(\theta)$ 值和相应截面内的油膜压力分布 $p_c(\theta)$，并作图与试验值比较，分析差别的主要原因。

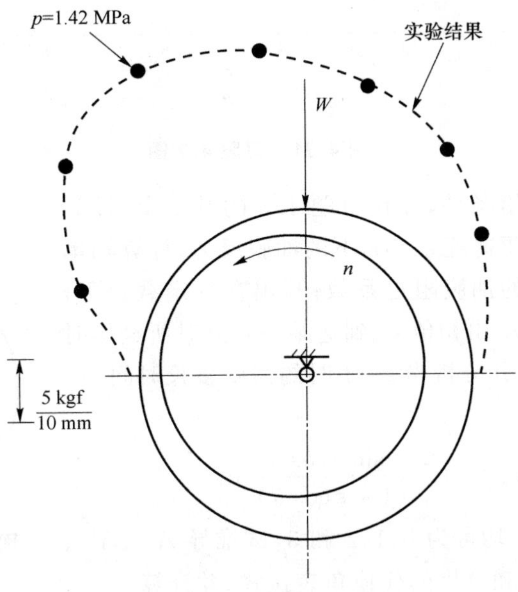

图 4.30　习题 4.5 图

4.6　按习题 4.5 所给数据，计算该试验轴承的最小油膜厚度 $h_{\min}$，并与两表面的粗糙度比较，看可否形成液体动压润滑；计算轴承端泄的质量流量（滑油密度 $\rho\approx 900\ \text{kg/m}^3$）；计算轴承的滑油平均温升（滑油比定容热容 $c_V=1\ 680\sim 2\ 100\ \text{J/kg}\cdot℃$）。

4.7　对习题 4.5 所给试验轴承，已测量得到摩擦性曲线如图 4.31 所示，试计算在 $n=100$ r/min、200 r/min、400 r/min、600 r/min 和 800 r/min 时的一维短（窄）轴承解的摩擦因数 μ，作图并进行比较，分析偏差形成的主要原因。

4.8　按短（窄）轴承解导出图 4.32 所示径向挤压油膜轴承的压力分布方程，并将其表示在图中的相应位置。已知轴承的压力边界条件为：当 $z=0$ 时，$\dfrac{\mathrm{d}p}{\mathrm{d}z}=0$；当 $z=\pm\dfrac{L}{2}$时，$p=0$。

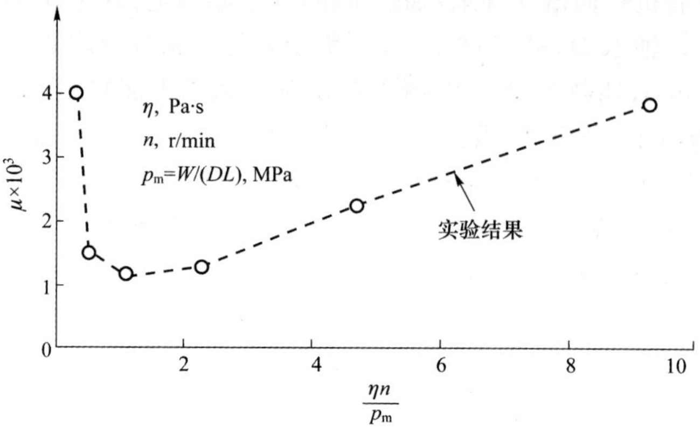

图 4.31　习题 4.7 图

4.9　按习题 4.8 所给条件，并在习题 4.8 的基础上，计算轴承在径向挤压速度 $\dot{e}=c\dot{\varepsilon}$ 下的油膜反力；计算轴承在径向挤压下的油膜阻尼系数；写出在一定载荷下，计算 O_j 离开 O_b 由初值 ε_0 到达某一 ε 值时所经历时间 t 的表达式，并分析当 $\varepsilon\to1$ 时约需要多长时间。

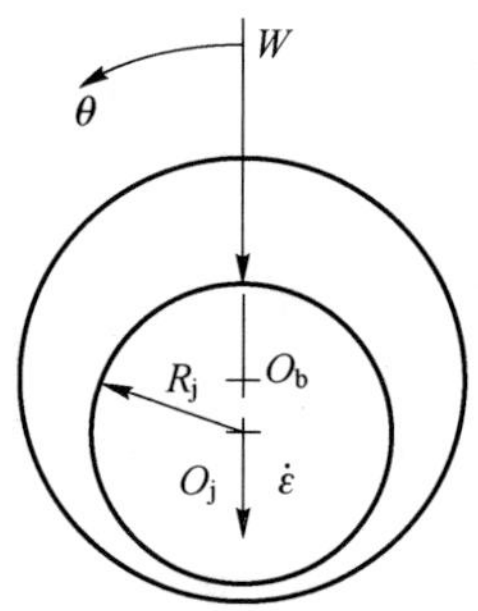

图 4.32　习题 4.8 图

4.10　定义

$$A_k^{ij}\equiv\int_{\theta_1}^{\theta_2}\frac{\sin^i\theta\cos^j\theta}{(1+\varepsilon\cos\theta)^k}\mathrm{d}\theta$$

式中：i、j 和 k 均可为 0、1、2 和 3，试推导 A_1^{00}、A_2^{00}、A_3^{00}、A_3^{20}、A_3^{02} 和 A_3^{11} 的代换角表达式，并计算：

(1) 在 $\theta_1=0$ 和 $\theta_2=\pi$ 时的 A_1^{00}、A_2^{00}、A_3^{02} 和 A_3^{11} 的值；

(2) 在 $\theta_1=\pi$ 和 $\theta_2=2\pi$ 时的 A_3^{02} 和 A_3^{11} 的值。

4.11　写出图 4.32 所给进动挤压油膜轴承的等效刚度系数 k_0 和等效阻尼系数 d_0。已知 k_0 和 d_0 分别定义为 $k_0\equiv-\dfrac{F_r}{e}$，$d_0\equiv-\dfrac{F_t}{e\Omega}$，这里 F_r 和 F_t 分别为该轴承油膜径向反力和切向反力。

4.12　图 4.34 所示为一个联杆轴承，其轴按顺时针方向旋转，现当一水平载荷由连杆左边作用并通过联杆传向轴承时：

(1) 标示出轴颈相对轴承的偏心方位；

(2) 在轴承上画出 π 油膜正压力分布；

(3) 供油孔在轴承上安置在哪个部位较好？

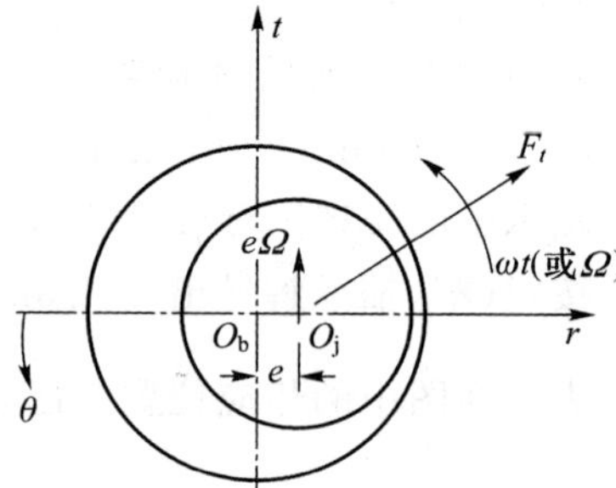

图 4.33　习题 4.11 图

4.13　图 4.35 所示轴承具有一个宽为 t 的供油沟，其中压力 p_s 为供油压力，轴承端部为环境压力 p_a。

(1) 试求按短(窄)轴承假定的雷诺方程，并导出其压力方程表达式。

(2) 在图上示意地画出其轴向压力分布。

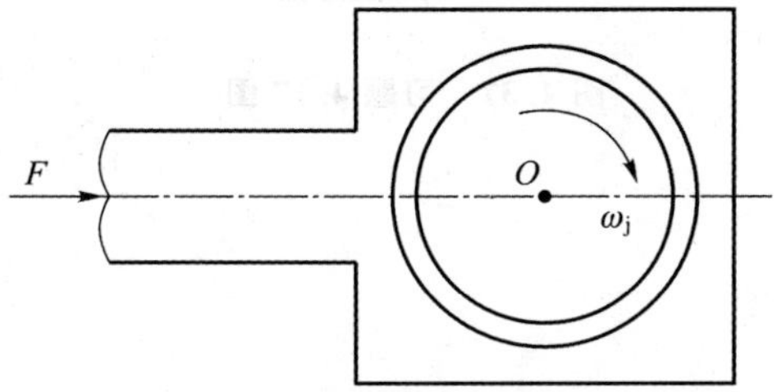

图 4.34　习题 4.12 图

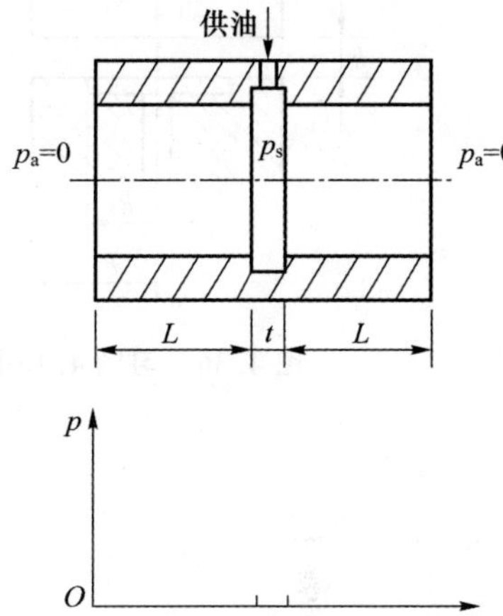

图 4.35　习题 4.13 图

4.14　假定径向圆轴承的轴颈与轴承同心，轴承直径为 D，宽度为 L，轴颈角速度为 ω_j，轴承相对间隙为 ψ，滑油粘度为 η。

(1) 写出轴承的摩擦功率消耗表达式。

(2) 在轴承径受载荷 F 时，证明摩擦因数表达式为

$$\mu=\frac{\pi\eta\omega_i}{p_m\psi}\quad\left(注:p_m=\frac{F}{BD}\right)$$

4.15　对包角为 180°的透平机轴承，已知径向载荷 $F=18\ 000$ N，轴颈转速 $n=12\ 000$ r/min，轴颈直径 $D=100$ mm，采用 30 号机械油润滑，进油温度为 45 ℃。

(1) 当相对间隙 ψ 取 0.001 5 时，在不同宽径比 $L/D=0.5$、1.0 和 1.5 下，计算相应的轴颈对轴承的偏心率 ε 和滑油端泄体积流量 Q_2。

(2) 当宽径比 $L/D=1.0$ 时，计算在不同相对间隙 $\psi=0.001$、0.002、0.003、0.004 和 0.005 下的轴颈中心偏心率和滑油端泄体积流量。

(3) 将上述计算结果绘成图线或列表，分析轴承几何参数 ψ 和 L/D 分别对 ε 和 Q_2 的影响规律。

4.16　在图 4.36 中所给运转状态，以及相应压力边界条件($r=R_1$ 时 $p=p_s$，$r=R_2$ 时 $p=p_a=0$)下，求该挤压油膜轴承的承载能力 F_s 和阻尼系数 d，并定性作出轴承压力分布曲线。

4.17　求图 4.37 所示的挤压油膜轴承的承载能力 F_s 和阻尼系数 d，并定性画出轴承压力分布曲线。

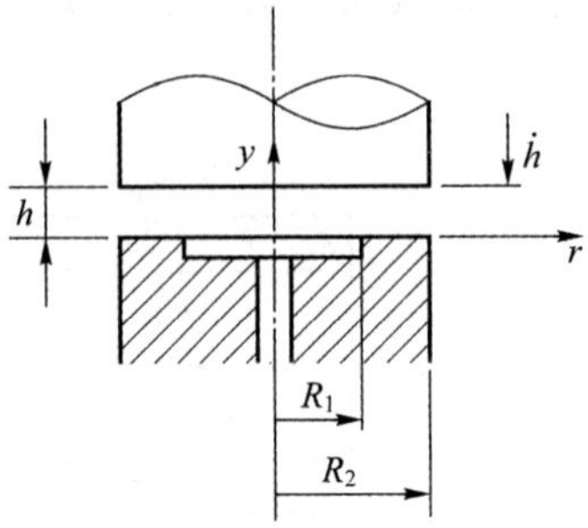

图 4.36　习题 4.16 图

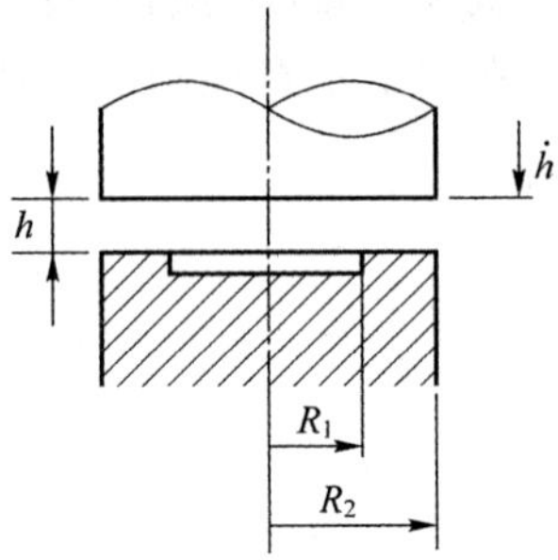

图 4.37　习题 4.17 图

第 5 章　动载径向轴承

支承轴或转子的径向轴承，在不同的运转条件下，可受各种不同类型的载荷作用。当载荷的大小和方向不随时间变化时，轴颈中心在轴承中的位置也不随时间变化。当载荷大小一定，而其方向恒速旋转时，虽然轴颈中心绕圆柱轴承中心做同步圆进动，但在跟随旋转载荷转动的坐标系上研究得到，其轴承性能不是时间的函数。以上情形，常被称为稳定载荷径向轴承，其中前者又称为静载荷轴承，统称稳态或静态径向轴承，轴承性能称为稳态性能。

高速旋转机轴承常受到定向载荷和旋转载荷的同时作用，内燃机轴承载荷表现出强烈周期性变化特征。显然，其轴颈中心在轴承中的位置，既不稳定于一点，也非圆轨迹，而是在某种非圆封闭轨道上运动，轴颈中心的位置将随时间变化，相应的轴承性能也呈非线性变化特征。实际上，即使在静载荷作用下，由于受轴承结构特点或运转特殊条件等因素的影响，轴颈中心在轴承里也将按某种非圆的封闭轨道运动，如轴颈在失稳转速下的涡动等。一般轴颈中心在轴承中随时间做较大幅度非圆运动的轴承，可称为动载轴承，其相应的轴承性能将随时间变化。

对于轴颈中心位置变动微小的情况，一般对轴承性能影响可以忽略，在工程实际中常将这类轴承归并为稳定载荷径向轴承处理。高速旋转机轴承和内燃机轴承是两种典型的动载荷径向轴承。在轴承性能瞬态分析中，常要研究轴颈中心在轴承中的运动轨迹，以及在高度非线性的油膜反力作用下，其轴心运动轨迹收敛于某极限轨迹的过程，并保证轴承在足够大的最小膜厚条件下正常工作。其中，高速旋转机轴承中的高速旋转惯性力是外加动载荷，对分析计算起主导作用，且它不能被预知，只有在分析计算过程中，与轴颈中心运动轨道耦合分析才能有效描述；而内燃机轴承经受的周期性变化动载荷的载荷谱是可以预知的，其惯性力的影响相对较小，常可忽略不计。这使得分析计算方法具有不同的特点，但研究时均需借助瞬态雷诺方程。

5.1　瞬态雷诺方程

动载荷径向轴承中轴颈中心 O_j 相对轴承中心 O_b 的运动，可随时间任意变化，因此，宜采用以 O_b 为原点的固定直角坐标系(x,y,z)或极坐标系(e,φ,z)表述轴颈中心的相对位移和运动以及轴承的相应的油膜反力，见图 5.1。

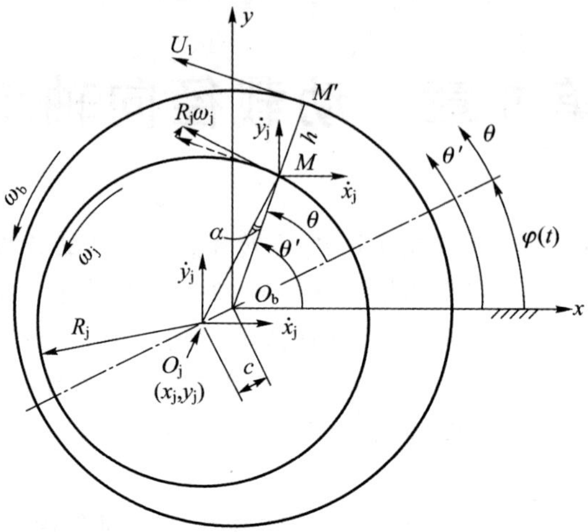

图 5.1　动载荷径向轴承坐标系及其运动

两种坐标系间的关系为

$$\left.\begin{aligned} x_j(t) &= -e(t)\cos\varphi(t) \\ y_j(t) &= -e(t)\sin\varphi(t) \end{aligned}\right\} \tag{5.1}$$

在不可压、等粘固定直角坐标形式的瞬态雷诺方程为

$$\frac{\partial}{\partial\theta'}\left(h^3\frac{\partial p}{\partial\theta'}\right)+R_j^2\frac{\partial}{\partial z}\left(h^3\frac{\partial p}{\partial z}\right)=6\eta R_j^2\left[(\omega_b+\omega_j)\frac{\partial h}{\partial\theta'}+2\frac{\partial h}{\partial t}\right] \tag{5.2a}$$

式中：

$$h=c-x_j\cos\theta'-y_j\sin\theta'$$

$$\frac{\partial h}{\partial\theta'}=x_j\sin\theta'-y_j\cos\theta'$$

$$\frac{\partial h}{\partial t}=-\dot{x}_j\cos\theta'-\dot{y}_j\sin\theta'$$

极坐标形式表现为

$$h=c+e\cos\theta=c+e\cos(\theta'-\varphi)$$

$$\frac{\partial h}{\partial\theta}--e\sin(\theta'-\varphi)$$

$$\frac{\partial h}{\partial t}=\frac{\mathrm{d}e}{\mathrm{d}t}\cos(\theta'-\varphi)+e\frac{\mathrm{d}\varphi}{\mathrm{d}t}\sin(\theta'-\varphi)$$

代入式(5.2a)，以轴承与轴颈的平均角速度 $\omega=(\omega_b+\omega_j)/2$ 代入，得

$$\frac{\partial}{\partial\theta'}\left(h^3\frac{\partial p}{\partial\theta'}\right)+R_j^2\frac{\partial}{\partial z}\left(h^3\frac{\partial p}{\partial z}\right)=12\eta R_j^2\left[\frac{\mathrm{d}e}{\mathrm{d}t}\cos(\theta'-\varphi)+e\left(\frac{\mathrm{d}\varphi}{\mathrm{d}t}-\omega\right)\sin(\theta'-\varphi)\right] \tag{5.2b}$$

从油膜动压形成机理来看，式(5.2b)右边项中所含

$$\frac{\mathrm{d}e}{\mathrm{d}t}\cos\,(\theta'-\varphi)+e\left(\frac{\mathrm{d}\varphi}{\mathrm{d}t}-\omega\right)\sin\,(\theta'-\varphi)$$

分别表示轴颈中心 O_j 沿连心线 O_jO_b 的径向挤压运动和垂直于连心线的进动挤压运动，这些运动形成了轴承表面之间的挤压效应，"$-e\omega\sin\,(\theta'-\varphi)$"项，是因轴颈与轴承分别以平均角速度 ω 旋转时，造成表面切向运动带动滑油所引起的楔形效应。可把"$e\left(\frac{\mathrm{d}\varphi}{\mathrm{d}t}-\omega\right)$"视为整体，而对式(5.2b)采用的解法并无影响。现以无限短轴承理论为基础，讨论以上两种动载荷径向轴承的理论与分析方法。

直角坐标和极坐标系下的雷诺方程，分别表述如下：

$$\frac{\partial}{\partial z}\left(h^3\frac{\partial p}{\partial z}\right)=6\eta[(\omega_b+\omega_j)(x_j\sin\theta'-y_j\cos\theta')-2(\dot{x}_j\cos\theta'+\dot{y}_j\sin\theta')] \tag{5.3a}$$

$$\frac{\partial}{\partial z}\left(h^3\frac{\partial p}{\partial z}\right)=12\eta\left[\frac{\mathrm{d}e}{\mathrm{d}t}\cos\,(\theta'-\varphi)+e\left(\frac{\mathrm{d}\varphi}{\mathrm{d}t}-\omega\right)\sin\,(\theta'-\varphi)\right] \tag{5.3b}$$

5.2　轴颈运动方程和油膜反力

1. 旋转机径向轴承

简支的刚性对称转子轴承系统，可简化为轴颈在轴承中的平面运动，见图 5.2(a)，图 5.2(b)表示高速旋转机轴颈。当转子工况突然变化引起不平衡力作用，或在超失稳界限转速下运转，离开其原来初始位置后的某个瞬态位置时，转子将受到某种随机载荷的作用。

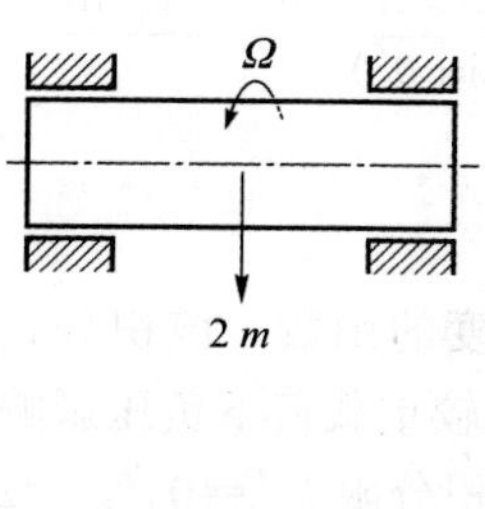

(a) 对称转子轴承系统

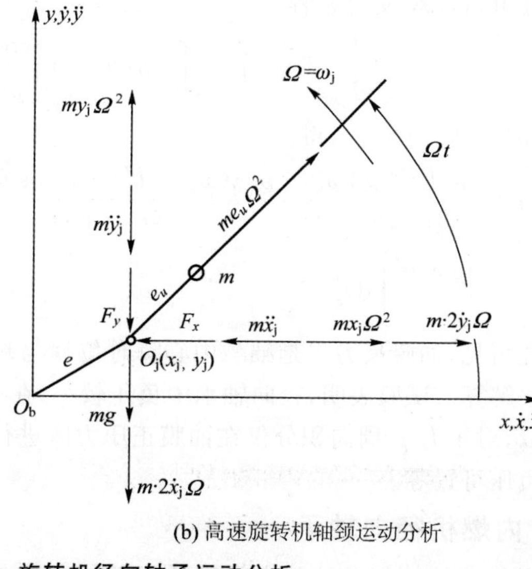

(b) 高速旋转机轴颈运动分析

图 5.2　旋转机径向轴承运动分析

图5.2中:Ω为转子转速,也可称为进动或涡动转速;m为转子质量的一半;e_u为转子质量不平衡(包括随机作用的不平衡)引起的质量偏心距;mg为转子重力的一半;F_x,F_y为油膜反力;$m\ddot{x}_j$,$m\ddot{y}_j$为转子运动惯性力;$mx_j\Omega^2$,$my_j\Omega^2$,$me_u\Omega^2$为转子离心惯性力;$m\cdot 2\dot{x}_j\Omega$,$m\cdot 2\dot{y}_j\Omega$为转子哥氏惯性力。

根掘牛顿第二定律,有

$$m\cdot a=\sum F$$

所以转子(轴颈)的瞬态运动方程为

$$\left.\begin{aligned} m\ddot{x}_j &= m(e_u\Omega^2\cos\Omega t+x_j\Omega^2+2\dot{y}_j\Omega)-F_x \\ m\ddot{y}_j &= m(e_u\Omega^2\sin\Omega t+y_j\Omega^2+2\dot{x}_j\Omega-g)-F_y \end{aligned}\right\} \tag{5.4}$$

式中:轴颈中心O_j的位移、速度和加速度均为未知量;油膜反力可通过求解雷诺方程(5.3a)得到。将雷诺方程(5.3a)对z积分,得

$$p(\theta,z)=\frac{6\eta}{h^3}[(\omega_b+\omega_j)(x_j\sin\theta'-y_j\cos\theta')-2(\dot{x}_j\cos\theta'+\dot{y}_j\sin\theta')]\cdot \frac{1}{2}z^2+C_1z+C_2$$

考虑边界条件:

$$p(\theta',-L/2)=p(\theta',L/2)=0$$

得

$$p(\theta',z)=\frac{3\eta}{h^3}(z^2-L^2/4)[(\omega_b+\omega_j)(x_j\sin\theta'-y_j\cos\theta')-2(\dot{x}_j\cos\theta'+\dot{y}_j\sin\theta')] \tag{5.5}$$

式中:$h=c-x_j\cos\theta'-y_j\sin\theta'$。

积分可得油膜反力方程

$$\begin{bmatrix}F_x\\F_y\end{bmatrix}=-\int_{-L/2}^{L/2}\int_{\theta'_1}^{\theta'_2}p(\theta',z)\begin{bmatrix}\cos\theta'\\\sin\theta'\end{bmatrix}R_j\mathrm{d}\theta'\mathrm{d}z \tag{5.6}$$

将式(5.5)代入式(5.6),得

$$\begin{bmatrix}F_x\\F_y\end{bmatrix}=\frac{\eta R_jL^3}{2}\int_{\theta'_1}^{\theta'_2}\frac{(\omega_b+\omega_j)(x_j\sin\theta'-y_j\cos\theta')-2(\dot{x}_j\cos\theta'+\dot{y}_j\sin\theta')}{(e-x_j\cos\theta'-y_j\sin\theta')}\cdot \begin{bmatrix}\cos\theta'\\\sin\theta'\end{bmatrix}\mathrm{d}\theta' \tag{5.7}$$

由此可见,油膜反力也是轴颈中心瞬时位移与瞬时速度的函数。该积分式可采用数值解法解算。试验表明,径向轴承中负压较小,在中等和较重载荷下负压影响可以略去。所以,对压力p周向积分仅在油膜正压力区进行。取积分限$\theta_1'=0$,$\theta_2'=2\pi$,积分过程中负压可置零。

2. 内燃机径向轴承

内燃机曲轴连杆系统的支承轴承,见图5.3。其最显著的特点之一,是轴承所受

载荷 F_l 的大小和方向都随时间做周期性变化，且由于载荷较大，轴颈对轴承的不稳定运动所产生的惯性力对轴心运动的影响常可忽略。

图 5.3 所示为一四冲程内燃机连杆机构及连杆轴承所受外加载荷 F_l 时的载荷谱。其所在曲轴转角 α 以 0～720°为一个循环周期，其载荷是可预知的。计算中载荷谱也可按曲柄转角 α 列表给出，见表 5.1，其中，轴承为中央供油沟槽式 360°圆轴承，其半边宽 $L=63.5$ mm，全宽 127 mm，直径 203.2 mm；半径间隙 $c=0.082\ 6$ mm。此外，就连杆轴承来说，其轴颈旋转角速度 ω_j 和轴承摆动角速度 ω_b 则是不稳定的，但可预知。

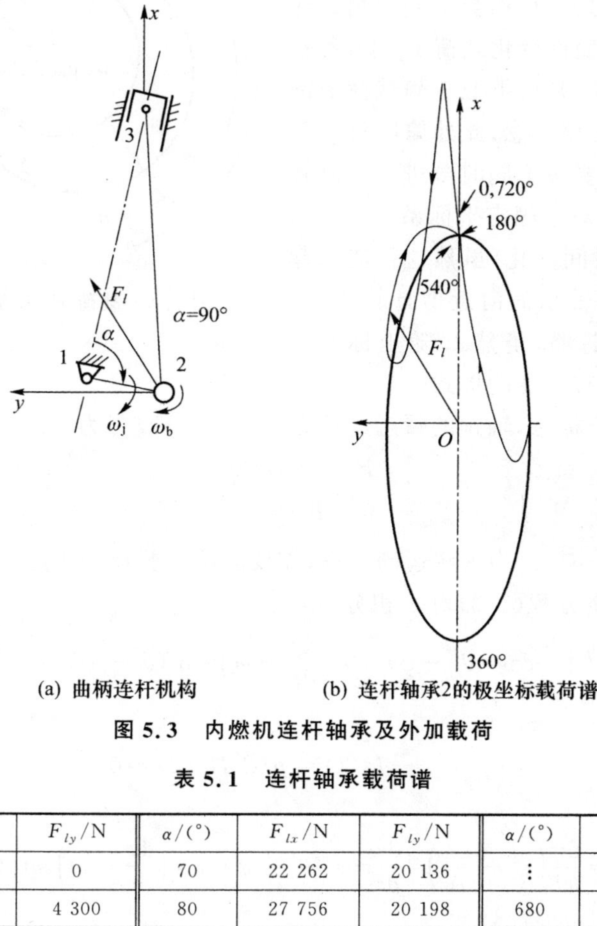

(a) 曲柄连杆机构　　(b) 连杆轴承2的极坐标载荷谱

图 5.3　内燃机连杆轴承及外加载荷

表 5.1　连杆轴承载荷谱

α/(°)	F_{lx}/N	F_{ly}/N	α/(°)	F_{lx}/N	F_{ly}/N	α/(°)	F_{lx}/N	F_{ly}/N
0	57 668	0	70	22 262	20 136	⋮	⋮	⋮
10	103 950	4 300	80	27 756	20 198	680	−11 934	−1 535
20	67 498	8 554	90	34 984	19 611	690	−5 133	−1 223
30	38 297	12 268	100	41 878	18 468	700	8 571	−854
40	23 241	15 372	110	47 905	16 876	710	25 887	−4 390
50	17 169	17 748	…	…	…	720	57 668	0
60	15 574	19 336	…	…	…			

对这类轴承来说，由于只考虑外加于轴承的载荷 F_l 以及相应的轴承油膜反力 F_x 和 F_y，因此轴颈的瞬态运动方程较为简单，可表达为

$$\left.\begin{aligned} F_{lx} - F_x = 0 \\ F_{ly} - F_y = 0 \end{aligned}\right\} \tag{5.8}$$

为简化分析，取坐标系(ξ,η,z)随外加载荷 F_l 一起旋转，且使 ξ 轴总与 F_l 同向，如图 5.4 所示，即规定在任何瞬时 φ 角都表示当时的载荷 $\boldsymbol{F}_l$ 与中心线 O_bO_j 的最大油膜厚度方向之间的夹角，相当于偏位角。这样，在给定外加周期性变化载荷 $\boldsymbol{F}_l$ 下，各瞬时的油膜反力计算，则可类似于静载荷下油膜反力的计算。应该注意，此处偏位角 φ 是变化的，计算时需要按不同时刻进行。旋转坐标系(ξ,η,z)相对于固定坐标系(x,y,z)的夹角 φ_F 也随时间变化，虽然这可能引起流体惯性力，但在轴承润滑近似计算中，流体惯性力已经被忽略，虽然 φ 随坐标系变化，但雷诺方程具有不变的形式。

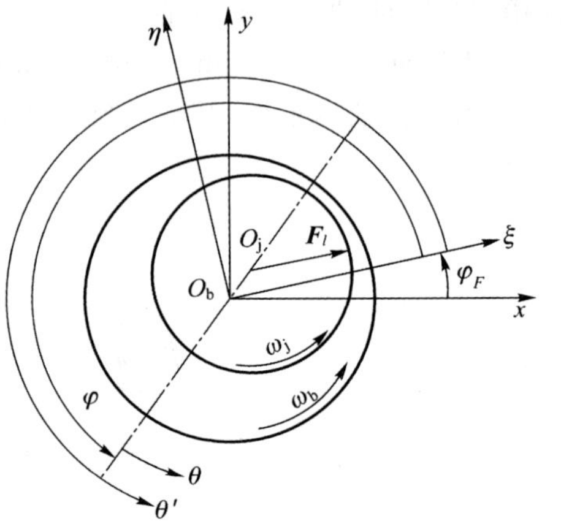

图 5.4　载荷 F_l 及旋转的坐标系

在这个旋转坐标系，轴颈的瞬态运动方程(5.8)可改写为

$$\left.\begin{aligned} F_l - F_\xi = 0 \\ 0 - F_\eta = 0 \end{aligned}\right\} \tag{5.9}$$

式中：$F_l = \sqrt{F_{lx}^2 + F_{ly}^2}$。为求解运动方程，需要求解油膜反力 F_ξ 和 F_η。

将极坐标雷诺方程(5.3)对 z 积分，得

$$p(\theta',z) = \frac{12\eta}{h^3}\left[\frac{\mathrm{d}e}{\mathrm{d}t}\cos(\theta'-\varphi) + e\left(\frac{\mathrm{d}\varphi}{\mathrm{d}t} - \omega\right)\sin(\theta'-\varphi)\right]\frac{1}{2}z^2 + C_1 z + C_2$$

考虑边界条件：

$$p(\theta',-L/2) = p(\theta',L/2) = 0$$

得到

$$p(\theta',z) = \frac{6\eta}{h^3}\left(z^2 - \frac{L^2}{A}\right)\left[\frac{\mathrm{d}e}{\mathrm{d}t}\cos(\theta'-\varphi) + e\left(\frac{\mathrm{d}\varphi}{\mathrm{d}t} - \omega\right)\sin(\theta'-\varphi)\right] \tag{5.10}$$

式中：$h = c + e\cos(\theta'-\varphi)$。

在图 5.4 的旋转坐标系中有

$$\begin{bmatrix} F_\xi \\ F_\eta \end{bmatrix} = -\int_{-L/2}^{L/2}\int_{\theta'_1}^{\theta'_2} p(\theta',z)\begin{bmatrix}\cos\theta' \\ \sin\theta'\end{bmatrix} R_j \mathrm{d}\theta' \mathrm{d}z \tag{5.11}$$

式中：

$$\cos\theta' = \cos(\theta+\varphi) = \cos\theta\cos\varphi - \sin\theta\sin\varphi$$

$$\sin\theta' = \sin(\theta+\varphi) = \sin\theta\cos\varphi + \cos\theta\sin\varphi$$

将式(5.10)代入式(5.11),考虑 $\theta'-\varphi=\theta$,得

$$\begin{Bmatrix} F_\xi \\ F_\eta \end{Bmatrix} = -\eta R_j L^3 \int_{\theta_1}^{\theta_2} \frac{1}{(c+e\cos\theta)^3}\left[\frac{de}{dt}\cos\theta + e\left(\frac{d\varphi}{dt}-\omega\right)\cdot\sin\theta\right]\begin{bmatrix}\cos\theta\cos\varphi - \sin\theta\sin\varphi \\ \sin\theta\cos\varphi + \cos\theta\sin\varphi\end{bmatrix} d\theta \tag{5.12}$$

取 $\theta_1=0,\theta_2=2\pi$。采用 Sommerfeld 变换后,式(5.12)的三角函数积分可写为

$$\left.\begin{aligned} F_\xi &= -\frac{\eta R_j L^3}{c^3}\left\{\frac{de}{dt}[A_3^{02}\cos\varphi - A_3^{11}\sin\varphi] + e\left(\frac{d\varphi}{dt}-\omega\right)[A_3^{11}\cos\varphi - A_3^{20}\sin\varphi]\right\} \\ F_\eta &= -\frac{\eta R_j L^3}{c^3}\left\{\frac{de}{dt}[A_3^{11}\cos\varphi + A_3^{02}\sin\varphi] + e\left(\frac{d\varphi}{dt}-\omega\right)[A_3^{20}\cos\varphi + A_3^{11}\sin\varphi]\right\} \end{aligned}\right\} \tag{5.13}$$

式中:

$$\left.\begin{aligned} A_3^{20} &= \int_0^{2\pi}\frac{\sin^2\theta}{(1+\varepsilon\cos\theta)^3}d\theta = \frac{\pi}{(1-\varepsilon^2)^{3/2}} \\ A_3^{02} &= \int_0^{2\pi}\frac{\cos^2\theta}{(1+\varepsilon\cos\theta)^3}d\theta = \frac{\pi(1+2\varepsilon^2)}{(1-\varepsilon^2)^{5/2}} \\ A_3^{11} &= \int_0^{2\pi}\frac{\sin\theta\cos\theta}{(1+\varepsilon\cos\theta)^3}d\theta = 0 \end{aligned}\right\} \tag{5.14}$$

将式(5.14)代入式(5.13)、式(5.9),得

$$\left.\begin{aligned} \frac{F_l}{\dfrac{\eta R_j L^3}{c^3}} &= -\frac{de}{dt}\cdot\frac{\pi(1+2\varepsilon^2)}{(1-\varepsilon^2)^{5/2}}\cos\varphi + e\left(\frac{d\varphi}{dt}-\omega\right)\frac{\pi}{(1-\varepsilon^2)^{3/2}}\sin\varphi \\ 0 &= \frac{de}{dt}\cdot\frac{\pi(1+2\varepsilon^2)}{(1-\varepsilon^2)^{5/2}}\sin\varphi + e\left(\frac{d\varphi}{dt}-\omega\right)\frac{\pi}{(1-\varepsilon^2)^{3/2}}\cos\varphi \end{aligned}\right\} \tag{5.15}$$

整理,得到如下瞬态运动方程:

$$\left.\begin{aligned} \frac{d\varepsilon}{dt} &= -\frac{F_l\cos\varphi}{\dfrac{\eta R_j L^3}{c^2}\dfrac{\pi(1+2\varepsilon^2)}{(1-\varepsilon^2)^{5/2}}} \\ \varepsilon\frac{d\varphi}{dt} &= \frac{F_l\sin\varphi}{\dfrac{\eta R_j L^3}{c^2}\dfrac{\pi}{(1-\varepsilon^2)^{3/2}}} + \varepsilon\omega \end{aligned}\right\} \tag{5.16}$$

式(5.16)表示轴颈中心 O_j 沿着连心线 O_bO_j 分速度 $\dfrac{d\varepsilon}{dt}$、垂直于连心线分速度 $\varepsilon\dfrac{d\varphi}{dt}$、瞬时轴颈位置$(\varepsilon,\varphi)$、外加载荷 F_l 和平均角速度 ω 之间的关系。如引起楔形效应的 ω 为零,则式(5.16)仅表示轴心运动所引起的挤压效应。可以看出,在处理动载荷径向轴承问题时,可先仅考虑挤压效应,然后再与楔形效应叠加。

5.3 轴心轨迹的求解

1. 轴心轨迹的数值解法

(1) 旋转机径向轴承轴心运动

高速旋转机径向轴承瞬态运动方程(5.4)的一般式为

$$\left.\begin{aligned}\frac{d\dot{x}_j}{dt}&=f_x(t,x_j,y_j,\dot{x}_j,\dot{y}_j)\\\frac{d\dot{y}_j}{dt}&=f_y(t,x_j,y_j,\dot{x}_j,\dot{y}_j)\end{aligned}\right\}\tag{5.17}$$

这是一个二阶常微分方程组初值问题,而每一个二阶常微分方程总可以用两个一阶常微分方程来表述。因此,式(5.17)可由四个一阶常微分方程构成的方程组来表达,即

$$\left.\begin{aligned}\frac{d\dot{x}_j}{dt}&=f_x(t,x_j,y_j,\dot{x}_j,\dot{y}_j)\\\frac{dx_j}{dt}&=\dot{x}_j\\\frac{d\dot{y}_j}{dt}&=f_y(t,x_j,y_j,\dot{x}_j,\dot{y}_j)\\\frac{dy_j}{dt}&=\dot{y}_j\end{aligned}\right\}\tag{5.18}$$

要求出未知参数 $x_j,y_j,\dot{x}_j$ 和 $\dot{y}_j$,使之满足常微分方程组(5.18),同时满足转子受到随机载荷作用时,轴颈中心 O_j 所处的初始位置条件 $x_{j0},y_{j0},\dot{x}_{j0}$ 和 $\dot{y}_{j0}$。此类常微分方程组初值问题的数值求解,可直接采用龙格-库塔(Runge-Kutta)法等,对时间逐步积分,递推计算,直到所希望的时刻为止。每解算一步,都应按油膜反力方程式(5.7)解算油膜反力。逐步积分中,应注意采用合适的时间步长,使计算中的数值解算稳定收敛并达到满意的精度。

(2) 内燃机径向轴承轴心轨迹计算

瞬时运动方程(5.16)可表达为

$$\left.\begin{aligned}\frac{d\varepsilon}{dt}&=f_\varepsilon(t,\varepsilon,\varphi)\\\frac{d\varphi}{dt}&=f_\varphi(t,\varepsilon,\varphi)\end{aligned}\right\}\tag{5.19}$$

这是一个以极坐标表述的一阶常微分方程组,可同样选用以上提到的数值方法求解。借助式(5.16)关于 ε 和 φ 的解析表达式,也可求解油膜反力。应该注意,与旋转机径向轴承的一个显著区别,即内燃机径向轴承中外加载荷 F_l 做已知的周期变化,轴心轨迹将是一个封闭曲线。但初始条件则是待求量,解算中可先任选一组初值

ε_0 和 φ_0 进行递推计算，待一个循环完成时，检查当时的计算值 ε 和 φ 与所选初值或上一轮计算解算值的关系，检验误差是否在允许的精度范围内，若不满足精度要求，可进入下一轮计算，直到满足要求为止。

上述计算中，如采用二维雷诺方程进行数值解算，求解油膜反力，会显著提高预计精度，但会使计算量增加。

对内燃机径向轴承轴心轨迹计算，有迁移(mobility)法、汉(Hahn)法和荷兰德(Holland)法，它们各有特点，都常被采用。对旋转机径向轴承，有阻抗(impedance)法。迁移法和阻抗法可直接用于由一维雷诺方程所导出的解析解，也可编入按二维雷诺方程得到数值解。这样既可提高计算精度，又具有较广泛的适应性。计算中，可通过将数值解结果储存而后调用来提高运算效率。

2. 迁移法

将显含极坐标(e,φ)速度分量的运动方程(5.16)转换为显含旋转坐标(ξ,η)速度分量的运动方程。图 5.5 给出了两种坐标之间的关系。

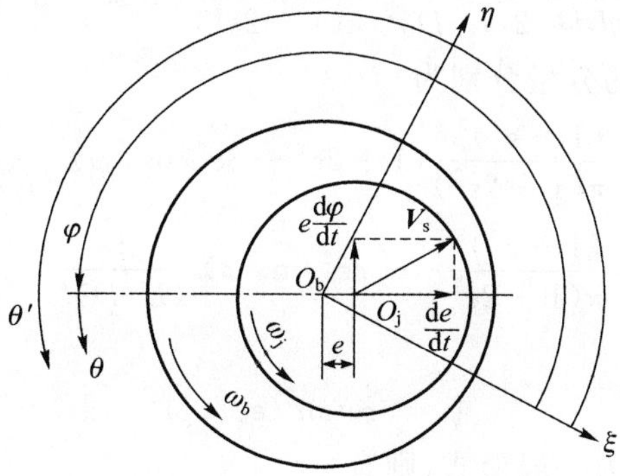

图 5.5　坐标关系图

由图 5.5 可知：

$$\frac{de_\xi}{dt}=\frac{de}{dt}\cos(\varphi-180^\circ)-e\frac{d\varphi}{dt}\sin(\varphi-180^\circ)$$

$$\frac{de_\eta}{dt}=-\frac{de}{dt}\sin\varphi-e\frac{d\varphi}{dt}\cos\varphi$$

$$e_\xi=e\cos(\varphi-180^\circ)=-e\cos\varphi$$

$$e_\eta=e\sin(\varphi-180^\circ)=-e\sin\varphi$$

由此得

$$\left.\begin{aligned}\frac{de_\xi}{dt}&=-\frac{de}{dt}\cos\varphi+e\frac{d\varphi}{dt}\sin\varphi\\\frac{de_\eta}{dt}&=-\frac{de}{dt}\sin\varphi-e\frac{d\varphi}{dt}\cos\varphi\end{aligned}\right\}\tag{5.20}$$

将式(5.16)两边乘上 c 代入式(5.20),整理得

$$\left.\begin{aligned}\frac{\mathrm{d}e_\xi}{\mathrm{d}t} &= -\frac{F_l}{\dfrac{\eta R_\mathrm{j} L^3}{c^3}}\frac{(1-\varepsilon^2)^{3/2}}{\pi(1+2\varepsilon^2)}(1+2\varepsilon^2-3\varepsilon^2\cos^2\varphi)-e_\eta\omega \\ \frac{\mathrm{d}e_\eta}{\mathrm{d}t} &= -\frac{F_l}{\dfrac{\eta R_\mathrm{j} L^3}{c^3}}\frac{(1-\varepsilon^2)^{3/2}}{\pi(1+2\varepsilon^2)}(-3\varepsilon^2\sin^2\varphi)+e_\xi\omega\end{aligned}\right\} \tag{5.21}$$

式(5.21)右边第二项 $e_\eta\omega$ 和 $e_\xi\omega$ 是由轴颈与轴承表面以平均角速度 ω 旋转所引起的楔形效应,如在随载荷 F_l 一起旋转的坐标系(ξ,η,z)上,即以 ω 为转速的转动坐标系上来观察,则此楔形效应随即消失,式(5.21)右边只有第一项,表现的是纯挤压效应。这也是迁移法的基本出发点。这时,式(5.21)可写为

$$\left.\begin{aligned}\left(\frac{\mathrm{d}e_\xi}{\mathrm{d}t}\right)_r &= \frac{cF_l\psi^2}{\eta LD}\frac{1}{2(L/D)^2}\frac{(1-\varepsilon^2)^{3/2}}{\pi(1+2\varepsilon^2)}(1+2\varepsilon^2-3\varepsilon^2\cos^2\varphi) \\ \left(\frac{\mathrm{d}e_\eta}{\mathrm{d}t}\right)_r &= \frac{cF_l\psi^2}{\eta LD}\frac{1}{2(L/D)^2}\frac{(1-\varepsilon^2)^{3/2}}{\pi(1+2\varepsilon^2)}(-3\varepsilon^2\sin^2\varphi)\end{aligned}\right\} \tag{5.22}$$

定义迁移矢量 $\boldsymbol{M}$ 的分量分别为

$$\left.\begin{aligned}M_\xi &= \frac{(1-\varepsilon^2)^{3/2}}{\pi(1+2\varepsilon^2)}(1+2\varepsilon^2-3\varepsilon^2\cos^2\varphi)\frac{1}{(L/D)^2} \\ M_\eta &= \frac{(1-\varepsilon^2)^{3/2}}{\pi(1+2\varepsilon^2)}(-3\varepsilon^2\sin^2\varphi)\frac{1}{(L/D)^2}\end{aligned}\right\} \tag{5.23}$$

又因

$$\varphi = \arctan\,(\varepsilon_\eta/\varepsilon_\xi)$$

如将上述 M_ξ 和 M_η 表为一般形式,则有

$$\left.\begin{aligned}M_\xi &= M_\xi(\varepsilon, L/D) \\ M_\eta &= M_\eta(\varepsilon, L/D) \\ M &= (M_\xi^2+M_\eta^2)^{1/2} \\ \gamma_\mathrm{m} &= \arctan\,(M_\eta/M_\xi) = \arctan\left(\frac{-3\varepsilon^2\sin^2\varphi}{1+2\varepsilon^2-3\varepsilon^2\cos^2\varphi}\right)\end{aligned}\right\} \tag{5.24}$$

在一定宽径比 L/D 下,只要运转条件确定了相应轴颈偏心率 ε,就可得到一个对应的无量纲 M 值,以及矢量 $\boldsymbol{M}$ 在旋转坐标系(ξ,η,z)中的方位角 γ_m,见图 5.6。

由此可见,迁移矢量 $\boldsymbol{M}$ 是在一定运转条件下,轴承 L/D 一定时的固有特性。图 5.6 还给出了坐标系,以及矢量 $\boldsymbol{F}_l$、$\boldsymbol{e}$、$\boldsymbol{M}$ 和将引入的纯挤压速度矢量 $\mathbf{V}_\mathrm{s}$。因式(5.22)所给运动方程,仅是对轴颈纯挤压运动效应的一种描述,但由该式在旋转坐标系(ξ,η,z)中将纯挤压速度 $\mathbf{V}_\mathrm{s}$ 分解为

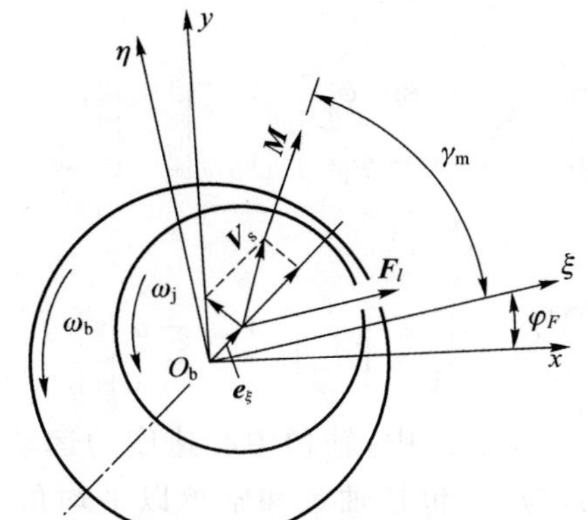

图 5.6　坐标系及矢量 $\boldsymbol{F}_l$、$\boldsymbol{e}$、$\boldsymbol{M}$ 和 $\boldsymbol{V}_s$

$$\left.\begin{aligned} V_{s,\xi} &= \left(\frac{\mathrm{d}e_\xi}{\mathrm{d}t}\right)_r = \frac{cF_l\varphi^2}{\eta LD}\cdot M_\xi \\ V_{s,\eta} &= \left(\frac{\mathrm{d}e_\eta}{\mathrm{d}t}\right)_r = \frac{cF_l\varphi^2}{\eta LD}\cdot M_\eta \end{aligned}\right\} \tag{5.25}$$

注意到$\dfrac{cF_l\varphi^2}{\eta LD}$具有速度量纲，而 $\boldsymbol{M}$ 为无量纲参数，与 $\boldsymbol{V}_s$ 方向相同，而 $\boldsymbol{V}_s$ 将顺应外加载荷 $\boldsymbol{F}_l$ 的方向，使轴颈沿某一轨迹挤压，见图 5.6。

要预计在固定坐标系(x,y,z)中的轴心轨迹，就须计入轴颈和轴承以平均角速度 ω 旋转所产生的楔形效应。对于固定坐标系(x,y)，见图 5.6，有

$$\left.\begin{aligned} e_x &= e_\xi\cos\varphi_F - e_\eta\sin\varphi_F \\ e_y &= e_\xi\sin\varphi_F + e_\eta\cos\varphi_F \end{aligned}\right\} \tag{5.26}$$

$$\left.\begin{aligned} \frac{\mathrm{d}e_x}{\mathrm{d}t} &= \frac{\mathrm{d}e_\xi}{\mathrm{d}t}\cos\varphi_F - \frac{\mathrm{d}e_\eta}{\mathrm{d}t}\sin\varphi_F \\ \frac{\mathrm{d}e_y}{\mathrm{d}t} &= \frac{\mathrm{d}e_\xi}{\mathrm{d}t}\sin\varphi_F + \frac{\mathrm{d}e_\eta}{\mathrm{d}t}\cos\varphi_F \end{aligned}\right\} \tag{5.27}$$

将式(5.23)代入式(5.21)，并代入式(5.27)，得

$$\frac{\mathrm{d}e_x}{\mathrm{d}t} = \left(\frac{cF_l\psi^2}{\eta LD}M_\xi - e_\eta\omega\right)\cos\varphi_F - \left(\frac{cF_l\psi^2}{\eta LD}M_\eta - e_\xi\omega\right)\sin\varphi_F$$

$$\frac{\mathrm{d}e_y}{\mathrm{d}t} = \left(\frac{cF_l\psi^2}{\eta LD}M_\xi - e_\eta\omega\right)\sin\varphi_F + \left(\frac{cF_l\psi^2}{\eta LD}M_\eta - e_\xi\omega\right)\cos\varphi_F$$

整理，并将式(5.25)和式(5.26)的关系代入，得

$$\left.\begin{aligned} \frac{\mathrm{d}e_x}{\mathrm{d}t} &= V_{s,\xi}\cos\varphi_F - V_{s,\eta}\sin\varphi_F - e_y\omega \\ \frac{\mathrm{d}e_y}{\mathrm{d}t} &= V_{s,\xi}\sin\varphi_F + V_{s,\eta}\cos\varphi_F + e_x\omega \end{aligned}\right\} \tag{5.28}$$

写成矩阵表达式

$$\begin{bmatrix} \dfrac{\mathrm{d}e_x}{\mathrm{d}t} \\ \dfrac{\mathrm{d}e_y}{\mathrm{d}t} \end{bmatrix} = \begin{bmatrix} \cos\varphi_F & -\sin\varphi_F \\ \sin\varphi_F & \cos\varphi_F \end{bmatrix} \begin{bmatrix} V_{s,\xi} \\ V_{s,\eta} \end{bmatrix} + \begin{bmatrix} 0 & -\omega \\ +\omega & 0 \end{bmatrix} \begin{bmatrix} e_x \\ e_y \end{bmatrix} \tag{5.29}$$

或

$$\begin{bmatrix} V_x \\ V_y \end{bmatrix} = \begin{bmatrix} V_{s,x} \\ V_{s,y} \end{bmatrix} + \begin{bmatrix} 0 & -\omega \\ +\omega & 0 \end{bmatrix} \begin{bmatrix} e_x \\ e_y \end{bmatrix} \tag{5.30}$$

这即是在固定坐标系(x,y,z)中，轴颈中心速度的运动方程。它既包含轴心纯挤压速度$\boldsymbol{V}_s$引起的挤压效应，又包括轴颈和轴承以平均角速度ω旋转所产生的楔形效应。将式(5.29)写成形如式(5.19)的一般简化形式，即以固定直角坐标表述的一阶常微分方程组

$$\begin{cases} \dfrac{\mathrm{d}e_x}{\mathrm{d}t} = f_x(t, e_x, e_y) \\ \dfrac{\mathrm{d}e_y}{\mathrm{d}t} = f_y(t, e_x, e_y) \end{cases} \tag{5.31}$$

为求轴心O_j随时间变化的规律，即轴心轨迹，同样可采用前面介绍的常微分方程数值解法。由于这里采用了随载荷$\boldsymbol{F}_l$一起转动的旋转坐标系(ξ,η,z)，且在此坐标系中使用了在随平均角速度ω转动的坐标上的观察，并引入迁移矢量$\boldsymbol{M}$，因此，在对时间的积分过程中，不必去反复求解雷诺方程或积分油膜压力，只须通过调用储存的$\boldsymbol{M}$，即可将计算逐步递推到所希望的时刻，求得所需要的轴心轨迹。同时，使计算效率大大提高。

以迁移法进行数值计算的步骤归纳如下：

① 已给瞬态F_{lx}和F_{ly}，求$\boldsymbol{F}_l$的大小和方向

$$F_l = (F_{lx}^2 + F_{ly}^2)^{1/2}$$

$$\varphi_F = \arctan\,(F_{ly}/F_{lx})$$

② 已知瞬态轴心位移e_x和e_y，可以是给定的初值或上步计算结果，求轴颈中心位置

$$\begin{bmatrix} e_\xi \\ e_\eta \end{bmatrix} = \begin{bmatrix} \cos\varphi_F & \sin\varphi_F \\ -\sin\varphi_F & \cos\varphi_F \end{bmatrix} \begin{bmatrix} e_x \\ e_y \end{bmatrix}$$

$$\varepsilon = \frac{1}{c}(e_x^2 + e_y^2)^{1/2}$$

$$\varphi = \arctan\,(e_\eta/e_\xi)$$

③ 求迁移矢量$\boldsymbol{M}$，当采用一维短轴承的2π膜解时，可根据式(5.23)求出迁移矢量分量

$$M_\xi = M_\xi(\varepsilon, L/D)$$

$$M_\eta = M_\eta(\varepsilon, L/D)$$

由此可见，对雷诺方程的不同简化形式，采用不同的压力边界条件，轴承的迁移矢量将有不同的表达形式。其中，对二维有限长轴承，一般不能得到精确解析表达式。但可通过数值解，得到 M_ξ 和 M_η 的数值表述，并可归入数据库供求解时根据轴承 L/D 和 ε 的值，即时调用，以提高计算效率。

④ 根据式(5.25)，求旋转坐标系中纯挤压速度分量

$$V_{s,\xi} = \frac{cF_l\varphi^2}{\eta LD} \cdot M_\xi$$

$$V_{s,\eta} = \frac{cF_l\varphi^2}{\eta LD} \cdot M_\eta$$

⑤ 将以上所得结果及给定的瞬态 ω 值代入式(5.29)，得轴心运动一阶常微分方程组

$$\begin{bmatrix} \dfrac{\mathrm{d}e_x}{\mathrm{d}t} \\ \dfrac{\mathrm{d}e_y}{\mathrm{d}t} \end{bmatrix} = \begin{bmatrix} \cos\varphi_F & -\sin\varphi_F \\ \sin\varphi_F & \cos\varphi_F \end{bmatrix} \begin{bmatrix} V_{s,\xi} \\ V_{s,\eta} \end{bmatrix} + \begin{bmatrix} 0 & -\omega \\ +\omega & 0 \end{bmatrix} \begin{bmatrix} e_x \\ e_y \end{bmatrix}$$

⑥ 应用常微分方程数值解法，重复①～④步，递推计算，直到满意为止。

3. 阻抗法

对于高速旋转机径向轴承，在大扰动下的非线性瞬态分析，也可采用与迁移法相类似的阻抗法，得到较高计算精度和计算效率。“迁移法”是在给定瞬态外加载荷和上一步轴心位移下，通过迁移矢量求轴心纯挤压速度，代入运动方程解算当前的轴心位移。经递推计算，逐步求出各瞬时轴心位移，以求得轴心轨迹。其关键是将迁移矢量这一轴承固有特性预先解算，储存并即时调用。在高速旋转机径向轴承的非线性瞬态分析中，解决在已知轴心位移和速度时，不经解算雷诺方程即可求解出油膜压力，代入运动方程，进而解算当前的轴心位移与速度，逐步递推，求出各瞬时轴心运动轨迹。“阻抗法”运用“迁移法”原理，形成“阻抗矢量”概念，实现问题的解算。

由于给出上一步轴心速度，就可得到当前轴心挤压速度及轴心位移与速度 $\mathbf{V}_s$。在高速旋转机中，惯性力是一种外加载荷，并以相应旋转速度转动，$\mathbf{V}_s$ 也将随之旋转。选择一个随 $\mathbf{V}_s$ 转动的直角坐标系(ξ', η', z')，使 ξ' 轴与 $\mathbf{V}_s$ 同向，见图 5.7。这时，φ 为 $\mathbf{V}_s$ 与连心线 O_bO_j 最大油膜厚度位置间的夹角，由图 5.7 有

$$\left.\begin{aligned} -\frac{\mathrm{d}e}{\mathrm{d}t}\cos\varphi + e\frac{\mathrm{d}\varphi}{\mathrm{d}t}\sin\varphi = V_s \\ -\frac{\mathrm{d}e}{\mathrm{d}t}\sin\varphi - e\frac{\mathrm{d}\varphi}{\mathrm{d}t}\cos\varphi = 0 \end{aligned}\right\} \tag{5.32}$$

于是得

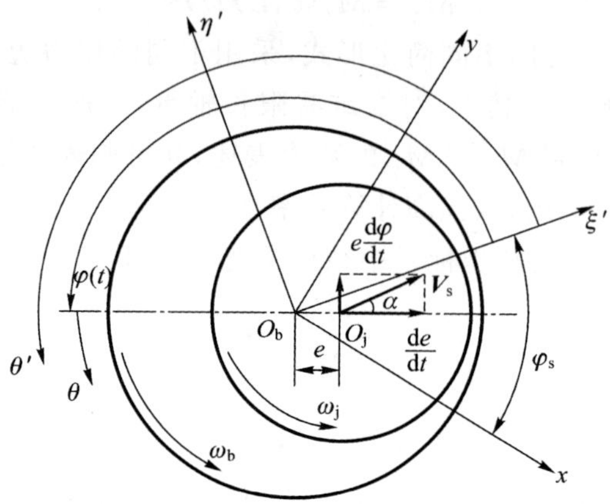

图 5.7　坐标系及轴心位移与速度

$$\left.\begin{aligned}\frac{de}{dt}&=-V_s\cos\varphi\\ \frac{d\varphi}{dt}&=V_s\sin\varphi\end{aligned}\right\}\tag{5.33}$$

将式(5.33)代入一维短轴承雷诺方程(5.4)，得

$$\frac{\partial}{\partial z}\left(h^3\frac{\partial p}{\partial z}\right)=12\eta[(-V_s\cos\varphi)\cos(\theta'-\varphi)+(V_s\sin\varphi-e\omega)\sin(\theta'-\varphi)]$$

如在坐标系(ξ',η',z')上，且又以角速 ω 转动来考察轴承中流体的动压效应，则只看到 $\mathbf{V}_s$ 所引起的纯挤压效应，而 ω 所引起的楔形效应便消失了。于是，上式可写为

$$\frac{\partial}{\partial z}\left(h^3\frac{\partial p}{\partial z}\right)=-12\eta V_s\cos\theta'\tag{5.34}$$

这里仅考虑了挤压速度的雷诺方程。取其边界条件为

当 $z=0$ 时，$\partial p/\partial z=0$；

当 $z=L/2$ 时，$p=0$。

对式(5.34)积分，并考虑上述压力边界条件，得

$$p(\theta',z)=-\frac{6\eta}{h^3}V_s\left(z^2-\frac{L^2}{4}\right)\cos\theta'\tag{5.35}$$

在旋转坐标系(ξ',η',z)中的油膜反力，可表示为

$$\begin{bmatrix}F_{\xi'}\\F_{\eta'}\end{bmatrix}=\int_{-L/2}^{L/2}\int_{\theta'_1}^{\theta'_2}p(\theta',z)\begin{bmatrix}\cos\theta'\\\sin\theta'\end{bmatrix}R_j\,d\theta'dz\tag{5.36}$$

对 2π 膜短轴承解，取 $\theta'_1=0,\theta'_2=2\pi$。将式(5.35)代入式(5.36)，得

$$\begin{bmatrix}F_{\xi'}\\F_{\eta'}\end{bmatrix}=-6\eta V_sR_j\int_{-L/2}^{L/2}\left(z^2-\frac{L^2}{4}\right)dz\int_0^{2\pi}\frac{p(\theta',z)}{(1+\varepsilon\cos\theta)^3}\begin{bmatrix}\cos\theta'\\\sin\theta'\end{bmatrix}d\theta'$$

考虑 $\theta'=\theta+\varphi$ 及式(5.14)所绘三角函数积分，整理得

$$\left.\begin{aligned}F_{\xi'}&=\frac{\eta V_s LD}{c\psi^2}\left(\frac{L}{D}\right)^2\frac{2\pi}{(1-\varepsilon^2)^{3/2}}\left(\frac{1+2\varepsilon^2-3\varepsilon^2\sin^2\varphi}{1-\varepsilon^2}\right)\\F_{\eta'}&=\frac{\eta V_s LD}{c\psi^2}\left(\frac{L}{D}\right)^2\frac{2\pi}{(1-\varepsilon^2)^{3/2}}\left(\frac{3\varepsilon^2\sin\varphi\cos\varphi}{1-\varepsilon^2}\right)\end{aligned}\right\}\tag{5.37}$$

定义

$$\left.\begin{aligned}I_{\xi'}&=\frac{2\pi}{(1-\varepsilon^2)^{3/2}}\left(\frac{1+2\varepsilon^2-3\varepsilon^2\sin^2\varphi}{1-\varepsilon^2}\right)\left(\frac{L}{D}\right)^2\\I_{\eta'}&=\frac{2\pi}{(1-\varepsilon^2)^{3/2}}\left(\frac{3\varepsilon^2\sin\varphi\cos\varphi}{1-\varepsilon^2}\right)\left(\frac{L}{D}\right)^2\end{aligned}\right\}\tag{5.38}$$

因 $\varphi=\arctan(\varepsilon_{\eta'}/\varepsilon_{\xi'})$，有

$$\left.\begin{aligned}&I_{\xi'}=I_{\xi'}(\varepsilon,L/D)\\&I_{\eta'}=I_{\eta'}(\varepsilon,L/D)\\&I=(I_{\xi'}^2+I_{\eta'}^2)^{1/2}\\&\gamma_i=\arctan(I_{\eta'}/I_{\xi'})=\arctan\frac{3\varepsilon^2\sin\varphi\cos\varphi}{1+2\varepsilon^2-3\varepsilon^2\sin^2\varphi}\end{aligned}\right\}\tag{5.39}$$

γ_i 为 $\boldsymbol{I}$ 在 $\xi'\eta'z'$ 坐标系里的方位角，将式(5.38)代入式(5.37)，得

$$\left.\begin{aligned}F_{\xi'}&=\frac{\eta V_s LD}{c\psi^2}I_{\xi'}\\F_{\eta'}&=\frac{\eta V_s LD}{c\psi^2}I_{\eta'}\end{aligned}\right\}\tag{5.40}$$

由 $F_{\xi'}$ 和 $F_{\eta'}$ 所合成的油膜反力 F，是纯挤压速度效应，故在旋转坐标系(ξ',η',z)中，$\boldsymbol{F}$ 的方向总与 $\boldsymbol{V}_s$ 反向。式中"$\eta V_s LD/(c\psi^2)$"具有力的单位，故合成 $\boldsymbol{I}$ 则是挤压速度所引起的油膜的无量纲阻抗力，其方向与 $\boldsymbol{F}$ 同向，而与 $\boldsymbol{V}_s$ 反向，称 $\boldsymbol{I}$ 为轴承的阻抗矢量。在轴承宽径比 L/D 一定时，如迁移矢量 $\boldsymbol{M}$，表现为轴承在一定运转条件下的固有特性。

按 $\boldsymbol{V}_s$ 正方向来规定 $\boldsymbol{I}$ 的方向时，如图 5.6 所示，应注意到 $\boldsymbol{F}$ 仍与 $\boldsymbol{V}_s$ 反向，$\boldsymbol{I}$ 也与 $\boldsymbol{F}$ 反向。通过坐标变换，可将旋转坐标系中的油膜反力 $F_{\xi'}$ 和 $F_{\eta'}$ 转换为固定坐标系的 F_x 和 F_y，并将此油膜反力代回到式(5.4)所表达的固定坐标系的轴心瞬态运动方程。在一定轴心位移与速度初值、时间和时间步长下，按前面介绍过的常微分方程初值问题的数值解法，逐步递推计算，便可求解出轴心在各个瞬时的位移和速度。

以阻抗法进行数值计算的步骤归纳如下：

① 已知瞬态轴心速度 V_x 和 V_y，可以是给定的初值或计算值，求 $\boldsymbol{V}_s$ 的大小和方向。由式(5.29)可知

$$\begin{bmatrix} V_{s,x} \\ V_{s,y} \end{bmatrix} = \begin{bmatrix} V_x \\ V_y \end{bmatrix} + \begin{bmatrix} 0 & -\omega \\ +\omega & 0 \end{bmatrix} \begin{bmatrix} e_x \\ e_y \end{bmatrix}$$

$$V_s = (V_{s,x}^2 + V_{s,y}^2)^{1/2}$$

$$\cos \varphi_s = V_{s,x} / V_s$$

$$\sin \varphi_s = V_{s,y} / V_s$$

② 根据已知瞬态轴心位移 e_x 和 e_y，可以是给定的初值或上一步计算值，求解

$$\begin{bmatrix} e_{\xi'} \\ e_{\eta'} \end{bmatrix} = \begin{bmatrix} \cos \varphi_s & \sin \varphi_s \\ -\sin \varphi_s & \cos \varphi_s \end{bmatrix} \begin{bmatrix} e_x \\ e_y \end{bmatrix}$$

$$\varepsilon = \frac{1}{c}(e_x^2 + e_y^2)^{1/2}$$

$$\varphi = \arctan (\varepsilon_{\eta'} / e_{\xi'})$$

③ 求旋转坐标系中无量纲油膜抗力 $\boldsymbol{I}$，对 2π 膜轴承，根据式(5.38)，可写出阻抗矢量分量的一般式为

$$I_{\xi'} = I_{\xi'}(\varepsilon, L/D)$$

$$I_{\eta'} = I_{\eta'}(\varepsilon, L/D)$$

$$I = (I_{\xi'}^2 + I_{\eta'}^2)^{1/2}$$

如迁移矢量一样，由阻抗矢量对不同简化形式的雷诺方程和不同的压力边界条件，可得到不同的阻抗矢量表达形式，从而可预算阻抗矢量，并录入数据库，以便根据 L/D 和 ε 的值在运算中即时调用。

④ 求旋转坐标系油膜反力，由式(5.40)得

$$\begin{bmatrix} F_{\xi'} \\ F_{\eta'} \end{bmatrix} = \frac{\eta V_s LD}{c\psi^2} \begin{bmatrix} I_{\xi'} \\ I_{\eta'} \end{bmatrix}$$

⑤ 求固定坐标系油膜反力，参考图 5.7 得

$$\begin{bmatrix} F_x \\ F_y \end{bmatrix} = \begin{bmatrix} \cos \varphi_s & -\sin \varphi_s \\ \sin \varphi_s & \cos \varphi_s \end{bmatrix} \begin{bmatrix} F_{\xi'} \\ F_{\eta'} \end{bmatrix}$$

⑥ 将 F_x 和 F_y 代入固定坐标系瞬态运动方程(5.4)，应用常微分方程组初值问题的数值解法，递推求解轴心位移与速度 e_x、e_y、V_x 和 V_y，每增加一个时间步长，重复①～④步，直到所希望的时间为止。

以上所述迁移法和阻抗法，虽可分别通过迁移图和阻抗图作图求得迁移矢量 $\boldsymbol{M}$ 和阻抗矢量 $\boldsymbol{I}$，进而求轴颈中心运动轨迹和轴颈中心运动，但作图法费时且精度较低。

迁移法和阻抗法的最大优点是在采用二维雷诺方程的情况下，除能较精确地提供油膜反力及解算出轴心轨迹或轴心运动外，还可提高计算效率。其局限性表现为只能用于圆形轴承。图 5.8 给出了应用阻抗法所得到的滑动轴承支承转子动力学瞬态解，并对给定工况条件，比较了短轴承解阻抗法和有限长轴承解阻抗法所得到的轴心轨迹。

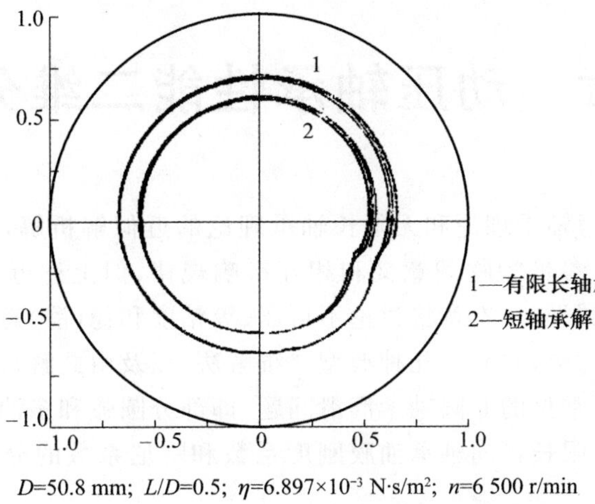

图 5.8　短轴承阻抗法和有限长轴承阻抗法所得转子动力学瞬态解

习　题

5.1　在直角坐标系中写出径向油膜润滑圆柱轴承的刚度系数 K_{xx} 和 K_{yx} 以及阻尼系数 d_{xx} 和 d_{yx}，并说明它们体现了这类轴承的哪两个基本特性？

5.2　当径向油膜润滑轴承发生半速涡动，且其涡动轨迹为绕轴承中心的圆轨迹时，用润滑基本方程说明这种轴承承载能力的变化规律。

5.3　试问图 5.9 所示的三种油膜润滑轴承，能够抑制失稳的基本原理是什么？

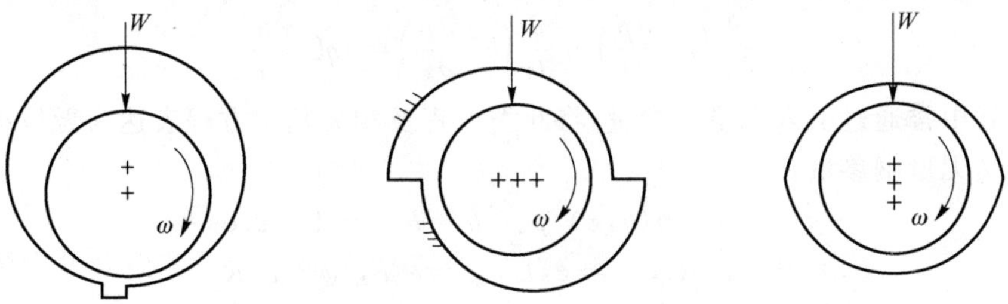

图 5.9　习题 5.3 图

5.4　为什么增加轴承相对间隙和减小轴承宽径比可以抑制轴承失稳？

5.5　若某一转子质量为 46 000 kg，水平地支承在两个相同的双轴向油沟径向轴承上，且知轴承直径 $D=420$ mm，$L/D=1$，$\psi=0.001\ 5$，滑油动力粘度 $\eta=22.528\times10^{-3}\,\text{N}\cdot\text{s/m}^2$，转速 $n=3\ 000$ r/min，试问：

(1) 假定转子绝对刚性，在上述给定运转工况下轴承是否会失稳？

(2) 考虑轴的柔性，且知转子一阶临界转速 $n_{cr}=978$ r/min，其他工况不变，判断轴承是否会发生失稳。

5.6　试列出无限短 360°圆轴承在 $\varepsilon\rightarrow1$ 时的八项特性系数，并判断其稳定性。

第6章　动压轴承性能二维分析

通过对一维无限短轴承理论和无限长轴承理论的近似解析解，讨论径向轴承静态、动态性能及其相关参量的物理意义和相互影响规律，但上述近似解所固有的缺陷，使其工程应用受到限制。本章将讨论不可压、等粘度和稳(静)态运转条件下二维有限长轴承雷诺方程的解，并介绍几种典型二维解法，以及由此解得到的压力分布和轴承性能计算分析；对常见的非圆轴承润滑问题，即部分圆弧和多油楔径向轴承的稳态性能计算，及二维有限长径向轴承油膜刚度系数和阻尼系数的分析计算方法进行讨论。

6.1　二维有限差分法

二维有限长轴承的雷诺方程为二阶变系数非齐次线性偏微分方程，至今仍没有得到精确的解析解，而对雷诺方程求解，得到压力分布是轴承性能计算分析的基础。使用二维数值解法，是得到方程解的有效途径之一，其中二维有限差分法较为常用。

1. 无量纲二维有限长轴承的雷诺方程

对于二维有限长轴承的雷诺方程：

$$\frac{\partial}{\partial x}\left(h^3\frac{\partial p}{\partial x}\right)+\frac{\partial}{\partial z}\left(h^3\frac{\partial p}{\partial z}\right)=6\eta U\frac{\partial h}{\partial x} \tag{6.1}$$

数值计算中常通过引入无量纲参量，将此类方程及相关基本方程表达为无量纲形式。

定义无量纲参量：

$$\bar{p}(\theta,\bar{z})=p(\theta,\bar{z})/p_s,\ \bar{h}=h/c=1+\varepsilon\cos\theta$$

$$\theta=x/R_j,\ \bar{z}=z/L,\ \varepsilon=e/c,\ \psi=c/R_j$$

式中：p_s 为供油压力；c 为半径间隙；R_j 为轴颈半径；L 为轴承宽度；e 为偏心距。代入式(6.1)，得到：

$$\frac{\partial}{\partial\theta}\left(\bar{h}^3\frac{\partial\bar{p}}{\partial\theta}\right)+\left(\frac{R_j}{L}\right)^2\frac{\partial}{\partial\bar{z}}\left(\bar{h}^3\frac{\partial\bar{p}}{\partial\bar{z}}\right)=-6\eta\omega_j\frac{\varepsilon\sin\theta}{p_s\psi^2} \tag{6.2}$$

对于径向展开如图6.1所示的轴承，其压力边界条件可表达为

$$\bar{p}\left(\theta,\frac{1}{2}\right)=\bar{p}\left(\theta,-\frac{1}{2}\right)=\bar{p}(\theta_1,\bar{z})=\bar{p}(\theta_2,\bar{z})=0 \tag{6.3}$$

即可采用二维有限差分法，解算由式(6.2)和式(6.3)所构成的二阶偏微分方程的边值问题。其基本步骤可概括如下：①分割解域；②建立压力差分方程；③构造算法；④设定油膜固定或自由边界条件。

2. 分割解域

对于径向轴承，当两端压力边界条件不对称时，需在全解域分割求解，若两端具有对称压力边界特征，根据解的对称性，可仅在解域的一半分割求解，如图 6.2 所示。一般可将解域分割为若干矩形，网格可为均匀或不均匀分布，其疏密程度可根据具体压力场分布情况做适当调整。应该注意，网格过大，计算精度将有所下降；过小将导致计算占用空间和时间增加。网格划分的疏密可参考计算要求和设备能力设计。当轴承包角 $\beta=360°$，可取周向分割份数为 m，轴向为 n，则均匀步长时，有

$$\left.\begin{aligned}\Delta\theta &= (\theta_2-\theta_1)/(m-1)\\ \Delta\bar{z} &= (1/2)/(n-2)\end{aligned}\right\} \tag{6.4}$$

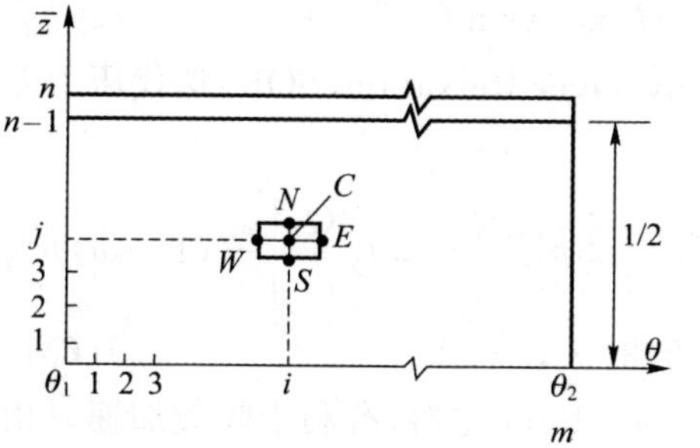

图 6.1　解域径向展开图

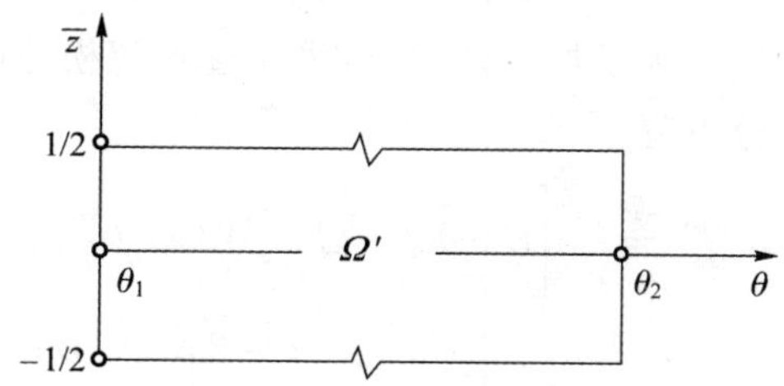

图 6.2　半解域及分割

3. 内节点压力差分方程组

将式(6.2)写为

$$\frac{\partial^2\bar{p}}{\partial\theta^2}+\left(\frac{R_j}{L}\right)^2\frac{\partial^2\bar{p}}{\partial\bar{z}^2}+\frac{3}{\bar{h}}\frac{\partial\bar{h}}{\partial\theta}\frac{\partial\bar{p}}{\partial\theta}=\frac{Q}{\bar{h}^3} \tag{6.5}$$

式中：$Q=-6\eta\omega_j\varepsilon\sin\theta/(p_s\psi^2)$。

将微商项写为对应的差分形式，即

$$\left(\frac{\partial\bar{p}}{\partial\theta}\right)_{i,j}=\frac{\bar{p}_{i+1,j}-\bar{p}_{i-1,j}}{2\Delta\theta}$$

$$\left(\frac{\partial^2\bar{p}}{\partial\theta^2}\right)_{i,j}=\frac{\bar{p}_{i+1,j}-2\bar{p}_{i,j}+\bar{p}_{i-1,j}}{\Delta\theta^2}$$

$$\left(\frac{\partial^2\bar{p}}{\partial\bar{z}^2}\right)_{i,j}=\frac{\bar{p}_{i+1,j}-2\bar{p}_{i,j}+\bar{p}_{i-1,j}}{\Delta\bar{z}^2}$$

代入式(6.5)，两边同乘 $\Delta\theta^2$，整理得到五点差分格式：

$$\bar{p}_{i,j}=\frac{1}{A}\left[E(\theta)_i\bar{p}_{i+1,j}+W(\theta)_i\bar{p}_{i-1,j}+N\bar{p}_{i,j+1}+S\bar{p}_{i,j-1}-\Delta\theta^2Q_i/\bar{h}_i^3\right] \tag{6.6}$$

式中：

$$Q_i = -6\eta\omega_{\mathrm{j}}\varepsilon\sin\theta_i/(p_{\mathrm{s}}\psi^2)$$

$$E(\theta)_i = 1 + \frac{3}{2}\frac{\Delta\theta}{\bar{h}_i}\frac{\partial\bar{h}_i}{\partial\theta}$$

$$W(\theta)_i = 1 - \frac{3}{2}\frac{\Delta\theta}{\bar{h}_i}\frac{\partial\bar{h}_i}{\partial\theta}$$

$$N = S = \left(\frac{R_{\mathrm{j}}}{L}\frac{\Delta\theta}{\Delta\bar{z}}\right)^2$$

$$A = 2\left[1 + \left(\frac{R_{\mathrm{j}}}{L}\frac{\Delta\theta}{\Delta\bar{z}}\right)^2\right]$$

$$h_i = 1 + \varepsilon\cos\theta_i\text{，且 }\partial\bar{h}_i/\partial\theta = -\varepsilon\sin\theta_i$$

为了加速计算，可采用逐点超松弛(SuccessiveOver Relxation，SOR)迭代压力差分方程

$$\bar{p}_{i,j}^{(k+1)} = \frac{\omega}{A}\left[E(\theta)_i\bar{p}_{i+1,j}^{(k)} + W(\theta)_i\bar{p}_{i-1,j}^{(k+1)} + N\bar{p}_{i,j+1}^{(k)} + S\bar{p}_{i,j-1}^{(k+1)} - \Delta\theta^2\frac{Q_i}{\bar{h}_i^3}\right] + (1-\omega)\bar{p}_{i,j}^{(k)}$$

$$i = 2,3,\cdots,m-1;j = 2,3,\cdots,n-1 \tag{6.7}$$

式中：ω 为松弛因子，一般取值 $\omega=1.5\sim2$，常取 $\omega=1.65$ 左右，有利于收敛加速。由于式(6.7)所表示的内节点之间压力关系是线性的，故其内节点线性方程个数为 $(m-2)\times(n-2)$。

4. 解算步骤

(1) 分割解域

对于对称解域，可只在半个解域上求解，即：$\theta_1\leqslant\theta\leqslant\theta_2$，$0\leqslant\bar{z}\leqslant\frac{1}{2}\left(1+\frac{1}{n-2}\right)$，如图 6.2 所示。其中 $\theta_1<\theta_2$，可在 $0\sim2\pi$ 间选取。

(2) 边界赋值

大气压力边界时的边界压力为零，赋值可按式(6.3)，对于对称线另侧 n 处的边值，如图 6.1 所示，需在按序实行节点压力解算过程中，根据对称原理，即时赋予。

(3) 赋初值

对全部内节点压力初值 $\bar{p}_{i,j}^{(0)}$ 可以任意赋予，常取为零，或以某一已有近似解作为初值赋予。计算将由初值出发，通过迭代，逼近真解。

(4) 迭代解算

对超松弛迭代差分方程(6.7)依次解算。解算中，将通过负压置零寻找油膜破裂自由边界。

(5) 收敛判断

判断是否收敛，可采用如下相对误差判据：

$$\frac{\sum_{i=2}^{m-1}\sum_{j=2}^{n-1}\left|\bar{p}_{i,j}^{(k+1)}-\bar{p}_{i,j}^{k}\right|}{\sum_{i=2}^{m-1}\sum_{j=2}^{n-1}\bar{p}_{i,j}^{(k+1)}}\leqslant a \tag{6.8}$$

常取 a 为 0.001～0.004，也可根据具体计算要求确定。计算循环一次，如收敛条件满足，即终止迭代，转入计算轴承性能；如不收敛，则将现行值作为初值，返回步骤(4)进行下一轮迭代计算，直到满意，终止迭代。

在步骤(4)中所述的通过负压置零寻找油膜破裂自由边界的处理方法，最早由克里斯托弗逊(Chirstopherson)于 1941 年提出，解算时先对全解域求解，考虑到轴承油膜负压区的负压使油膜破裂所产生的油膜气穴压力 p_c 约为轴承边界大气压力 p_a，其表压为零，因此将雷诺方程负压力解置零。由于未计气穴中的负压效应，所以适用于中、重型载荷。

所解得的油膜压力分布，如轴承解域里包含气穴区，则在油膜压力区与气穴区之间的自由边界 b 上，有

$$p\,|_b=\left.\frac{\partial p}{\partial n}\right|_b=0 \tag{6.9}$$

或

$$p\,|_b=\left.\frac{\partial p}{\partial x}\right|_b=\left.\frac{\partial p}{\partial z}\right|_b=0$$

式中：n 为边界线 b 上外法线，解得的自由边界完全符合 Reynolds 边界条件。

所得压力分布具有最大正解域，且压力分布值最高。这是由于在待求自由边界 b 附近的网格节点(i,j)处出现负压而被置零后，将使下一轮五点差分格式的线性差分方程所解得的上游相邻节点的压力增加，进而使第(i,j)点处压力趋于增加。经过反复迭代，可使正解域不断扩大，正压力值不断增高。油膜破裂即气穴的自由边界 b 随同压力分布同步解出，细化网格可使所解压力及其自由边界趋于精确。

以上所述压力差分方程，适用于解域间隙函数导数连续的动压润滑轴承。工程实际中，会遇到多种轴承，如：动压阶梯轴承、动压多油楔轴承以及动静压混合的深腔与浅腔轴承等。此时，轴承间隙函数的导数不连续，不能通过含间隙的连续导数项的雷诺方程去建立离散的压力差分方程。可将轴承润滑膜离散为一定形式的控制体，按控制体流量守恒原理，而不涉及间隙函数的导数，写出相应的压力差分格式。

在分割解域方面，除了在计算精度和计算速度上对网格疏密和是否均匀有一定要求外，应特别注意，所划分的网格线全部落在阶梯交接面上，且使这些阶梯面贯穿控制体。图 6.3 给出了轴承中一些典型阶梯面形式及其所在网格与控制体的关系。

对含阶梯面且平行于 x 轴的控制体 A，有一个中心节点 $C(i,j)$，并对 C 点与邻近节点 E、W、N 和 S 之间间距进行等分。现据控制体流量守恒原理，有

$$Q_1+Q_2+Q_3+Q_4+Q_5+Q_6=Q_0 \tag{6.10}$$

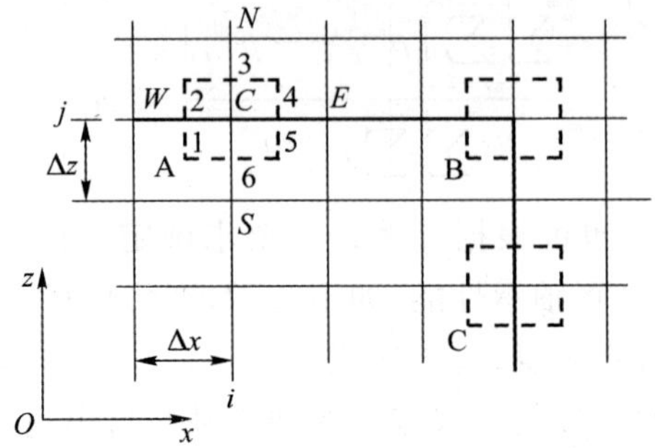

图 6.3 阶梯面、网格和控制体

式中：Q_0 为控制体的流量增量，其中含有控制体内在孔或缝所流入的流量。过控制体周界各段的体积流量可分别表示为

$$Q_1 \approx \frac{\Delta z}{2}\left[\frac{h_1 U}{2} - \frac{h_1^3}{12\eta}\left(\frac{\partial p}{\partial x}\right)_1\right]$$

$$Q_2 \approx \frac{\Delta z}{2}\left[\frac{h_2 U}{2} - \frac{h_2^3}{12\eta}\left(\frac{\partial p}{\partial x}\right)_2\right]$$

$$Q_3 \approx \Delta x\left[-\frac{h_3^3}{12\eta}\left(\frac{\partial p}{\partial z}\right)_3\right]$$

$$Q_4 \approx \frac{\Delta z}{2}\left[\frac{h_4 U}{2} - \frac{h_4^3}{12\eta}\left(\frac{\partial p}{\partial x}\right)_4\right]$$

$$Q_5 \approx \frac{\Delta z}{2}\left[\frac{h_5 U}{2} - \frac{h_5^3}{12\eta}\left(\frac{\partial p}{\partial x}\right)_5\right]$$

$$Q_6 \approx \Delta x\left[-\frac{h_6^3}{12\eta}\left(\frac{\partial p}{\partial z}\right)_6\right]$$

式中：

$$U = R_{\mathrm{j}}\omega_{\mathrm{j}}$$

$$\left(\frac{\partial p}{\partial x}\right)_1 \approx \left(\frac{\partial p}{\partial x}\right)_2 \approx \frac{p_{i,j} - p_{i-1,j}}{\Delta x}$$

$$\left(\frac{\partial p}{\partial x}\right)_4 \approx \left(\frac{\partial p}{\partial x}\right)_5 \approx \frac{p_{i+1,j} - p_{i,j}}{\Delta x}$$

$$\left(\frac{\partial p}{\partial z}\right)_3 \approx \frac{p_{i,j+1} - p_{i,j}}{\Delta z}$$

$$\left(\frac{\partial p}{\partial z}\right)_6 \approx \frac{p_{i,j} - p_{i,j-1}}{\Delta z}$$

$$h_1 = h_{i-\frac{1}{2},j-0}, \quad h_2 = h_{i-\frac{1}{2},j+0}$$

$$h_3 = h_{i,j+\frac{1}{2}}, \quad h_4 = h_{i+\frac{1}{2},j+0}$$

$$h_5=h_{i+\frac{1}{2},j-0},\quad h_6=h_{i,j-\frac{1}{2}}$$

代入式(6.10)，并考虑 $Q_0=0$ 及式(6.2)中的有关无量纲参量的意义，经整理，可得内节点的逐点超松弛迭代无量纲压力差分方程

$$\bar{p}_{i,j}^{(k+1)}=\frac{\omega}{A}\left[E\bar{p}_{i+1,j}^{(k)}+W\bar{p}_{i-1,j}^{(k+1)}+N\bar{p}_{i,j+1}^{(k)}+S\bar{p}_{i,j-1}^{(k+1)}+Q_i\right]+(1-\omega)\bar{p}_{i,j}^{(k)} \tag{6.11}$$

式中：

$$A=\frac{1}{2}\left(\bar{h}^3_{i-\frac{1}{2},j-0}+\bar{h}^3_{i-\frac{1}{2},j+0}-\bar{h}^3_{i+\frac{1}{2},j+0}-\bar{h}^3_{i+\frac{1}{2},j-0}\right)+\left(\frac{R_j}{L}\right)^2\left(\frac{\Delta\theta}{\Delta\bar{z}}\right)^2\left(\bar{h}^3_{i,j-\frac{1}{2}}-\bar{h}^3_{i,j+\frac{1}{2}}\right)$$

$$E=\frac{1}{2}\left(-\bar{h}^3_{i+\frac{1}{2},j+0}-\bar{h}^3_{i+\frac{1}{2},j-0}\right)$$

$$W=\frac{1}{2}\left(\bar{h}^3_{i-\frac{1}{2},j-0}+\bar{h}^3_{i-\frac{1}{2},j+0}\right)$$

$$N=\left(\frac{R_j}{L}\right)^2\left(\frac{\Delta\theta}{\Delta\bar{z}}\right)^2\left(-\bar{h}^3_{i,j+\frac{1}{2}}\right)$$

$$S=\left(\frac{R_j}{L}\right)^2\left(\frac{\Delta\theta}{\Delta\bar{z}}\right)^2\bar{h}^3_{i,j-\frac{1}{2}}$$

$$Q_i=\frac{3\eta\omega_j}{p_s\psi^2}\left(\bar{h}_{i-\frac{1}{2},j-0}+\bar{h}_{i-\frac{1}{2},j+0}+\bar{h}_{i+\frac{1}{2},j+0}+\bar{h}_{i+\frac{1}{2},j-0}\right)\Delta\theta$$

同理，可类似地得到图 6.3 中 B 类和 C 类等控制体的内节点的逐点超松弛迭代无量纲压力差分方程。它们具有与式(6.11)相同的表达形式，但对不同类别控制体，式中系数 A、E、W、N、S 和 Q，将有所区别。

压力差分方程(6.11)的解算方法同前，但应注意具体轴承所具有的不同压力边界条件。

6.2　分离变量乘积解

分离变量乘积解的基本要点是：在无限短轴承理论近似解析解的基础上，对形如式(6.1)一类的二阶偏微分方程，假定其解为两个函数乘积的形式，将偏微分方程边值问题化为常微分方程边值问题，使原问题得到简化。同时，可显著提高计算精度。

考虑到短轴承解轴向压力分布$(1/4-\bar{z}^2)$具有抛物线特征，设 $\bar{p}_c(\theta)$ 为前述偏微分方程边值问题解 $p(\theta,\bar{z})$ 的中央截面内周向压力分布函数，取待求二维压力函数为

$$p(\theta,\bar{z})=\bar{p}_c(\theta)\left(\frac{1}{4}-\bar{z}^2\right) \tag{6.12}$$

且满足式(6.3)所给定的轴向压力边界条件。

将式(6.2)展开，并考虑 $h(\theta)$ 不是 $\bar{z}$ 的函数，得

$$\frac{\partial^2\bar{p}}{\partial\theta^2}+\frac{3}{\bar{h}}\frac{\partial\bar{h}}{\partial\theta}\frac{\partial\bar{p}}{\partial\theta}+\left(\frac{R_j}{L}\right)^2\frac{\partial^2\bar{p}}{\partial\bar{z}^2}=\left(-6\eta\omega_j\frac{\varepsilon\sin\theta}{p_s\psi^2}\right)\Big/\bar{h}^3$$

将式(6.12)代入上式，因中央截面内 $\bar{z}=0$，整理得

$$\frac{\mathrm{d}^2\bar{p}_{\mathrm{c}}}{\mathrm{d}\theta^2}+\frac{3}{\bar{h}}\frac{\mathrm{d}\bar{h}}{\mathrm{d}\theta}\frac{\mathrm{d}\bar{p}_{\mathrm{c}}}{\mathrm{d}\theta}-8\left(\frac{R_{\mathrm{j}}}{L}\right)^2\bar{p}_{\mathrm{c}}=\left(-24\eta\omega_{\mathrm{j}}\frac{\varepsilon\sin\theta}{p_{\mathrm{s}}\psi^2}\right)\Big/\bar{h}^3 \tag{6.13}$$

式(6.13)为二阶变系数线性常微分方程，使问题得到简化。由于该式带有变系数且右边项较为复杂，所以常采用有限差分法做数值解算。将解域分割，采用差商代微商的方法，建立离散函数关系，整理后可得如下内节点压力方程组：

$$a_i\bar{p}_{\mathrm{c},i-1}+b_i\bar{p}_{\mathrm{c},i}+c_i\bar{p}_{\mathrm{c},i+1}=F_i \qquad i=2,3,\cdots,n-1 \tag{6.14}$$

式中：

$$a_i=\frac{1}{\Delta\theta^2}+1.5\frac{\varepsilon\sin\theta_i}{\bar{h}_i\Delta\theta}$$

$$b_i=-\left[\frac{2}{\Delta\theta^2}+8\left(\frac{R_{\mathrm{j}}}{L}\right)^2\right]$$

$$c_i=\frac{1}{\Delta\theta^2}-1.5\frac{\varepsilon\sin\theta_i}{\bar{h}_i\Delta\theta}$$

$$F_i=-24\eta\omega_{\mathrm{j}}\frac{\varepsilon\sin\theta_i}{p_{\mathrm{s}}\psi^2}\Big/\bar{h}_i^3$$

$$\bar{h}_i=1+\varepsilon\sin\theta_i$$

$$\Delta\theta=(\theta_2-\theta_1)/(n-1)$$

其中：n 为求解区间分割节点数。考虑式(6.3)所给的压力边界条件，它们与式(6.14)一起，构成一个 n 维线性代数方程组。解算此方程组，便可求得各内节点压力 $\bar{p}_{\mathrm{c},i}$，$i=2,3,\cdots,n-1$，将其代入式(6.12)，即可求出二维压力分布 $p(\theta,\bar{z})$。

求解上述 n 维线性代数方程组，依据整个解域内的油膜破裂边界的规定，可选用不同方法解算。一般对已知规定的油膜破裂边界条件，如半 Sommerfeld 边界条件，因线性代数方程组具有三对角形式，所以可按直接消元法求解；对待定自由油膜破裂边界，可采用 Reynolds 边界条件，按迭代方法解算，如 6.1 节所述，常采用逐点超松弛迭代压力差分方程，同时应用克氏算法求解。

6.3 变分校正解

变分校正解中有变分短校正解和变分长校正解，是基于变分原理在短轴承解同型轴向分布假设下得到的校正解。求解基本思想是基于变分原理，应用雷诺方程边值问题的等价二次泛函，使用短轴承近似轴向抛物线压力分布的二维压力函数，作为试探函数代入泛函，经泛函的极小值运算，将原偏微分方程边值问题转化为常微分方程边值问题，简化求解过程，得到问题的解。

6.3.1　变分原理及应用

在求解轴承油膜压力分布时，常运用变分原理中关于泛函以及雷诺方程边值问题等价于对应二次泛函极值问题的概念。

1. 泛函与函数

泛函与函数的区别在于：函数的自变量是数，而泛函的自变量是函数。例如 x 为自变量，y 为因变量，函数可表示为

$$y=y(x) \tag{6.15}$$

如果 J 是 y 的函数，即 J 是函数的函数，则称为泛函，可表示为

$$J=J[y]=J[y(x)] \tag{6.16}$$

式(6.16)中的自变量有一个，也可有两个或多个。

在讨论润滑问题中的二维压力场时，压力 p 是柱坐标 θ 和 z 的函数，可构造泛函

$$J=J[p(\theta,z)] \tag{6.17}$$

讨论瞬态压力场问题时，压力 p 不仅是柱坐标 θ 和 z 的函数，还是时间 t 的函数，这时泛函可表达为

$$J=J[p(\theta,z,t)] \tag{6.18}$$

在工程实际中，常需要确定某一函数的极大值或极小值问题，即泛函的极值问题。

【例 6.1】 确定一条曲线 $y=y(x)$，它连接不在同一铅垂线上的两点 A 和 B，见图 6.4，以使质点 M 在重力作用下，能沿着这条曲线由较高点 A 自由下降到较低点 B，略去滑动中的摩擦阻力，并使滑动所需时间最短。

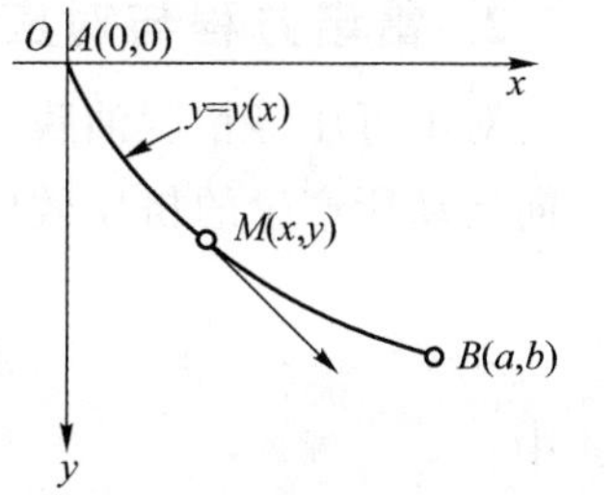

图 6.4　最速降落线问题

具有这种性质的曲线称为最速降落线。最速降落线问题是伯努利在 1696 年提出的古典变分问题之一。

解　取坐标系 Oxy 的原点 O 与点 A 重合，B 点坐标为 (a,b)。根据无摩擦阻力和能量守恒条件，要求具有质量 m 的质点，在重力加速度 g 的作用下，降落至同一水平面并具有相同速率。所以运动质点在曲线 $y(x)$ 上一点 $M(x,y)$ 处所具有的速度，必与自由落体在下降相同距离 y 时所具有的速度 v_y 相同。因此，这时运动质点所失去的势能为 mgy，所获得的动能为 $\frac{1}{2}mv^2$，于是得到

$$mgy=\frac{1}{2}mv^2 \quad 或 \quad v=(2gy)^{\frac{1}{2}}$$

根据速度定义，可写出物体沿曲线从 A 点降落至 B 点时所需的时间为

$$t=\int_A^B \frac{\mathrm{d}s}{v}=\int_A^B \frac{(\mathrm{d}x^2+\mathrm{d}y^2)^{\frac{1}{2}}}{(2gy)^{\frac{1}{2}}}=\int_0^a \frac{[1+(\mathrm{d}y/\mathrm{d}x)^2]^{\frac{1}{2}}}{(2gy)^{\frac{1}{2}}}\mathrm{d}x$$

得到二次泛函：

$$t=\int_0^a \frac{(1+y'^2)^{\frac{1}{2}}}{(2gy)^{\frac{1}{2}}}\mathrm{d}x \tag{6.19}$$

由于式(6.19)对于不同函数 $y(x)$ 所描述的曲线，t 也不同，因此 t 是函数 $y(x)$ 的函数，即泛函。凡变量的值是由一个或多个函数的选取而确定的，即称这个变量为这些函数的泛函。这里函数 $y(x)$ 为一待求函数，它必须满足使 t 为最小的条件。因此，这是一个对泛函 t 求极值的问题。由于泛函(6.19)是用积分来定义的，且积分号中包含待求函数 y 及其导数 y' 的平方项，故又称为二次积分泛函或二次泛函。

对泛函求极值的问题，在数学上称为变分，变分计算的目的，是寻找待求的极值函数。

2. 雷诺方程与对应二次泛函极值问题

对不可压等粘度油膜，当考虑轴承表面旋转引起的楔形效应和轴颈中心进动与径向运动所产生的挤压效应时，柱坐标下广义雷诺方程可写为

$$\frac{\partial}{\partial\theta}\left(h^3\frac{\partial p}{\partial\theta}\right)+R_j^2\frac{\partial}{\partial z}\left(h^3\frac{\partial p}{\partial z}\right)=f \tag{6.20}$$

式中：

$$f=6\eta R_j^2\left[(\omega_b+\omega_j-2\dot{\phi})\frac{\partial h}{\partial\theta}+2\frac{\partial h}{\partial t}\right]$$

式(6.20)定义在平面解域 Ω' 上，且其边界 Ω'_b 上的压力是给定的，即

$$p\,|_{\Omega'_b}=p_b \tag{6.21}$$

由式(6.20)和式(6.21)所构成的雷诺方程边值问题的解，等价于求解下面对应二次泛函的极小值问题的解：

$$\left.\begin{aligned}&J[p(\theta,z,t)]=\iint_{\Omega'}\left\{\frac{1}{2}h^3\left[\left(\frac{\partial p}{\partial\theta}\right)^2+R_j^2\left(\frac{\partial p}{\partial z}\right)^2\right]+f\cdot p\right\}\mathrm{d}\theta\mathrm{d}z\\&p\,|_{\Omega'_b}=p_b\end{aligned}\right\} \tag{6.22}$$

其中：设函数 $p^*(\theta,z,t)$ 给出式(6.22)的泛函 J 的极小值，且

$$p^*\,|_{\Omega'_b}=p_b$$

又假定有一任意光滑连续函数 $\eta(\theta,z,t)$，且适合

$$\eta\,|_{\Omega'_b}=0$$

设 ε 为一实数参量，则有极值函数 p^* 的近旁函数

$$p(\varepsilon,\theta,z,t)=p^*+\varepsilon\eta \tag{6.23}$$

且有

$$p(\varepsilon,\theta,z,t)\big|_{\Omega'_b}=0$$

即对任何实数 ε，近旁函数 $p(\varepsilon,\theta,z,t)$ 也是适合边界条件的。这里，ε 表示 p 对 p^* 的偏离量。于是应有

$$J[p(\varepsilon,\theta,z,t)]\geqslant J[p^*(\theta,z,t)]$$

由于泛函 $J[p(\varepsilon,\theta,z,t)]$ 是 ε 的函数，且当 $\varepsilon=0$ 时，有 $J[p]=J[p^*]$，为最小，所以应有

$$\frac{\partial}{\partial\varepsilon}J[p(\varepsilon,\theta,z,t)]\bigg|_{\varepsilon=0}=0 \tag{6.24}$$

将近旁函数式(6.23)代入二次泛函式(6.22)，再代入式(6.24)，经求极值的变分运算，可得

$$\iint_{\Omega'}\left[h^3\left(\frac{\partial p^*}{\partial\theta}\cdot\frac{\partial\eta}{\partial\theta}+R_j^2\frac{\partial p^*}{\partial z}\frac{\partial\eta}{\partial z}\right)+f\cdot p\right]\mathrm{d}\theta\mathrm{d}z=0$$

考虑到

$$\frac{\partial}{\partial\theta}\left(h^3\frac{\partial p^*}{\partial\theta}\eta\right)=\frac{\partial}{\partial\theta}\left(h^3\frac{\partial p^*}{\partial\theta}\right)\eta+h^3\frac{\partial p^*}{\partial\theta}\frac{\partial\eta}{\partial\theta}$$

$$\frac{\partial}{\partial z}\left(h^3\frac{\partial p^*}{\partial z}\eta\right)=\frac{\partial}{\partial z}\left(h^3\frac{\partial p^*}{\partial z}\right)\eta+h^3\frac{\partial p^*}{\partial z}\frac{\partial\eta}{\partial z}$$

则有

$$\iint_{\Omega'}\left\{\left[\frac{\partial}{\partial\theta}\left(h^3\frac{\partial p^*}{\partial\theta}\eta\right)-\frac{\partial}{\partial\theta}\left(h^3\frac{\partial p^*}{\partial\theta}\right)\eta\right]+\right.$$
$$\left.R_j^2\left[\frac{\partial}{\partial z}\left(h^3\frac{\partial p^*}{\partial z}\eta\right)-\frac{\partial}{\partial z}\left(h^3\frac{\partial p^*}{\partial z}\right)\eta\right]+f\cdot p\right\}\mathrm{d}\theta\mathrm{d}z=0 \tag{6.25}$$

根据格林定理

$$\iint_{\Omega'}\frac{\partial}{\partial\theta}\left(h^3\frac{\partial p^*}{\partial\theta}\eta\right)\mathrm{d}\theta\mathrm{d}z=\int_{\Omega'_b}h^3\frac{\partial p^*}{\partial\theta}\eta\cdot\cos(\boldsymbol{n},\boldsymbol{x})\mathrm{d}(\Omega'_b)$$

$$\iint_{\Omega'}\frac{\partial}{\partial z}\left(h^3\frac{\partial p^*}{\partial z}\eta\right)\mathrm{d}\theta\mathrm{d}z=\int_{\Omega'_b}h^3\frac{\partial p^*}{\partial z}\eta\cdot\cos(\boldsymbol{n},\boldsymbol{x})\mathrm{d}(\Omega'_b)$$

式中：$\boldsymbol{n}$ 表示边界 Ω'_b 上的外法线单位矢量。而在边界上，$\eta|_{\Omega'_b}=0$，于是，经格林定理得到的含任意函数 η 的在边界 Ω'_b 上的积分都为零，则式(6.25)可写为

$$\iint_{\Omega'}\left[-\frac{\partial}{\partial\theta}\left(h^3\frac{\partial p^*}{\partial\theta}\right)-R_j^2\frac{\partial}{\partial z}\left(h^3\frac{\partial p^*}{\partial z}\right)+f\right]\cdot\eta\cdot\mathrm{d}\theta\mathrm{d}z=0$$

因在解域 Ω'_b 内，η 是任意的，则上式中只有方括号“[ ]”内应为零，即

$$\frac{\partial}{\partial\theta}\left(h^3\frac{\partial p^*}{\partial\theta}\right)+R_j^2\frac{\partial}{\partial z}\left(h^3\frac{\partial p^*}{\partial z}\right)=f \tag{6.26}$$

这是对泛函式(6.22)进行求极值的变分运算之后得到的微分方程，又称欧拉方程。

该式与雷诺方程(6.20)具有完全相同的形式。推导表明,满足相同边界条件的式(6.22)给出的积分$J[p(\theta,z,t)]$是式(6.20)和式(6.21)所示雷诺方程边值问题的对应二次泛函。由此可以说明,雷诺方程边值问题等价于对应的二次泛函极值问题。

6.3.2 变分短校正解雷诺方程边值问题的构成

根据变分原理,式(6.3)和式(6.4)构成的雷诺方程边值问题,可等价于以下二次泛函$J[p(\theta,\bar{z})]$的极小值问题

$$J[\bar{p}(\theta,\bar{z})]=\iint_{\Omega'}\left\{\frac{1}{2}\bar{h}^3\left[\left(\frac{\partial\bar{p}}{\partial\theta}\right)^2+\left(\frac{R_j}{L}\right)^2\left(\frac{\partial\bar{p}}{\partial\bar{z}}\right)^2\right]+\left(-6\eta\omega_j\frac{\varepsilon\sin\theta}{p_s\psi^2}\right)\bar{p}(\theta,\bar{z})\right\}\mathrm{d}\theta\mathrm{d}\bar{z} \tag{6.27a}$$

$$\bar{p}\left(\theta,\frac{1}{2}\right)=\bar{p}\left(\theta,-\frac{1}{2}\right)=\bar{p}(\theta_1,\bar{z})=\bar{p}(\theta_2,\bar{z})=0 \tag{6.27b}$$

式中:θ_1 和 θ_2 可取任意值。

考虑到短轴承近似解所得轴向压力分布具有抛物线特征,选择试探函数有式(6.12)形式。将式(6.12)代入式(6.27a),对轴向坐标 z 进行积分,得到泛函为待求函数 $\bar{p}_c(\theta)$的函数,即

$$J[\bar{p}_c(\theta)]=\int_{\theta_1}^{\theta_2}\left[\frac{1}{2}A\bar{h}^3\left(\frac{\mathrm{d}\bar{p}_c}{\mathrm{d}\theta}\right)^2+\frac{1}{2}B\left(\frac{R_j}{L}\right)^2\bar{h}^3\bar{p}_c^2+\left(-6\eta\omega_j\frac{\varepsilon\sin\theta}{p_s\psi^2}\right)C\bar{p}_c\right]\mathrm{d}\theta \tag{6.28}$$

式中:

$$A=\int_{-\frac{1}{2}}^{\frac{1}{2}}\left(\frac{1}{4}-\bar{z}^2\right)^2\mathrm{d}\bar{z}=\frac{1}{30}$$

$$B=\int_{-\frac{1}{2}}^{\frac{1}{2}}\left[\frac{\mathrm{d}}{\mathrm{d}\bar{z}}\left(\frac{1}{4}-\bar{z}^2\right)\right]^2\mathrm{d}\bar{z}=\frac{1}{3}$$

$$C=\int_{-\frac{1}{2}}^{\frac{1}{2}}\left(\frac{1}{4}-\bar{z}^2\right)\mathrm{d}\bar{z}=\frac{1}{6}$$

为通过泛函求极值的变分运算解出满足该式的待求函数 $\bar{p}_c(\theta)$,取一任意光滑连续函数$\bar{\eta}(\theta)$,且 $\bar{\eta}(\theta_1)=\bar{\eta}(\theta_2)=0$,于是有无穷多个邻近于极值函数 $\bar{p}_c(\theta)$的近旁函数

$$\bar{p}(\varepsilon,\theta)=\bar{p}_c(\theta)+\varepsilon\bar{\eta}(\theta)$$

这里 ε 表示 $\bar{p}(\varepsilon,\theta)$偏离 $\bar{p}_c(\theta)$的参变量。可见,近旁函数 $\bar{p}(\varepsilon,\theta)$和待求极值函数 $\bar{p}_c(\theta)$均满足边界条件式(6.27b)。将近旁函数式 $\bar{p}(\varepsilon,\theta)$代入泛函式(6.28),根据泛函的极值条件式(6.24),有

$$\frac{\partial}{\partial\varepsilon}J[\bar{p}(\varepsilon,\theta)]\Big|_{\varepsilon=0}=0$$

得

$$\left.\frac{\partial J}{\partial \varepsilon}\right|_{\varepsilon=0}=\int_{\theta_1}^{\theta_2}\bar{\eta}\left[-A\left(\bar{h}^3\frac{\mathrm{d}\bar{p}_c}{\mathrm{d}\theta}\right)'+B\left(\frac{R_j}{L}\right)^2\bar{h}^3\bar{p}_c+C\left(-6\eta\omega_j\frac{\varepsilon\sin\theta}{p_s\psi^2}\right)\right]\mathrm{d}\theta=0$$

由于在解域 $\theta_1\sim\theta_2$ 内，$\bar{\eta}(\theta)$是任意的，因此待求极值函数 $\bar{p}_c(\theta)$使该式中方括号内所表达的微分关系为零。将式(6.28)中 A、B 和 C 代入，整理可得

$$\frac{\mathrm{d}^2\bar{p}_c}{\mathrm{d}\theta^2}+\frac{3}{\bar{h}}\frac{\mathrm{d}\bar{h}}{\mathrm{d}\theta}\frac{\mathrm{d}\bar{p}_c}{\mathrm{d}\theta}-10\left(\frac{R_j}{L}\right)\bar{p}_c=\left(-30\eta\omega_j\frac{\varepsilon\sin\theta}{p_s\psi^2}\right)\Big/\bar{h}^3 \tag{6.29}$$

式(6.29)在形式上类似于式(6.13)的常微分方程，可采用如式(6.14)的方法求解，所得计算结果的精度将有所提高。

6.3.3 变分长校正解

由于一维无限长轴承雷诺方程所得油膜压力方程精度较低，所以按变分原理从泛函出发，代入经过选择将包含长轴承油膜压力分布的试探函数，经变分运算，解出二维有限长轴承雷诺方程相应的二维压力近似解，获得较高的精度。

这里，选试探压力分布函数为

$$\bar{p}(\theta,\bar{z})=\bar{p}_\infty(\theta)\bar{p}(\bar{z}) \tag{6.30}$$

式中：$\bar{p}_\infty(\theta)$即为式(4.45)中的 $\bar{p}(\theta)$所给出的一维长轴承油膜压力分布，即

$$\bar{p}_\infty(\theta)=\frac{6\eta\omega_j}{p_s\psi^2}\frac{\varepsilon\sin\theta(2+\varepsilon\cos\theta)}{(2+\varepsilon^2)(1+\varepsilon\cos\theta)^2} \tag{6.31}$$

现将式(6.30)代入式(6.27a)，考虑到 $p(\theta)$已知，式(6.27a)泛函将仅是待求函数 $\bar{p}(\bar{z})$的函数，因此有

$$J[\bar{p}(\bar{z})]=\int_{-\frac{1}{2}}^{\frac{1}{2}}\left\{\frac{1}{2}\bar{B}[\bar{p}(\bar{z})]^2+\frac{1}{2}\bar{A}\left(\frac{R_j}{L}\right)^2\left[\frac{\mathrm{d}\bar{p}(\bar{z})}{\mathrm{d}\bar{z}}\right]^2+\bar{C}\bar{p}(\bar{z})\right\}\mathrm{d}\bar{z} \tag{6.32}$$

式中：

$$\bar{A}=\int_{\theta_1}^{\theta_2}\bar{h}^3\bar{p}_\infty^2\,\mathrm{d}\theta$$

$$\bar{B}=\int_{\theta_1}^{\theta_2}\bar{h}^3\left(\frac{\mathrm{d}\bar{p}_\infty}{\mathrm{d}\theta}\right)^2\mathrm{d}\theta$$

$$\bar{C}=-6\eta\omega_j\frac{\varepsilon}{p_s\psi^2}\int_{\theta_1}^{\theta_2}\sin\theta\bar{p}_\infty\,\mathrm{d}\theta$$

为方便实现三角函数积分，考虑近似气穴边界，取 $\theta_1=0$ 和 $\theta_2=\pi$。将式(6.31)代入式(6.32)，可解出系数 $\bar{A}$、$\bar{B}$ 和 $\bar{C}$。

假定存在一任意光滑连续函数 $\bar{\eta}(\bar{z})$，在解域满足

$$\bar{\eta}\left(-\frac{1}{2}\right)=\bar{\eta}\left(\frac{1}{2}\right)=0$$

于是有无限多个近似于极值函数 $\bar{p}(\bar{z})$ 的近旁函数

$$\bar{p}(\varepsilon,\bar{z})=\bar{p}(\bar{z})+\varepsilon\bar{\eta}(\bar{z})$$

式中：ε 为某偏离参变量，则近似函数满足边界条件式(6.27b)。

将近旁函数 $\bar{p}(\varepsilon,\bar{z})$ 带入泛函式(6.32)，据泛函的极值条件

$$\frac{\partial}{\partial\varepsilon}J\left[\bar{p}(\varepsilon,\bar{z})\right]\bigg|_{\varepsilon=0}=0$$

可得

$$\frac{\partial J}{\partial\varepsilon}\bigg|_{\varepsilon=0}=\int_{-\frac{1}{2}}^{\frac{1}{2}}\bar{\eta}\left\{\bar{B}\bar{p}(\bar{z})-\left(\frac{R_{\mathrm{j}}}{L}\right)^{2}\left[\bar{A}\frac{\mathrm{d}^{2}\bar{p}(\bar{z})}{\mathrm{d}\bar{z}^{2}}\right]+\bar{C}\right\}\mathrm{d}\bar{z}=0$$

使花括号部分为零，即有

$$\left(\frac{R_{\mathrm{j}}}{L}\right)^{2}\bar{A}\frac{\mathrm{d}^{2}\bar{p}(\bar{z})}{\mathrm{d}\bar{z}^{2}}-\bar{B}\bar{p}(\bar{z})=\bar{C}\tag{6.33}$$

由式(6.32)所给系数和式(6.31)可知，当轴承运转条件及轴颈偏心率 ε 已知后，系数 $\bar{A}$、$\bar{B}$ 和 $\bar{C}$ 为常值，于是式(6.33)是一个以待求极值函数 $\bar{p}(\bar{z})$ 为变量的二阶常系数线性非齐次常微分方程。根据解的结构，考虑到式(6.27b)所给的压力边界条件，可得式(6.33)的通解为

$$\bar{p}(\bar{z})=1-\frac{\cosh\left(\frac{L}{R_{\mathrm{j}}\bar{a}}\bar{z}\right)}{\cosh\left(\frac{L}{D\bar{a}}\right)},\quad D=2R_{\mathrm{j}}\tag{6.34}$$

将式(6.34)和式(6.31)代入式(6.30)，即可得到所要求的二维压力分布函数

$$\bar{p}(\theta,\bar{z})=\frac{6\eta\omega_{\mathrm{j}}}{p_{\mathrm{s}}\psi^{2}}\frac{\varepsilon\sin\theta(2+\varepsilon\cos\theta)}{(2+\varepsilon^{2})(1+\varepsilon\cos\theta)^{2}}\left\{1-\frac{\cosh[L\bar{z}/(R_{\mathrm{j}}\bar{a})]}{\cosh[L/(D\bar{a})]}\right\}\tag{6.35}$$

式中：

$$\frac{1}{\bar{a}}=\left(\frac{\bar{B}}{\bar{A}}\right)^{\frac{1}{2}}=\left[\frac{\varepsilon^{2}(2+\varepsilon^{2})}{\left(1+\frac{3}{2}\varepsilon^{2}\right)(1-\varepsilon^{2})^{\frac{1}{2}}-(1-\varepsilon^{2})}\right]^{\frac{1}{2}}$$

观察式(6.34)，可以认为变分长校正解的二维有限压力分布函数 $\bar{p}(\theta,\bar{z})$，是其右边轴向压力分布

$$\bar{p}(\bar{z})=1-\frac{\cosh[L\bar{z}/(R_{\mathrm{j}}\bar{a})]}{\cosh[L/(D\bar{a})]}$$

在无限长轴承油膜压力分布考虑下的一种校正，因此 $\bar{p}(\bar{z})$ 也称为端泄校正参数。

由于采用 $\theta_1=0$ 和 $\theta_2=\pi$，求得系数 $\bar{A}$、$\bar{B}$ 和 $\bar{C}$，因此所得压力分布解被局限于 360°径向轴承的分析。

6.4　二维有限元法

有限元法是将解域离散为有限个区域元素，利用各元素上的插值函数来代替解域上的试探函数，进而对每个元素实行变分运算，建立元素节点场量的线性方程组，组成整个解域的系统线性方程组，求解各节点的场量，如油膜压力等。使整个解域上的压力分布呈现为空间连续曲面形状的精确解转变为多个逼近空间曲面的有限个小倾斜平面状近似解。有限元法适合于解算各种构形复杂的连续介质场的力学问题，计算量较大，但具有较高的计算精度。本节介绍采用有限元法计算滑动轴承油膜压力分布时的主要步骤和方法。

1. 雷诺方程边值问题的等价泛函极值问题

式(6.27a)和式(6.27b)中，给出了与式(6.3)和式(6.4)所构成的雷诺方程边值问题等价的二次泛函极小值问题。将坐标原点移至轴承端部，如图 6.5 所示，将式(6.27b)的压力边界条件改写为

$$\bar{p}_{1b}=\bar{p}_{2b}=\bar{p}_{3b}=\bar{p}_{4b}=0 \tag{6.36}$$

于是等价二次泛函极小值问题由式(6.27a)和式(6.36)构成。

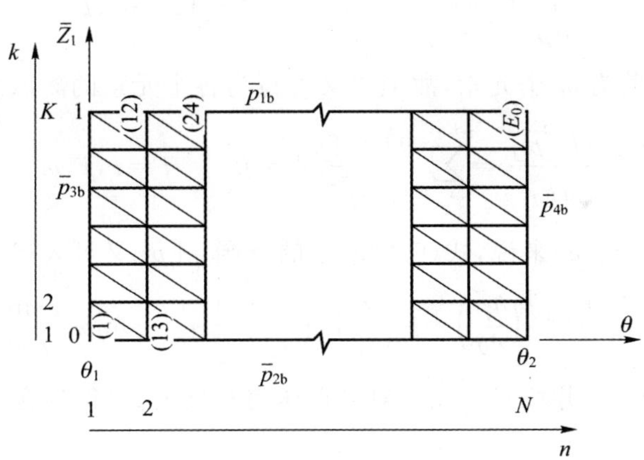

图 6.5　解域与网格

2. 解域离散和插值函数选择

采用三角形元素单元，将解域 Ω' 离散，如图 6.5 所示。在三角形元素 (e) 上，选择待求压力函数 $\bar{p}(\theta,\bar{z})$ 为线性插值多项式，得到元素上任意点 $(\theta,\bar{z})$ 处的压力表达式为

$$\bar{p}^{(e)}(\theta,\bar{z})=\sum_{i,j,m}N_i\bar{p}_i \qquad i=i,j,m \tag{6.37}$$

式中：$\bar{p}_i(i=i,j,m)$为元素节点压力；

N_i 是与元素几何相关的函数，常称为形函数，

$$N_i=\frac{1}{2\cdot\Delta e}(a_i+b_i\theta+c_i\bar{z})\qquad i=i,j,m$$

其中：

$$\Delta e=\frac{1}{2}\left[\theta_i(\bar{z}_j-\bar{z}_m)+\theta_j(\bar{z}_m-\bar{z}_i)+\theta_m(\bar{z}_i-\bar{z}_j)\right]$$

$$a_i=\theta_j\bar{z}_m-\theta_m\bar{z}_j,b_i=\bar{z}_j-\bar{z}_m,c_i=\theta_m-\theta_j\qquad i,j,m=i,j,m$$

可见，$N_i(i=i,j,m)$是元素节点坐标$(\theta_i,\bar{z}_i)$和所论元素中任意点坐标$(\theta,\bar{z})$的函数。元素上任意点的压力 $\bar{p}^{(e)}(\theta,\bar{z})$则是由形函数 N_i 和节点压力 $\bar{p}_i$ 表述的。

3. 含节点压力的元素线性方程组

由于整个解域中任意点的待求压力 $\bar{p}(\theta,\bar{z})$应使式(6.27a)表述的泛函 $J[\bar{p}(\theta,\bar{z})]$取得极小值，因此离散解域的节点压力 $\bar{p}_l(l=1,2,\cdots,l_0,)$，$l_0$ 为解域 Ω' 中的节点总数，应使泛函 $J[\bar{p}]$有极小值，即

$$\frac{\partial}{\partial\bar{p}_l}J\left[\bar{p}(\theta,\bar{z})\right]=0\qquad l=1,2,\cdots,l_0$$

又因解域 Ω'已离散为 m 个元素，故上式又可写为各个元素的离散形式之和，即

$$\frac{\partial J\left[\bar{p}\right]}{\partial\bar{p}_l}=\sum_{(e)=1}^{E_0}\frac{\partial J^{(e)}\left[\bar{p}\right]}{\partial\bar{p}_l}=0\qquad i=i,j,m\tag{6.38}$$

而对于单个元素(e)来说，式(6.27a)中的泛函 $J[\bar{p}]$又可表述为

$$J^{(e)}\left[\bar{p}(\theta,\bar{z})\right]=\iint\limits_{(e)}\left\{\frac{1}{2}\bar{h}^3\left[\left(\frac{\partial\bar{p}}{\partial\theta}\right)^2+\left(\frac{R_{\rm j}}{L}\right)^2\left(\frac{\partial\bar{p}}{\partial\bar{z}}\right)^2\right]+\left(-6\eta\omega_{\rm j}\frac{\varepsilon\sin\theta}{p_{\rm s}\psi^2}\right)\bar{p}(\theta,\bar{z})\right\}{\rm d}\theta{\rm d}\bar{z}$$

将式(6.37)代入上式，并按式(6.38)对节点压力求极值，可得到含节点压力的元素线性方程组

$$\begin{bmatrix}k_{ii}^{(e)} & k_{ij}^{(e)} & k_{im}^{(e)}\\ k_{ji}^{(e)} & k_{jj}^{(e)} & k_{im}^{(e)}\\ k_{mi}^{(e)} & k_{mj}^{(e)} & k_{mm}^{(e)}\end{bmatrix}\begin{bmatrix}\bar{p}_i\\ \bar{p}_j\\ \bar{p}_m\end{bmatrix}+\begin{bmatrix}R_i^{(e)}\\ R_j^{(e)}\\ R_m^{(e)}\end{bmatrix}=0\tag{6.39a}$$

或简写为

$$[K]^{(e)}[p]^{(e)}+[R]^{(e)}=0\tag{6.39b}$$

式中：

$$k_{ij}^{(e)}\approx\frac{1}{4\Delta e}\left[b_ib_j+\left(\frac{R_{\rm j}}{L}\right)^2c_ic_j\right](1+\varepsilon\cos\theta_{\rm a})^3\qquad i,j=i,j,m$$

$$R_i^{(e)} \approx 2\eta\omega_j \frac{\varepsilon \sin \theta_a}{p_s \psi^2} \Delta e \qquad i = i, j, m$$

其中：
$$\theta_a = \frac{1}{3}(\theta_i + \theta_j + \theta_m)$$

4. 系统线性方程组

根据式(6.38)，可将全部 E_0 个元素的线性方程组集合为整个解域 Ω' 上的系统线性方程组

$$[K][p] + [R] = 0 \tag{6.40}$$

这个方程组中方程的个数等于整个解域所包含的节点总数 l_0。按图 6.5 所示的解域离散分割法，这里 $l_0 = k \times n$。所以，式(6.40)中，$[K]$为方阵，$\{p\}$和$\{R\}$为 k 阶列阵。

由于在式(6.40)中，对应于每个节点压力的方程只与相邻的一些节点压力相关，所以式中系数矩阵是稀疏的呈对角状的。为了节省数值计算所需占用的内存，适宜采用块追赶法求解整个解域上的压力分布。

6.5　求解方法与计算结果

求解方法不同将对计算结果产生影响，雷诺方程的一些常见解法，如二维的有限差分法、有限元素法、分离变量乘积解、变分短校正解和变分长校正解，以及一维的无限短轴承近似解析解。表 6.1、表 6.2、表 6.3 对所得油膜压力分布、油膜反力和计算用时进行了比较，可为各种解法的应用取舍提供参考。

计算原始参数：$R_j = 90.0$ mm；$L = 90.0$ mm，180.0 mm，270.0 mm；$\psi = c/R_j = 0.002$；$\eta = 8.443\,5 \times 10^{-3}$ N·s/m^2；$\omega_j = 2\,094$ rad/s。

计算结果见图 6.6、表 6.1、表 6.2 和表 6.3。

表 6.1　与有限元解比较油膜反力相对误差 ΔF

%

L/D	解法 \ ε	0.2	0.4	0.6	0.8	0.9
0.5	(a)有限差分解	2.10	4.30	7.87	13.70	18.85
	(b)分离变量乘积解	2.30	3.25	4.99	8.30	11.38
	(c)变分短校正解	0.25	0.35	0.51	0.72	0.83
	(d)变分长校正解	2.75	11.36	24.71	41.20	49.34
	(e)无限短轴承解	12.54	20.33	38.02	88.73	181.05

续表 6.1

L/D	解法 \ ε	0.2	0.4	0.6	0.8	0.9
1.0	(a)有限差分解	6.43	9.80	13.94	18.70	21.35
	(b)分离变量乘积解	6.51	7.66	9.79	13.4	16.4
	(c)变分短校正解	0.58	0.62	0.60	0.23	0.49
	(d)变分长校正解	0.67	4.70	11.35	20.12	24.27
	(e)无限短轴承解	47.23	69.67	123.3	287.05	602.14
1.5	(a)有限差分解	11.39	14.10	16.76	19.76	21.54
	(b)分离变量乘积解	10.27	11.29	13.17	16.34	18.88
	(c)变分短校正解	0.70	0.64	0.30	0.58	1.64
	(d)变分长校正解	0.47	1.54	5.05	10.09	12.70
	(e)无限短轴承解	102.86	144.06	246.5	577.42	1 241.83

表 6.2　在 Reynolds 边界条件下有限差分解和变分短校正解的相对误差 ΔF

%

L/D \ ε	0.2	0.4	0.6	0.8
0.25	0.00	0.10	0.22	0.41
0.5	0.30	0.47	0.69	0.47
1.0	0.74	0.84	0.68	0.49

表 6.3　计算用时的比较

不同解法	有限元	(a)	(b)	(c)	(d)	(e)
计算用时/%	100	22	12	12	10	8

计算结果的分析表明：

① 与有限元解相比，有限差分解、分离变量乘积解和变分短校正解，在中等宽径比 L/D 和不大的偏心率 ε 下，都较接近有限元解。其中，又以变分短校正解与有限元解最为接近。

② 为在比较中考虑到变分长校正解和无限短轴承解的 π 膜特点，在图 6.6 和表 6.1、表 6.3 中的计算结果均按 π 膜条件进行解算。有限差分解和变分短校正解都可采用 Reynolds 边界条件，计算油膜破裂自由边界，且所得结果的相对误差不超过 1%，见表 6.2。

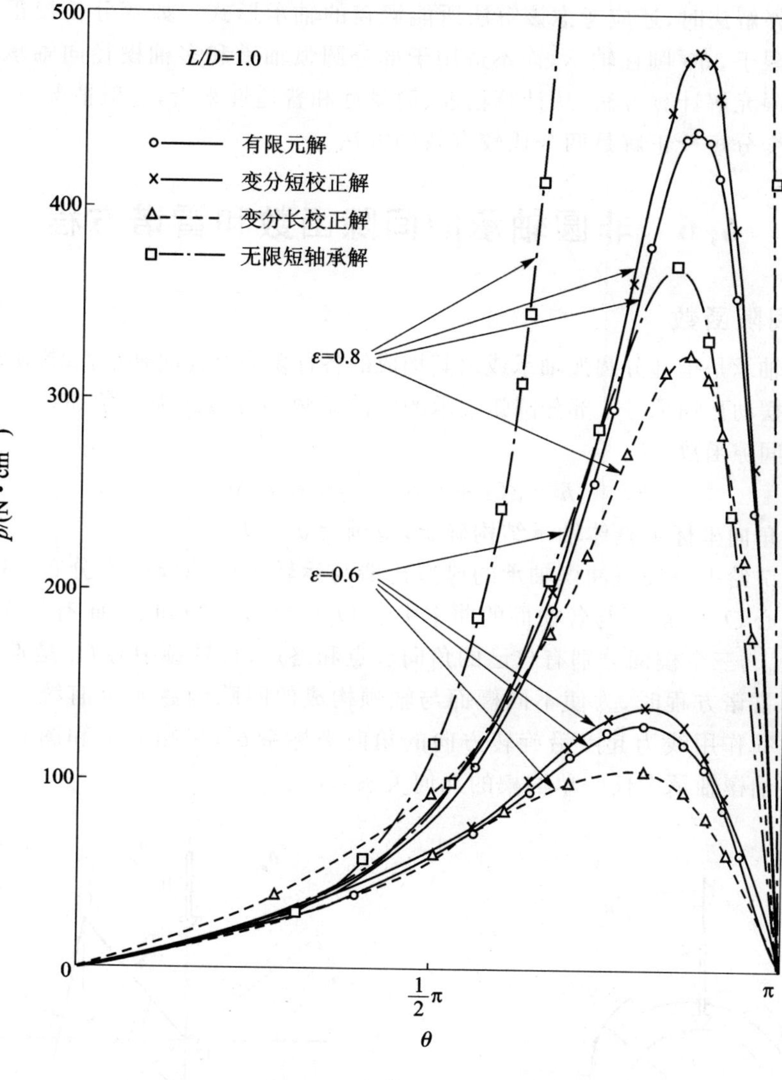
L/D=1.0
有限元解
变分短校正解
变分长校正解
无限短轴承解
ε=0.8
ε=0.6
500
400
300
200
100
0
p/(N·cm⁻²)
1/2 π
π
θ

图 6.6　油膜压力分布

③ 如以 100%表示有限元解所耗用的相对机时，其他各解法在计算内容相同条件下，所耗用相对机时见表 6.3。有限元解涉及单元越多，计算占用资源越多，计算用时也较多。

在选择解法时，还应考虑该解法所能涵盖的轴承形式。如变分长校正解和短轴承解仅局限于 360°圆柱轴承，而不适用于部分圆弧轴承和多油楔径向轴承。对轴承的二维有限元解计算方法，从计算精度、简易性和普适性来看，一般情况下，二维有限差分解和变分短校正解是两个比较有效的方法。

6.6 非圆轴承的间隙函数和雷诺方程

1. 间隙函数

非圆轴承是指部分圆弧轴承或由其构成的各种多油楔径向轴承，如椭圆轴承、三油楔轴承和摆动瓦轴承等。部分圆弧轴承的间隙函数仍可表达为包角 360°、与径向圆轴承同形的间隙函数

$$h = c(1 + \varepsilon\cos\theta) = c + e\cos\theta \tag{6.41}$$

但其间隙角向坐标由具体轴承结构确定，范围为 $\theta_1 \sim \theta_2 \neq 0 \sim 360°$。

图 6.7 给出一种三油楔轴承的典型构造与运转中的油膜压力分布，其几何特点是轴承中心 O_b 一般不与各楔面的曲率中心 $O_i(i=1,2,3)$ 同心，而有三个最大油膜厚度点 h_{max}，三个楔面分别有自己的角向起点和终点，且轴颈中心 O_j 是唯一的。

解算雷诺方程时，为使不同楔面与轴颈构成的间隙函数 h 具有统一的表达式，采用由载荷作用线为起点沿旋转方向的角向坐标系 θ'，见图 6.7 和图 6.8。图 6.8 给出了多油楔轴承中任一单油楔的几何关系。

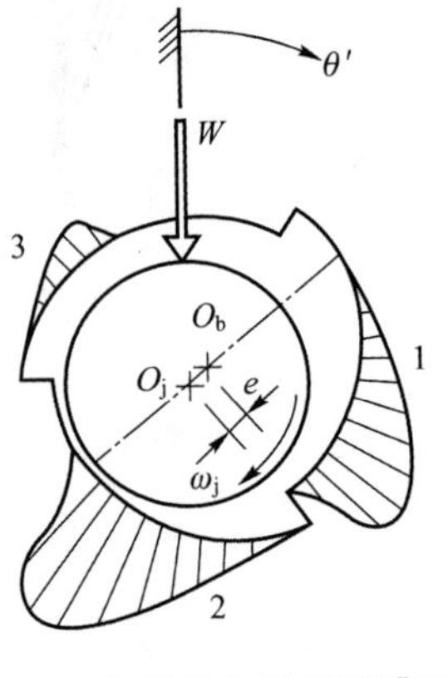

图 6.7 三油楔轴及其油膜压力

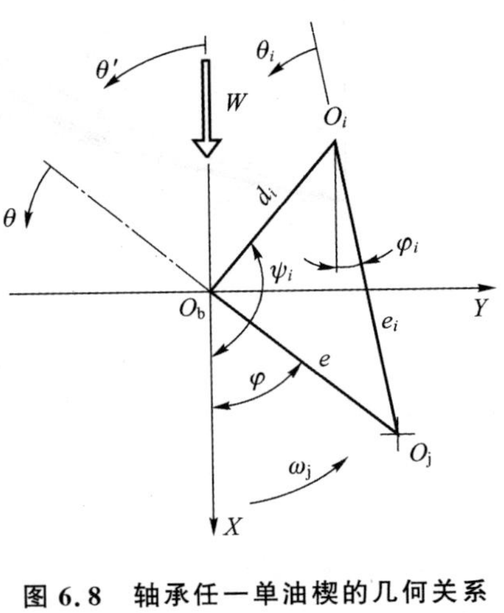

图 6.8 轴承任一单油楔的几何关系

图 6.8 中：e 表示轴颈中心 O_j 对整个轴承中心 O_b 之间的偏心距；φ 为 O_jO_b 连线与载荷作用线之间夹角，称为轴承偏位角；e_i 表示轴颈中心 O_j 到第 i 个油楔曲率中心 O_i 之间的偏心距；φ_i 表示连线 O_jO_i 与载荷作用线之间夹角，称为油楔偏位角；d_i 为轴承中心 O_b 到第 i 个油楔曲率中心之间的距离，称为预偏心距；ψ_i 表示由直角坐标轴 x 到 O_bO_i 间的夹角。

显然，d_i 和 ψ_i（$i=1,2,\cdots,n$；n 为轴承的油楔数）是由轴承具体结构确定的，是已知的。e 和 φ 为 O_j 相对 O_b 的位置，由轴承几何、滑油粘度和运转条件诸因素综合确定，对计算轴承间隙函数而言为已知参数。

根据式(6.41)，第 i 个油楔的间隙函数可表示为

$$\begin{aligned} h_i &= c + e_i\cos\theta_i = c + e_i\cos(\theta' - \varphi_i) = \\ &\quad c + e_i\cos\varphi_i\cos\theta' + e_i\sin\varphi_i\sin\theta' \end{aligned} \tag{6.42a}$$

式中：e_i 和 φ_i 可通过图 6.8，并由关系

$$e_i\cos\varphi_i = e\cos\varphi - d_i\cos\psi_i$$

$$e_i\sin\varphi_i = e\sin\varphi - d_i\sin\psi_i$$

得到

$$\left.\begin{aligned} \varphi_i &= \arctan\left[(e\sin\varphi - d_i\sin\psi_i)/(e\cos\varphi - d_i\cos\psi_i)\right] \\ e_i &= (e\cos\varphi - d_i\cos\psi_i)/\cos\varphi_i \end{aligned}\right\} \tag{6.42b}$$

或

$$\left.\begin{aligned} \varphi_i &= \arctan\left[(y_i - d_i\sin\psi_i)/(x_i - d_i\cos\psi_i)\right] \\ e_i &= (x_i - d_i\cos\psi_i)/\cos\varphi_i \end{aligned}\right\} \tag{6.42c}$$

也可直接由图 6.8 得到

$$\left.\begin{aligned} e_i &= \left[e^2 + d_i^2 - 2ed_i\cos(\psi_i - \varphi)\right]^{\frac{1}{2}} \\ \varphi_i &= \arcsin\left[(e\sin\varphi - d_i\sin\psi_i)/e_i\right] \end{aligned}\right\} \tag{6.42d}$$

显然，如多油楔的各曲率中心 O_i（$i=1,2,\cdots,n$）同心，即 O_i 与 O_b 重合，即为圆轴承。这时，$d_i=0$，$\psi_i=0$，$e_i=e$ 和 $\varphi_i=\varphi$，则式(6.42a)与式(6.41)同形。

2. 雷诺方程

在通过雷诺方程(6.3)解算如图 6.7 所示的一类多油楔径向轴承的油膜压力分布时，应该注意，其角向坐标应采用 θ'，而不采用 θ 或 θ_i，还应对不同油楔采用相应的油膜间隙函数及其导数关系。雷诺方程(6.3)可写为

$$\frac{\partial}{\partial\theta'}\left(\bar{h}^3\frac{\partial\bar{p}}{\partial\theta'}\right) + \left(\frac{R_j}{L}\right)^2\frac{\partial}{\partial\bar{z}}\left(\bar{h}^3\frac{\partial\bar{p}}{\partial\bar{z}}\right) = -6\eta\omega_j\frac{\varepsilon_i}{p_s\psi^2}(\cos\varphi_i\sin\theta' - \sin\varphi_i\cos\theta') \tag{6.43}$$

式中：$i=1,2,\cdots,n$；n 为轴承油楔数。

显然,解算各油楔油膜压力分布时,需分别考虑各油楔边缘给定的压力边界条件;而对各油楔里是否可能发生油膜破裂、出现气穴区自由边界,也应分别分析处理。

6.7 有限长轴承稳态性能

由于二维有限长轴承性能尚没有精确的解析表达,因此采用有限差分法进行数值计算是轴承性能研究的有效方法之一。图 6.7 表现了多油楔轴承性能分析计算的复杂性,分析时需要将各油楔的相关性能叠加计算。当油楔数 $n=1$ 时,即为 360°圆轴承或单油楔部分圆弧轴承。这样,在进行有限长径向轴承性能分析计算中,可利用单油楔轴承的一些分析方法。

1. 油膜反力与承载能力

在图 6.8 所示 $O_b xy$ 坐标系中,轴承油膜反力分量为

$$\begin{bmatrix} F_x \\ F_y \end{bmatrix} = \sum_{i=1}^{n} \begin{bmatrix} F_{xi} \\ F_{yi} \end{bmatrix} \tag{6.44a}$$

式中:

$$\begin{bmatrix} F_{xi} \\ F_{yi} \end{bmatrix} = 2\int_0^{L/2}\int_{\theta'_{i1}}^{\theta'_{i2}} p(\theta', z) \begin{bmatrix} \cos\theta' \\ \sin\theta' \end{bmatrix} R_j \mathrm{d}\theta' \mathrm{d}z \tag{6.44b}$$

$\sum$ 表示轴承中 n 个油楔的油膜反力分量叠加;θ' 是由载荷作用线量起的沿旋转方向的角向坐标;θ'_{i1} 和 θ'_{i2} 分别为第 i 油楔的起始角和终止角;$p(\theta', z)$ 是解算雷诺方程(6.43)得到的分布在各个油楔上的油膜压力。

总油膜反力 $\boldsymbol{F}$ 与外载荷 $\boldsymbol{W}$ 大小相等方向相反,并等于轴承上油膜反力分量 F_x,即

$$\left.\begin{aligned} F &= F_x = W \\ F_y &= 0 \end{aligned}\right\} \tag{6.45}$$

解算雷诺方程(6.43)中压力 $p(\theta', z)$ 时,各油楔偏心率 ε_i 和偏位角 φ_i 可通过式(6.42)求得。正常运转所必需的最小油膜厚度 $h_{\min}$ 由下式确定:

$$\varepsilon = (c - h_{\min})/c \tag{6.46}$$

考虑到轴承性能的工作条件,对给定的 ε 值,估取相应的轴承偏位角 φ,由式(6.30)可求得 ε_i 和 φ_i。

将解出的 $p(\theta', z)$ 代入式(6.44),判别 $|F_y/F_x|$ 是否足够小;条件满足,则相应的 φ 即是与轴承 ε 值相匹配的偏位角;不满足,则应根据下式调整:

$$\varphi = \varphi - \arctan(F_y/F_x) \tag{6.47}$$

然后,转入下一轮计算。重复以上过程,直至满意。

计算过程中，油膜反力 F_x 和 F_y 及轴承偏位角 φ，是同步实现的。图 6.9 给出了一种用有限差分法解算二维有限长轴承雷诺方程和轴承性能的计算步骤，图中 a_1 和 a_2 是计算收敛精度。

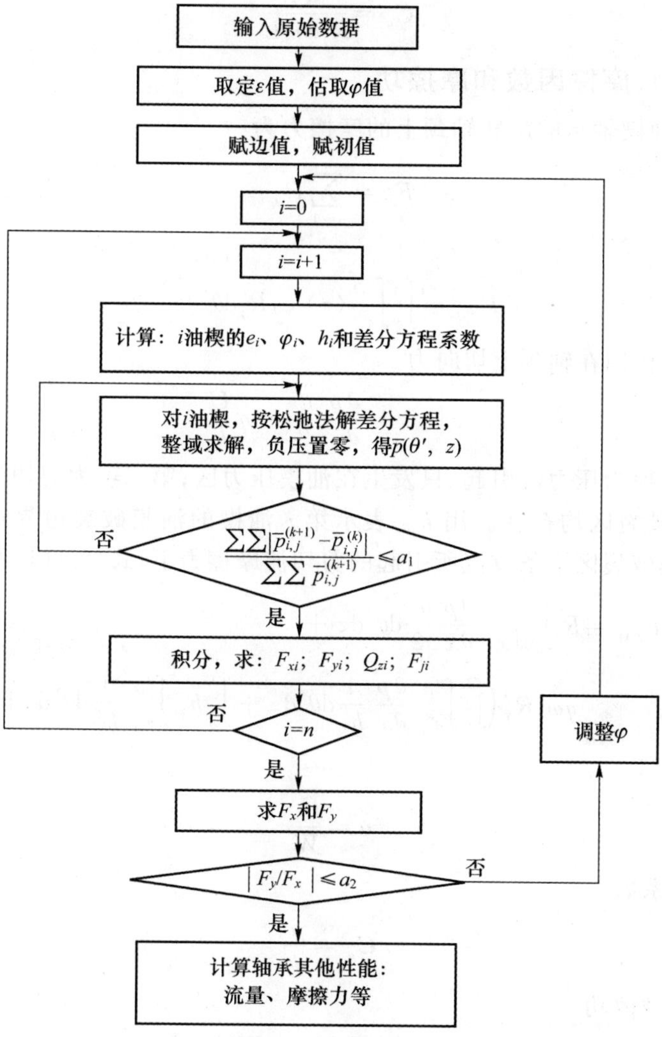

图 6.9　有限差分法解算二维有限长轴承性能计算步骤

2. 流　量

假定轴承供油压为大气压力，不计各油楔之间轴向沟槽的轴向流量，即只考虑轴承各油楔压力区的端泄流量，则有

$$Q_z = \sum_{i=1}^{n} Q_{zi} \tag{6.48a}$$

式中：

$$Q_{zi}=-2\int_{\theta'_{i1}}^{\theta'_{i2}}\frac{h_i^3}{12\eta}\left(\frac{\partial p}{\partial z}\right)_{z=L/2}R_j\mathrm{d}\theta' \tag{6.48b}$$

相应的端泄流量系数为

$$C_q=\frac{Q_z}{R_j c n_s L} \tag{6.49}$$

3. 摩擦力、摩擦因数和摩擦功

作用在多油楔轴承的旋转轴颈上的摩擦力为

$$F_\mu=\sum_{i=1}^{n}F_{\mu,i} \tag{6.50a}$$

式中：

$$F_{\mu,i}=\int_0^L\int_{\theta'_{i1}}^{\theta'_{i2}}(\tau)_{y=h}R_j\mathrm{d}\theta'\mathrm{d}z \tag{6.50b}$$

由式(6.43)有，作用在轴颈上切向力

$$\tau\big|_{y=h}=\frac{\partial p}{\partial x}\frac{h}{2}+\eta\frac{U}{h}$$

式中：右边第一项为压力流引起，只发生在油楔压力区；第二项为剪切流引起，在油膜压力区和油膜破裂区均存在。用 h_{bi} 表示第 i 油楔的油膜破裂边界 θ'_{bi} 处的油膜厚度，则在考虑膜破裂区里条纹流所引起的剪切流摩擦力下，式(6.50b)可写为

$$F_{\mu,i}=R_j\int_0^L\int_{\theta'_{i1}}^{\theta'_{i2}}\frac{\partial p}{\partial x}\frac{h_i}{2}\mathrm{d}\theta'\mathrm{d}z+\eta\omega_j R_j^2\left(\int_0^L\int_{\theta'_{i1}}^{\theta'_{i2}}\frac{\partial p}{\partial x}\frac{1}{h_i}\mathrm{d}\theta'\mathrm{d}z+\int_0^L h_{bi}\int_{\theta'_{i1}}^{\theta'_{i2}}\frac{1}{h_i^2}\mathrm{d}\theta'\mathrm{d}z\right) \tag{6.50c}$$

轴承摩擦因数

$$\mu=\frac{F_\mu}{W} \tag{6.51}$$

轴承摩擦特性系数

$$C_\mu=\frac{\mu}{\psi} \tag{6.52}$$

轴承单位时间摩擦功

$$N_\mu=F_\mu U=\mu W U \tag{6.53}$$

4. 滑油平均温升

只考虑流体内部的热流关系的简化热平衡条件下，单位时间内轴承因粘性摩擦所产生的热与同时间内滑油流动带走的热近似相等。因此可得滑油平均温升(℃)

$$\Delta T=\frac{C_\mu p_m}{\dfrac{c_V\rho}{4\pi}C_q} \tag{6.54}$$

在图 6.10～图 6.14 中的数据和图线给出了采用有限差分法解算二维有限长轴承雷诺方程，得到的单油楔油膜润滑轴承的无量纲性能曲线。计算采用了油膜破裂 Reynolds 边界条件，考虑了油膜破裂对轴承承载能力和摩擦力的影响，图中横坐标 S 为轴承承载特性系数，计算流量限于大气压力下供油，未计轴承中油沟和油孔对流量的影响。

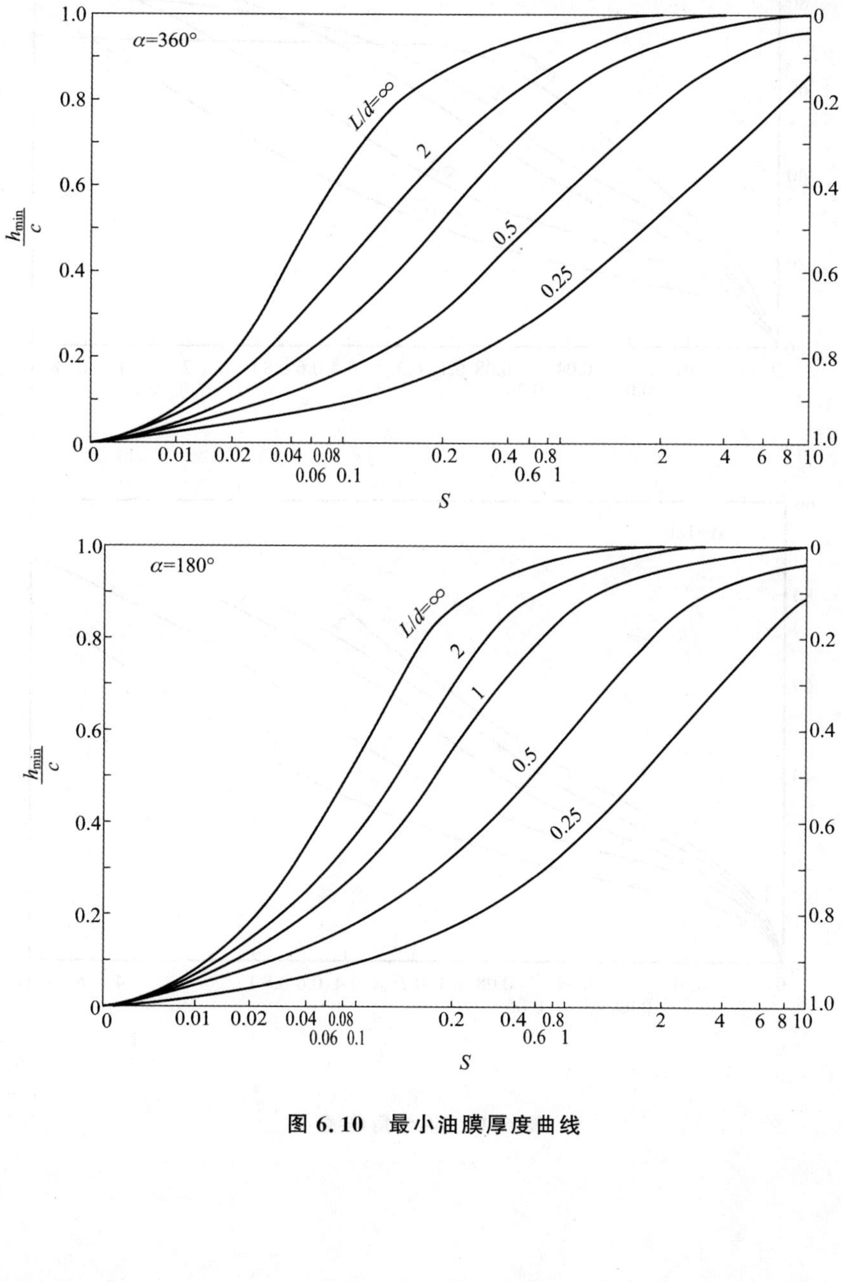

图 6.10　最小油膜厚度曲线

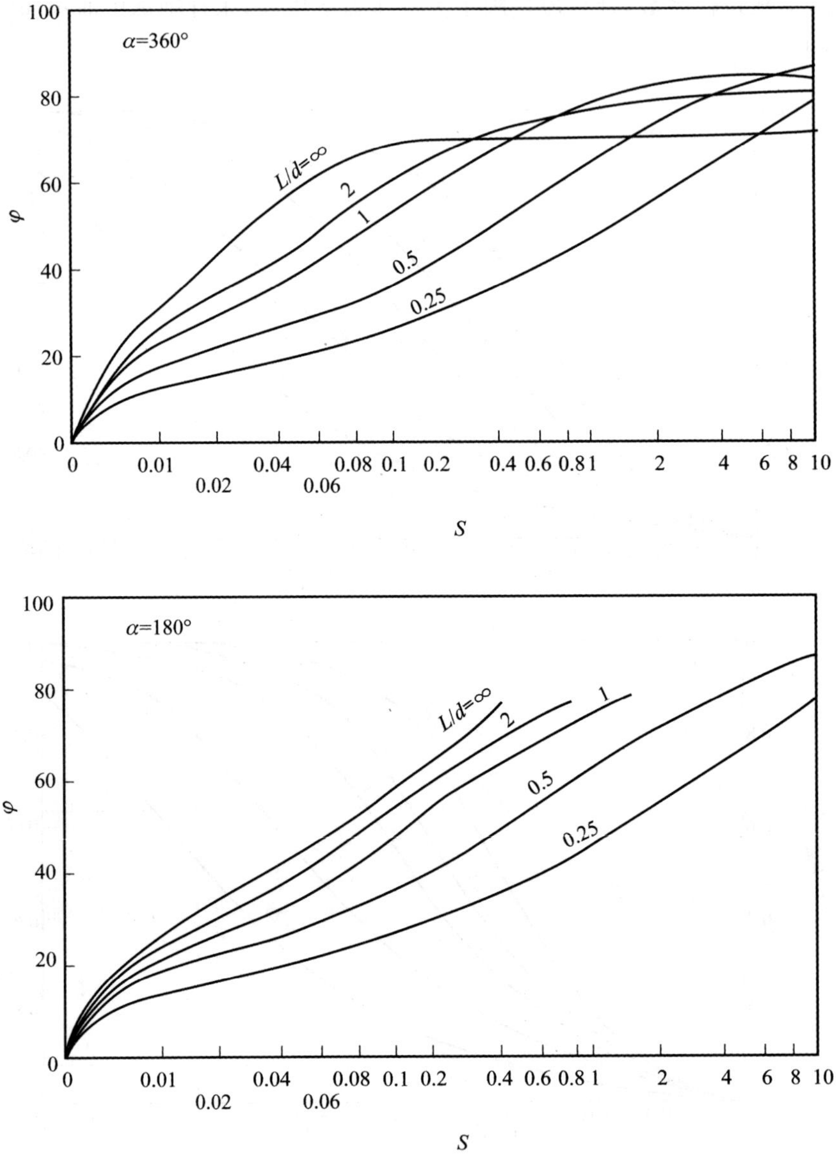

图 6.11　偏位角曲线

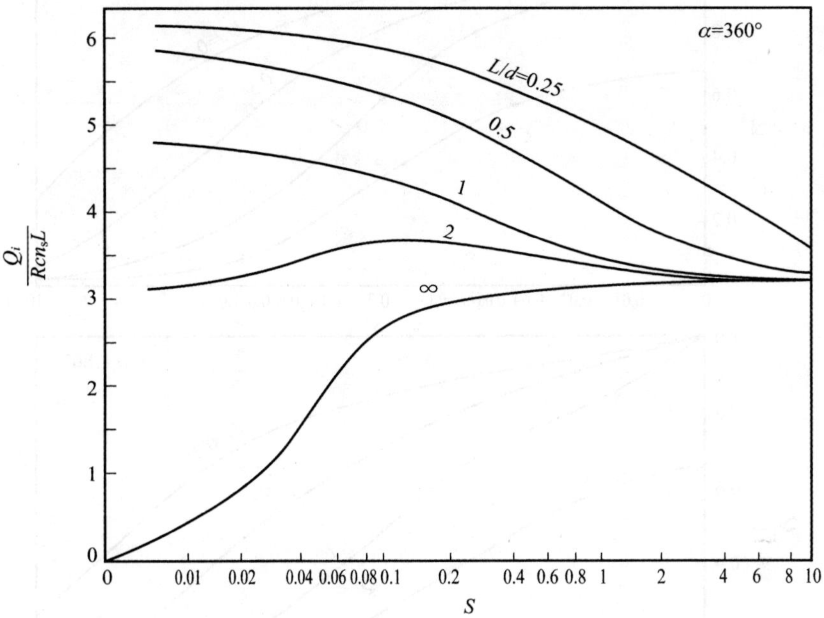
α=360°
L/d=0.25
0.5
1
2
∞
$\frac{Q_i}{Rcn_sL}$
S

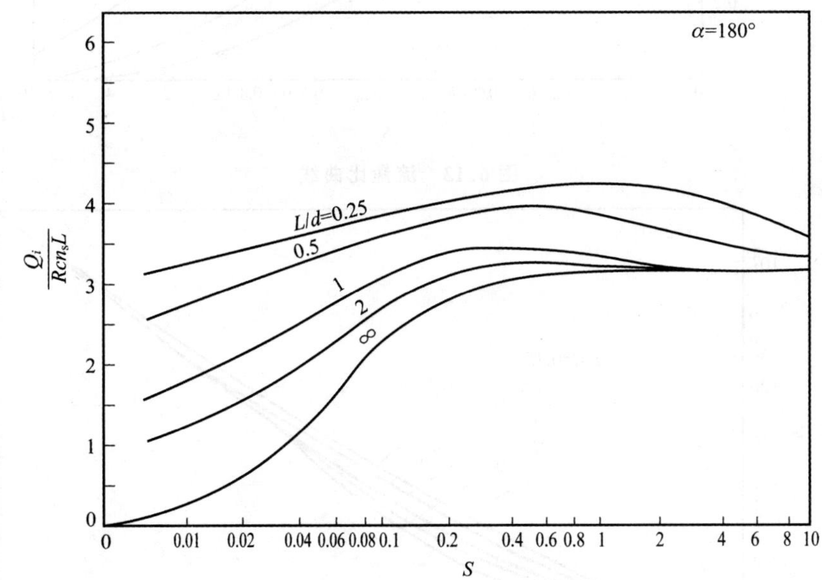
α=180°
L/d=0.25
0.5
1
2
∞
$\frac{Q_i}{Rcn_sL}$
S

图 6.12　流量曲线

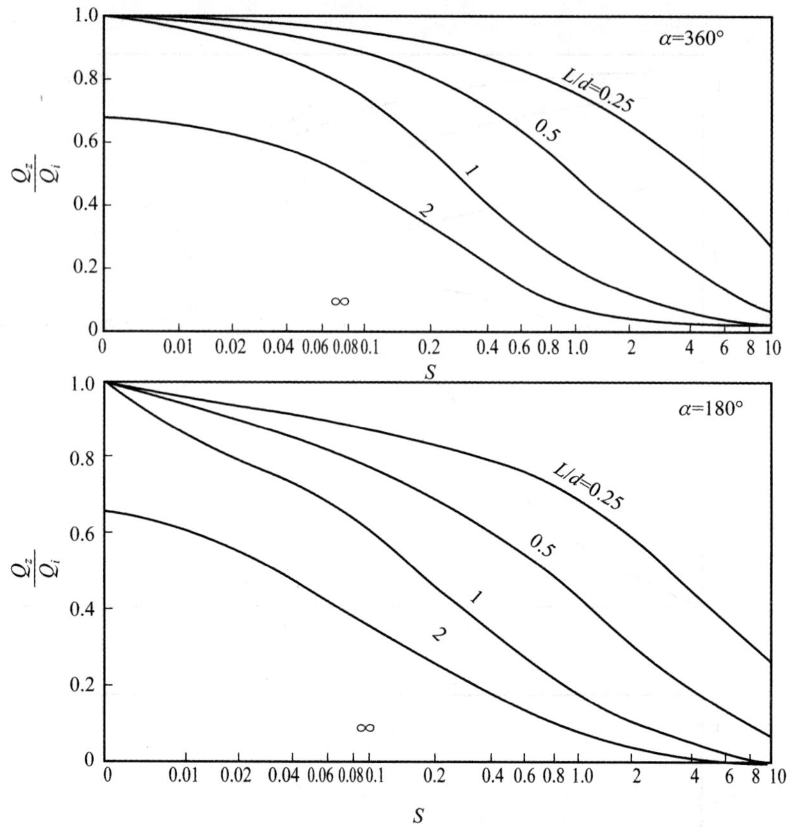

图 6.13 流量比曲线

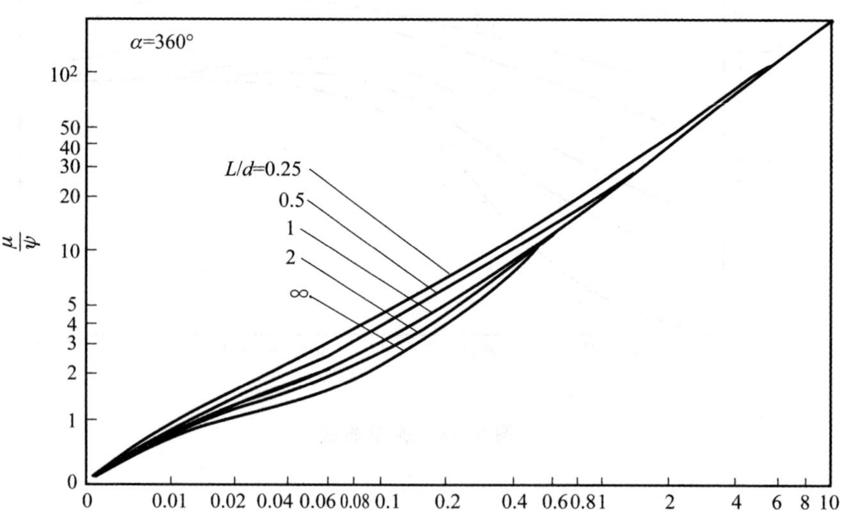

图 6.14 相对摩擦力曲线

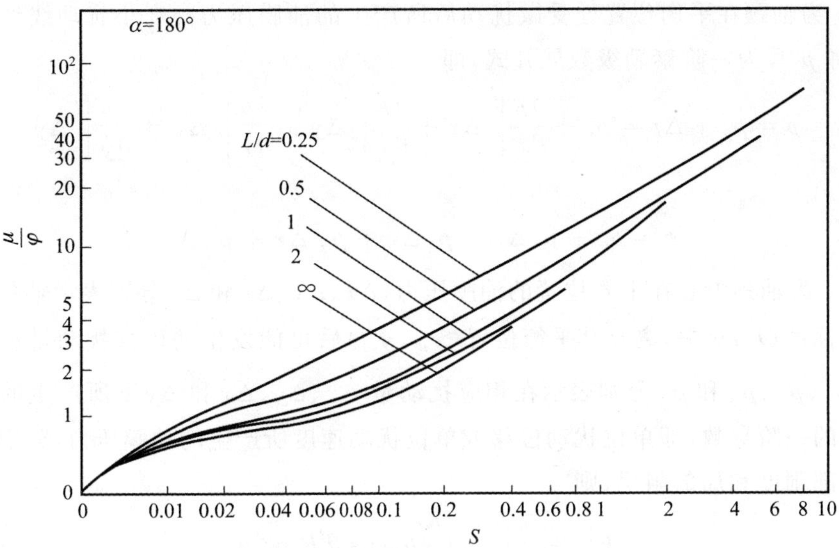

图 6.14　相对摩擦力曲线(续)

6.8　有限长轴承油膜刚度和阻尼系数

轴承的八项动态特性系数是分析轴承动态性能的主要参数。有限长径向轴承的八项动态特性系数的计算，可根据固定坐标瞬(动)态雷诺方程进行。

1. 雷诺方程和间隙函数

图 6.8 所示的固定坐标系 O_bxy 中，取 $\omega_j=\omega_b+\omega_j$，考虑等温油膜润滑，可得到

$$\frac{\partial}{\partial\theta'}\left(h^3\frac{\partial p}{\partial\theta'}\right)+R_j^2\frac{\partial}{\partial z}\left(h^3\frac{\partial p}{\partial z}\right)=6\eta R_j^2\left(\omega_j\frac{\partial h}{\partial\theta'}+2\frac{\partial h}{\partial t}\right)\tag{6.55}$$

式中：

$$h=c+x_j\cos\theta'+y_j\sin\theta'$$

$$\frac{\partial h}{\partial\theta'}=-x_j\sin\theta'+y_j\cos\theta'$$

$$\frac{\partial h}{\partial t}=\dot{x}_j\cos\theta'+\dot{y}_j\sin\theta'$$

采用二维有限差分法，可对瞬(动)态二维雷诺方程求解，用微扰雷诺方程对扰动量求导解算八项动态特性系数。

2. 微扰动量求导解算八项动态特性系数

由轴承刚度定义可知，以 Δx 表示轴颈位移扰动，则有

$$k_{xx}=-\left.\frac{\partial F_x}{\partial x}\right|_0=-\left.\frac{\partial F_x}{\partial(\Delta x)}\right|_0=-\frac{\partial}{\partial(\Delta x)}\int_{-L/2}^{L/2}\int_{\theta'_1}^{\theta'_2}p(\theta',z)\cos\theta' R_j\,\mathrm{d}\theta'\mathrm{d}z$$

式中：p 为轴颈在平衡位置处受微扰动后所产生的油膜压力。在小扰动线性化假定下，可将 p 写为一阶泰勒级数展开式，即

$$p = p_0 + \Delta p = p_0 + \left.\frac{\partial p}{\partial x}\right|_0 \Delta x + \left.\frac{\partial p}{\partial y}\right|_0 \Delta y + \left.\frac{\partial p}{\partial \dot{x}}\right|_0 \Delta \dot{x} + \left.\frac{\partial p}{\partial \dot{y}}\right|_0 \Delta \dot{y}$$

或

$$p = p_0 + p_x \Delta x + p_y \Delta y + p_{\dot{x}} \Delta \dot{x} + p_{\dot{y}} \Delta \dot{y} \tag{6.56}$$

式中：p_0 为轴颈中心在平衡位置的油膜压力；Δx、Δy、$\Delta \dot{x}$ 和 $\Delta \dot{y}$ 分别表示轴颈中心在固定坐标系 $O_b xy$ 中，离开其平衡位置(x_{i0}, y_{i0})后可能发生的位移扰动量和速度扰动量；p_x、p_y、$p_{\dot{x}}$ 和 $p_{\dot{y}}$ 分别表示在相应扰动量 Δx、Δy、$\Delta \dot{x}$ 和 $\Delta \dot{y}$ 下所产生的动态油膜压力的一阶导数，即单位扰动位移或单位扰动速度所产生的油膜压力，分别称为油膜的局部刚度和局部阻尼，则

$$k_{xx} = -\int_{-L/2}^{L/2}\int_{\theta'_1}^{\theta'_2} p_x \cos\theta' R_j \,\mathrm{d}\theta' \,\mathrm{d}z \tag{6.57a}$$

同理有

$$\left.\begin{aligned}
k_{yx} &= -\int_{-L/2}^{L/2}\int_{\theta'_1}^{\theta'_2} p_x \sin\theta' R_j \,\mathrm{d}\theta' \,\mathrm{d}z \\
k_{xy} &= -\int_{-L/2}^{L/2}\int_{\theta'_1}^{\theta'_2} p_y \cos\theta' R_j \,\mathrm{d}\theta' \,\mathrm{d}z \\
k_{yy} &= -\int_{-L/2}^{L/2}\int_{\theta'_1}^{\theta'_2} p_y \sin\theta' R_j \,\mathrm{d}\theta' \,\mathrm{d}z \\
d_{xx} &= -\int_{-L/2}^{L/2}\int_{\theta'_1}^{\theta'_2} p_{\dot{x}} \cos\theta' R_j \,\mathrm{d}\theta' \,\mathrm{d}z \\
d_{yx} &= -\int_{-L/2}^{L/2}\int_{\theta'_1}^{\theta'_2} p_{\dot{x}} \sin\theta' R_j \,\mathrm{d}\theta' \,\mathrm{d}z \\
d_{xy} &= -\int_{-L/2}^{L/2}\int_{\theta'_1}^{\theta'_2} p_{\dot{y}} \cos\theta' R_j \,\mathrm{d}\theta' \,\mathrm{d}z \\
d_{yy} &= -\int_{-L/2}^{L/2}\int_{\theta'_1}^{\theta'_2} p_{\dot{y}} \sin\theta' R_j \,\mathrm{d}\theta' \,\mathrm{d}z
\end{aligned}\right\} \tag{6.57b}$$

由此可见，计算八项动态特性系数的问题转化为解算动态油膜压力的一阶导数 p_x、p_y、$p_{\dot{x}}$ 和 $p_{\dot{y}}$ 的问题。

由于扰动的存在，间隙函数也随之变化，不过变化量 Δh 仅是位移扰动 Δx 和 Δy 的函数，即

$$h = h_0 + \Delta h$$

其中

$$h_0 = c + x_{i0} \cos\theta' + y_{i0} \sin\theta'$$

$$\Delta h = \Delta x \cos\theta' + \Delta y \sin\theta'$$

所以有

$$\left.\begin{aligned} \frac{\partial h}{\partial\theta'} &= \frac{\partial h_0}{\partial\theta'} + (-\Delta x \sin\theta' + \Delta y \cos\theta') \\ \frac{\partial h}{\partial t} &= \Delta\dot{x}\cos\theta' + \Delta\dot{y}\sin\theta' \\ h^3 &\approx h_0^3 + 3h_0^2\Delta h \end{aligned}\right\} \tag{6.58}$$

考虑各种可能的微扰动时，可将式(6.53)和式(6.58)代入瞬(动)态二维雷诺方程(6.43)，可得如下微扰雷诺方程：

$$\begin{aligned} &\frac{\partial}{\partial\theta'}\left[(h_0^3 + 3h_0^2\Delta h)\frac{\partial}{\partial\theta'}(p_0 + p_x\Delta x + p_y\Delta y + p_{\dot{x}}\Delta\dot{x} + p_{\dot{y}}\Delta\dot{y})\right] + \\ &R_j^2\frac{\partial}{\partial z}\left[(h_0^3 + 3h_0^2\Delta h)\frac{\partial}{\partial z}(p_0 + p_x\Delta x + p_y\Delta y + p_{\dot{x}}\Delta\dot{x} + p_{\dot{y}}\Delta\dot{y})\right] = \\ &6\eta R_j^2\left\{\omega_j\left[\frac{\partial h_0}{\partial\theta'} + (-\Delta x\sin\theta' + \Delta y\cos\theta') + 2(\Delta\dot{x}\cos\theta' + \Delta\dot{y}\sin\theta')\right]\right\} \end{aligned} \tag{6.59}$$

当轴颈中心不受任何扰动而处在平衡位置时，上述微扰雷诺方程即为稳态雷诺方程

$$\frac{\partial}{\partial\theta'}\left(h_0^3\frac{\partial p_0}{\partial\theta'}\right) + R_j^2\frac{\partial}{\partial z}\left(h_0^3\frac{\partial p_0}{\partial z}\right) = 6\eta R_j^2\omega_j\frac{\partial h_0}{\partial\theta'} \tag{6.60a}$$

当轴颈仅受 Δx 或 Δy、或 $\Delta\dot{x}$、或 $\Delta\dot{y}$ 微扰动时，可分别将式(6.44)对 Δx 或 Δy、或 $\Delta\dot{x}$、或 $\Delta\dot{y}$ 求偏导，以考虑相应的微扰动影响，从而得到相应微扰下的如下微扰雷诺方程：

$$\begin{aligned} &\frac{\partial}{\partial\theta'}\left(h_0^3\frac{\partial p_x}{\partial\theta'}\right) + R_j^2\frac{\partial}{\partial z}\left(h_0^3\frac{\partial p_x}{\partial z}\right) = \\ &6\eta R_j^2\omega_j\left(\sin\theta' + 3\frac{\cos\theta'}{h_0}\frac{\partial h_0}{\partial\theta'}\right) - 3h_0^3\frac{\partial p_0}{\partial\theta'}\frac{\partial}{\partial\theta'}\left(\frac{\cos\theta'}{h_0}\right) \end{aligned} \tag{6.60b}$$

$$\begin{aligned} &\frac{\partial}{\partial\theta'}\left(h_0^3\frac{\partial p_y}{\partial\theta'}\right) + R_j^2\frac{\partial}{\partial z}\left(h_0^3\frac{\partial p_y}{\partial z}\right) = \\ &6\eta R_j^2\omega_j\left(\cos\theta' - 3\frac{\sin\theta'}{h_0}\frac{\partial h_0}{\partial\theta'}\right) - 3h_0^3\frac{\partial p_0}{\partial\theta'}\frac{\partial}{\partial\theta'}\left(\frac{\sin\theta'}{h_0}\right) \end{aligned} \tag{6.60c}$$

$$\frac{\partial}{\partial\theta'}\left(h_0^3\frac{\partial p_{\dot{x}}}{\partial\theta'}\right) + R_j^2\frac{\partial}{\partial z}\left(h_0^3\frac{\partial p_{\dot{x}}}{\partial z}\right) = 12\eta R_j^2\cos\theta' \tag{6.60d}$$

$$\frac{\partial}{\partial\theta'}\left(h_0^3\frac{\partial p_{\dot{y}}}{\partial\theta'}\right) + R_j^2\frac{\partial}{\partial z}\left(h_0^3\frac{\partial p_{\dot{y}}}{\partial z}\right) = 12\eta R_j^2\sin\theta' \tag{6.60e}$$

引入以下无量纲参量：

$$\bar{h}_0 = 1 + \frac{x_{j0}}{c}\cos\theta' + \frac{y_{j0}}{c}\sin\theta'$$

$$\bar{p}_0 = p_0/p_s, \psi = c/R_j, \bar{z} = z/(L/2)$$

$$\bar{p}_x = p_x\Big/\left(\frac{p_s}{c}\right), \bar{p}_y = p_y\Big/\left(\frac{p_s}{c}\right), \bar{p}_{\dot{x}} = p_{\dot{x}}\Big/\left(\frac{p_s}{c\omega_j}\right), \bar{p}_{\dot{y}} = p_{\dot{y}}\Big/\left(\frac{p_s}{c\omega_j}\right)$$

可得式(6.60)的相应无量纲雷诺方程为

$$\left[\frac{\partial}{\partial\theta'}\left(h_0^3\frac{\partial}{\partial\theta'}\right) + \left(\frac{D}{L}\right)^2\frac{\partial}{\partial z}\left(h_0^3\frac{\partial}{\partial z}\right)\right]\begin{bmatrix}\bar{p}_0\\ \bar{p}_x\\ \bar{p}_y\\ \bar{p}_{\dot{x}}\\ \bar{p}_{\dot{y}}\end{bmatrix} =$$

$$\begin{cases}\dfrac{6\eta R_j^2}{p_s\psi^2}\dfrac{\partial\bar{h}_0}{\partial\theta'}\\ -\dfrac{6\eta R_j^2}{p_s\psi^2}\left(\sin\theta' + 3\dfrac{\cos\theta'}{\bar{h}_0}\dfrac{\partial\bar{h}_0}{\partial\theta'}\right) - 3\bar{h}_0^3\dfrac{\partial\bar{p}_0}{\partial\theta'}\dfrac{\partial}{\partial\theta'}\left(\dfrac{\sin\theta'}{\bar{h}_0}\right)\\ \dfrac{6\eta R_j^2}{p_s\psi^2}\left(\cos\theta' - 3\dfrac{\sin\theta'}{\bar{h}_0}\dfrac{\partial\bar{h}_0}{\partial\theta'}\right) - 3h_0^3\dfrac{\partial\bar{p}_0}{\partial\theta'}\dfrac{\partial}{\partial\theta'}\left(\dfrac{\sin\theta'}{\bar{h}_0}\right)\\ \dfrac{12\eta R_j^2}{p_s\psi^2}\cos\theta'\\ \dfrac{12\eta R_j^2}{p_s\psi^2}\sin\theta'\end{cases} \tag{6.61}$$

此即解算动态油膜压力一阶导数 p_x、p_y、$p_{\dot{x}}$ 和 $p_{\dot{y}}$ 的五个雷诺方程。在用式(6.61)中第二式和第三式计算 p_x、p_y 时，两式右边的$\dfrac{\partial\bar{p}_0}{\partial\theta'}$需由第一式解算提供。

式(6.61)的边界条件如下：

① 轴颈处在平衡位置时，轴承轮廓边界上，一般取 $\bar{p}_0 = \bar{p}_a = 0$。在考虑油膜破裂待定边界 b 时，一般采用 Reynolds 边界条件，有

$$\bar{p}_0\big|_b = \left.\frac{\partial\bar{p}_0}{\partial\theta'}\right|_b = \left.\frac{\partial\bar{p}_0}{\partial z}\right|_b = 0 \quad 或 \quad \bar{p}_0\big|_b = \left.\frac{\partial\bar{p}_0}{\partial n}\right|_b = 0 \tag{6.62}$$

② 轴颈受到位移和速度小扰动时，有

a) 轴承轮廓边界上 $\bar{p} = 0$，由式(6.53)有

$$\bar{p}_0 = \bar{p}_x = \bar{p}_y = \bar{p}_{\dot{x}} = \bar{p}_{\dot{y}} = 0 \tag{6.63}$$

b）在考虑油膜破裂的条件下，油膜破裂边界的稳态平衡位置，因扰动而移动到一新位置$(\theta'_0+\Delta\theta',\bar{z}_0+\Delta\bar{z})$时，油膜破裂同样要求在新位置上压力为零，那么有

$$\bar{p}(\theta',\bar{z})=0=p(\theta'_0,\bar{z}_0)+\left(\frac{\partial\bar{p}}{\partial\theta'}\right)_0\Delta\theta'+\left(\frac{\partial\bar{p}}{\partial\bar{z}}\right)_0\Delta\bar{z}$$

考虑式(6.53)关系，仅保留一阶项，可得

$$\bar{p}(\theta',\bar{z})\approx\bar{p}_0(\theta'_0,\bar{z}_0)+\Delta\bar{p}(\theta'_0,\bar{z}_0)+\left(\frac{\partial\bar{p}_0}{\partial\theta'}\right)_0\Delta\theta'+\left(\frac{\partial\bar{p}_0}{\partial\bar{z}}\right)_0\Delta\bar{z}=0$$

根据式(6.62)，上式中$\Delta\bar{p}(\theta'_0,\bar{z}_0)=0$，由式(6.53)在油膜破裂边界处有

$$\bar{p}_x=\bar{p}_y=\bar{p}_{\dot{x}}=\bar{p}_{\dot{y}}=0$$

因此，在微扰下油膜破裂的待定边界的边界条件可表示为

$$\left.\begin{aligned}&\bar{p}_0\big|_b=\left.\frac{\partial\bar{p}_0}{\partial\theta'}\right|_b=\left.\frac{\partial\bar{p}_0}{\partial z}\right|_b=0\\&\bar{p}_x\big|_b=\bar{p}_y\big|_b=\bar{p}_{\dot{x}}\big|_b=\bar{p}_{\dot{y}}\big|_b=0\end{aligned}\right\}\tag{6.64}$$

这样，可将式(6.61)化为超松弛迭代差分方程，在正压力油膜解域上，解出$\bar{p}_x$、$\bar{p}_y$、$\bar{p}_{\dot{x}}$和$\bar{p}_{\dot{y}}$。显然，在求解这些局部油膜刚度和阻尼时，应计入负量，将它们量纲化后，按式(6.57)可得有限长径向轴承的八项动态特性系数。

按这一算法，需要五次解算雷诺方程。如通过解出微扰下的油膜反力增量对其扰动量的差商去解算八项动态特性，则需九次解算雷诺方程。

6.9　多油楔径向轴承的刚度和阻尼系数

对多油楔径向轴承的刚度和阻尼系数分析，可参考单油楔径向轴承的刚度和阻尼系数计算方法为基础，考虑多油楔径向轴承的特点，在微扰雷诺方程(6.61)中，对轴颈处于平衡位置时各油楔不同的间隙函数h_{0i}及其导数，以及各油楔不同解域θ_{i1}和θ_{i2}加以区别，即可得到各油楔的p_0、p_x、p_y、$p_{\dot{x}}$和$p_{\dot{y}}$分布，进而通过p_x、p_y、$p_{\dot{x}}$和$p_{\dot{y}}$在各油楔解域上积分的叠加，得到完整轴承的八项动态特性系数。如由式(6.57)，可得

$$\left.\begin{aligned}k_{xx}&=-\sum_{i=1}^{n}\int_{-L/2}^{L/2}\int_{\theta'_1}^{\theta'_2}p_x\cos\theta' R_{\mathrm{j}}\mathrm{d}\theta'\mathrm{d}z\\k_{yx}&=-\sum_{i=1}^{n}\int_{-L/2}^{L/2}\int_{\theta'_1}^{\theta'_2}p_x\sin\theta' R_{\mathrm{j}}\mathrm{d}\theta'\mathrm{d}z\end{aligned}\right\}\tag{6.65}$$

同理，通过对p_y的积分和叠加，可得到k_{xy}和k_{yy}；通过分别对$p_{\dot{x}}$和$p_{\dot{y}}$的积分和叠加，

可相应地得到 d_{xx}、d_{xy}、d_{yx} 和 d_{yy}。式(6.65)中,$i=1,2,\cdots,n$;n 为轴承的油楔数。

图 6.15 给出了三种不同的非圆轴承。图 6.15(c)中三油叶轴承,是图 6.7 所示三油楔轴承的一种。三油楔轴承可用在单向回转,而三油叶轴承可用于双向回转。

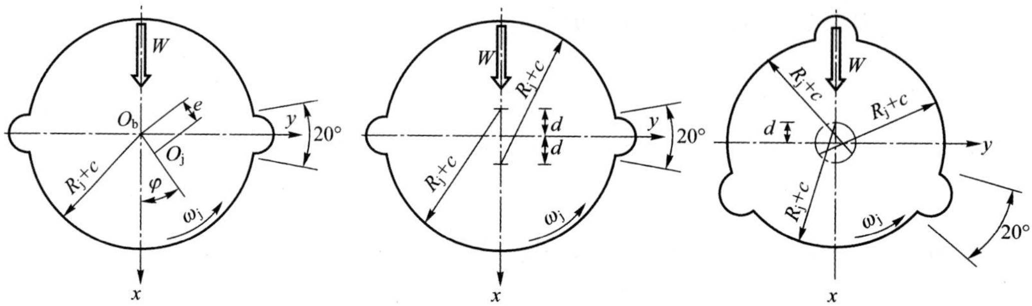

(a) 双轴向油沟轴承　　(b) 椭圆轴承　　(c) 三油叶轴承

图 6.15　非圆轴承结构

表 6.4~表 6.6,分别给出在图 6.15(a)、(b)和(c)中所示的双轴向油沟轴承、椭圆轴承和三油叶轴承的稳(静)态性能和相应的八项动态特性系数。

表 6.4　双轴向油沟轴承

S	ε	φ	$\bar{Q}$	$\bar{P}$	$\bar{T}$	$\bar{K}_{xx}$	$\bar{K}_{xy}$	$\bar{K}_{yx}$	$\bar{K}_{yy}$	$\bar{B}_{xx}$	$\bar{B}_{xy}=\bar{B}_{yx}$	$\bar{B}_{yy}$
$L/D=0.5$												
6.430	0.071	81.89	0.121	0.860	5.7	1.55	14.41	−6.60	1.88	28.75	1.89	13.31
3.037	0.114	77.32	0.192	0.846	5.9	1.57	9.27	−4.20	1.89	18.44	1.93	8.58
2.634	0.165	72.36	0.271	0.833	6.2	1.61	6.74	−3.01	1.91	13.36	2.00	6.28
2.030	0.207	68.75	0.332	0.835	6.6	1.65	5.67	−2.50	1.93	11.18	2.07	5.33
1.656	0.244	65.85	0.383	0.835	7.0	1.69	5.06	−2.20	1.95	9.93	2.15	4.80
0.917	0.372	57.45	0.540	0.850	8.5	2.12	4.01	−1.30	1.85	7.70	2.06	3.23
0.580	0.477	51.01	0.651	0.900	10.5	2.67	3.70	−0.73	1.75	6.96	1.94	2.40
0.378	0.570	45.47	0.737	0.977	13.4	3.33	3.64	−0.43	1.68	6.76	1.87	1.89
0.244	0.655	40.25	0.804	1.096	17.9	4.21	3.74	−0.13	1.64	6.87	1.82	1.54
0.194	0.695	37.72	0.833	1.156	21.3	4.78	3.84	0.01	1.62	7.03	1.80	1.40
0.151	0.734	35.20	0.858	1.240	25.8	5.48	3.98	0.15	1.61	7.26	1.79	1.27
0.133	0.753	33.23	0.870	1.289	28.7	5.89	4.07	0.22	1.60	7.41	1.79	1.20
0.126	0.751	33.42	0.875	1.310	30.0	6.07	4.11	0.25	1.60	7.40	1.79	1.18
0.116	0.772	32.65	0.881	1.343	32.2	6.36	4.17	0.30	1.60	7.59	1.79	1.15
0.086	0.809	30.04	0.902	1.473	41.4	7.51	4.42	0.47	1.59	8.03	1.79	1.03
0.042	0.879	24.41	0.936	1.881	80.9	11.45	5.23	0.92	1.60	9.48	1.80	0.82

续表 6.4

S	ε	φ	$\bar{Q}$	$\bar{P}$	$\bar{T}$	$\bar{K}_{xx}$	$\bar{K}_{xy}$	$\bar{K}_{yx}$	$\bar{K}_{yy}$	$\bar{B}_{xx}$	$\bar{B}_{xy}=\bar{B}_{yx}$	$\bar{B}_{yy}$
$L/D=1$												
1.470	0.103	75.09	0.135	0.850	5.9	1.53	10.14	−3.01	1.50	20.34	1.53	6.15
0.991	0.150	70.58	0.189	0.844	6.2	1.56	7.29	−2.16	1.52	14.66	1.58	4.49
0.625	0.224	63.54	0.264	0.843	6.9	1.62	5.33	−1.57	1.56	10.80	1.70	3.41
0.358	0.352	55.41	0.369	0.853	8.7	1.95	3.94	−0.97	1.48	8.02	1.63	2.37
0.235	0.460	49.27	0.436	0.914	11.1	2.19	3.57	−0.80	1.55	7.30	1.89	2.19
0.159	0.559	44.33	0.484	1.005	14.2	2.73	3.36	−0.48	1.48	6.94	1.78	1.74
0.108	0.650	39.72	0.516	1.136	19.2	3.45	3.34	−0.23	1.44	6.89	1.72	1.43
0.071	0.734	35.16	0.534	1.323	27.9	4.49	3.50	0.03	1.44	7.15	1.70	1.20
0.056	0.773	32.82	0.540	1.449	34.9	5.23	3.65	0.18	1.45	7.42	1.71	1.10
0.050	0.793	31.62	0.541	1.524	39.6	5.69	3.75	0.26	1.45	7.60	1.71	1.06
0.044	0.811	30.39	0.543	1.608	45.3	6.22	3.88	0.35	1.46	7.81	1.72	1.01
0.024	0.883	25.02	0.543	2.104	89.6	9.77	4.69	0.83	1.53	9.17	1.78	0.83

表 6.5　椭圆轴承

S	ε	φ	$\bar{Q}$	$\bar{P}$	$\bar{T}$	$\bar{K}_{xx}$	$\bar{K}_{xy}$	$\bar{K}_{yx}$	$\bar{K}_{yy}$	$\bar{B}_{xx}$	$\bar{B}_{xy}=\bar{B}_{yx}$	$\bar{B}_{yy}$
$\delta=0.5, L/D=0.5$												
7.079	0.024	88.79	0.512	1.313	9.8	91.58	40.32	−57.12	1.29	159.20	−63.29	45.50
2.723	0.061	88.58	0.518	1.315	10.0	35.54	15.77	−22.03	0.74	61.63	−23.96	17.80
1.889	0.086	88.33	0.525	1.318	10.3	24.93	11.18	−15.33	0.71	43.14	−16.13	12.59
1.229	0.127	87.75	0.541	1.325	10.8	16.68	7.66	−10.03	0.78	28.65	−10.11	8.57
0.976	0.155	87.22	0.555	1.332	11.2	13.59	6.39	−7.99	0.84	23.20	−7.66	7.08
0.822	0.176	86.75	0.567	1.338	11.6	11.88	5.69	−6.82	0.90	20.14	−6.23	6.23
0.494	0.254	84.36	0.624	1.371	13.5	8.11	4.28	−3.99	1.09	13.26	−2.76	4.27
0.318	0.323	81.08	0.684	1.421	16.4	6.52	3.82	−2.34	1.23	10.03	−0.81	3.15
0.236	0.364	78.09	0.723	1.468	19.4	6.07	3.76	−1.49	1.31	8.80	0.11	2.54
0.187	0.391	75.18	0.747	1.515	22.6	6.03	3.82	−0.92	1.37	8.23	0.66	2.13
0.153	0.410	72.26	0.762	1.562	26.1	6.21	3.92	−0.52	1.41	7.98	1.02	1.82
0.127	0.424	69.31	0.770	1.612	30.1	6.53	4.04	−0.21	1.45	7.91	1.26	1.58
0.090	0.444	63.24	0.772	1.727	40.1	7.55	4.33	0.23	1.50	8.11	1.54	1.23

续表 6.5

S	ε	φ	$\bar{Q}$	$\bar{P}$	$\bar{T}$	$\bar{K}_{xx}$	$\bar{K}_{xy}$	$\bar{K}_{yx}$	$\bar{K}_{yy}$	$\bar{B}_{xx}$	$\bar{B}_{xy}=\bar{B}_{yx}$	$\bar{B}_{yy}$
$\delta=0.5, L/D=1$												
1.442	0.050	93.81	0.309	1.338	10.8	38.58	22.65	−22.14	−1.29	79.05	−28.14	18.60
0.692	0.100	93.12	0.320	1.345	11.2	18.93	11.25	−10.79	−0.24	38.73	−12.97	9.40
0.442	0.150	91.97	0.338	1.357	11.9	12.28	7.45	−6.87	0.26	25.00	−7.50	6.36
0.308	0.200	90.37	0.361	1.376	12.8	8.93	5.58	−4.79	0.58	17.99	−4.50	4.82
0.282	0.213	89.87	0.368	1.382	13.1	8.30	5.24	−4.38	0.66	16.66	−3.91	4.53
0.271	0.220	89.61	0.372	1.385	13.2	8.03	5.09	−4.20	0.69	16.08	−3.64	4.40
0.261	0.226	89.37	0.375	1.388	13.4	7.79	4.96	−4.03	0.72	15.57	−3.41	4.28
0.240	0.239	88.80	0.383	1.396	13.7	7.31	4.70	−3.70	0.77	14.54	−2.93	4.04
0.224	0.250	88.28	0.389	1.403	14.1	6.95	4.51	−3.43	0.82	13.74	−2.55	3.86
0.211	0.260	87.70	0.395	1.409	14.4	6.65	4.36	−3.21	0.86	13.09	−2.23	3.70
0.161	0.304	85.29	0.423	1.445	16.2	5.63	3.84	−2.32	1.01	10.75	−1.02	3.07
0.120	0.350	81.80	0.452	1.500	19.1	4.99	3.54	−1.52	1.14	9.04	−0.01	2.49
0.097	0.381	78.65	0.470	1.554	22.1	4.82	3.46	−1.01	1.21	8.26	0.56	2.10
0.081	0.403	75.63	0.479	1.607	25.4	4.87	3.47	−0.65	1.26	7.87	0.92	1.82
0.069	0.419	72.65	0.484	1.664	29.1	5.06	3.52	−0.38	1.31	7.71	1.17	1.60
0.060	0.432	69.69	0.485	1.724	33.4	5.36	3.60	−0.16	1.34	7.67	1.34	1.42
0.045	0.451	63.70	0.478	1.367	44.3	6.25	3.83	0.19	1.40	7.88	1.56	1.16

表 6.6　三油叶轴承

S	ε	φ	$\bar{Q}$	$\bar{P}$	$\bar{T}$	$\bar{K}_{xx}$	$\bar{K}_{xy}$	$\bar{K}_{yx}$	$\bar{K}_{yy}$	$\bar{B}_{xx}$	$\bar{B}_{xy}=\bar{B}_{yx}$	$\bar{B}_{yy}$
$\delta=0.5, L/D=0.5$												
6.574	0.018	55.45	0.250	1.420	8.2	34.58	45.43	−46.78	31.32	97.87	−1.46	93.55
3.682	0.031	56.03	0.251	1.421	8.5	20.35	25.35	−26.57	17.08	56.10	−1.35	61.73
2.523	0.045	56.57	0.252	1.423	8.9	14.75	17.41	−18.48	11.48	39.52	−1.22	35.06
1.621	0.070	57.35	0.255	1.429	9.5	10.53	11.38	−12.20	7.25	26.81	−1.01	22.25
1.169	0.094	57.95	0.259	1.437	10.2	8.56	8.49	−9.06	5.26	20.62	−0.79	15.96
0.717	0.144	58.62	0.271	1.461	11.8	6.85	5.85	−5.92	3.49	14.74	−0.37	9.93
0.491	0.192	58.63	0.285	1.497	13.8	6.27	4.75	−4.34	2.77	12.07	0.02	7.12
0.356	0.237	58.14	0.300	1.543	16.2	6.15	4.26	−3.35	2.41	10.67	0.36	5.51
0.267	0.278	57.30	0.315	1.599	19.1	6.29	4.05	−2.63	2.19	9.87	0.66	4.46
0.203	0.314	56.18	0.331	1.665	22.3	6.62	4.00	−2.05	2.04	9.43	0.91	3.68
0.156	0.347	54.85	0.345	1.742	27.6	7.11	4.05	−1.55	1.90	9.23	1.12	3.06
0.141	0.360	54.26	0.352	1.776	29.8	7.35	4.10	−1.36	1.85	9.20	1.20	2.84
0.121	0.377	53.31	0.361	1.830	33.6	7.77	4.19	−1.09	1.78	9.20	1.30	2.54
0.093	0.402	51.55	0.379	1.931	41.6	8.63	4.39	−0.67	1.67	9.30	1.44	2.10
0.055	0.441	47.10	0.419	2.182	66.1	11.07	4.94	0.14	1.49	9.91	1.61	1.29

续表 6.6

S	ε	φ	$\bar{Q}$	$\bar{P}$	$\bar{T}$	$\bar{K}_{xx}$	$\bar{K}_{xy}$	$\bar{K}_{yx}$	$\bar{K}_{yy}$	$\bar{B}_{xx}$	$\bar{B}_{xy}=\bar{B}_{yx}$	$\bar{B}_{yy}$
$\delta=0.5, L/D=0.5$												
3.256	0.020	59.21	0.132	1.424	8.8	28.31	43.30	−43.40	25.25	94.58	−1.11	88.33
1.818	0.035	59.68	0.133	1.426	9.2	16.74	24.39	−24.34	13.70	54.59	−0.98	48.27
1.247	0.050	60.09	0.134	1.429	9.6	12.21	16.93	−16.72	9.18	38.75	−0.84	32.37
0.796	0.076	60.62	0.136	1.436	10.4	8.82	11.26	−10.82	5.80	26.62	−0.61	20.18
0.574	0.103	60.95	0.139	1.447	11.2	7.24	8.55	−7.90	4.24	20.73	−0.37	14.27
0.353	0.155	61.00	0.147	1.478	13.0	5.91	6.07	−5.02	2.89	15.15	0.06	8.70
0.245	0.203	60.44	0.156	1.521	15.2	5.48	5.01	−3.60	2.36	12.59	0.43	6.16
0.181	0.246	59.46	0.165	1.574	17.8	5.41	4.49	−2.74	2.09	11.20	0.73	4.73
0.138	0.285	58.22	0.173	1.637	21.0	5.54	4.22	−2.12	1.92	10.39	0.98	3.81
0.108	0.320	56.80	0.181	1.710	24.9	5.83	4.10	−1.65	1.80	9.91	1.18	3.16
0.085	0.351	55.23	0.189	1.794	29.9	6.25	4.08	−1.26	1.71	9.64	1.35	2.67
0.068	0.379	53.54	0.197	1.891	36.2	6.82	4.13	−0.92	1.62	9.54	1.48	2.29
0.062	0.389	52.82	0.201	1.934	39.2	7.09	4.17	−0.79	1.59	9.54	1.52	2.16
0.054	0.403	51.68	0.208	2.014	44.4	7.56	4.25	−0.57	1.54	9.57	1.57	1.92
0.034	0.441	47.19	0.222	2.290	69.8	9.70	4.65	0.11	1.42	10.03	1.67	1.23

表中有关符号意义如下：

L/D 为宽径比。

$S=\dfrac{\eta n_s DL}{W\psi^2}$为 Sommerfeld 数。

$\varepsilon=e/c$，为轴颈在平衡位置对轴承中心的偏心率。

φ 为轴颈在平衡位置的偏位角。

$\bar{Q}=\bar{Q}_z=\dfrac{Q_z}{\pi R_j c n_s L}$，为无量纲端泄流量，其中：$Q_z$ 为未计轴向油沟影响的端泄流量，m^3/s；c 为半径间隙，m；n_s 为轴颈每秒转速，r/s。

$\bar{P}=\dfrac{cP}{\pi^3\eta n_s^2 LD^3}$，为无量纲摩擦功耗，其中 P 为摩擦功耗，N·m/s。

$\bar{T}=\bar{\Delta t}=\dfrac{\Delta t}{\dfrac{\eta\omega_j}{c_V}\left(\dfrac{R_j}{c}\right)^2}$，为受载油楔无量纲温升，其中：$\Delta t$ 为最高油温与整个轴承运转温度之差，℃；$\omega_j=2\pi n$，为轴颈角速度，rad/s；c_V 为单位体积滑油比定容热容，$J/(m^3\cdot℃)$。

$\bar{K}_{ij}=\bar{k}_{ij}=\dfrac{c}{W}k_{ij}(i,j=x,y)$，为无量纲轴承刚度系数，其中 W 为外功荷，N。

$\overline{B}_{ij}=\overline{d}_{ij}=\dfrac{c\omega_{\mathrm{j}}}{W}d_{ij}(i,j=x,y)$，为无量纲轴承阻尼系数。

$\delta=d/c$，为预载系数，其中 d 为轴承油楔预偏心距，m。

习 题

6.1 写出方程：$\dfrac{\partial}{\partial x}\left(h^3\dfrac{\partial p}{\partial x}\right)+\dfrac{\partial}{\partial z}\left(h^3\dfrac{\partial p}{\partial z}\right)=6\eta U\dfrac{\partial h}{\partial x}$的二维差分格式。

6.2 分离变量乘积解是怎样构成的？其中引入了哪些假设？

6.3 变分校正解中有变分短校正解和变分长校正解，这两种解的获得依据什么原理，试推导出其中一种解的基本形式。

6.4 有限元法与有限差分法比较，在解算轴承压力场时有何优缺点？

6.5 用有限元法解算圆柱径向轴承压力场时要经过哪些步骤，其基本要点有哪些？

6.6 阻尼系数和刚度系数在轴承力学分析中各有何具体意义？

第 7 章　油膜润滑中的特殊效应

雷诺方程奠定了流体动力润滑理论基础，但由于引入的某些假定与实际运转条件的偏离，在一些特殊条件下，可对其中某些假定作适当修正，并对原雷诺方程进行改良，以表征特殊效应对润滑基本微分方程的影响。原雷诺方程的假定中，除关于润滑膜厚度的薄膜假定外，主要还有如下假定：

① 流体是不可压缩的连续的单相流体；

② 在全部动压油膜范围内，流体粘度保持常值，不随压力改变，且压力膜中处处等温；

③ 润滑油膜内流体运动保持层流状态，且属于牛顿流体；

④ 润滑表面为绝对刚性，且绝对光滑。

以上假定对于实际应用中存在的油膜中非单相可压缩气穴效应、非层流润滑的紊流效应、非绝对光滑表面的粗糙度效应、润滑油膜的温度和粘度效应、润滑表面的弹性变形及点接触弹流润滑效应，以及润滑油膜的非牛顿流体介质润滑等问题，均须进行研究，以下各节将进行针对性的讨论。

7.1　润滑膜的热效应

流体粘度是润滑力学中与力学性能相关的重要物理参数。粘度增加，将使润滑膜的承载能力增强，同时润滑膜粘性剪切力的增加使发热量增加，又会使粘度有降低的趋势；润滑表面的热变形，可使油膜间隙的几何形状发生变化，导致润滑膜的承载特性发生变化。因此，润滑膜的温度分布对于润滑分析，尤其是热稳定过程的润滑分析十分重要。

在润滑膜热效应分析和设计时，可根据运转条件的不同，以及润滑膜性能预计的精度要求，选用不同近似计算方法。常用算法主要有三种，即等温计算、绝热计算和热流体动力润滑计算。

1. 润滑膜中的热

润滑膜中的热量，源于润滑膜粘性剪切发热，通过润滑膜流体的对流和润滑表面的传导达到热平衡。为了预计润滑膜的力学性能，需要联立流体润滑膜的能量方程、广义雷诺方程、温粘方程和摩擦面零件热传导方程，解算热流体动力润滑（Thermo Hydrodynamic Lubrication）问题，简写为 THD 或 TEL。

油膜润滑的简单运转情况，见图 7.1。热平衡条件下，可以认为移动块表面温度保持为环境温度；固定块表面温度，在入口处为基准温度 0 ℃，出口处为 ΔT，在润滑

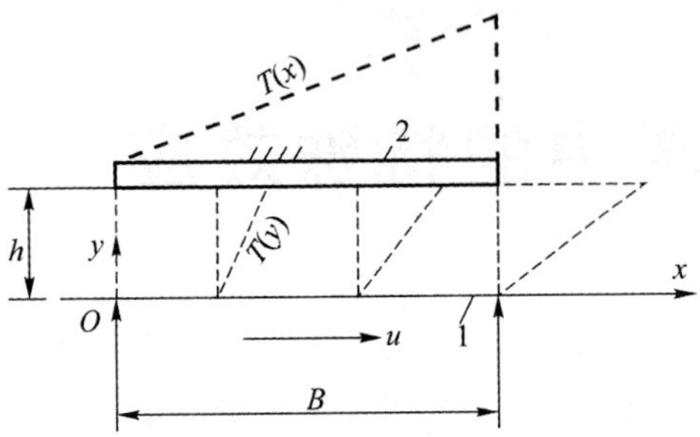

图 7.1　平行滑块里油膜温度分布

膜中线性增长，即有

$$T(x)=(x/B)\Delta T$$

假定膜厚温度也按直线变化，则其梯度为 $x\Delta T/(Bh)$。设润滑油导热系数为 k，在 x 处的单位长度 $\mathrm{d}x$ 上，通过固定块表面的单位时间传导散热量为 $k[x\Delta T/(Bh)]\mathrm{d}x$，因此，单位时间由单位宽固定块上所散发的总热量为

$$\int_0^B \frac{k\Delta T}{Bh}x\,\mathrm{d}x=\frac{1}{2}\frac{kB\Delta T}{h}$$

同时，在单位时间内由单位宽润滑膜对流散热量可表示为

$$Q=\frac{1}{2}uh\rho c_V\frac{\Delta T}{2}$$

式中：ρ 和 c_V 分别表示滑油密度和比定容热容。

由此可得，对流散热与传导散热之比为

$$\frac{\frac{1}{4}uh\rho c_V\Delta T}{\left(\frac{kB\Delta T}{2h}\right)}=\frac{\rho c_V}{k}\frac{uh^2}{2B}\equiv Pe \tag{7.1}$$

式中：Pe 称为贝克来数(Péclet number)。一般滑油的$(\rho c_V/k)$值约为 $0.112\ 36\times 10^2$ s/mm，可见，h、u 和 B 都是影响 P_e 大小的重要运转参数。

【例 7.1】 高速径向轴承，$D=76.2$ mm，$B=\pi D/2=119.7$ mm，$h=0.10$ mm，$U=60.96$ m/s，采用油润滑，求贝克来数并分析其热流走向。

解　利用式(7.1)可以求得其贝克来数 $Pe\approx 28$。

分析　轴承油膜粘性剪切热绝大部分由润滑油通过对流带走。

【例 7.2】 一对齿轮轮齿接触处的弹流润滑膜，其接触宽度 $B\approx 1.061$ mm，膜厚$h\approx 0.002\ 54$ mm，表面速度 $U=9.14$ m/s，求贝克来数并分析其热流走向。

解　利用式(7.1)可以求得其贝克来数 $Pe\approx 0.003$。

分析　轮齿接触处的油膜粘性剪切热大部分由轮齿表面传导散失。

一径向轴承在稳定载荷下的热平衡试验研究结果如图 7.2 所示，图中曲线给出了通过轴承端泄对流散热、轴承套和轴颈传导热量之间的分配关系。在较高转速下，发热量的 80%是由端泄带走的；而在较低转速时，散热的主要渠道是轴承套传导。

2. 等温计算

在一般运转条件下，可采用等温算法。假设润滑膜沿膜厚温度处处相等，查取滑油粘度，进行润滑膜力学性能计算，并用基于简化热平衡条件所得的计算温升 ΔT，考虑滑油对流散热。如用 T_{in} 表示滑油入口温度，ΔT 表示滑油粘性剪切发热引起

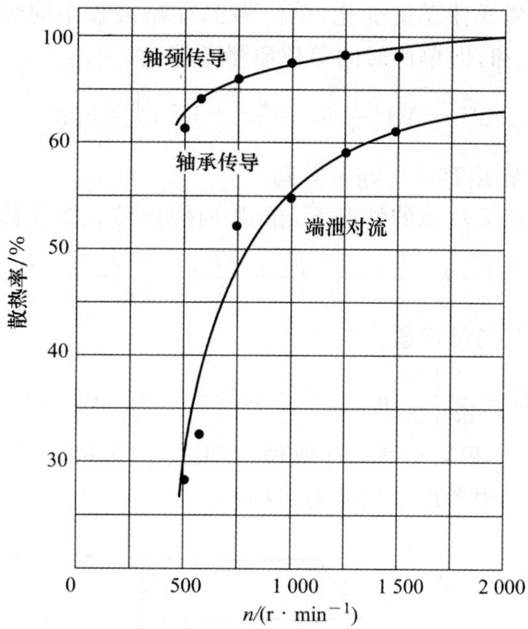

图 7.2　径向轴承散热量分配($D=101.6$ mm,$L=76.2$ mm,$W=8\ 900$ N,轴向油沟)

的跨轴承平均温升,则润滑膜等效温度的迭代公式可表达为

$$T_{e}^{(i+1)}=T_{in}+k\Delta T^{(i)} \tag{7.2}$$

式中:系数 k 考虑了润滑膜中滑油的平均温升。可取 $k=0.5\sim0.8$,根据计算等效温度 T_e,确定润滑膜的等效粘度。

3. 能量方程和广义雷诺方程

对小型轻载轴承,可按等温算法确定润滑膜滑油粘度。对于大型且工作能力关系整机运转性能的重要轴承,可视运转条件,应用绝热算法,按对流散热求解润滑膜二维温度分布,确定相应粘度;或应用 THD 算法,考虑传导散热解出三维温度场,确定润滑膜粘度。

(1) 能量方程

决定润滑膜温度分布的基本微分方程,是由能量守恒与转换定律所导出的能量方程。能量守恒与转换定律应用于热和功的相互转换时,即为热力学第一定律。其表述为:加入系统的热量等于系统本身能量的增加与所做外功之和。现取流体微元体 $\mathrm{d}x\mathrm{d}y\mathrm{d}z$ 作为所要研究的系统,在 $\mathrm{d}t$ 时间内,上述定律可表达为

$$\mathrm{d}Q=\mathrm{d}U+A\,\mathrm{d}W \tag{7.3}$$

式中:$\mathrm{d}Q$ 为外界与微元体之间交换的热量,单位为 J(焦[耳]),供给微元的取正值,反之取负值;$\mathrm{d}W$ 为微元对外界做的机械功,N · m(1 N · m=1 J),对外做功取正值,反之取负值;A 为转换系数,它与热能和机械功所采用的单位相关,如 $A=1$,可不写

在式(7.3)中;dU 为微元体总能变化,单位为 J,在略去较小的势能后,流体微元的总能为其动能与内能之和,即单位时间单位质量总能为

$$dU = A\,d\left[\frac{1}{2}(u^2+v^2+w^2)\right]+c_V dT \tag{7.4}$$

式中:c_V 为滑油比定容热容,J/(kg·℃)。

对于粘性流体,在无热源的情况下,在 dt 时间内传入微元体的热量为

$$dQ = 0-\left[\frac{\partial}{\partial x}\left(-k\frac{\partial T}{\partial x}\right)+\frac{\partial}{\partial y}\left(-k\frac{\partial T}{\partial y}\right)+\frac{\partial}{\partial z}\left(-k\frac{\partial T}{\partial z}\right)\right]dx\,dy\,dz\,dt \tag{7.5a}$$

微元体在 dt 内总能量增量为

$$dU=\frac{d}{dt}\left[\frac{A}{2}(u^2+v^2+w^2)+c_V T\right]\rho\,dx\,dy\,dz\,dt \tag{7.5b}$$

在略去高阶小量体积力对微元体所做的功之后,作用于微元体上表面力所做机械功如图 7.3 所示,图中考虑了切应力对称性。

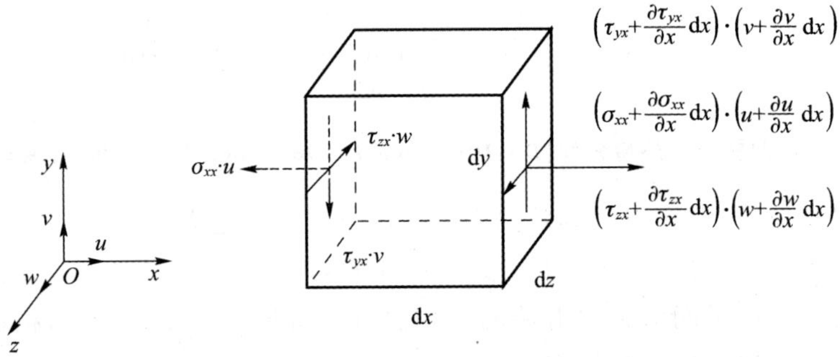

图 7.3　x 轴法面上输入输出机械功

由图 7.3 可见,在 dt 时间内作用于 x 轴法面的机械功在略去高阶小量后,有

$$dW_x=\frac{\partial}{\partial x}(u\sigma_{xx}+v\tau_{yx}+w\tau_{zx})\rho\,dx\,dy\,dz\,dt$$

同理可得:y 轴和 z 轴法面上机械功分别为 dW_y 和 dW_z。按标量取代数和得

$$dW=0-\left[\frac{\partial}{\partial x}(u\sigma_{xx}+v\tau_{yx}+w\tau_{zx})+\frac{\partial}{\partial y}(u\tau_{xy}+v\sigma_{yy}+w\tau_{zy})+\frac{\partial}{\partial z}(u\tau_{xz}+v\tau_{yz}+w\sigma_{zz})\right]dx\,dy\,dz\,dt \tag{7.5c}$$

将式(7.5a)、(7.5b)和式(7.5c)代入式(7.3),展开整理,可得

$$\rho\frac{d}{dt}\left[\frac{A}{2}(u^2+v^2+w^2)+c_V T\right]=$$

$$\frac{\partial}{\partial x}\left(k\frac{\partial T}{\partial x}\right)+\frac{\partial}{\partial y}\left(k\frac{\partial T}{\partial y}\right)+\frac{\partial}{\partial z}\left(k\frac{\partial T}{\partial z}\right)+A\left[u\left(\frac{\partial\sigma_{xx}}{\partial x}+\frac{\partial\tau_{xy}}{\partial y}+\frac{\partial\tau_{xz}}{\partial z}\right)+\right.$$

$$v\left(\frac{\partial\tau_{yx}}{\partial x}+\frac{\partial\sigma_{yy}}{\partial y}+\frac{\partial\tau_{xy}}{\partial z}\right)+w\left(\frac{\partial\tau_{zx}}{\partial x}+\frac{\partial\tau_{zy}}{\partial y}+\frac{\partial\sigma_{zz}}{\partial z}\right)+$$

$$\tau_{xy}\left(\frac{\partial u}{\partial y}+\frac{\partial v}{\partial x}\right)+\tau_{yz}\left(\frac{\partial v}{\partial z}+\frac{\partial w}{\partial y}\right)+\tau_{zx}\left(\frac{\partial w}{\partial x}+\frac{\partial u}{\partial z}\right)+$$

$$\left.\left(\sigma_{xx}\frac{\partial u}{\partial x}+\sigma_{yy}\frac{\partial v}{\partial y}+\sigma_{zz}\frac{\partial \omega}{\partial z}\right)\right] \tag{7.6}$$

式(7.6)左边展开，在稳(静)态下$\frac{\partial}{\partial t}=0$，所以左边为

$$\rho\left[A\left(u\frac{\mathrm{d}u}{\mathrm{d}t}+v\frac{\mathrm{d}v}{\mathrm{d}t}+w\frac{\mathrm{d}w}{\mathrm{d}t}\right)+u\frac{\partial}{\partial x}(c_V T)+v\frac{\partial}{\partial y}(c_V T)+w\frac{\partial}{\partial z}(c_V T)\right]$$

参考流体单元受力平衡条件和牛顿流体的应力应变关系，整理得到

$$\frac{1}{A}\rho\left[u\frac{\partial}{\partial x}(c_V T)+v\frac{\partial}{\partial y}(c_V T)+w\frac{\partial}{\partial z}(c_V T)\right]=$$

$$\frac{1}{A}\left[\frac{\partial}{\partial x}\left(k\frac{\partial T}{\partial x}\right)+\frac{\partial}{\partial y}\left(k\frac{\partial T}{\partial y}\right)+\frac{\partial}{\partial z}\left(k\frac{\partial T}{\partial z}\right)\right]-p\left(\frac{\partial u}{\partial x}+\frac{\partial v}{\partial y}+\frac{\partial \omega}{\partial z}\right)+\Phi \tag{7.7}$$

式中：

$$\Phi=\eta\left\{2\left[\left(\frac{\partial u}{\partial x}\right)^2+\left(\frac{\partial v}{\partial y}\right)^2+\left(\frac{\partial w}{\partial z}\right)^2\right]-\frac{2}{3}\left(\frac{\partial u}{\partial x}+\frac{\partial v}{\partial y}+\frac{\partial \omega}{\partial z}\right)^2+\right.$$

$$\left.\left(\frac{\partial u}{\partial y}+\frac{\partial v}{\partial x}\right)^2+\left(\frac{\partial v}{\partial z}+\frac{\partial w}{\partial y}\right)^2+\left(\frac{\partial \omega}{\partial x}+\frac{\partial u}{\partial z}\right)^2\right\}$$

式(7.7)即牛顿流体在无热源和稳态条件下的能量守恒微分方程，简称能量方程。等式左边为流体内能。右边第一项为热传导项，第二项为体积膨胀，第三项为粘性耗散。热传导与体积膨胀将降低内能，而粘性耗散即粘性剪切发热则增加内能。

对不可压缩流体，体积膨胀项为零，并在考虑润滑膜很薄的特点下，可简化传导项和粘性耗散项，得到以温度 T 为待求变量的无热源、不可压、稳态流三维能量方程：

$$\frac{1}{A}\rho\left[u\frac{\partial}{\partial x}(c_V T)+v\frac{\partial}{\partial y}(c_V T)+w\frac{\partial}{\partial z}(c_V T)\right]=\frac{1}{A}\frac{\partial}{\partial y}\left(k\frac{\partial T}{\partial y}\right)+\eta\left[\left(\frac{\partial u}{\partial y}\right)^2+\left(\frac{\partial w}{\partial y}\right)^2\right] \tag{7.8}$$

(2) 广义雷诺方程

润滑膜热量通过润滑表面向固体零件传导散热，需要考虑沿膜厚方向的温度变化及相应的粘度变化，根据动量方程得到粘度沿膜厚变化的广义三维雷诺方程。

由式(3.30)，对 y 积分两次得

$$u=\frac{\partial p}{\partial x}\int_0^y\frac{y\mathrm{d}y}{\eta(y)}+C_1\int_0^y\frac{y\mathrm{d}y}{\eta(y)}+C_2 \tag{7.9a}$$

同理，由式(3.30)第三式，可得

$$w=\frac{\partial p}{\partial z}\int_0^y\frac{y\mathrm{d}y}{\eta(y)}+C_3\int_0^y\frac{y\mathrm{d}y}{\eta(y)}+C_4 \tag{7.9b}$$

式中：C_1、C_2、C_3 和 C_4 为积分函数。对于图 7.4 所示润滑膜，积分函数可由如下边界条件确定：

在 $y=0$ 处，　$u=0, v=w=0$
在 $y=h(x,z)$ 处，　$u=U, v=w=0$

(7.10)

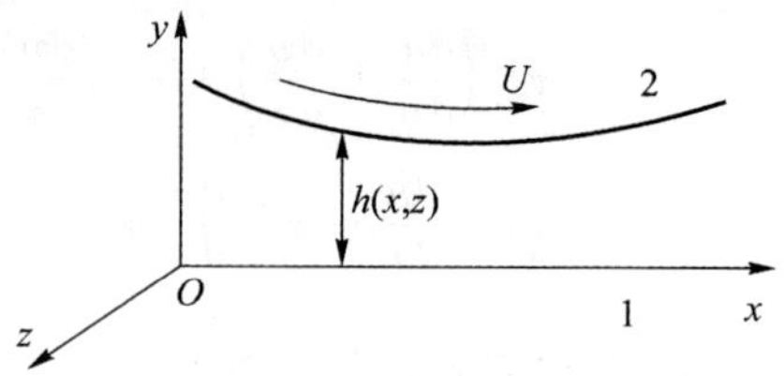

图 7.4　润滑膜边界速度

由式(7.9a)：$C_2=0$

$$C_1=\left[U-\frac{\partial p}{\partial x}\int_0^h\frac{y\,\mathrm{d}y}{\eta(y)}\right]\Big/\int_0^h\frac{\mathrm{d}y}{\eta(y)}$$

定义

$$F_0=\int_0^h\frac{\mathrm{d}y}{\eta(y)}$$

$$F_1=\int_0^h\frac{y\,\mathrm{d}y}{\eta(y)}=y_{\mathrm{m}}F_0$$

$$y_{\mathrm{m}}=F_1/F_0$$

则

$$C_1=\frac{1}{F_0}\left(U-\frac{\partial p}{\partial x}F_1\right)=\frac{U}{F_0}-y_{\mathrm{m}}\frac{\partial p}{\partial x}$$

同理，由式(7.9b)可得

$$C_4=0$$

$$C_3=-y_{\mathrm{m}}\frac{\partial p}{\partial z}$$

这样，润滑膜流体速度 u 和 w 可分别表示为

$$u=-\frac{\partial p}{\partial x}\int_0^y\frac{(y_{\mathrm{m}}-y)\,\mathrm{d}y}{\eta(y)}+\frac{U}{F_0}\int_0^y\frac{\mathrm{d}y}{\eta(y)} \tag{7.11a}$$

$$w=-\frac{\partial p}{\partial z}\int_0^y\frac{(y_{\mathrm{m}}-y)\,\mathrm{d}y}{\eta(y)} \tag{7.11b}$$

对不可压稳态流，由式(3.3)得积分连续方程

$$\int_0^h\frac{\partial u}{\partial x}\mathrm{d}y+\int_0^h\mathrm{d}v+\int_0^h\frac{\partial w}{\partial z}\mathrm{d}y=0$$

运用上限为变量的积分法则，并考虑图 7.4 中表面 2 速度 U 所引起的 y 向挤压分速度 $U\dfrac{\partial h}{\partial x}$，可得

$$\frac{\partial}{\partial x}\int_0^h u\,\mathrm{d}y+\frac{\partial}{\partial z}\int_0^h w\,\mathrm{d}y=0 \tag{7.12}$$

将式(7.11)代入式(7.12)，得

$$\frac{\partial}{\partial x}\left[\frac{\partial p}{\partial x}\int_0^h\int_0^y\frac{(y_{\mathrm{m}}-y)\,\mathrm{d}y}{\eta(y)}\mathrm{d}y\right]+\frac{\partial}{\partial z}\left[\frac{\partial p}{\partial z}\int_0^h\int_0^y\frac{(y_{\mathrm{m}}-y)\,\mathrm{d}y}{\eta(y)}\mathrm{d}y\right]=$$
$$U\left[\frac{\partial}{\partial x}\int_0^h\frac{1}{F_0}\int_0^y\frac{\mathrm{d}y}{\eta(y)}\mathrm{d}y\right] \tag{7.13}$$

利用部分积分化简，可有

$$\int_0^h \int_0^y \frac{dy}{\eta(y)} dy = \left[\int_0^y \frac{dy}{\eta(y)} y\right]_0^h - \int_0^h y \frac{dy}{\eta(y)} = hF_0 - F_1 \tag{7.14}$$

$$\int_0^h \int_0^y \frac{y\,dy}{\eta(y)} dy = \left[\int_0^y \frac{y\,dy}{\eta(y)} y\right]_0^h - \int_0^h y \frac{y\,dy}{\eta(y)} = hF_1 - \int_0^h \frac{y^2 dy}{\eta(y)} \tag{7.15}$$

有

$$\int_0^h \int_0^y \frac{(y_m - y)\,dy}{\eta(y)} dy = y_m(hF_0 - F_1) - hF_1 + \int_0^h \frac{y^2 dy}{\eta(y)} =$$

$$\int_0^h \frac{y^2 dy}{\eta(y)} - \frac{F_1^2}{F_0} = \int_0^h \frac{y}{\eta(y)}\left(y - \frac{F_1}{F_0}\right) dy \equiv F_2 \tag{7.16}$$

考虑式(7.16)和式(7.14)的关系，式(7.13)可写为

$$\frac{\partial}{\partial x}\left(F_2 \frac{\partial p}{\partial x}\right) + \frac{\partial}{\partial z}\left(F_2 \frac{\partial p}{\partial z}\right) = U \frac{\partial}{\partial x}\left(h - \frac{F_1}{F_0}\right) \tag{7.17}$$

式中：

$$F_0 = \int_0^h \frac{1}{\eta(y)} dy$$

$$F_1 = \int_0^h \frac{y}{\eta(y)} dy$$

$$F_2 = \int_0^h \frac{y}{\eta(y)}\left(y - \frac{F_1}{F_0}\right) dy$$

4. 热流体动力润滑计算

(1) 润滑计算条件和步骤

在热流体动力润滑计算中，要同时考虑对流散热和传导散热，解出三维温度分布和流体动力润滑效应。因此，在基本方程中，除能计算膜厚方向温度变化的三维能量方程(7.8)和粘度变化的三维雷诺方程(7.17)外，还应考虑粘温方程和固体边界零件的热传导方程。

在解算时，需要有关油膜压力的边界条件，包括待定的油膜破裂自由边界条件，还应提供固体零件与邻接零件、环境空间和油膜作用区与非作用区之间的有关温度边界条件，还需考虑供油温度、滑油回流流量与回流温度，以及油膜始温的影响。

油膜和固体零件中三维温度分布，以及轴承油膜的二维压力分布，是在确定和待定的压力与温度边界条件下，通过数值迭代联解粘温方程、三维广义雷诺方程、三维能量方程和固体零件热传导方程之后取得的。解算中，对温度和压力的连续场问题，可采用有限差分法进行数值离散。有关整体迭代步骤简要归纳如下：

① 给出油膜三维温度场离散节点的温度初值；

② 按粘温方程计算各相应点的滑油粘度，通过广义雷诺方程解算二维压力分布，并通过流速方程计算油膜中流速分量；

③ 联解油膜三维能量方程和固体零件热传导方程，得到新油膜和固体零件的三维温度分布；

④ 通过检查两次迭代之间温度分布的相对误差,判别是否终止迭代,如误差较大,则返回第②步继续迭代计算。

(2) 流体的粘温特性

流体的粘温特性有不同的表现方式,用于不同的工况条件和计算要求,流体计算中常用的流体粘温特性主要有 Reynolds 粘温关系、ASTM341 推荐的粘温关系等。

1) Reynolds 粘温关系式

$$\eta = \eta_0 \exp[-\beta(T - T_0)] \tag{7.18}$$

式中将粘温关系表达为指数形式,表达形式简单,但温度应用范围有限。

2) ASTM 341 推荐的粘温关系式

工程中常用 ASTM 341 推荐的粘温关系式

$$\lg[\lg(\nu + 0.7)] = A - B\lg T \tag{7.19}$$

式中:ν 是运动粘度,$\nu=\eta/\rho$。式(7.19)表明,横坐标 $\lg[\lg(\nu+0.7)]$ 与纵坐标 $\lg T$ 满足线性关系。发动机机油通常给出 40 ℃和 100 ℃时的运动粘度测量值。

3) 自由容积(free volume)粘温关系式

Williams-Landel-Ferry(WLF)模型提出的一种基于自由容积的粘温关系式,可以比较准确地表现流体的粘温特性:

$$\eta = \eta_g \exp\left[\frac{-C_1(T - T_g)}{C_2 + (T - T_g)}\right] \tag{7.20}$$

式中:T_g 为流体的玻璃态转变温度;其他参数 C_1,C_2 和 η_g 均由实验数据拟合得到。

(3) 计算结果讨论

联立求解广义雷诺方程、能量方程和固体热传导方程,引入粘温关系和边界条件,可以得到热流体动力润滑(THD)解。费罗恩(Ferron)等于 1983 年对普通径向轴承所作的热流体动力润滑计算结果见图 7.5。由图可见,轴承周向最高温度位置在压力峰值的下游,最低温度发生在接近供油沟槽的最大油膜厚度处,计算所得的温度分布和压力分布与试验测量结果相比,一致性良好。

5. 绝热计算

当运转条件使润滑膜对流散热为主要方式,而传导散热相对可忽略时,宜采用绝热计算,问题的基本方程和有关边界条件可得到简化。在绝热计算中,由于不需考虑膜厚方向传热,因此可忽略温度和相应粘度在 y 向的变化。三维广义雷诺方程(7.17)即可变为式(3.52)的修正形式,$U_1=U$,$U_2=0$,对稳态有 $\partial h/\partial t=0$:

$$\frac{\partial}{\partial x}\left(\frac{h^3}{\eta}\frac{\partial p}{\partial x}\right) + \frac{\partial}{\partial z}\left(\frac{h^3}{\eta}\frac{\partial p}{\partial z}\right) = 6U\frac{\partial h}{\partial x} \tag{7.21}$$

三维能量方程(7.8)可写为

$$\frac{1}{A}\rho\left[u\frac{\partial}{\partial x}(c_V T) + v\frac{\partial}{\partial y}(c_V T) + w\frac{\partial}{\partial z}(c_V T)\right] = \eta\left[\left(\frac{\partial u}{\partial y}\right)^2 + \left(\frac{\partial w}{\partial y}\right)^2\right] \tag{7.22a}$$

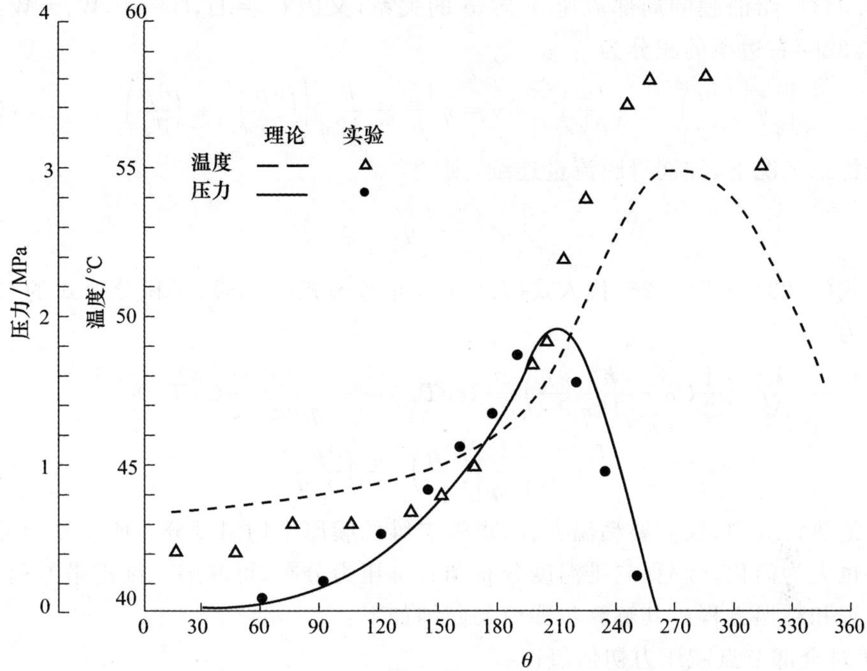

注：$R_b=R_j=50$ mm, $R_2=100$ mm, $L=80$ mm, $n=4\,000$ r/min, $W=600$ N。

图 7.5　轴承中央平面内压力和温度分布理论计算和实验比较

考虑不可压油膜的连续性，式(7.22a)可表述为

$$\frac{1}{A}\rho\left[\frac{\partial}{\partial x}(c_V T u)+\frac{\partial}{\partial y}(c_V T v)+\frac{\partial}{\partial z}(c_V T w)\right]=\eta\left[\left(\frac{\partial u}{\partial y}\right)^2+\left(\frac{\partial w}{\partial y}\right)^2\right] \tag{7.22b}$$

将该式沿 y 向由 0 到 h 进行积分，在稳态工况下，其左边括号内第二项为

$$\int_0^h \frac{\partial}{\partial y}(c_V T v)\,\mathrm{d}y=(c_V T v)\Big|_0^h=0 \tag{7.23}$$

第一项为

$$\int_0^h \frac{\partial}{\partial x}(c_V T u)\,\mathrm{d}y=\frac{\partial}{\partial x}\int_0^h (c_V T u)\,\mathrm{d}y-(c_V T u)\Big|_h\frac{\partial h}{\partial x}$$

由于$u\big|_0=0$，在薄膜条件下，可视 c_V 为常值，T 为膜厚平均温度 T_m，由式(3.36)得

$$\int_0^h \frac{\partial}{\partial x}(c_V T u)\,\mathrm{d}y=\frac{\partial}{\partial x}(c_V T_m q_x)$$

即

$$\int_0^h \frac{\partial}{\partial x}(c_V T u)\,\mathrm{d}y=c_V T_m\frac{\partial q_x}{\partial x}+q_x\frac{\partial}{\partial x}(c_V T_m) \tag{7.24}$$

同理，式(7.22b)左边括号内第三项可表述为

$$\int_0^h \frac{\partial}{\partial z}(c_V T w)\,\mathrm{d}y=c_V T_m\frac{\partial q_z}{\partial z}+q_z\frac{\partial}{\partial z}(c_V T_m) \tag{7.25}$$

按式(3.34)所给油膜的局部流速 u 与 w 的关系，又因 $U_1=U,U_2=0,W_1=W_2=0$，则式(7.22b)右边项的积分为

$$\int_0^h \eta\left[\left(\frac{\partial u}{\partial y}\right)^2+\left(\frac{\partial w}{\partial y}\right)^2\right]\mathrm{d}y=\eta\frac{U^2}{h}+\frac{h^3}{12\eta}\left[\left(\frac{\partial p}{\partial x}\right)^2+\left(\frac{\partial p}{\partial z}\right)^2\right] \tag{7.26}$$

在稳态工况下，油润滑膜流量连续，则

$$\frac{\partial}{\partial x}q_x+\frac{\partial}{\partial z}q_z=0$$

将式(7.23)～式(7.26)代入式(7.22b)，并考虑式(3.36)，得积分形式的二维能量方程为

$$\frac{1}{A}\rho\left[\left(\frac{1}{2}Uh-\frac{h^3}{12\eta}\frac{\partial p}{\partial x}\right)\frac{\partial}{\partial x}(c_VT_m)-\frac{h^3}{12\eta}\frac{\partial p}{\partial z}\frac{\partial}{\partial z}(c_VT_m)\right]=\eta\frac{U^2}{h}+\frac{h^3}{12\eta}\left[\left(\frac{\partial p}{\partial x}\right)^2+\left(\frac{\partial p}{\partial z}\right)^2\right] \tag{7.27}$$

在绝热计算中，仅需要粘温方程，求解二维的膜厚平均温度分布所需要的温度边界条件也大为简化。解算二维温度分布和二维压力分布，可联解二维雷诺方程、二维能量方程和粘温方程。其解算步骤简要归纳如下：

① 对全部节点赋压力初估值；

② 由能量方程求解膜厚平均温度分布；

③ 由粘温方程求解膜厚平均粘度分布；

④ 由雷诺方程求解压力分布；

⑤ 检验两次迭代之间的压力分布相对误差，如不收敛即返回步骤②，继续下一轮迭代。

以上计算均未考虑紊流工况下的热效应和固体零件润滑表面热变形。

7.2 润滑膜中的紊流效应

润滑膜中的紊流现象是一种惯性效应，在紊流现象发生之前，润滑膜中的惯性效应已经存在，但影响较小。当紊流现象发生时，惯性效应将明显显现。

1. 紊流现象与雷诺数

实验表明，液体在管中流动有层流和紊流两种流态。层流时，液体各质点沿管道轴线做平行流动，各层质点互不干扰。当液体流速增大到一定值后，管道内液体各质点在向前运动的同时还发生横向运动，各层质点相互混杂，运动轨迹紊乱，称为紊流。在层流状况下，流动所受阻力较小，能量损失较少；反之，在紊流状态下，流动所受阻力较大。

流体流动从层流到紊流的转变，不仅取决于管流平均流速 U，还取决于管道特征尺寸 l 和流体运动粘度 ν，三者的关系如下：

$$Re=\frac{Ul}{\nu}\quad 或 \quad Re=\frac{\rho Ul}{\eta}$$

式中，Re 称为雷诺数(Reynolds number)，即为流体惯性力和粘性力之比。

雷诺数的物理意义可以用单位体积流体的受力状况予以说明，如单位体积流体迁移加速度是 $u\dfrac{\mathrm{d}u}{\mathrm{d}x}$，相应惯性力为 $\rho u\dfrac{\mathrm{d}u}{\mathrm{d}x}$，则单位体积的 x 向粘性力为

$$\rho u\frac{\mathrm{d}u}{\mathrm{d}x}\frac{\partial\tau_{yx}}{\partial y}=\frac{\eta\partial^2 u}{\partial y^2}$$

由于 u 与管流平均流速 U 成比例，且流体流动在长度方向与管道特征尺寸 l 成比例，于是有

$$\frac{惯性力}{粘性力}=\frac{\rho u\dfrac{\mathrm{d}u}{\mathrm{d}x}}{\eta\dfrac{\partial^2 u}{\partial y^2}}\propto\frac{\dfrac{\rho U^2}{l}}{\eta\dfrac{U}{l^2}}=\frac{\rho Ul}{\eta}=Re$$

实验表明，任何液体在光滑圆硬管中流动时，若 $Re<2\ 320$，则为层流；若 $Re>13\ 800$，则处于紊流状态；若 $2\ 320<Re<13\ 800$，则流动处于过渡状态。一般取临界雷诺数 $Re_c=2\ 000\sim2\ 300$ 作为判别层流或紊流的标准，即当流体惯性力较小而粘性力较大时，易于呈现层流状态；反之，易于呈现紊流状态。

在径向轴承中，润滑膜中的流体流动，也可因惯性力相对较高而出现旋涡或紊流现象。泰勒(Taylor)于 1932 年在进行两个同心圆筒间流体稳定性研究时，首先对这种旋涡现象进行了理论分析和实验观察，见图 7.6。泰勒得到不呈现旋涡的条件即临界泰勒数为

$$T_c=\frac{\rho Uc}{\eta}\sqrt{\frac{c}{R}}<41.1 \tag{7.28a}$$

即有临界雷诺数

$$Re_c=\frac{\rho Uc}{\eta}<41.1\bigg/\sqrt{\frac{c}{R}} \tag{7.28b}$$

式中：c 为半径间隙，是特征尺寸。

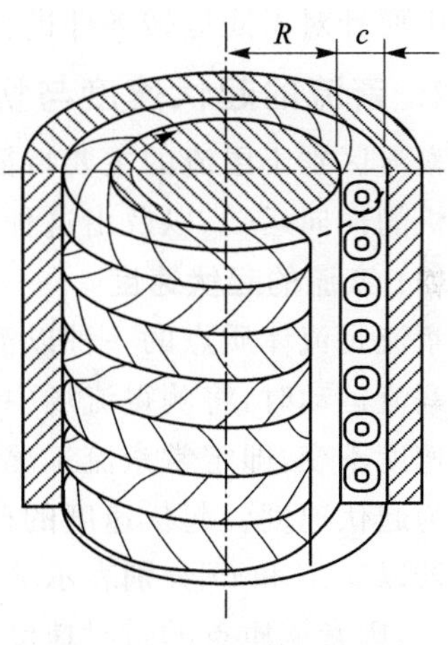

图 7.6　同心旋转圆筒之间的泰勒旋涡

对形如普通径向轴承的非同心圆筒，图 7.7 给出一种实验结果，表明 T_c 是偏心率 ε 的函数。此时，轴承中局部临界雷诺数可表示为

$$Re_c=\frac{\rho Uh}{\eta} \tag{7.29}$$

式中：h 为油膜厚度。

紊流是一种常见现象，在大多数轴承中，紊流随泰勒旋涡的发生而出现，某些场

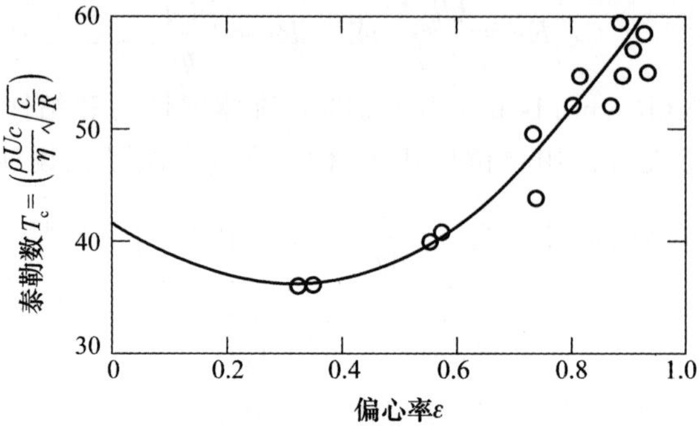

图 7.7　T_c 与 ε 关系图

合中，紊流也可在泰勒旋涡出现之前发生。因此，在紊流润滑理论中，将随机紊流动量输送运动作为基础，而忽略泰勒旋涡效应。

在纯剪切流下的径向轴承中，对 $c/R>0.000\ 4$，其临界雷诺数 $Re_c<1\ 900$。在止推轴承中，当层流稳定性丧失时，离心力将导致螺旋形旋涡发生，有时 $Re_c=(\rho Uh/\eta)\approx 1\ 100$。通常滑动轴承的雷诺数 $Re\leqslant 10$，但像涡轮发生器一类大型轴承直径较大时，油膜雷诺数可高达 2 000～6 000。水的粘度约为油的十分之一，所以相同几何尺寸的水润滑轴承雷诺数约为油轴承的 10 倍。轴承润滑膜中是否会出现紊流，设计中要针对不同运转条件进行具体分析。

2. 紊流的起伏速度与切应力

紊流区别于层流的主要特征在于，其流体质点在沿着一定方向运动时，还伴随发生随机的横向运动，以及由这种紊流运动而引起的切应力。

(1) 紊流的起伏速度

紊流是流体质点的一种以流体质点或流体微元为单位的极不规则的运动。研究流体紊流运动时，将测得流场中某点在某给定时间内的平均速度，也称为时均速度。平均速度不变，即定常紊流工况时的瞬时速度是相对于平均速度上下波动的，其波动量称为起伏速度。起伏速度的存在及大小，是紊流呈现及其强弱的表征。

若以 $\bar{u}$、$\bar{v}$ 和 $\bar{w}$ 分别表示 x、y 和 z 向的平均速度，u'、v'和 w'分别表示相应的起伏速度，则紊流质点的瞬时速度可表示为

$$\left.\begin{aligned} u(x,y,z,t)&=\bar{u}(x,y,z)+u'(x,y,z,t)\\ v(x,y,z,t)&=\bar{v}(x,y,z)+v'(x,y,z,t)\\ w(x,y,z,t)&=\bar{w}(x,y,z)+w'(x,y,z,t)\end{aligned}\right\}\tag{7.30}$$

空间某点在较短时间间隔 T 内的 x 向平均速度分量为

$$\bar{u}=\frac{1}{T}\int_0^T u\,\mathrm{d}t$$

同理

$$\bar{v}=\frac{1}{T}\int_0^T v\,\mathrm{d}t$$

$$\bar{w}=\frac{1}{T}\int_0^T w\,\mathrm{d}t$$

T 时间内三个方向的起伏速度时均值将恒为零，即

$$\bar{u}'=\frac{1}{T}\int_0^T u'\,\mathrm{d}t=0,\quad \bar{v}'=\frac{1}{T}\int_0^T v'\,\mathrm{d}t=0,\quad \bar{w}'=\frac{1}{T}\int_0^T w'\,\mathrm{d}t=0$$

而不同方向起伏速度乘积的时均值并不恒为零，即

$$\overline{u'v'}=\frac{1}{T}\int_0^T u'v'\,\mathrm{d}t\neq 0$$

同理，有 $\overline{u'w'}\neq 0$，$\overline{v'w'}\neq 0$。这将引起紊流切应力。

(2) 紊流切应力

流体粘性切应力可理解为来自不同流速的邻层流体之间的动量交换。当流速较慢层的流体运动到流速较快的邻层中时，将会对其中的流体产生阻滞作用；反之，运动较快层的流体进入运动较慢的邻层时，将会加大流体的动量，而产生推进作用。在层流中，层与层之间的质量传递由分子热运动完成。在紊流中，不同流速层间发生动量交换，同时产生应力，层与层之间的质量传递，主要来自于紊流起伏速度的作用。在同样速度分布条件下，由于紊流运动中层与层之间质量交换的尺度较分子尺度大得多，所以紊流状况下的切应力表现较层流的切应力大得多。

紊流切应力与起伏速度的关系见图 7.8，图中为一紊流运动的微元 $\mathrm{d}x\mathrm{d}y\mathrm{d}z$，其 x 向中心的瞬时速度为 $\bar{u}+u'$，y 向中心的起伏速度为 v'，以 $v'+\Delta v'$ 和 $v'-\Delta v'$ 分别表示微元体上下表面 y 向起伏速度。单位时间内由上下表面传入微元体的质量为 $\rho(v'\pm\Delta v')\mathrm{d}x\mathrm{d}z$，进入微元体的质量随微元体以瞬时速度 $\bar{u}+u'$ 移动。于是，越过微元体上下表面单位面积的时均 x 向动量传递率分别为 $\rho\overline{(v'\pm\Delta v')(\bar{u}+u')}$，其中"＋"和"－"分别为越过上下表面。考虑到时均值 $\overline{\bar{u}v'}=\bar{u}\overline{(\pm\Delta v')}=0$，$\overline{u'(\pm\Delta v')}\ll\overline{u'v'}$，越过微元体上下表面的动量传递率为 $\rho\overline{u'v'}$，其量纲是应力量纲，即由紊流起伏速度所引起动量传递而产生的切应力。对图 7.8(a)所示的 $u(y)$ 情况，微元体上下表面分别与流速快慢的邻层相接，流速快层质量以 $-v'$ 进入微元体，较快的速度使其具有 $+u'$ 的起伏量，并使 $u'v'$ 带负号；同理，流速慢层质量以 $+v'$ 进入微元体，较慢的速度使其具有 $-u'$ 的起伏量，也使 $u'v'$ 带负号。由此，紊流起伏速度所引起的紊流切应力 τ'_{yz} 为

$$\tau'_{yz}=-\rho\overline{u'v'}\tag{7.31}$$

这样，在紊流工况下，流体的总切应力 τ_{yz} 应等于平均切应力，即层流切应力 $\bar{\tau}_{yx}$ 与紊流切应力 τ'_{yz} 之和，即有

$$\tau_{yz}=\bar{\tau}_{yz}+\tau'_{yz}=\eta\frac{\partial\bar{u}}{\partial v}-\rho\overline{u'v'}\tag{7.32}$$

式(7.31)所表述的紊流切应力,也可通过将瞬时速度和瞬时压力代入 N－S 方程导出。

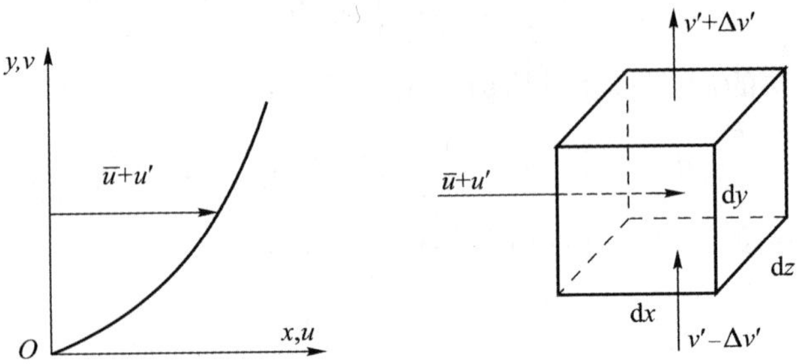

(a) 应力－速度曲线　　(b) 流体微元

图 7.8　紊流切应力与速度的关系

3. 润滑基本方程

(1) 连续方程

将式(7.30)表述的紊流瞬时速度代入连续方程,各项对时间取平均值,考虑到起伏速度及其导数的时均值都为零,得到

$$\frac{\partial \rho}{\partial t}+\frac{\partial(\rho \bar{u})}{\partial x}+\frac{\partial(\rho \bar{v})}{\partial y}=\frac{\partial(\rho \bar{w})}{\partial z}=0 \tag{7.33}$$

(2) 动量方程

根据纳维-斯托克斯方程,考虑不可压流,略去体积力项和惯性力项,将式(7.30)的瞬时速度和瞬时压力 $p=\bar{p}+p'$ 代入,又略去微小量项,考虑式(7.32)所给出的紊流运转条件下流体总切应力,整理可得 x 向和 z 向动量方程分别为

$$\left.\begin{aligned}\frac{\partial \bar{p}}{\partial x}&=\frac{\partial}{\partial y}\left(\eta \frac{\partial \bar{u}}{\partial y}-\rho \overline{u'v'}\right)\\ \frac{\partial \bar{p}}{\partial z}&=\frac{\partial}{\partial y}\left(\eta \frac{\partial \bar{w}}{\partial y}-\rho \overline{w'v'}\right)\end{aligned}\right\} \tag{7.34}$$

(3) 雷诺方程

紊流润滑雷诺方程,可基于相关连续方程(7.33)和动量方程(7.34)来建立,但将动量中紊流切应力与流体物性在紊流工况下建立联系较为复杂。工程上一般依赖半经验理论,如混合长度理论法、壁面定律法、紊流能量法和整体流动理论法等,但除一些极端条件,如高偏心率 ε 外,所得计算结果差别不大。下面以混合长度理论法为例进行讨论。

混合长度理论为普朗特(Prandtl)于 1931 年提出,1951 年,康士坦丁内斯库(Constantinescu)运用这一理论建立了紊流润滑理论,具有开创性。

在混合长度理论中,仿照层流切应力 $\tau_{yz}=\rho v \partial u/\partial y$,把紊流切应力表示为

$$\tau'_{yz}=-\rho \overline{u'v'}=\rho \varepsilon \frac{\partial \bar{u}}{\partial y}, \quad \varepsilon=l^{2}\left|\frac{\partial \bar{u}}{\partial y}\right| \tag{7.35}$$

式中：ε 为涡流粘性系数；l 为混合长度。

润滑膜中某点处的混合长度是该点至壁面距离 y 的函数，即

$$l=\begin{cases} ky, & 0\leqslant y\leqslant \dfrac{h}{2} \\ k(h-y), & \dfrac{h}{2}\leqslant y\leqslant h \end{cases} \tag{7.36}$$

根据量纲分析，一般取式中 k 为实常数，h 为膜厚。在一般情况下，取 $k=0.4$。对润滑问题，可根据润滑膜厚取 $k=0.2\sim0.4$。

将式(7.35)代入式(7.34)第一式，对 y 积分一次得

$$\frac{\partial \bar{p}}{\partial x}y=\eta\frac{\partial \bar{u}}{\partial y}+\rho l^2\frac{\partial \bar{u}}{\partial y}\left|\frac{\partial \bar{u}}{\partial y}\right|+C_1$$

即

$$\pm\rho l^2\left(\frac{\partial \bar{u}}{\partial y}\right)^2+\eta\frac{\partial \bar{u}}{\partial y}+\left(C_1-\frac{\partial \bar{p}}{\partial x}y\right)=0$$

由此解得

$$\frac{\partial \bar{u}}{\partial y}=\frac{-\eta\pm\sqrt{\eta^2\mp 4\rho l^2\left(C_1-\dfrac{\partial \bar{p}}{\partial x}y\right)}}{\pm 2\rho l^2}$$

对 y 积分，可得平均速度为

$$\bar{u}=\int\frac{-\eta\pm\sqrt{\eta^2\mp 4\rho l^2\left(C_1-\dfrac{\partial \bar{p}}{\partial x}y\right)}}{\pm 2\rho l^2}\mathrm{d}y+C_2 \tag{7.37}$$

积分常数 C_1 和 C_2 可由润滑膜的速度边界条件确定。将式(7.36)的 l 与 y 的关系式代入，便可解出润滑膜中的 u 分布，进而求得润滑膜 x 向单位宽度流量为

$$q_x=\int_0^h\bar{u}\,\mathrm{d}y$$

由此可见，在紊流状态下，q_x 不仅受到润滑表面速度和压力梯度的影响，而且还受到紊流效应强弱的影响。

为得到类似于层流的雷诺方程形式，近似认为单位宽度流量与压力梯度呈线性关系，对于一般工况($U_1=0,U_2=U,W_1=W_2=0$)，可将 x 向单位宽度流量表示为

$$q_x=-\frac{h^3}{k_x\eta}\frac{\partial \bar{p}}{\partial x}+\frac{1}{2}Uh \tag{7.38a}$$

同理有

$$q_z=-\frac{h^3}{k_z\eta}\frac{\partial \bar{p}}{\partial z} \tag{7.38b}$$

k_x 和 k_z 称为紊流系数。参考康士坦丁内斯库等推荐的近似关系：

$$\left.\begin{aligned} k_x&=12+0.013\,6Re^{0.90} \\ k_z&=12+0.004\,3Re^{0.96} \end{aligned}\right\} \tag{7.39}$$

式中：Re 是由式(7.29)确定的局部雷诺数。式(7.39)中 Re 取值范围可用 $1\,000<Re<50\,000$。

对可压缩流体定常紊流稳态工况，连续方程(7.33)的积分形式为

$$\frac{\partial}{\partial x}(\rho q_x)+\frac{\partial}{\partial z}(\rho q_z)=0 \tag{7.40}$$

将式(7.38)代入式(7.40)，可得到计及紊流效应的以平均压力为待求变量的雷诺方程为

$$\frac{\partial}{\partial x}\left(\frac{\rho h^3}{k_x\eta}\frac{\partial\bar{p}}{\partial x}\right)+\frac{\partial}{\partial z}\left(\frac{\rho h^3}{k_z\eta}\frac{\partial\bar{p}}{\partial z}\right)=\frac{U}{2}\frac{\partial(\rho h)}{\partial x} \tag{7.41}$$

在紊流条件下，k_x 和 k_z 均大于 12，意味着与层流润滑相比润滑膜表现出更高的粘度以及较高的轴承压力分布、承载能力和摩擦功耗。

对定常紊流的非稳态运转条件，可通过类似方法得到相应的瞬态雷诺方程，其形式类似于层流状态下的瞬态雷诺方程。在确定紊流系数 k_x 和 k_z 时，式(7.29)中的 Re，应以润滑表面的瞬时速度 U 计入。

(4) 能量方程

对紊流润滑，可近似认为单位宽度流量与压力梯度呈线性关系，并用紊流系数考虑紊流效应。对绝热计算，紊流润滑下二维能量方程可由式(7.22)得到

$$\frac{1}{A}\rho\left[\left(\frac{1}{2}Uh-\frac{h^3}{k_x\eta}\frac{\partial\bar{p}}{\partial x}\right)\frac{\partial}{\partial x}(c_V T_m)-\frac{h^3}{k_x\eta}\frac{\partial\bar{p}}{\partial z}\frac{\partial}{\partial z}(c_V T_m)\right]=$$

$$\tau_e\eta\frac{U^2}{h}+\frac{h^3}{\eta}\left[\frac{1}{k_x}\left(\frac{\partial\bar{p}}{\partial x}\right)^2+\frac{1}{k_z}\left(\frac{\partial\bar{p}}{\partial z}\right)^2\right] \tag{7.42}$$

式中：$\tau_e=1+0.001\,2Re^{0.94}$。对于热流体动力润滑计算，紊流润滑下三维能量方程也可类似地由式(7.8)得到。

7.3 润滑表面粗糙度效应

润滑经典理论中润滑膜所依附的固体表面被假设为绝对光滑，因在一般厚膜润滑中固体表面粗糙度对润滑性能的影响较小，所以大多数润滑膜理论研究和工程应用都忽略表面粗糙度效应。但在薄膜润滑条件下，如重载油膜润滑和气膜润滑等，表面粗糙度对润滑性能的影响甚至达到了与光滑表面动压润滑效应处于同一数量级的程度。某些润滑条件下，固体表面间已不能形成完全的流体膜润滑，而出现了真实粗糙表面上部分微凸体的实际接触，形成部分流体膜润滑。本节将仅讨论流体膜润滑中尚未出现微凸体接触时的表面粗糙度效应。

对汽车曲轴滑动轴承的轴颈表面粗糙度实测表明，表面粗糙度平均峰高约为 0.25 μm，峰谷高度约为 1.25 μm，邻峰间距约为 12.5 μm，轴颈直径约为 25 mm，润滑膜厚约为 12.5 μm。此时，虽然轴颈表面粗糙度峰谷高度远小于润滑膜厚，但粗糙

度峰距却与膜厚处于同一数量级，进而影响到经典润滑方程的应用条件。一般情况下，讨论润滑膜表面粗糙度效应时，多认为粗糙度峰距足够长，不致对雷诺方程的实用性造成影响。

本节将讨论表面粗糙度对雷诺方程的影响，通过对表面粗糙度随机描述，介绍一种基于平均流量概念的平均雷诺方程及其解法。

1. 表面粗糙度的润滑效应

固体表面粗糙度可分为表面横向粗糙度和纵向粗糙度。横向粗糙度，指两个润滑表面上微凸体是直的，且垂直于表面主运动方向的条纹，如图 7.9 所示。纵向粗糙度，指两个润滑表面上微凸体是直的但平行于主运动方向的条纹。下面在不可压流体有限宽条件下，分析表面横向粗糙度的润滑效应。

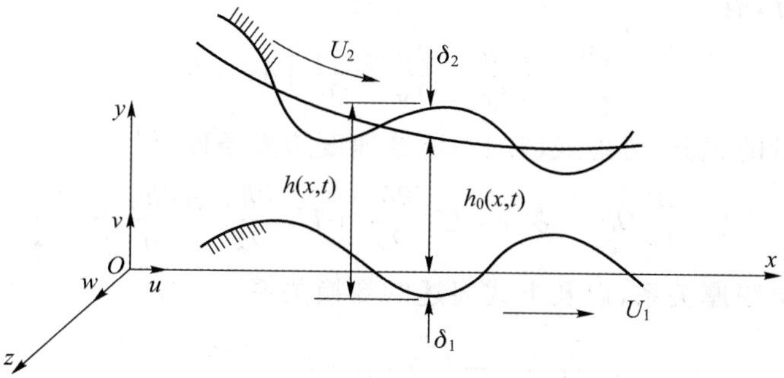

图 7.9　带有横向粗糙度表面的润滑楔

在图 7.9 中，润滑膜厚度 h 不随 z 向坐标变化，所以有

$$h(x,t)=h_0(x,t)+\delta_2(x-U_2t)-\delta_1(x-U_1t) \tag{7.43}$$

式中：h_0 为两粗糙表面轮廓中线所构成的局部名义膜厚；δ_1 和 δ_2 分别表示由粗糙表面轮廓中线所量得的沿坐标轴 y 向的两个表面粗糙度。

对前面章节所给润滑膜内流体的局部流速方程

$$\left.\begin{aligned} u&=\frac{1}{2\eta}\frac{\partial p}{\partial x}y^2+A\frac{y}{\eta}+B \\ w&=\frac{1}{2\eta}\frac{\partial p}{\partial z}y^2+C\frac{y}{\eta}+D \end{aligned}\right\}$$

考虑图 7.9 的速度边界条件

$$\left.\begin{aligned} &y=\delta_1\ \text{处}, && u=U_1, && v=0, && w=W_1 \\ &y=h_0+\delta_2\ \text{处}, && u=U_2, && v=U_2\frac{\partial h_0}{\partial x}+\frac{\partial h_0}{\partial t}, && w=W_2 \end{aligned}\right\} \tag{7.44}$$

可得流速方程的四个积分常数分别为

$$A=\frac{\eta}{h}\left\{U_2-U_1-\frac{1}{2\eta}\frac{\partial p}{\partial x}\left[(h_0+\delta_2)^2-\delta_1^2\right]\right\}$$

$$B=\frac{1}{h}\left\{U_1(h_0+\delta_2)-U_2\delta_1-\frac{1}{2\eta}\frac{\partial p}{\partial x}\left[\delta_1^2 h_0+\delta_1^2\delta_2-(h_0+\delta_2)^2\delta_1\right]\right\}$$

$$C=\frac{\eta}{h}\left\{W_2-W_1-\frac{1}{2\eta}\frac{\partial p}{\partial z}\left[(h_0+\delta_2)^2-\delta_1^2\right]\right\}$$

$$D=\frac{1}{h}\left\{W_1(h_0+\delta_2)-W_2\delta_1-\frac{1}{2\eta}\frac{\partial p}{\partial z}\left[\delta_1^2 h_0+\delta_1^2\delta_2-(h_0+\delta_2)^2\delta_1\right]\right\}$$

这样得到

$$\left.\begin{aligned}u&=\left[U_1+\frac{U_2-U_1}{h}(y-\delta_1)\right]-\frac{1}{2\eta}\frac{\partial p}{\partial x}\left[(y-\delta_1)(h_0+\delta_2-y)\right]\\w&=\left[W_1+\frac{W_2-W_1}{h}(y-\delta_1)\right]-\frac{1}{2\eta}\frac{\partial p}{\partial z}\left[(y-\delta_1)(h_0+\delta_2-y)\right]\end{aligned}\right\}\tag{7.45}$$

对连续方程积分，有

$$\int_{\delta_1}^{h_0+\delta_2}\left(\frac{\partial u}{\partial x}+\frac{\partial v}{\partial y}+\frac{\partial w}{\partial z}\right)\mathrm{d}y=0\tag{7.46}$$

按照上限为变量的积分，考虑式(7.42)所给速度边界条件，得

$$\frac{\partial}{\partial x}\int_{\delta_1}^{h_0+\delta_2}u\,\mathrm{d}y-U_2\frac{\partial}{\partial x}(h_0+\delta_2)+U_1\frac{\partial\delta_1}{\partial x}+U_2\frac{\partial h_0}{\partial x}+\frac{\partial h_0}{\partial t}+\frac{\partial}{\partial z}\int_{\delta_1}^{h_0+\delta_2}w\,\mathrm{d}y=0$$

按式(7.41)所给膜厚关系，以及下式表述的变换关系：

$$\left.\begin{aligned}\frac{\partial}{\partial t}\delta_1(x-U_1t)&=-U_1\frac{\partial\delta_1}{\partial x}\\\frac{\partial}{\partial t}\delta_2(x-U_2t)&=-U_2\frac{\partial\delta_2}{\partial x}\end{aligned}\right\}\tag{7.47}$$

得到

$$\frac{\partial}{\partial x}\int_{\delta_1}^{h_0+\delta_2}u\,\mathrm{d}y+\frac{\partial}{\partial z}\int_{\delta_1}^{h_0+\delta_2}w\,\mathrm{d}y+\frac{\partial h}{\partial t}=0$$

将式(7.43)代入，并考虑到 $W_1=W_2=0$，得

$$\frac{\partial}{\partial x}\left(\frac{h^3}{12\eta}\frac{\partial p}{\partial x}\right)+\frac{\partial}{\partial z}\left(\frac{h^3}{12\eta}\frac{\partial p}{\partial z}\right)=\frac{1}{2}(U_1+U_2)\frac{\partial h}{\partial x}+\frac{\partial h}{\partial t}\tag{7.48}$$

式(7.48)在形式上与未计润滑表面粗糙度雷诺方程形式完全相同。但润滑膜厚度 h 由式(7.43)决定，其中考虑了润滑表面粗糙度 δ_1 和 δ_2 的影响，并带有随机性。

考虑式(7.47)的关系，式(7.48)可写为

$$\frac{\partial}{\partial x}\left(\frac{h^3}{12\eta}\frac{\partial p}{\partial x}\right)+\frac{\partial}{\partial z}\left(\frac{h^3}{12\eta}\frac{\partial p}{\partial z}\right)=\frac{U_1+U_2}{2}\frac{\partial h_0}{\partial x}+\frac{U_1-U_2}{2}\frac{\partial}{\partial x}(\delta_1+\delta_2)+\frac{\partial h_0}{\partial t}\tag{7.49}$$

此式即为含两润滑表面粗糙度影响的雷诺方程。由于粗糙度及其所影响的膜厚具有随机性，因此式(7.49)所决定的待求压力亦为随机变量。由此可见，润滑表面粗糙度的影响可能达到与名义膜厚 h_0 的楔形效应和挤压效应相同的数量级。

2. 典型运转情况下的表面粗糙度效应

(1) 平行表面稳态运转

两润滑表面平行并处于稳态运转，即 $h_0=$常数，$\partial h_0/\partial t=0$ 时，式(7.49)为

$$\frac{\partial}{\partial x}\left(\frac{h^3}{12\eta}\frac{\partial p}{\partial x}\right)+\frac{\partial}{\partial z}\left(\frac{h^3}{12\eta}\frac{\partial p}{\partial z}\right)=\frac{U_1-U_2}{2}\frac{\partial}{\partial x}(\delta_1+\delta_2) \tag{7.50a}$$

或可利用式(7.47)写为

$$\frac{\partial}{\partial x}\left(\frac{h^3}{12\eta}\frac{\partial p}{\partial x}\right)+\frac{\partial}{\partial z}\left(\frac{h^3}{12\eta}\frac{\partial p}{\partial z}\right)=\frac{1}{2}\left(U_1\frac{\partial \delta_2}{\partial x}-U_2\frac{\partial \delta_1}{\partial x}\right)+\frac{1}{2}\frac{\partial}{\partial t}(\delta_2-\delta_1) \tag{7.50b}$$

式(7.50b)表明，即使在整体上处于稳态运转且平行的粗糙润滑表面之间，只要有相对滑动，因表面粗糙而产生局部的挤压效应和楔形效应就会显现，因而具有形成流体动压膜润滑的条件。

(2) 两润滑表面具有相同速度

当两润滑表面速度相同，即 $U_1=U_2=U$ 时，式(7.49)为

$$\frac{\partial}{\partial x}\left(\frac{h^3}{12\eta}\frac{\partial p}{\partial x}\right)+\frac{\partial}{\partial z}\left(\frac{h^3}{12\eta}\frac{\partial p}{\partial z}\right)=U\frac{\partial h_0}{\partial x}+\frac{\partial h_0}{\partial t} \tag{7.51}$$

在此条件下，虽然表面粗糙度的影响在式(7.51)右边的动压润滑源项中消失，但因左边项所含膜厚 h 仍为随机变量，所以待求压力 p 仍是随机的。

(3) 一侧润滑表面运动

两润滑表面分别处于运动和固定状态，如 $U_1\neq 0$，$U_2=0$ 时，若 $\partial h_0/\partial t=0$，则有以下三种情形：

① 运动表面光滑($\delta_1=0$)而固定表面粗糙($\delta_2\neq 0$)，则式(7.49)右边为

$$\frac{U_1}{2}\frac{\partial}{\partial x}(h_0+\delta_2) \tag{7.52a}$$

② 运动表面粗糙($\delta_1\neq 0$)而固定表面光滑($\delta_2=0$)，这时式(7.49)右边为

$$\frac{U_1}{2}\frac{\partial}{\partial x}(h_0+\delta_1) \tag{7.52b}$$

③ 运动表面和固定表面都粗糙(即 $\delta_1\neq 0,\delta_2\neq 0$)，则式(7.49)右边将变为

$$\frac{U_1}{2}\frac{\partial}{\partial x}(h_0+\delta_1+\delta_2) \tag{7.52c}$$

在上述三种情形下，表面粗糙度所造成的润滑效应不尽相同。在图 7.10 中，给出了带有横向粗糙度的无限宽滑块动压轴承在上述三种不同情形下的计算结果。图中纵坐标为无量纲载荷 $\overline{W}$，$\overline{W}=h_{\min}^2W_L/(6\eta U_1L^2)$；横坐标为无量纲最大表面粗糙度 $\bar{\delta}_{\max}$，$\bar{\delta}_{\max}=\delta_{\max}/h_{\min}$，或为其倒数。当动面光滑而固定面粗糙时，由粗糙度引起的动压效应最强；动面粗糙而固定面光滑时，影响较弱。

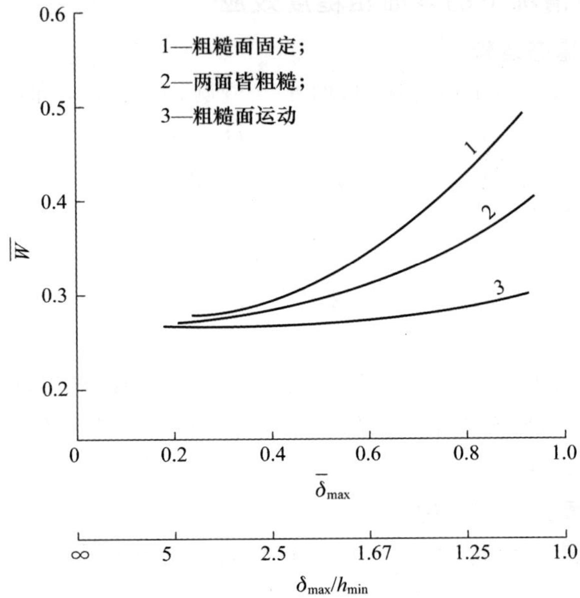

图 7.10　表面粗糙度的润滑效应

3. 平均雷诺方程及其求解

考虑表面粗糙度影响时，膜厚 h 由式(7.43)确定，且随两表面粗糙度 δ_1 和 δ_2 随机变化，由式(7.48)所决定的待求压力 p 及其相关润滑膜性能也随之变化。按随机变量的概率描述，在工程上无须考察随机变量的变化细节，而应注意随机变量的某些特征，特别是总体特征。这里表现为该随机变量的数学期望，或称平均期望值，在讨论时用变量上方加"^"符号来表示，如用平均(期待)压力 $\hat{p}$ 为待求变量的平均雷诺方程。

建立平均雷诺方程可通过随机雷诺方程(7.48)两边取总体平均得到；但局限于表面粗糙度为横向粗糙度或纵向粗糙度，也可借助单位宽平均(期待)流量模拟以及积分形式流量连续方程导出，可用于任何三维表面粗糙度结构，下面予以讨论。

(1) 单位宽平均流量和平均雷诺方程

研究一具有粗糙表面的润滑膜控制体，见图 7.11，其面积为 $\Delta x \Delta z$，v 向膜厚 h 按式(7.43)表述。

假定控制体面积 $\Delta x \Delta z$ 足够大，可以包含粗糙表面的大量微凸体，但远小于润滑膜几何尺寸。在控制体 x 向和 z 向的单位宽流量为

$$\left.\begin{aligned} q_x &= -\frac{h^3}{12\eta}\frac{\partial p}{\partial x} + \frac{U_1 + U_2}{2}h \\ q_z &= -\frac{h^3}{12\eta}\frac{\partial p}{\partial z} \end{aligned}\right\} \tag{7.53}$$

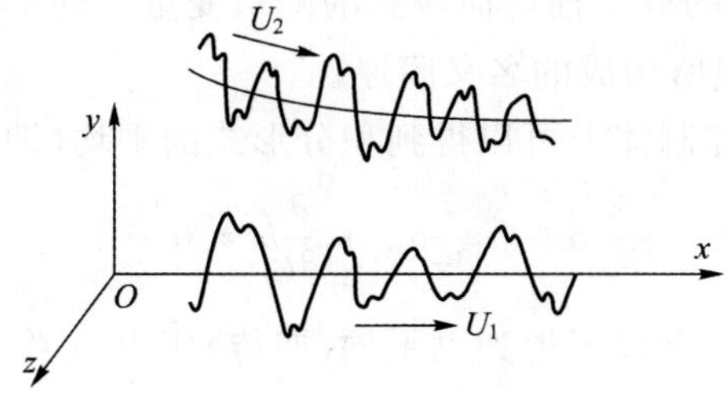

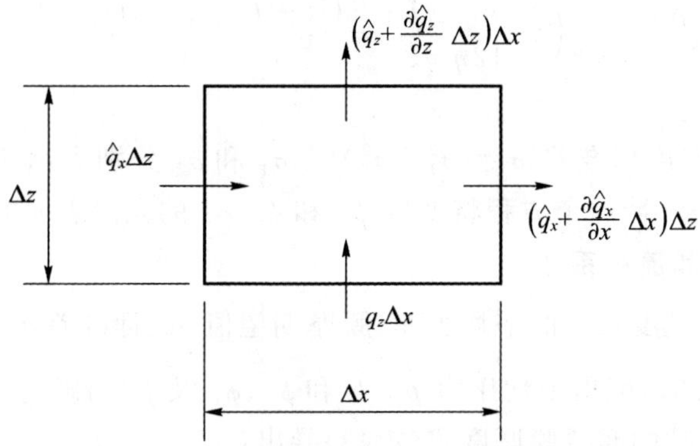

图 7.11　控制体及其流量

式中:h 和 p 是随机的;流量 q_x 和 q_z 亦为随机变化,则进入控制体的单位宽平均(期待)流量 $\hat{q}_x$ 和 $\hat{q}_z$ 近似为

$$\left.\begin{aligned}\hat{q}_x &\approx \frac{1}{\Delta z}\int_z^{z+\Delta z} q_x \mathrm{d}z = \frac{1}{\Delta z}\int_z^{z+\Delta z}\left(-\frac{h^3}{12\eta}\frac{\partial p}{\partial x}+\frac{U_1+U_2}{2}h\right)\mathrm{d}z \\ \hat{q}_z &= \frac{1}{\Delta x}\int_x^{x+\Delta x} q_z \mathrm{d}x = \frac{1}{\Delta x}\int_x^{x+\Delta x}\left(-\frac{h^3}{12\eta}\frac{\partial p}{\partial z}\right)\mathrm{d}x\end{aligned}\right\} \tag{7.54}$$

引入压力流系数 ϕ_x 和 ϕ_z,以及剪切流系数 ϕ_s,可将单位宽平均(期待)流量表述为

$$\left.\begin{aligned}\hat{q}_x &= -\phi_x\frac{h_0^3}{12\eta}\frac{\partial \hat{p}}{\partial x}+\frac{U_1+U_2}{2}\hat{h}+\frac{U_1-U_2}{2}\sigma\phi_s \\ \hat{q}_z &= -\phi_z\frac{h_0^3}{12\eta}\frac{\partial \hat{p}}{\partial z}\end{aligned}\right\} \tag{7.55}$$

式中:

ϕ_x 和 ϕ_z 为压力流系数,表示粗糙表面润滑膜平均压力流与光滑表面压力流之比;

ϕ_s 为剪切流系数,表示在粗糙表面润滑中,因表面相对滑动而由粗糙度的峰谷所带走的附加输送流量;

$\hat{p}$ 为待求的平均(期待)压力;

$\hat{h}$ 为通过表面粗糙度的概率描述而得到的随机变量 h 的平均膜厚；

h_0 为粗糙表面轮廓线所构成的名义膜厚。

对不可压缩流体，在控制体上可以得到积分形式的平均（期待）流量连续方程

$$\frac{\partial}{\partial x}\hat{q}_x + \frac{\partial}{\partial z}\hat{q}_z + \frac{\partial}{\partial t}\hat{h} = 0 \tag{7.56}$$

将式（7.55）代入式（7.56），立即可得到以平均（期待）压力 $\hat{p}$ 作为待求变量的平均雷诺方程为

$$\frac{\partial}{\partial x}\left(\phi_x \frac{h_0^3}{12\eta}\frac{\partial \hat{p}}{\partial x}\right) + \frac{\partial}{\partial z}\left(\phi_z \frac{h_0^3}{12\eta}\frac{\partial \hat{p}}{\partial z}\right) = \frac{U_1 + U_2}{2}\frac{\partial \hat{h}}{\partial x} + \frac{U_1 - U_2}{2}\sigma\frac{\partial \phi_x}{\partial x} + \frac{\partial \hat{h}}{\partial t} \tag{7.57}$$

式中：σ 为组合粗糙度标准差，$\sigma = (\sigma_1^2 + \sigma_2^2)^{1/2}$，$\sigma_1$ 和 σ_2 分别表示两表面粗糙度标准差。可见，随 $h_0/\sigma \to \infty$，这个方程将变成 ϕ_x 和 $\phi_z \to 1$ 的光滑表面的雷诺方程。

(2) 平均膜厚和流量系数

提供与表面粗糙度相关的平均膜厚（膜厚期望值）$\hat{h}$、标准差 σ 和流量系数 ϕ_x、ϕ_z 及 ϕ_s，即可由式（7.57）解出平均压力 $\hat{p}$。$\hat{h}$ 和 ϕ_x、ϕ_z 及 ϕ_s 的确定可根据式（7.41）及含有表面粗糙度影响的润滑膜厚度式（7.43）导出：

$$h = h_0 + \delta, \qquad \delta = \delta_2 - \delta_1$$

式中：δ 为两表面的组合粗糙度。

概率意义上，随机变量 h 的数学期望

$$\mathrm{E}(h) = \int_{-h}^{\infty}(h_0 + \delta)f(\delta)\mathrm{d}\delta \tag{7.58}$$

式中：$f(\delta)$ 为 δ 的概率密度函数；$\mathrm{E}(h)$ 为随机变量 h 的总体平均值。表面粗糙度的实验频率分布曲线符合正态分布理论频率函数，因此表面粗糙度的概率密度函数可表示为

$$f(\delta) = \frac{1}{\sigma\sqrt{2\pi}}\exp\left(-\frac{\delta^2}{2\sigma^2}\right) \tag{7.59}$$

膜厚 h 的平均（期待）值，即 h 的数学期望可表示为

$$\hat{h} = \mathrm{E}(h) = \frac{1}{\sigma\sqrt{2\pi}}\int_{-h}^{\infty}(h_0 + \delta)\exp\left(-\frac{\delta^2}{2\sigma^2}\right)\mathrm{d}\delta \tag{7.60}$$

式中：名义膜厚 h_0 可根据不同润滑表面的几何形状确定。在重载薄膜润滑条件下，应将润滑表面的弹性变形计入。如润滑膜中出现局部接触的情况，则在接触点处有 $h = \hat{h} = 0$。

流量系数 ϕ_x、ϕ_z 及 ϕ_s 对具有相同特征的粗糙表面有相应的确定值，可通过润滑膜流量模拟数值计算得到。

假定粗糙表面间的润滑问题可用一些小矩形支承面润滑问题来近似，如图 7.11

所示，并取 $\Delta x = l_x$，$\Delta z = l_z$，这种小支承面尺寸远小于润滑膜的总体尺寸，但含有大量具有相同特征的粗糙表面的微凸体，而每个小支承面的名义膜厚 $h=$ 常数，当已知小支承面上所具有的表面粗糙度为 δ_1 和 δ_2 时，在 $U_1 = U_2 = U$ 的条件下，由式(7.49)可得到此小块润滑模型上的流体将服从如下方程：

$$\frac{\partial}{\partial x}\left(\frac{h^3}{12\eta}\frac{\partial p}{\partial x}\right)+\frac{\partial}{\partial z}\left(\frac{h^3}{12\eta}\frac{\partial p}{\partial z}\right)=0 \tag{7.61}$$

且具有压力边界条件

$$\left.\begin{aligned} &x=0\ \text{时},p=p_a\\ &x=l_x\ \text{时},p=p_a\\ &z=0,z=l_z\ \text{时},\partial p/\partial z=0,\text{且在接触点处}\ Q=0 \end{aligned}\right\} \tag{7.62}$$

对由式(7.61)和式(7.62)所构成的润滑模型边值问题，可通过有限差分法，解算随机的压力分布 $p(x,z)$，进而由式(7.54)解出 x 向相应的近似的单位宽平均(期待)流量，与式(7.55)联解，可得 x 向压力流系数为

$$\phi_x=\frac{\dfrac{1}{l_z}\displaystyle\int_0^{l_z}\left(\frac{h^3}{12\eta}\frac{\partial p}{\partial x}\right)\mathrm{d}z}{\dfrac{h_0^3}{12\eta}\dfrac{\partial\hat{p}}{\partial x}} \tag{7.63}$$

式中：$\partial\hat{p}/\partial x=(p_a-p_b)/l_x$。所得 ϕ_x 值取决于确切的润滑表面粗糙度 δ_1 和 δ_2。给定表面粗糙度统计数据，就可通过取若干不同控制面粗糙度数值，重复求解模型压力流及相应流量系数 ϕ_x，取其平均值作为期望值。

同理，可得 ϕ_z 值。在表面粗糙度各向同性条件下，有 $\phi_x=\phi_z$。也可通过流量模拟数值计算获得。

7.4　润滑油膜的气穴效应

润滑表面的运动分离或油膜间隙的发散，将引起沿润滑表面的油膜压力降低，而油膜产生的负压将诱发气穴。气穴在油膜中的存在将影响润滑膜的压力分布，使其相关力学性能发生改变。雷诺(1886)在研究润滑理论并用以解释托威试验时指出，在径向轴承间隙发散区可出现负压，且在足够大的负压下，油膜将发生破裂而不连续；并提出了在油膜区下游，存在一个油膜压力积分限问题，即油膜破裂自由边界，或称为气穴区上游自由边界问题。而在油膜气穴区下游也存在自由边界问题。此外，气穴以何种形式作用于流体的问题也对润滑油膜的压力分布产生影响。

1. 润滑油膜中的气穴

(1) 润滑膜边界的压力分布

油膜气穴，是由于滑油不能经受负压引起的，它将对油膜压力分布和轴承的力学性能产生影响。图 7.12 是麦克柏鲁门(Mcbroom，1968)在一个带有旋转常载荷圆

进动挤压油膜浸油润滑轴承中测量的包含了气穴压力的周向压力分布。

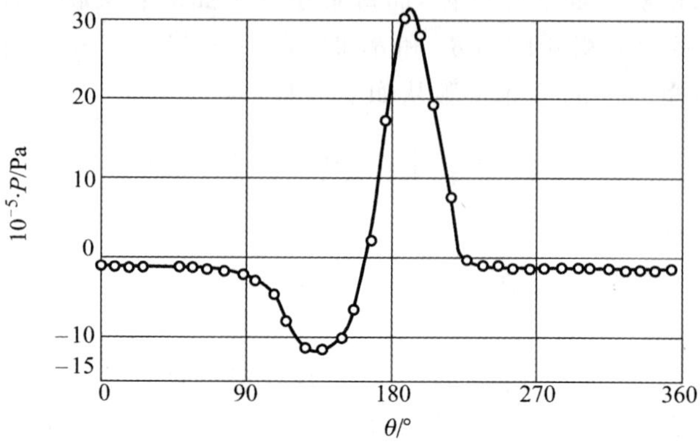

图 7.12　中央截面内周向压力分布($D=254$ mm,$L/D=1.5$,$\psi=0.010\ 6$,$n=530$ r/min)

这种轴承气穴形状具有明显瞬态性质,在周向压力分布上表现出稳态特征,主要体现在:

① 由于油膜在负压下产生气穴,使径向轴承中的实际周向压力分布不具有反对称特征;

② 油膜气穴的存在,使轴承负压区的大部分区域表现为略低于大气压力的负压,其值约为-0.098×10^5 Pa,即-0.1大气压力;

③ 在轴承中的理论最大负压的附近区域,表现为一个亚大气压力波,其峰值未达到绝对真空压力,约为-0.863×10^5 Pa,此极值与不稳定蒸气气穴破裂具有相关性;

④ 在略低于大气压力的大部分负压区里,存在空气气穴,在负压峰值附近呈现的是蒸气气穴,而在这两者之间的过渡区域,可以是空气气穴与蒸气气穴的混合物;

⑤ 轴承中油膜正压力区到油膜含气穴区,以及油膜含气穴区到油膜正压力区之间的自由边界是逐渐过渡的,且流动是连续的。

这样,如果在中等以上的载荷条件下,轴承中油膜正压力影响较大,因油膜气穴负压影响较小,见图 7.13,气穴区的负压影响可以忽略。所以,通常可认为气穴压力为大气压力,在分析计算中可采用负压置零的方法。但对轻载轴承,如图 7.12 所示,气穴区里的亚大气压力是需要考虑的。

(2) 气穴形式

气穴形式就其性质而言,有空气气穴和蒸气气穴两种基本形式;按气穴形状来看,有指状气穴、蕨叶状气穴和小气泡气穴等。

1) 空气气穴和蒸气气穴

气体在液体中的溶解度与绝对压力成比例,遵循亨利(Henry)定律。一般矿物

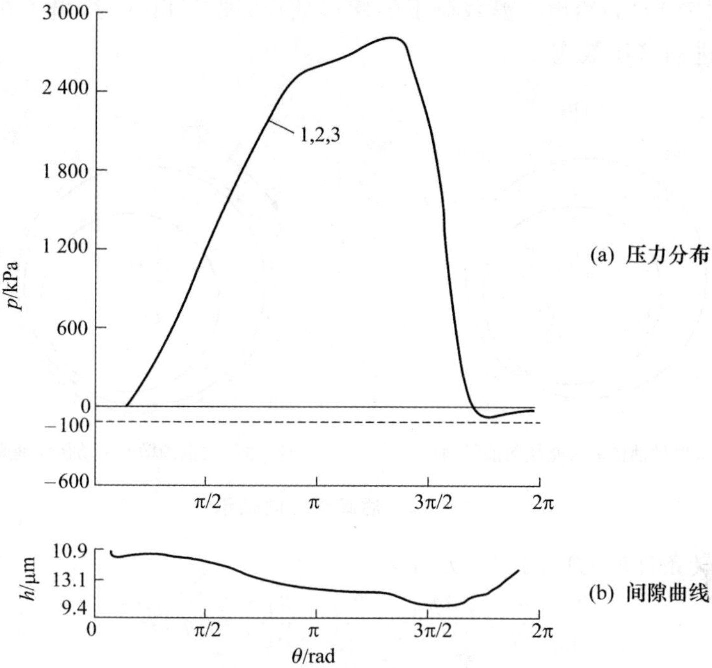

图 7.13　径向轴承的周向膜厚与压力分布($D=25.4$ mm,$L/D=1.0$ $\psi=0.000\ 5$,$n=500$ r/min,$\varepsilon=0.26$)

油,大多长期放置于大气环境,其空气溶解度约为 10%,相应的大气压力即为空气溶于滑油的饱和压力。当轴承中油膜出现略低于大气压力的情形时,溶于滑油中的空气将立即析出,形成以微小气泡核为中心的空气小气泡,此即一种空气气穴。随负压的保持或继续降低,除在油膜中溶解的空气将继续析出外,已在油膜中形成的空气小气泡将集聚或胀大;反之,当油膜压力升高时,已形成的空气小气泡将受压趋向溶解,因这一过程十分缓慢,它又能受压缩而出现在高压油膜中,导致出现一种滑油与空气小气泡混合的两相流体。

当油膜压力降低至绝对真空压力时,滑油将开始沸腾或汽化,相应压力为蒸气饱和压力。在此条件下,形成以气泡核为中心的蒸气小气泡,称为蒸气气穴。它可能聚集和胀大;但当油膜压力略高于蒸气饱和压力,低于大气压力时,蒸气气穴随即破灭,而不能像空气气穴那样经受较大的压缩。

一般在油膜负压区所观察到的气穴,主要是空气气穴,有时也有蒸气气穴,以及这两种气穴的混合物。当轴承在非全部浸没滑油润滑情况下,油膜负压区空穴气体也可自周围环境或润滑系统滑油中残存的小气室吸入。

2）气穴形状

对于空气气穴,根据运转条件不同,气穴形状可有指状气穴、蕨叶状气穴和小气泡气穴。润滑膜可能经受两种不同润滑效应,即楔形效应和挤压效应。对油润滑径向轴承,如图 7.14(a)给出了静载荷下的楔形效应,图 7.14(b)给出了在旋转常载荷下的稳态圆进动挤压效应。

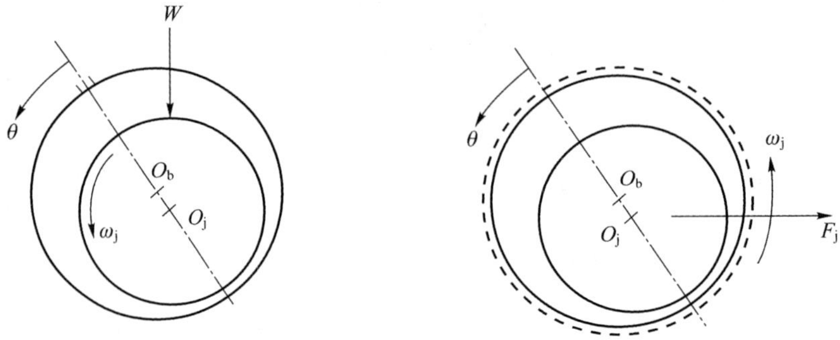

(a) 带轴向供油槽的普通径向油膜轴承　　(b) 带周向供油槽的进动挤压油膜轴承

图 7.14　油润滑径向轴承

两种运转条件所对应的雷诺方程为

$$\frac{1}{R_j^2}\frac{\partial}{\partial\theta}\left(h^3\frac{\partial p}{\partial\theta}\right)+\frac{\partial}{\partial z}\left(h^3\frac{\partial p}{\partial z}\right)=6\eta\omega_j\frac{\partial h}{\partial\theta} \tag{7.64a}$$

和

$$\frac{1}{R_j^2}\frac{\partial}{\partial\theta}\left(h^3\frac{\partial p}{\partial\theta}\right)+\frac{\partial}{\partial z}\left(h^3\frac{\partial p}{\partial z}\right)=-12\eta\omega_j\frac{\partial h}{\partial\theta} \tag{7.64b}$$

式(7.64b)类似于式(7.64a),同属稳态雷诺方程。但从气穴效应上看,式(7.64b)右边的进动挤压效应项所引起的气穴形状有别于式(7.64a)右边楔形效应项所引起的气穴形状。

在静载荷楔形效应下的试验表明,轴承油膜中分成两个稳定区域:一是油膜区;另一是气穴区。在气穴区里,沿润滑表面运动方向,油膜呈丝状,气穴呈指状,因而被称为指状气穴。这种气穴多是由许多小气泡气穴和吸入环境空气聚集构成的。

在常旋转载荷圆进动挤压效应下,轴承经受旋转压力场,如图 7.12 所示,正负压力交替变化,油膜压力区和气穴区也不断更替,两种气穴形状将同时存在。一是在润滑表面的分离边出现与指状气穴截然不同的蕨叶状(fern-leaf-like)气穴,且在旋转的正压力场扫过时消失;二是在润滑表面的趋近边油膜中遗留有相当多的孤立分散的小气泡气穴,它们可经受高压,具有可压缩性,且有溶解趋势。这些分散在油膜里的小气泡气穴,使润滑油膜转呈现为油气两相的可压缩流体。

对内燃机轴承等动载荷径向轴承,既有楔形效应,又有进动挤压和径向挤压效应,其润滑油膜的气穴形状将更趋复杂。一般有指状气穴、蕨叶状气穴和小气泡气穴,且能经受正压,并与滑油构成油气两相流体。

2. 压力区自由边界

应用 Reynolds 边界条件,用来考虑轴承中油膜气穴效应,在数值计算时通过将负压置零处理，适用于重载和中载运转情况。对轻载运转工况，则要考虑轴承中亚大气压力。弗洛贝格(1965)的油膜气穴理论和科伊莱-埃劳德(Coyne-Elrod,1971)的油膜分离边界条件与实验结果相比，都有较好的吻合。

(1) 静载荷径向轴承气穴边界条件

静载荷楔形效应下的指状气穴区可简化为如图 7.15 所示的气穴模型，图中 U 为润滑表面运动速度，p_c 为气穴压力。

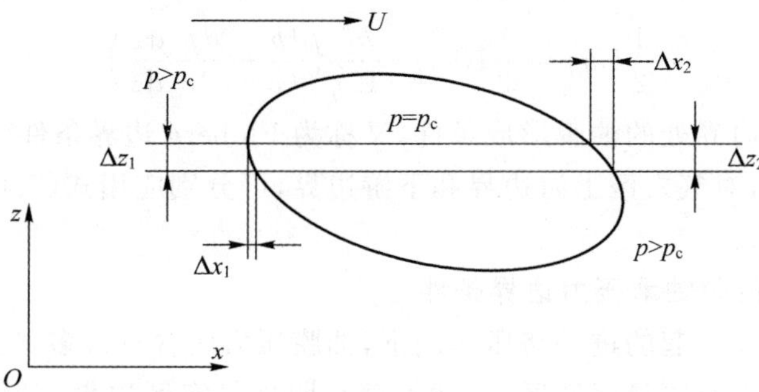

图 7.15　静载荷气穴区与条状流

在气穴区上游边界处，油膜区一侧的流量可表述为

$$\Delta Q_{\text{oil}} = \left(\frac{Uh_1}{2} - \frac{h_1^3}{12\eta}\frac{\partial p}{\partial x}\right)\Delta z_1 - \frac{h_1^3}{12\eta}\frac{\partial p}{\partial z}\Delta x_1$$

相应边界处，气穴区一侧的流量则为

$$\Delta Q_{\text{cav}} = \xi\frac{Uh_1}{2}\Delta z_1$$

式中：ξ 为边界处条状剪切流宽度系数，有 $0\leqslant\xi\leqslant1$。根据流量连续原理，可得

$$(1-\xi)\frac{Uh_1}{2}\Delta z_1 - \frac{h_1^3}{12\eta}\frac{\partial p}{\partial x}\Delta z_1 - \frac{h_1^3}{12\eta}\frac{\partial p}{\partial z}\Delta x_1 = 0 \tag{7.65}$$

因气穴区压力皆为 p_c，且是轴承里最低压力，所以 $\partial p/\partial x$ 和 $\partial p/\partial z$ 需为负或零，而式(7.65)左边为三个非负项之和，其每一项应为零，即

$$\frac{\partial p}{\partial x} = \frac{\partial p}{\partial z} = 0,\quad \xi = 1$$

这意味着，在气穴区上游边界处，压力在各个方向的导数均为零；且在气穴区开始处，滑油遍及完整宽度。这样，油膜破裂边界条件，即 Reynolds 为边界条件可写为

$$p = p_c,\quad \frac{\partial p}{\partial x} = \frac{\partial p}{\partial z} = 0 \text{ 或} \frac{\partial p}{\partial n} = 0 \tag{7.66}$$

对重载和中载运转条件，常取气穴压力为大气压力，即 $p_c = p_a = 0$。由于气穴区里仅有条状流，将一直沿表面速度方向流至气穴区下游边界处相应的气穴区一侧，该条状流量为

$$\Delta Q_{\text{cav}} = \frac{1}{2} U h_1 \cdot \Delta z_1$$

在气穴区下游边界处，对于相同的宽度，$\Delta z_2 = \Delta z_1 = \Delta z$，油膜区一侧的流量可表述为

$$\Delta Q_{\text{oil}} = \frac{U h_2}{2} \Delta z_2 - \frac{h_2^3}{12\eta}\left(\frac{\partial p}{\partial x}\Delta z_2 - \frac{\partial p}{\partial z}\Delta x_2\right)$$

根据流量连续原理，且当 $\Delta z \to 0$ 时，得

$$\frac{1}{2} U h_1 = \frac{1}{2} U h_2 - \frac{h_2^3}{12\eta}\left(\frac{\partial p}{\partial x} - \frac{\partial p}{\partial z}\frac{\mathrm{d}x}{\mathrm{d}z}\right) \tag{7.67}$$

此即气穴区下游边界处的油膜形成条件，又称为 Floberg 边界条件。

在静载荷下，对气穴区上游边界和下游边界，可分别应用式(7.66)和式(7.67)通过数值计算得到。

(2) 动载荷径向轴承压力边界条件

在旋转常载荷引起的进动挤压作用下，油膜压力区含有许多孤立分散的小气泡，使得轴承润滑膜没有明显气穴区，也就不存在明显气穴区边界。但轴承中仍存在承载区和无载气穴区。如假定气穴发生区的压力为某一常值，以 p_c'表示，称为气穴压力，则仍可寻找到此类运转条件下油膜压力区的自由边界。

由于仅存在轴颈对轴承的进动挤压效应，轴承中有压力流而无剪切流；且压力流仅发生在承载油膜压力区，如图 7.16 所示。图中 $p = p_c'$的区域，为气穴发生区。

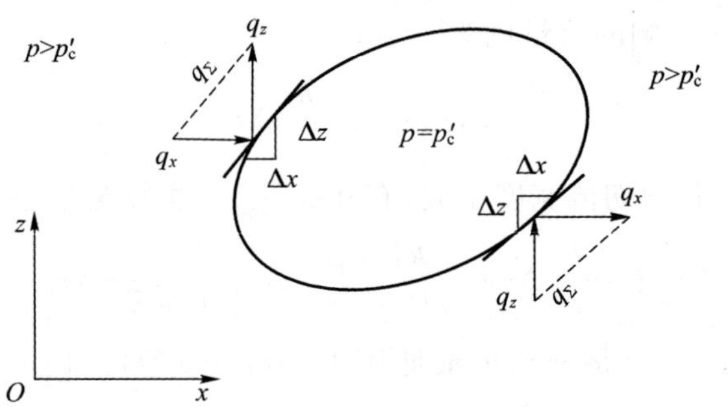

图 7.16　挤压作用压力区边界流

由图 7.16 可见，在承载压力区和无载气穴发生区之间的自由边界无上下游之分，基于流量连续原理，可得到

$$-\frac{h^3}{12\eta}\frac{\partial p}{\partial x}\Delta z = -\frac{h^3}{12\eta}\frac{\partial p}{\partial z}\Delta x$$

当 $\Delta x \to 0$ 时，可得

$$\left(\frac{\partial p}{\partial z}\right) \bigg/ \left(\frac{\partial p}{\partial x}\right) = \frac{\mathrm{d}z}{\mathrm{d}x} \tag{7.68}$$

这意味着，z 向和 x 向单位宽度压力流之比是该自由边界处的切线斜率，即局部压力

流的矢量和 q_Σ 仅发生在边界的切向，而在边界处的法向压力流必然为零。

3. 油气两相流润滑

在油润滑轴承中，形成油气两相流润滑膜的原因或是轴承自身的运转条件造成，或是因高速高温机械运转使滑油系统残存的空气小气泡带入轴承油膜中。大量分散空气小气泡在承载油膜中存在，将导致基础油的粘度和密度发生变化，分析时需要采用能够表现这种变化的基本方程。

(1) 雷诺方程

对于由大量孤立分散空气小气泡和滑油构成的油气两相流润滑膜，可采用如下假定：孤立分散的空气小气泡均匀混和在油膜之中，此时，油气两相流可被当做一种均质的气泡油或泡沫流体。在稳定运转条件下，可认为油膜中所含小气泡是球对称体，且空气含量为常值，小气泡内流动参数均匀，油气两相流的油相和气相流速相同，且其油相和气相间是热力学平衡的。这样，便可把这种两相流体当做具有等效粘度 η_e 和等效密度 ρ_e 的可压缩单相流体来处理。

作为单相流体润滑膜遵循润滑理论其他有关假定条件，则下式可作为两相流润滑的基本微分方程：

$$\frac{1}{R_j^2}\frac{\partial}{\partial\theta}\left(\frac{\rho_e h^3}{\eta_e}\frac{\partial p}{\partial\theta}\right)+\frac{\partial}{\partial z}\left(\frac{\rho_e h^3}{\eta_e}\frac{\partial p}{\partial z}\right)=6\omega_b+\omega_j-\omega_1\frac{\partial(\rho_e h)}{\partial\theta}+12\rho_e\dot{e}\cos\theta \quad (7.69)$$

式中：ω_b 和 ω_j 分别为轴承和轴颈的表面速度；ω_1 和 $\dot{e}$ 分别为轴颈对轴承的进动角速度和径向挤压速度；η_e 和 ρ_e 分别为油气两相流润滑膜的等效粘度和等效密度。

(2) 等效粘度

对由孤立分散的空气小气泡与基础油所构成的两相流体的等效粘度，一般都是在大量实验测量和一定理论分析的基础上建立的。爱因斯坦(Einstein)首先就液体完全湿润固体小球的两相流体，得到如下粘度关系：

$$\frac{\eta_e}{\eta_1}=1+0.025\beta \quad (7.70)$$

式中：η_e 为两相流粘度；η_1 为基础油粘度；β 为固体小球相对体积，%。泰勒(Taylor)推广了爱因斯坦的分析，以具有粘度 η' 的流体小球代替固体小球，得到

$$\frac{\eta_e}{\eta_1}=1+0.025\beta\left(\frac{\eta'+0.4\eta_1}{\eta'+\eta_1}\right) \quad (7.71a)$$

如果考虑流体小球为无粘性的，即 $\eta'=0$，则有

$$\frac{\eta_e}{\eta_1}=1+0.010\beta \quad (7.71b)$$

因空气的粘度可忽略，此式可用于由孤立分散的球状空气小气泡与基础油所构成的油气两相流体，但误差较大。

哈沃德(Hayward)注意到上述理论，基于大量试验，推荐由较厚油膜隔开的分散空气小气泡与基础油所构成气泡油的粘度系数表达，即

$$\phi = \frac{\eta_e}{\eta_l} = 1 + 0.015\beta \tag{7.72}$$

式中：β 为空气小气泡的相对体积含量，%，即 $\beta = [V_a/(V_a + V_l)] \times 100\%$，其中 V_a 和 V_l 分别为单位体积两相流中气泡空气和基础油所占体积。式(7.72)对于气泡相对体积含量 β 为 0～25%的情况适用性良好。由于式(7.72)结果与重复试验的偏差不过 5%，以及与式(7.69)的理论结果一致性良好，可推广用于其他滑油。研究表明，小气泡间有较厚油膜存在，并使之处于孤立分散状态，式(7.72)的粘度修正受气泡大小的影响不大。

小气泡对膜厚为 h 的润滑膜的壁面效应，采用如下等效粘度关系式更为准确：

$$\frac{\eta_e}{\eta_l} = 1 + 0.015\beta\left(1 + \frac{5r}{16h}\right) \tag{7.73a}$$

或

$$\frac{\eta_e}{\eta_l} = 1 + 0.015\beta\left[1 + 1.75\left(\frac{r}{h}\right)^3\right] \tag{7.73b}$$

(3) 等效密度

根据两相流混合物密度定义，有

$$\rho_e = \rho_a \frac{\beta}{100} + \rho_l\left(1 - \frac{\beta}{100}\right)$$

式中：ρ_a 和 ρ_l 分别为两相流中空气和基础油的密度。鉴于 $\rho_a \ll \rho_l$，所以近似有

$$\rho_e = \rho_l\left(1 - \frac{\beta}{100}\right) \tag{7.74}$$

由式(7.72)和式(7.74)可见，随两相流空气气泡相对体积含量 β 的变化，将分别引起等效粘度 η_e 和等效密度 ρ_e 的相应变化，如 β 值增加，则 η_e 增长而 ρ_e 下降。如以 β_0 和 r_0 分别表示两相流在大气压力下，球形空气小气泡的相对体积含量和气泡壁半径，假定气泡内部空气服从理想气体状态方程和等温条件，则对于任意的气泡外部压力，气泡相对体积含量 β 可表示为

$$\beta = \beta_0\left(\frac{r}{r_0}\right)^3$$

式中：r 为相应外部压力下气泡壁半径。为确定 β 值，对大气压力下两相流中气泡相对体积含量 β_0 和气泡壁半径 r_0，可根据实验资料确定，而任意压力下的球形气泡壁半径 r，则可根据气泡动力学原理确定。

对于上述基本方程(7.69)、(7.72)、(7.74)，以及规定轴承轮廓压力边界条件和式(7.68)所给出的压力区雷诺自由边界条件所构成的边值问题，可通过数值方法联立求解，确定两相流润滑膜压力分布和有关的轴承力学性能。对于轻载工况，润滑膜正压力较低，应考虑气穴发生区中的负压影响，因最大负压即蒸气气穴压力近似不变，所以可在试验提供最大负压值的基础上，通过数值模拟解得包含负压的润滑膜压力分布。

7.5 润滑表面弹性变形和弹流润滑

当摩擦副材料表面刚度较低或流体动压力很大时，摩擦副表面会产生弹性变形，该变形在几何上可能超过流体润滑膜厚，此时弹性变形的影响将对润滑膜的力学解产生不可忽略的影响。润滑表面弹性变形的流体动力润滑称为弹流润滑(EHL)。

弹流润滑分为软弹流和硬弹流。软弹流问题中一般只需要考虑弹性变形；硬弹流问题则需同时考虑弹性变形和润滑剂的粘压效应。唇封(lipseal)、箔轴承(foil-bearing)、人工关节和柔性气密封等均属于软弹流的研究范围。唇封中接触压力虽小但表面材料很软；箔轴承常用于气体润滑；人工关节中常使用水基润滑剂，研究中一般不需考虑润滑剂粘度随压力升高而增加的粘压效应。齿轮润滑、滚动轴承和凸轮润滑等点、线接触润滑问题属于硬弹流问题。此类问题中油膜接触压力可高达 1 GPa，润滑油的粘度会随压力升高而呈指数增加特征，在计算中必须予以考虑。

1. 润滑表面的弹性变形

润滑工作表面的弹性变形是该表面上的作用力共同作用的结果。点接触区和线接触区相对于整个表面来说较小，可采用半无限大体的假设。

在线接触条件下，依据弹性力学原理，作用于原点的集中载荷 p 在垂直于接触线方向(x)上 ξ 点取得的相对于该方向上 x_B 点的弹性变形为

$$\delta = \frac{z}{\pi E}\ln\frac{x_B}{\xi} \tag{7.75}$$

由于润滑工作表面所受载荷为沿 x 方向的分布载荷，故该表面的变形方程可依此原理积分得到。

对于点接触润滑表面，依上述原理有：

$$\delta(x,y) = \frac{2}{\pi E'}\int_{-\infty}^{+\infty}\int_{-\infty}^{+\infty}\frac{p(\xi,\eta)}{\sqrt{(x-\xi)^2+(y-\eta)^2}}\mathrm{d}\xi\mathrm{d}\eta \tag{7.76}$$

式中：E' 是两表面的等效弹性模量。

2. 润滑分析中的粘压关系

润滑油粘度随着压力的增加呈指数增长趋势，常用以下几种模型表述：

(1) Barus 粘压模型

Barus 模型的粘压关系式为

$$\eta = \eta_0 \exp(\alpha p) \tag{7.77}$$

式中：α 为粘压指数。该模型假设压力与 $\log\eta$ 呈线性关系。但绝大多数润滑油的实际粘压特性都呈非线性关系。

(2) Roelands 粘压模型

Roelands 模型的粘压关系式为

$$\eta=\eta_0\exp\{(\ln\eta_0+9.67)[(1+5.1\times10^{-9}p)^Z-1]\} \tag{7.78}$$

式中：$Z=\alpha/[5.1\times10^{-9}(\ln\eta_0+9.67)]$。

(3) 自由容积的粘压模型

自由容积的粘压模型相对准确。

Yasutomi 自由容积粘压模型的表达式为

$$\bar{\eta}=\frac{\eta_g}{\eta_0}\exp\left[\frac{-2.3C_1(T-T_g)F}{C_2+(T-T_g)F}\right] \tag{7.79}$$

式中：$T_g=T_{g0}+A_1\ln(1+A_2p)$，$F=1-B_1\ln(1+B_2p)$。该粘压模型是在 WLF 模型的基础上导出的。

Doolittle-Tait 自由容积粘压模型的表达式为

$$\bar{\eta}=\exp\left[B\frac{V_{occ}}{V_0}\left(\frac{1}{\dfrac{V}{V_0}-\dfrac{V_{occ}}{V_0}}-\frac{1}{1-\dfrac{V_{occ}}{V_0}}\right)\right] \tag{7.80}$$

式中，容积变化率由 Tait 状态方程确定，即

$$\frac{V}{V_0}=1-\frac{1}{K_0'+1}\ln\left[1+\frac{p}{K_0}(1+K_0')\right] \tag{7.81}$$

3. 点接触稳态等温弹流润滑方程

完整的点接触稳态等温弹流润滑的系统方程可以表述为式(7.82)与式(7.85)的联立方程组。

(1) 雷诺方程

$$\frac{\partial}{\partial x}\left(\frac{\rho h^3}{12\eta}\frac{\partial p}{\partial x}\right)+\frac{\partial}{\partial z}\left(\frac{\rho h^3}{12\eta}\frac{\partial p}{\partial y}\right)=U\frac{\partial(\rho h)}{\partial x} \tag{7.82}$$

式中：$U=(U_1+U_2)/2$。

(2) 膜厚方程

$$h=h_0+\frac{x^2}{2R_x}+\frac{y^2}{2R_y}+\frac{2}{\pi E'}\iint_\Omega\frac{p(\xi,\eta)}{\sqrt{(x-\xi)^2+(y-\eta)^2}}\mathrm{d}\xi\mathrm{d}\eta \tag{7.83}$$

(3) 密度方程(Dowson-Higginson 密度方程)

$$\rho=\rho_0\left[1+\frac{0.6\times10^{-9}p}{1+1.7\times10^{-9}p}\right] \tag{7.84}$$

(4) 粘度方程

采用 Roelands 模型，如式(7.78)。

(5)载荷方程

$$w=\iint_\Omega p\,\mathrm{d}x\,\mathrm{d}y \tag{7.85}$$

4. Hamrock-Dowson 解

Hamrock 和 Dowson 对上述方程系统进行了数值求解，并对多个算例归纳整理，通过数据拟合，得到点接触弹流最小膜厚和中心膜厚公式

$$H_{\min}=\frac{h_{\min}}{R_x}=3.63U^{0.68}G^{0.49}W^{-0.073}(1-\mathrm{e}^{-0.68k}) \tag{7.86}$$

$$H_{\text{cen}}=\frac{h_{\text{cen}}}{R_x}=2.69U^{0.67}G^{0.53}W^{-0.067}(1-\mathrm{e}^{-0.73k}) \tag{7.87}$$

式中：U 为无量纲速度参数，$U=\eta_0 u/E'R_x$；W 为无量纲载荷参数，$W=w/E'R_x^2$；G 为无量纲材料参数，$G=\alpha E'$；k 为椭圆率，$k=1.03(R_y/R_x)^{0.64}$。

Hamrock-Dowson 膜厚公式适用于点接触等温牛顿流体 EHL。由于粘压系数的线化，使粘压响应非线性明显时，引起的计算误差较大。

5. 粘压响应

应用实测粘压响应的拟合曲线，理论计算膜厚取得与实验测量较好的一致性，如图 7.17 所示。

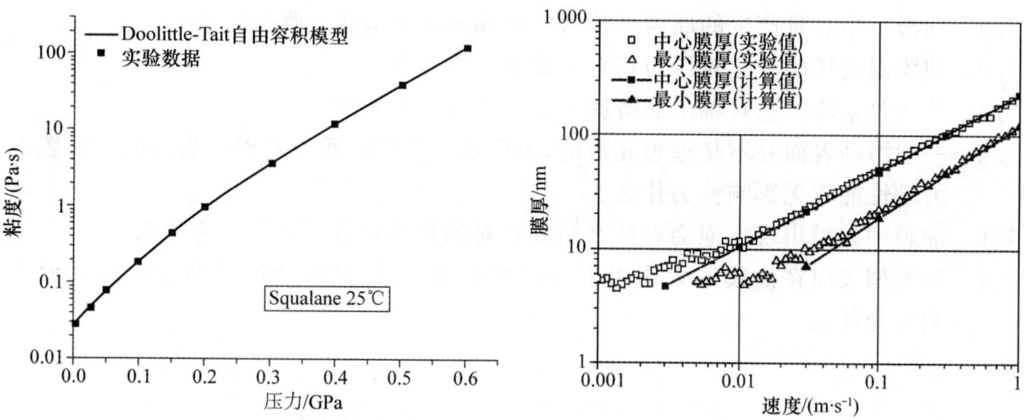

(a) Doolittle-Tait模型拟合曲线　　(b) 弹流中心膜厚和最小膜厚

图 7.17　点接触等温牛顿流体弹流膜厚的理论和实验比较

实验对象为 Squalane 流体，它是一种单分散的、低相对分子质量的流体，且拥有足够高的牛顿极限 $G=6$ MPa，可认为是牛顿流体。实验装置应用彩色光干涉，测量膜厚精度为 0.5 nm。实验条件为纯滚动、等温 25 ℃环境。理论计算中，Squalane 粘度使用 Doolittle-Tait 公式(7.80)和式(7.81)，公式中的系数直接从高压流变仪的测量值拟合得到，$V_{\text{occ}}/V_0=0.6633$，$B=5.258$，$K'_0=11.74$，$K_0=1.312$ GPa，$\eta_0=0.0276$ Pa·s，见图 7.17(a)。图 7.17(b)显示，理论计算与实验测量得到的最小膜厚和中心膜厚一致性良好。不同速度下，沿滚动和垂直于滚动方向的膜厚分布比较见图 7.18，理论计算和实验结果吻合良好。

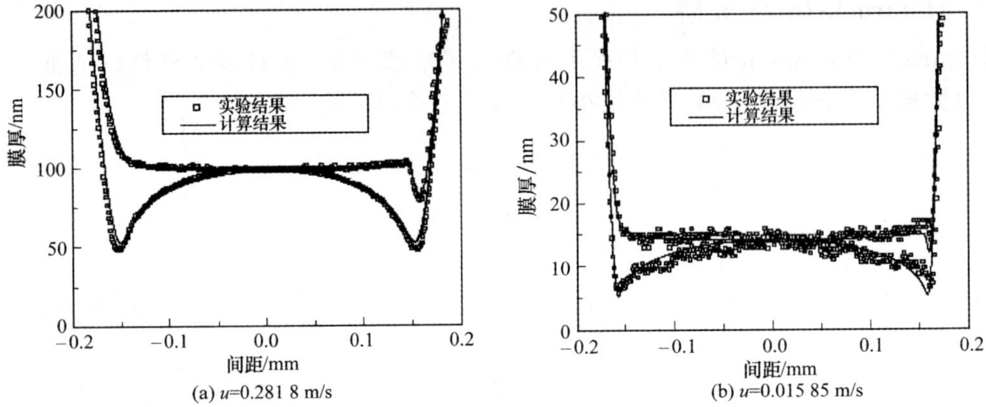

图 7.18　沿滚动和垂直于滚动方向的膜厚分布

习　题

7.1　油膜润滑分析中涉及哪些特殊效应？为什么？

7.2　润滑膜中热量产生的原因是什么？热场的分布取决于哪些因素？

7.3　油膜温度场的变化对压力场有无影响？为什么？

7.4　什么是紊流？它对轴承润滑膜力学分析有什么影响？

7.5　一般滑动表面并不是理想光滑的，不同加工方法和质量对滑动表面间润滑膜的力学性能有无影响？为什么？

7.6　油膜中如果出现气泡会有什么结果？对油膜承载有无益处？为什么？

7.7　摩擦副表面在油膜压力作用下会产生弹性变形，这种变形对油膜承载有何影响？为什么？

第 8 章　气膜力学特征与气体动密封

本章将讨论摩擦表面间承载气膜的力学特征，并进一步介绍两种气体动密封的分析方法。

8.1　气体流道密封

旋转机械性能的不断提高，使气膜密封应用于高速动密封得到广泛的关注。气膜密封与接触式密封比较，其相对滑动速度、边界压差和环境温度的适应能力都较高，因而是高速旋转机中的一种理想的封严技术。密封气膜与润滑气膜的力学特征基本相同，气体作为润滑剂和承力介质，承载气膜的典型厚度一般在 0.01～0.001 mm 数量级。利用气膜所在密封界面的小间隙状态，实现界面间介质流量控制，实现非接触密封，这对于高界面滑动速度的工况尤为适合。气膜密封具有低泄漏、低能耗、无速度极限限制、长寿命等优点。

刷密封是一种用于气体流道中的动密封。刷密封中刷丝具有高柔性特征，其密封能力对密封界面的间隙改变不敏感，因此对于密封界面具有运动和几何特征不确定性的工作状况较为适合。例如，航空发动机工作时，其轴系部件转速高、温度高、边界压差高，且工作振动大，其轴系支承的润滑腔和级间静动件间隙处均可使用刷密封。刷密封因其具有有限自适应能力、密封状态保持能力、更高的工作效率和较低的装配要求而成为密封领域研究的重要方向之一。

应用于气体流道的动密封类型主要有：碳端面密封、迷宫密封（或称篦齿密封）、刷密封和端面气膜密封等。各种密封的主要特点见表 8.1。图 8.1 给出了相同工况条件下，几种不同类型的典型密封形式的密封能力比较。

表 8.1　不同密封类型的特点比较

密封类型	碳端面密封	迷宫密封	刷式密封	气膜密封
基本原理	碳环贴合或形成小间隙阻止泄漏	齿间节流和齿腔涡流作用消耗流体动能	金属丝簇紧密贴合阻止泄漏	借助密封端面结构，形成稳定的小间隙气膜，实现密封要求
主要形式	单片端面密封 复合端面密封	直通式齿状 台阶式齿状	单级密封 多级密封	平面或槽形端面 小孔静压腔坝结构
应用位置	主轴承腔等	压气机及涡轮级间等	主轴承腔后段等	双转子轴间等

续表 8.1

密封类型	碳端面密封	迷宫密封	刷式密封	气膜密封
优　　点	泄漏量小，耐高压	密封件间没有接触，结构简单，速度不受限	泄漏量小，径向跳动和安装偏心适应性好	密封表面间没有接触，泄漏量小，有一定的自适应性
缺　　点	容易焦化和产生气泡	泄漏大，泄漏量随时间增加而增加	摩擦副材料要求高、制造工艺复杂	端面结构复杂，制造工艺复杂

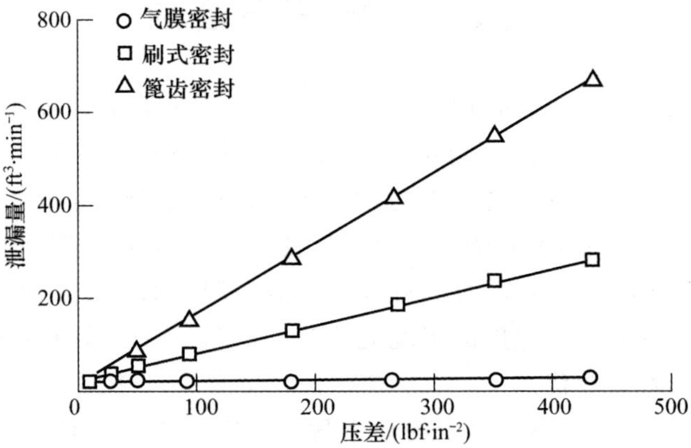

图 8.1　密封性能比较

8.2　气膜的承载与密封

8.2.1　密封气膜

气体介质可以作为润滑剂用于支承，气体轴承支承因其具有摩擦小、精度高、寿命长等优点而被应用。很多高速高精度的支承都使用了气体润滑方式，如陀螺轴承等。承载气膜可在摩擦表面间保持小间隙工作，使运动零件在受力状态下维持相对稳定的工作状态。端面气膜密封是在与转轴垂直的表面上建立承载气膜，同时利用承载气膜的小间隙控制相对运动表面间的气体流动，达到密封的目的。

形成和控制气膜厚度是密封装置设计的关键问题，气膜的形成工作原理大致可分为静压和动压两类，这与轴承分析中的情形极为相似。一般密封气膜的结构有：静压-阶梯气膜、静压-小孔截流气膜、动压-收敛膜、动压-瑞利阶梯膜及动压-螺旋槽密封等。密封的设计主要考虑：气膜稳定性、泄漏率、跟踪响应能力及工作可靠性等。由于其动态稳定性至关重要，这就要求密封应有尽可能高的密封气膜刚度和支承柔性，而动静压混合气膜的刚度较高，一直径为 711.2 mm(28 in)的动静压混合扇形浮块气膜端面密封和典型气膜密封设计结构如图 8.2 所示。

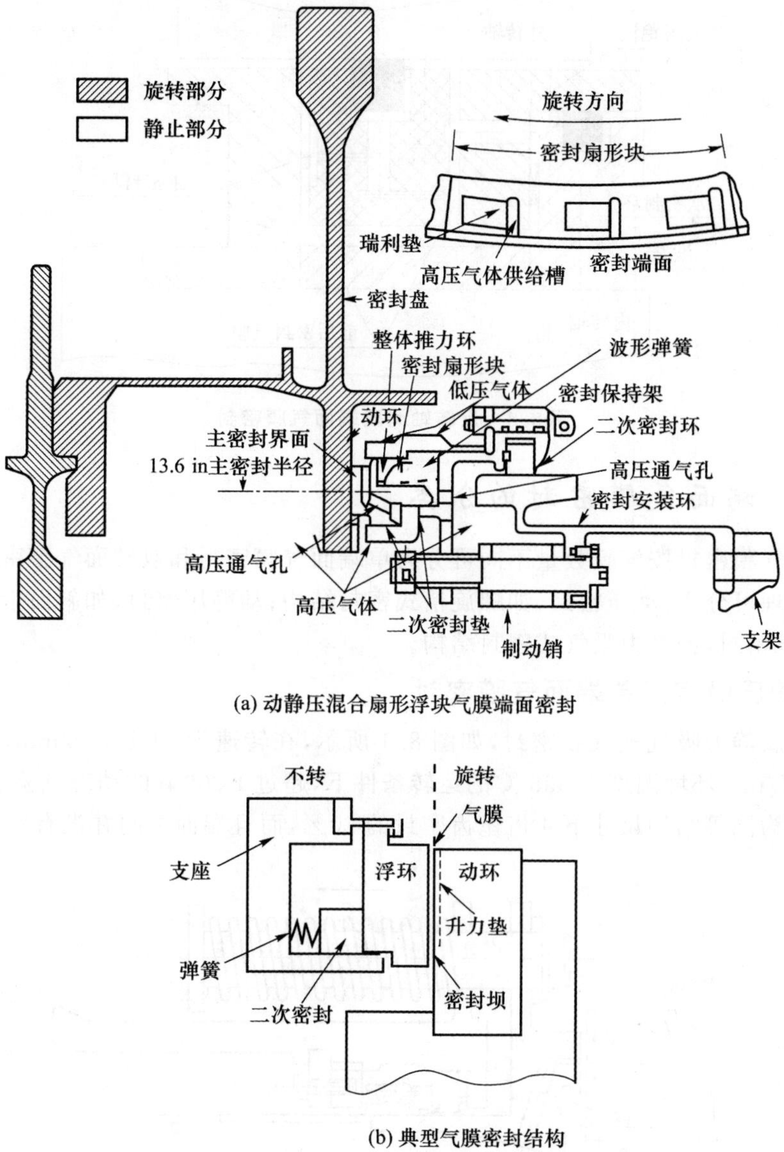

(a) 动静压混合扇形浮块气膜端面密封

(b) 典型气膜密封结构

图 8.2　气膜端面密封

由于气膜密封对高相对滑动速度的良好适应性，使之在共轴、高低压涡轮轴反转旋转机的密封设计上得到研究者的普遍重视，图 8.3 所示为一种反转轴间双端面气膜密封。

试验表明，气膜密封泄漏率比篦齿密封降低 60%至一个数量级。

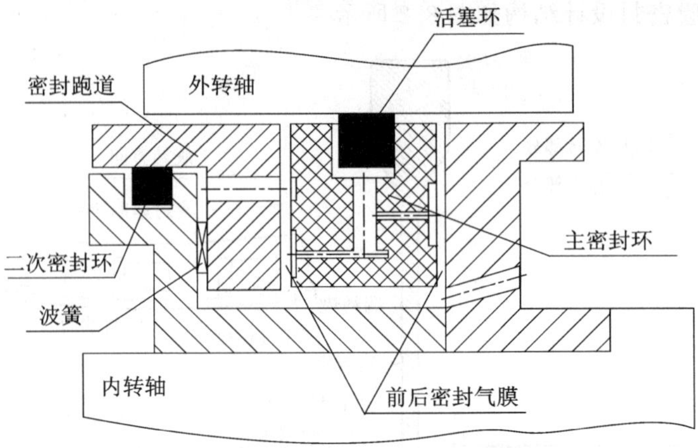

图 8.3　反转轴间双端面气膜密封

8.2.2　端面气膜密封的分类

端面气膜密封按气膜数量不同可分为单端面气膜密封和双端面气膜密封。按气膜形成机理可分为：动压密封，如螺旋槽式密封结构；动静压密封，如斜面带坝式密封结构；静压密封，如静力吸气式密封结构。

1. 静压吸气式单端面气膜密封

全金属静力吸气式气膜密封，如图 8.4 所示，在转速为 11 500 r/min、封严压差为 100 lbf/in^2、环境温度为 538 ℃的运转条件下，超过 1 000 h 的动态试验表明，密封泄漏量只为同等结构尺寸下 4 齿篦齿密封的 20%，而且端面之间并没有发生磨损。

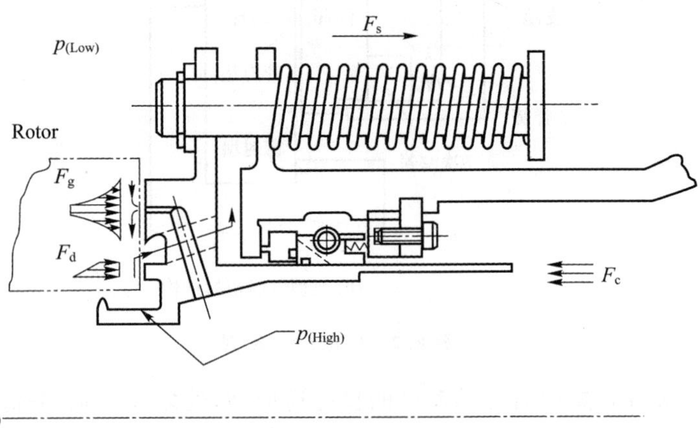

图 8.4　全金属静力吸气式密封基本结构简图

对于小孔静力吸气结构，主密封环压力分布与受力简图如图 8.5 所示。动环启动前，主密封环与动环之间靠弹簧的预紧力保持一个很小的间隙；动环启动时，随着供气压力逐渐升高，作用在主密封环外侧的高压区压力将克服弹簧预紧力，推动主密封环向动环方向运动，使间隙越来越小，同时高压气体经节流孔不断流入密封腔，在主密封环的端面形成一定的气膜承载力，直到作用在主密封环上的方向向左和向右的合力达到平衡，形成动态平衡的稳定气膜。在工作过程中，当主密封环偏离平衡位置前后移动时，密封的承载能力不为零，力的作用方向指向平衡位置，从而使主密封环向趋于平衡位置的方向移动。停车时，供气压力逐渐降低，主密封环与动环之间的间隙将逐渐增大，也就是气膜的厚度会越来越大，直到密封腔内的压力达到环境压力，此时主密封环将依靠弹簧的预紧力恢复到起始的位置，使其与动环之间仍然保持启动前的间隙。

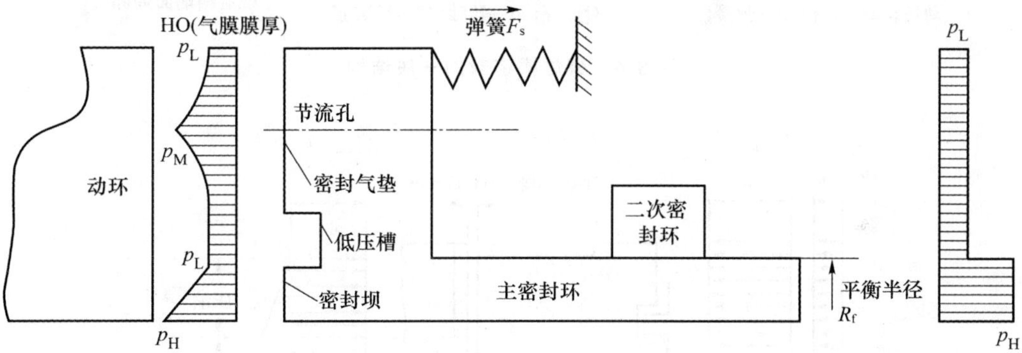

图 8.5　静压吸气结构受力分析简图

通过对静力吸气式结构的气膜密封具有较好的气膜刚度，能在保持良好的密封跟踪特性并维持稳定的气膜厚度的同时，具有较低的泄漏量。

2. 螺旋槽式单端面气膜密封

螺旋槽式单端面气膜密封，即在动环密封面上加工有均匀分布的浅槽，气膜密封之所以能在非接触状态下运行，就是靠这些浅槽产生流体动压效应形成密封面的支承。螺旋槽面气膜密封由动环、静环、弹簧、O 形环、轴和组装套等组成，见图 8.6。

动环表面加工一定数量的螺旋槽，密封面经研磨和抛光，螺旋槽为近似对数螺旋线，依照螺旋线与摩擦表面的运动关系，有顺流槽和逆流槽的设计，螺旋槽的存在可在密封表面运动时形成动压。密封工作时被密封的气体进入螺旋槽内，有径向流动的趋势，径向分量流向密封坝，而密封坝阻碍气体流动，使气体压力升高。流体膜压力将推开密封界面，形成气膜。由气膜作用力形成的开启力 $\boldsymbol{F}_0$ 与由弹簧力和介质作用力 $\boldsymbol{F}_c$ 形成的闭合力达到平衡，实现非接触密封，如图 8.7 所示。

气膜密封界面间形成的气膜具有一定刚度，以保证密封运转的稳定性。螺旋槽气膜密封在正常运转条件下，当其闭合力与气体开启力相等时，达到设计平衡状态。若受到外来干扰，如工作状态变化时，气膜间隙也将随之变化，气体的粘性剪切力变化，以及随之产生的螺旋槽流体动压效应和气膜压力的变化扰动使间隙减小时，气膜

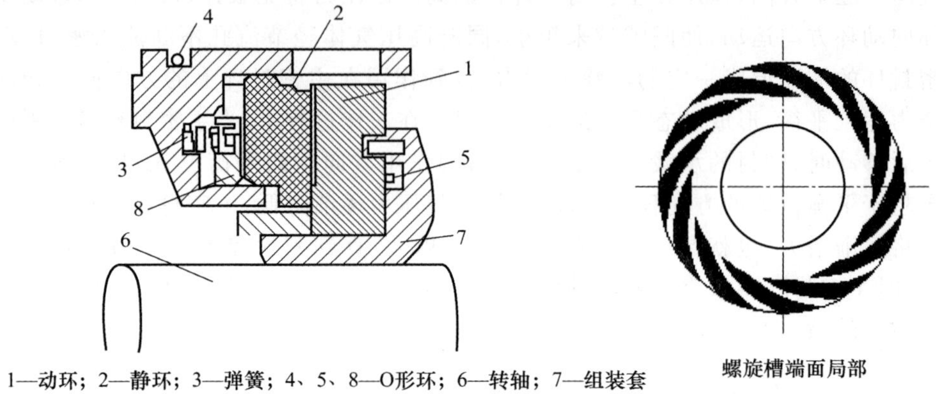

图 8.6　螺旋槽密封的一般结构

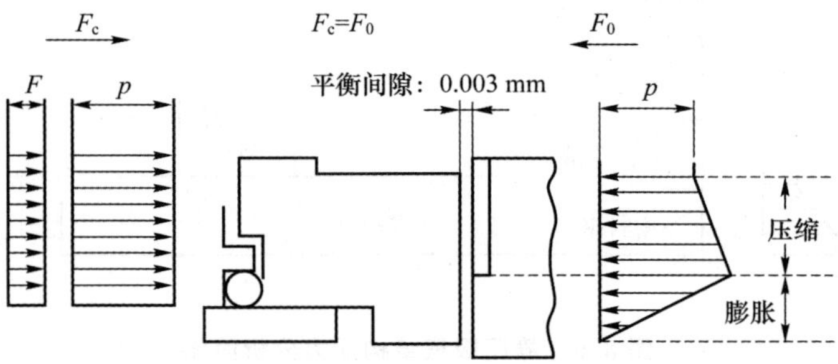

图 8.7　密封间隙的形成

动压增强导致 $\boldsymbol{F}_c < \boldsymbol{F}_a$，气膜间隙增长有回复趋势；气膜间隙增加，$\boldsymbol{F}_c > \boldsymbol{F}_a$，则气隙有减小趋势，这将使开启力 $\boldsymbol{F}_0$ 和闭合力 $\boldsymbol{F}_c$ 向维持平衡的方向发展，密封将恢复到原来的平衡位置，受力情况如图 8.8 所示。

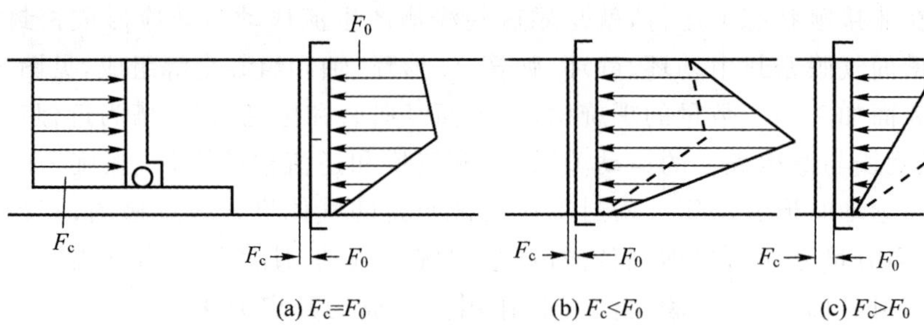

图 8.8　气膜密封的作用力图

应该注意，气膜刚度与气膜密封工作稳定性密切相关。

3. 双端面气膜密封

双端面气膜密封可应用于反转轴间，图 8.3 为一种利用静压气体轴承止推结构的密封，主密封环可用整环式结构，通过活塞环实现与密封外套的密封。密封跑道之一是随动的，主密封环外侧开有卸荷槽，内侧与轴承腔相连，在密封环上形成径向作用用以抵消部分离心力。另一部分是开口式石墨环，套接在主密封环外侧，主密封环两端面上开有节流孔，对气膜供气小孔出口处设计有均压腔，用以改善出口端面压力分布，控制调节打开压力，提高气膜的工作稳定性。前密封跑道采用随动性设计，由一个波形弹簧提供与气膜支承力相匹配的弹簧力。其前端面安装有碳石墨二次密封环。

图 8.9 为图 8.3 所示系统的振动模型，表现为一多自由度的振动系统，其刚度、阻尼由系统支承弹簧、气膜和相关件组提供，可表现为 M_1、M_2 位置和状态的函数。

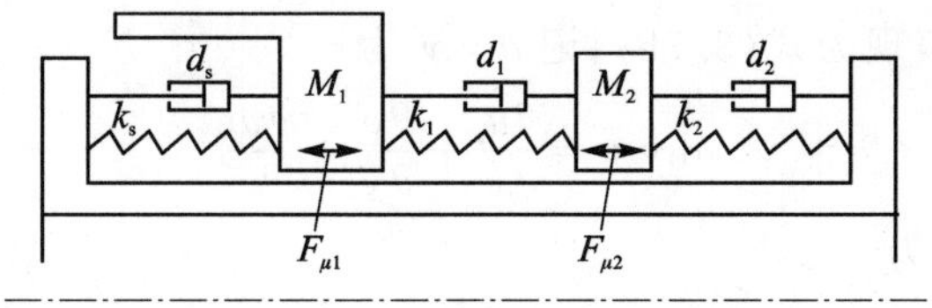

图 8.9　密封系统振动模型

图 8.10 给出了密封系统内部气体流动的示意图。在通入高压气体之前，前密封跑道、主密封环以及后端面三者相接触，密封系统呈现闭合状态。当图中左侧的高压气体经增压腔进入主密封环的节流孔之后，其中一部分气体经由 B 腔端面节流孔进入 B 腔，由于流阻的损失，在节流孔出口处压力由原来的高压降为 pM_B；另一部分气体经由 C 腔端面节流孔进入 C 腔，由于流阻的损失，在节流孔出口压力降为 pM_C。pM_B 和 pM_C 都高于低压 p_L 低于高压 p_H。B 腔端面气体压力推动前密封跑道压紧波形弹簧形成气膜厚度为 h_B；后端面气膜压力推动主密封环左移压迫前端面气膜形成气膜厚度为 h_C。在两气膜达到某一厚度后，系统前密封跑道及主密封环的位置不再改变，系统处于稳定工作状态。

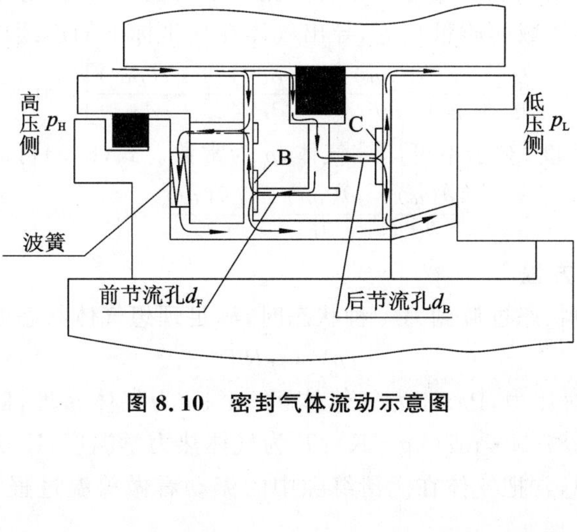

图 8.10　密封气体流动示意图

8.2.3 端面气膜密封分析的数学模型

1. 流体力学基本方程

用来评价气膜密封性能的依据主要包括气膜的承载能力、泄漏量、气膜刚度和阻尼等，而分析这些问题的基础是对气膜压力场的求解，在求解过程中用到如下基本方程。

(1) N－S 方程

密封气膜的流体动力特征满足 N－S 方程的一般形式（见式(3.29)），式中：η 代表气体的动力粘度。

方程的左端可表现为式(3.7b)，记 div $\boldsymbol{v}$ 为

$$\mathrm{div}\ \boldsymbol{v}=\frac{\partial u}{\partial x}+\frac{\partial v}{\partial y}+\frac{\partial w}{\partial z} \tag{8.1}$$

当 η 为常数时，方程为

$$\rho\frac{\mathrm{d}u}{\mathrm{d}t}=\rho X-\frac{\partial p}{\partial x}+\eta\nabla^2 u+\eta\frac{1}{3}\frac{\partial}{\partial x}(\mathrm{div}\ \boldsymbol{v}) \tag{8.2}$$

$$\rho\frac{\mathrm{d}v}{\mathrm{d}t}=\rho Y-\frac{\partial p}{\partial x}+\eta\nabla^2 v+\eta\frac{1}{3}\frac{\partial}{\partial y}(\mathrm{div}\ \boldsymbol{v}) \tag{8.3}$$

$$\rho\frac{\mathrm{d}w}{\mathrm{d}t}=\rho X-\frac{\partial p}{\partial x}+\eta\nabla^2 w+\eta\frac{1}{3}\frac{\partial}{\partial z}(\mathrm{div}\ \boldsymbol{v}) \tag{8.4}$$

式中：拉普拉斯(Laplace)算子

$$\nabla^2=\frac{\partial^2}{\partial x^2}+\frac{\partial^2}{\partial y^2}+\frac{\partial^2}{\partial z^2}$$

$\nabla^2 u$、$\nabla^2 v$、$\nabla^2 w$ 分别为速度在 x、y、z 坐标轴上二阶偏微分之和。

(2) 连续性方程

连续性方程是质量守恒定律在流体流动中的应用，根据解域内流场的分布，利用流入解域和流出解域的质量相等，导出气体在柱坐标下的连续性方程为

$$\frac{\partial\rho}{\partial t}+\frac{1}{r}\left[\frac{\partial(\rho u)}{\partial\theta}+\frac{\partial(\rho vr)}{\partial r}+\frac{r\partial(\rho w)}{\partial z}\right]=0 \tag{8.5}$$

式中：ρ 为气体的密度，对于不可压缩气体，ρ 为常数。式(8.5)可简化为

$$\frac{\partial(u)}{\partial\theta}+\frac{\partial(vr)}{\partial r}+\frac{r\partial(w)}{\partial z}=0 \tag{8.6}$$

(3) 气体状态方程

当气体从一种状态过渡到另一种状态时，满足理想气体状态方程

$$pV=\rho RT \tag{8.7}$$

式中：p 为气体绝对压力，Pa；V 为气体体积，$\mathrm{m^3}$；ρ 为气体密度，$\mathrm{kg/m^3}$；R 为气体常数，对于空气 $R=287\ \mathrm{N\cdot m/(kg\cdot K)}$；$T$ 为气体热力学温度，K，$T/\mathrm{K}=273+t/℃$。

在气体润滑中，常把气体在润滑缝隙中的流动看做等温过程，因此式(8.7)中的

T 可视为常数,如密封气体的体积不变,则有:

$$\frac{p}{\rho}=\frac{p_0}{\rho_0} \tag{8.8}$$

式中:p_0、ρ_0 为周围环境的气体压力和密度。在气膜密封中,气膜的膜厚很小,气体从气膜中流出时的流速很高,与环境的热量交换很少,因此可以认为与周围无热量交换,可以视为绝热过程,其状态可表达为

$$\frac{p}{\rho^{\gamma}}=C \tag{8.9}$$

式中:γ 为气体的比热比,对于空气,$\gamma=1.401$。

(4) 能量方程

如果流体流动系统中没有冷却或加热,忽略流体粘性,流体的密度不变,可认为流体系统是理想的、不可压缩的等熵流动系统,其内能保持不变。气体虽然具有可压缩性,但是当其流动速度 $u<50$ m/s 时,可压缩性并不显著,此时可按不可压缩流体处理,伯努利方程可写为

$$\frac{u^2}{2}+gz+\frac{p}{\rho}=C \tag{8.10a}$$

式中:p 为流体压力,Pa;ρ 为流体密度,kg/m^3;z 为位置高度,m;u 为流体流动速度,m/s;g 为重力加速度。

当气体的流动速度 $u\geqslant 50$ m/s 时,气体的可压缩性将明显增强,其伯努利方程的形式为

$$\frac{u^2}{2}+\frac{1}{\gamma-1}RT+\frac{p}{\rho}=C \tag{8.10b}$$

2. 端面气膜的微分方程

(1) 基本假设

密封端面间的气体流动和密封结构满足如下物理假设:

① 连续的完全气体流动;

② 密封气膜中的气体做层流运动,而且符合牛顿粘性定律,属于牛顿流体;

③ 由于膜厚很薄,即表面切向速度远大于法向速度,可认为在流体膜中除速度梯度$\dfrac{\partial u}{\partial y}$和$\dfrac{\partial w}{\partial y}$外,其他速度梯度项都可以忽略;

④ 气体分子与密封表面牢固吸附,无相对滑移;

⑤ 与表面力相比,气体的惯性力和体积力可忽略;

⑥ 膜厚很薄,认为在膜厚方向上气体的压力、粘度和密度保持常值;

⑦ 密封端面光滑,忽略密封端面粗糙度对气体流动的影响。

根据假设条件和端面的结构模型,气体在端面间的流动,可由稳态的、一个端面旋转的、等温的、含动静压效应的无量纲雷诺方程控制,在柱坐标下表现形式为

$$\frac{\partial}{\bar{R}^2\partial\theta}\left(\bar{H}^3\frac{\partial\bar{P}^2}{\partial\theta}\right)+\frac{\partial}{\bar{R}\partial\bar{R}}\left(\bar{R}\bar{H}^3\frac{\partial\bar{P}^2}{\partial\bar{R}}\right)+2Q\delta_j=2\Lambda\frac{\partial(\bar{P}\bar{H})}{\partial\theta} \tag{8.11}$$

式中：$\bar{P}=\dfrac{p}{p_a}$，$\bar{R}=\dfrac{r}{r_a}$，$\bar{H}=\dfrac{h}{h_0}$为无量纲变量；p_a 为环境压力；r_i 为密封端面内径；h_0 为无槽区膜厚；Q 为流量因子，$Q=\dfrac{12\eta RTr_i^2}{p_a^2h_a^3}\rho\tilde{v}$；$\delta_j$ 为 Kronecker 数，无节流孔处为零，有节流孔处为 1；Λ 为可压缩数，$\Lambda=\dfrac{6\eta\omega_1 r_i^2}{p_a h_a^2}$。

(2) 边界条件

控制方程在计算区域内的边界条件有：

① 在密封端面内外径处，有已知压力边界条件 S_p：

$$\bar{R}=1\text{ 时 }\bar{P}=\bar{P}_i,\quad \bar{R}=r_o/r_i\text{ 时 }\bar{P}=\bar{P}_o \tag{8.12a}$$

式中：$\bar{P}_i$ 和 $\bar{P}_o$ 为密封面内、外的无量纲压力，$\bar{P}_o=p_o/p_a$，$\bar{P}_i=p_i/p_a$。

② 根据端面结构的周期性，沿圆周方向有周期性压力边界条件为

$$\bar{P}(r,\theta)=\bar{P}\left(r,\frac{2\pi}{Z}+\theta\right) \tag{8.12b}$$

式中：Z 为端面上对称分布的扇形升力垫数。

③ 同时满足压力对称边界条件 S_s，在该边界两侧压力分布对称为

$$\frac{\partial\bar{P}}{\partial n}=0\text{ 或}\frac{\partial\bar{P}^2}{\partial n}=0 \tag{8.12c}$$

式中：n 是 S_s 边界的法线。

④ 在节流孔处，端面气膜内部边界 S_d。

3. 变分方程

为将方程(8.11)化为与之相对应的泛函求极值问题，应用伽辽金法建立变分方程。伽辽金基本方程为

$$\iint_\Omega \varepsilon\,\delta\bar{P}\bar{R}\,\mathrm{d}\bar{R}\,\mathrm{d}\theta=0 \tag{8.13a}$$

根据加权余量法的弱解公式，在待求的微分方程近似解逼近精确解的过程中，满足 S_p 加强边界条件，不满足 S_s 对称边界条件即自然边界。于是，伽辽金法的弱解表达式为

$$\iint_\Omega \varepsilon\,\delta\bar{P}\bar{R}\,\mathrm{d}\bar{R}\,\mathrm{d}\theta-\int_{S_s}\varepsilon_B\delta\bar{P}\,\mathrm{d}S=0 \tag{8.13b}$$

式中：ε，ε_B 分别为解域 Ω 和对称边界 S_s 上的余量；$\delta\bar{P}$ 为气膜无量纲压力变分；Ω 为解域。

$$\varepsilon=\frac{\partial}{\bar{R}^2\partial\theta}\left(\bar{H}^3\frac{\partial\bar{P}^2}{\partial\theta}\right)+\frac{\partial}{\bar{R}\partial\bar{R}}\left(\bar{R}\bar{H}^3\frac{\partial\bar{P}^2}{\partial\bar{R}}\right)+2Q\delta_j-2\Lambda\frac{\partial(\bar{P}\bar{H})}{\partial\theta} \tag{8.14a}$$

$$\varepsilon_{\mathrm{B}}=\overline{H}^{3}\frac{\partial\overline{P}^{2}}{\partial n}\tag{8.14b}$$

把式(8.14)代入式(8.13b)得到：

$$\iint_{\Omega}\left[\overline{H}^{3}\left(\frac{\partial\overline{P}^{2}}{\partial\theta}\frac{\partial\delta\overline{P}}{\partial\theta}+\frac{\partial\overline{P}^{2}}{\partial\psi}\frac{\partial\delta\overline{P}}{\partial\psi}\right)-2\mathrm{e}^{2\psi}\left(Q\delta_{j}\delta\overline{P}+2\Lambda\overline{P}\overline{H}\frac{\partial\delta\overline{P}}{\partial\theta}\right)\right]\mathrm{d}\psi\,\mathrm{d}\theta=0\tag{8.15}$$

$$-\int_{S_{\mathrm{s}}}\overline{H}^{3}\frac{\partial\overline{P}^{2}}{\partial n}\delta\overline{P}\,\mathrm{d}S=0$$

对上式中 Ω 域二维积分中的两个二阶偏导数项，进行一次分部积分，得：

$$\iint_{\Omega}\left[\frac{\partial}{\overline{R}^{2}\partial\theta}\left(\overline{H}^{3}\frac{\partial\overline{P}^{2}}{\partial\theta}\right)+\frac{\partial}{\overline{R}\partial\overline{R}}\left(\overline{R}\overline{H}^{3}\frac{\partial\overline{P}^{2}}{\partial\overline{R}}\right)\right]\delta\overline{P}\overline{R}\,\mathrm{d}\overline{R}\,\mathrm{d}\theta=$$

$$\iint_{\Omega}\left[\frac{\partial}{\overline{R}^{2}\partial\theta}\left(\overline{H}^{3}\frac{\partial\overline{P}^{2}}{\partial\theta}\delta\overline{P}\right)+\frac{\partial}{\overline{R}\partial\overline{R}}\left(\overline{R}\overline{H}^{3}\frac{\partial\overline{P}^{2}}{\partial\overline{R}}\delta\overline{P}\right)\right]\overline{R}\,\mathrm{d}\overline{R}\,\mathrm{d}\theta$$

$$-\iint_{\Omega}\left[\overline{H}^{3}\frac{\partial\overline{P}^{2}}{\overline{R}\partial\theta}\frac{\partial\delta\overline{P}}{\overline{R}\partial\theta}+\overline{H}^{3}\frac{\partial\overline{P}^{2}}{\overline{R}\partial\overline{R}}\frac{\partial\delta\overline{P}}{\overline{R}\partial\overline{R}}\right]\overline{R}\,\mathrm{d}\overline{R}\,\mathrm{d}\theta\tag{8.16a}$$

对式(8.15)Ω 域二维积分中的一阶偏导数项，进行一次分部积分，得：

$$-2\Lambda\iint_{\Omega}\left[\frac{\partial(\overline{P}\overline{H})}{\partial\theta}\delta\overline{P}\right]\overline{R}\,\mathrm{d}\overline{R}\,\mathrm{d}\theta=$$

$$-2\Lambda\iint_{\Omega}\frac{\partial}{\partial\theta}(\overline{P}\overline{H}\delta\overline{P})\overline{R}\,\mathrm{d}\overline{R}\,\mathrm{d}\theta+2\Lambda\iint_{\Omega}\left(\overline{P}\overline{H}\frac{\partial\delta\overline{P}}{\partial\theta}\right)\overline{R}\,\mathrm{d}\overline{R}\,\mathrm{d}\theta\tag{8.16b}$$

分别对式(8.16a)、(8.16b)右边第一项运用格林公式，然后代入式(8.11)得到：

$$\oint_{S}\left(\overline{H}^{3}\frac{\partial\overline{P}^{2}}{\partial n}\delta\overline{P}\right)\mathrm{d}S-\iint_{\Omega}\overline{H}^{3}\left[\frac{\partial\overline{P}^{2}}{\overline{R}\partial\theta}\frac{\partial\delta\overline{P}}{\overline{R}\partial\theta}+\frac{\partial\overline{P}^{2}}{\overline{R}\partial\overline{R}}\frac{\partial\delta\overline{P}}{\overline{R}\partial\overline{R}}\right]\overline{R}\,\mathrm{d}\overline{R}\,\mathrm{d}\theta+$$

$$2Q\delta_{j}\delta\overline{P}\overline{R}\,\mathrm{d}\overline{R}\,\mathrm{d}\theta-2\Lambda\oint_{S}\frac{\partial(\overline{P}\overline{H}\delta\overline{P})}{\partial n}\mathrm{d}S+2\Lambda\iint_{\Omega}\left(\overline{P}\overline{H}\frac{\partial\delta\overline{P}}{\partial\theta}\right)\overline{R}\,\mathrm{d}\overline{R}\,\mathrm{d}\theta-$$

$$\oint_{S_{\mathrm{s}}}\overline{H}^{3}\frac{\partial\overline{P}^{2}}{\partial n}\delta\overline{P}\,\mathrm{d}S=0\tag{8.17}$$

关于线积分域 $S=S_{\mathrm{p}}+S_{\mathrm{s}}$，第一项线积分，在 S_{p} 边界上，$\delta\overline{P}=0$，故积分为零。在 S_{s} 边界上的积分与左边最后一项抵消。第二项线积分中，在 S_{p} 上，$\delta\overline{P}=0$，故积分为零，在 S_{s} 上积分号前 Λ 中含的速度与该速度的法向夹角余弦为零，故该项线积分为零。最后得到积分表达式为

$$\iint_{\Omega}\left[\overline{H}^{3}\left(\frac{\partial\overline{P}^{2}}{\overline{R}\partial\theta}\frac{\partial\delta\overline{P}}{\overline{R}\partial\theta}+\frac{\partial\overline{P}^{2}}{\overline{R}\partial\overline{R}}\frac{\partial\delta\overline{P}}{\overline{R}\partial\overline{R}}\right)-2Q\delta_{j}\delta\overline{P}-2\Lambda\overline{P}\overline{H}\frac{\partial\delta\overline{P}}{\partial\theta}\right]\overline{R}\,\mathrm{d}\overline{R}\,\mathrm{d}\theta=0\tag{8.18}$$

式(8.18)即端面气膜压场分布计算求解的数学模型。

4. 气膜压场的有限元求解计算模型

(1) 解域划分

首先对式(8.18)中的柱坐标做一个变换,即进行 $\bar{R}-\psi$ 变换,这样端面气膜密封的解域可以变为图 8.11 所示的形式。

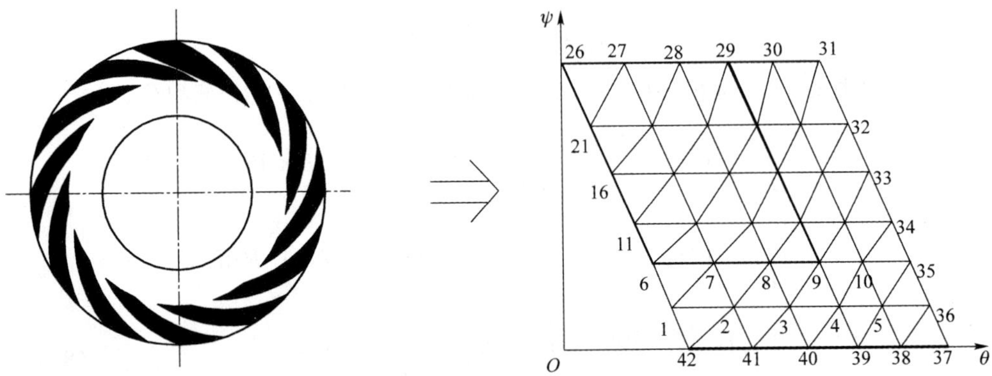

(a) 螺旋槽式单端面气膜密封

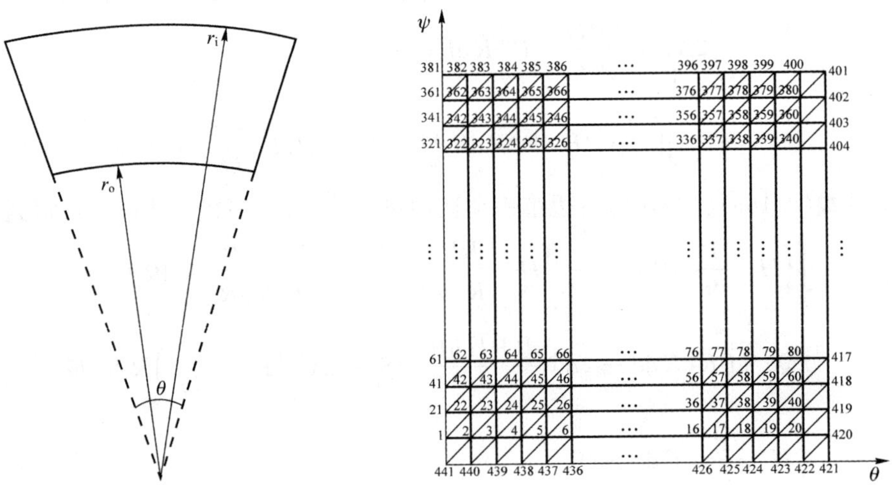

(b) 反转轴双端面气膜密封

图 8.11　气膜密封解域划分

对端面气膜的解域分割时应注意:①利用周期性简化解域;②节流孔中心应落在单元顶点;③使槽台界线落在单元网格边界上。节点编号时应注意:①先编待求节点,再编边界节点,有利于组集后的方程组加入边界条件;②节点按站编号,系数方程组可按带宽压缩存储。

(2) 有限元求解

对三角形单元来说,压场平方分布的差值函数为

$$\bar{P}^2 = A_0 + B_0\theta + C_0\psi \tag{8.19}$$

式中：A_0、B_0、C_0 是待定常数；θ、ψ 是单元体内任意点的坐标值；$\bar{P}^2$ 表示真实压场平方函数的近似差值函数。

对各个节点 i、j、m 有应用得：

$$\bar{P}_i^2 = A_0 + B_0\theta_i + C_0\psi_i \tag{8.20}$$

$$\bar{P}_j^2 = A_0 + B_0\theta_j + C_0\psi_j \tag{8.21}$$

$$\bar{P}_m^2 = A_0 + B_0\theta_m + C_0\psi_m \tag{8.22}$$

解出 A_0、B_0、C_0 值：

$$A_0 = \frac{1}{2\Delta_e}(a_i\bar{P}_i^2 + a_j\bar{P}_j^2 + a_m\bar{P}_m^2) \tag{8.23}$$

$$B_0 = \frac{1}{2\Delta_e}(b_i\bar{P}_i^2 + b_j\bar{P}_j^2 + b_m\bar{P}_m^2) \tag{8.24}$$

$$C_0 = \frac{1}{2\Delta_e}(c_i\bar{P}_i^2 + c_j\bar{P}_j^2 + c_m\bar{P}_m^2) \tag{8.25}$$

式中：

$$\Delta_e = \frac{1}{2}[\theta_i(\psi_j - \psi_m) + \theta_j(\psi_m - \psi_i) + \theta_m(\psi_i - \psi_j)] \tag{8.26}$$

$$a_i = \theta_j\psi_m - \theta_m\psi_j, b_i = \psi_j - \psi_m, c_i = \theta_m - \theta_j, (i, j = i, j, m)$$

则压场平方分布的差值函数表示为

$$\begin{aligned}\bar{P}^2 = &\frac{1}{2\Delta_e}(a_i\bar{P}_i^2 + a_j\bar{P}_j^2 + a_m\bar{P}_m^2) + \frac{1}{2\Delta_e}(b_i\bar{P}_i^2 + b_j\bar{P}_j^2 + b_m\bar{P}_m^2)\theta + \\ &\frac{1}{2\Delta_e}(c_i\bar{P}_i^2 + c_j\bar{P}_j^2 + c_m\bar{P}_m^2)\psi = \frac{1}{2\Delta_e}[(a_i + b_i\theta + c_i\psi)\bar{P}_i^2 + \\ &(a_j + b_j\theta + c_j\psi)\bar{P}_j^2 + (a_m + b_m\theta + c_m\psi)\bar{P}_m^2]\end{aligned} \tag{8.27}$$

令

$$N_i = \frac{1}{2\Delta_e}(a_i + b_i\theta + c_i\psi)$$

组成矩阵为

$$\boldsymbol{N}^e = \begin{bmatrix} N_i \\ N_j \\ N_m \end{bmatrix}, \qquad \bar{\boldsymbol{P}}^{2e} = \begin{bmatrix} \bar{P}_i^2 \\ \bar{P}_j^2 \\ \bar{P}_m^2 \end{bmatrix}$$

则：

$$\bar{\boldsymbol{P}}^{2(e)} = \boldsymbol{N}^{e\mathrm{T}}\bar{\boldsymbol{P}}^{2e} \tag{8.28}$$

同理有：

$$\left.\begin{aligned} \bar{\boldsymbol{H}}^{(e)} &= \boldsymbol{N}^{e\mathrm{T}}\bar{H}^e = \bar{\boldsymbol{H}}^{e\mathrm{T}}\boldsymbol{N}^e \\ \delta\bar{\boldsymbol{P}}^{(e)} &= \boldsymbol{N}^{e\mathrm{T}}\delta\bar{\boldsymbol{P}}^e = \delta\bar{\boldsymbol{P}}^{e\mathrm{T}}\boldsymbol{N}^e \\ \bar{\boldsymbol{P}}^{(e)} &= \boldsymbol{N}^{e\mathrm{T}}\bar{\boldsymbol{P}}^e \end{aligned}\right\} \tag{8.29}$$

将各个单元中的求解函数用单元基函数的线性组合表达式进行逼近，再将近似函数代入积分表达式，并对单元进行积分，就可以获得含待定系数的代数方程组。

将解域划分成 m 个有限三角形元素，可将变分方程对元素域 Δ_e 积分，再对 m 个元素求和：

$$\sum_{e=1}^{m}\iint_{\Delta_e}\left[\overline{H}^3\left(\frac{\partial\overline{P}^2}{\partial\theta}\frac{\partial\delta\overline{P}}{\partial\theta}+\frac{\partial\overline{P}^2}{\partial\psi}\frac{\partial\delta\overline{P}}{\partial\psi}\right)-2\mathrm{e}^{2\psi}\left(Q\delta_j\delta\overline{P}+2\Lambda\overline{P}\overline{H}\frac{\partial\delta\overline{P}}{\partial\theta}\right)\right]\mathrm{d}\psi\mathrm{d}\theta=0 \tag{8.30}$$

将矩阵向量表达式代入式(8.30)得：

$$\sum_{e=1}^{m}\delta\overline{\boldsymbol{P}}^{e\mathrm{T}}\iint_{\Delta_e}\left[(\boldsymbol{N}^{e\mathrm{T}}\overline{\boldsymbol{H}}^e)^3\left(\frac{\partial\boldsymbol{N}^{e\mathrm{T}}}{\partial\theta}\frac{\partial\boldsymbol{N}^e}{\partial\theta}+\frac{\partial\boldsymbol{N}^{e\mathrm{T}}}{\partial\psi}\frac{\partial\boldsymbol{N}^e}{\partial\psi}\right)\overline{\boldsymbol{P}}^{2e}-\right.$$
$$\left.2\mathrm{e}^{2\psi}\left(Q\delta_j\boldsymbol{N}^e+2\Lambda\overline{\boldsymbol{H}}^{e\mathrm{T}}\boldsymbol{N}^e\boldsymbol{N}^{e\mathrm{T}}\overline{\boldsymbol{P}}^e\frac{\partial\boldsymbol{N}^e}{\partial\theta}\right)\right]\mathrm{d}\psi\mathrm{d}\theta=0 \tag{8.31}$$

利用节点压力变分的任意性，对解域中任意元素有：

$$\iint_{\Delta_e}\left[\overline{H}^3\left(\frac{\partial N_j}{\partial\theta}\frac{\partial N_i}{\partial\theta}+\frac{\partial N_j}{\partial\psi}\frac{\partial N_i}{\partial\psi}\right)\overline{P}_j^2-2\mathrm{e}^{2\psi}\left(Q\delta_jN_i+2\Lambda\overline{H}N_j\overline{P}_j\frac{\partial N_i}{\partial\theta}\right)\right]\mathrm{d}\psi\mathrm{d}\theta=0$$
$$i,j=i,j,m \tag{8.32}$$

可以表示元素方程为

$$A_{ij}^e\overline{P}_j^2=B_{ij}^e\overline{P}_j+C_i^e\quad i,j=i,j,m \tag{8.33}$$

可写成：

$$\begin{bmatrix}A_{ii}&A_{ij}&A_{im}\\A_{ji}&A_{jj}&A_{jm}\\A_{mi}&A_{mj}&A_{mm}\end{bmatrix}\begin{bmatrix}\overline{P}_i^2\\\overline{P}_j^2\\\overline{P}_m^2\end{bmatrix}=\begin{bmatrix}B_{ii}&B_{ij}&B_{im}\\B_{ji}&B_{jj}&B_{jm}\\B_{mi}&B_{mj}&B_{mm}\end{bmatrix}\begin{bmatrix}\overline{P}_i\\\overline{P}_j\\\overline{P}_m\end{bmatrix}+\begin{bmatrix}C_i\\C_j\\C_m\end{bmatrix} \tag{8.34}$$

其中：

$$A_{ij}^e=\iint_{\Delta_e}\overline{H}^3\left(\frac{\partial N_j}{\partial\theta}\frac{\partial N_i}{\partial\theta}+\frac{\partial N_j}{\partial\psi}\frac{\partial N_i}{\partial\psi}\right)\mathrm{d}\psi\mathrm{d}\theta\qquad i,j=i,j,m \tag{8.35}$$

$$B_{ij}^e=\iint_{\Delta_e}2\mathrm{e}^{2\psi}\Lambda\overline{H}N_j\frac{\partial N_i}{\partial\theta}\mathrm{d}\psi\mathrm{d}\theta\qquad i,j=i,j,m \tag{8.36}$$

$$C_{ij}^e=\iint_{\Delta_e}2\mathrm{e}^{2\psi}Q\delta_jN_i\,\mathrm{d}\psi\mathrm{d}\theta\qquad i,j=i,j,m \tag{8.37}$$

求解可得到气膜内的压场分布。

8.2.4 气膜性能计算

1. 稳态气膜刚度

为在气膜稳态平衡位置 h_0 附近，由 z 向单位微小扰动所引起的气膜承载能力的

增量即为该处的气膜刚度，其表达式为

$$K_{zz}=-\frac{F_2-F_1}{h_2-h_1} \tag{8.38}$$

式中：h_2 和 h_1 为平衡位置 h_0 附近的两个微小扰动膜厚，其相应的气膜承载能力分别为 F_2 和 F_1。

2. 气体泄漏量

对于带密封腔和密封坝的断面气膜密封形式，其泄漏量包括两个部分：一是密封坝处泄漏量；二是密封气垫处泄漏量，即节流孔泄漏量。其中，密封坝处泄漏量占主要部分。图 8.12 所示的气体泄漏量为

$$Q_m=\frac{\pi h^3(p_1^2-p_2^2)}{12\eta RT\ln\left(\frac{R_2}{R_1}\right)} \tag{8.39}$$

式中：气体常数 $R=287.14\ \mathrm{J/(kg\cdot K)}$；环境温度 $T=t+273$，K；粘度 $\eta=3.49\times10^{-5}\ \mathrm{Pa\cdot s}$。

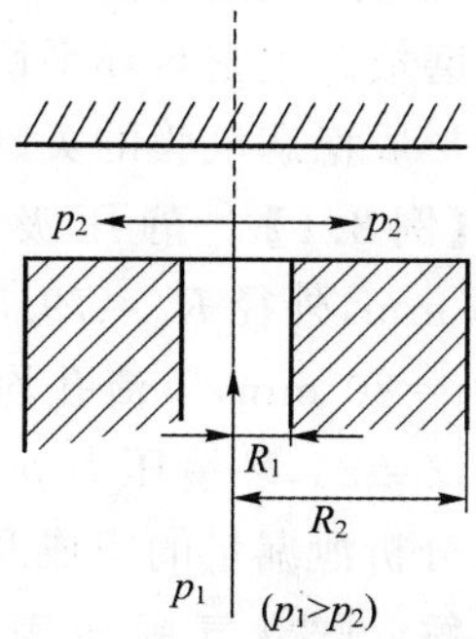

图 8.12　两圆盘间源流示意图

密封气垫处泄漏量，等效于计算节流孔泄漏量：

$$\dot{m}=Ap_0\Phi\sqrt{\frac{2\rho_0}{p_0}}\varphi$$

$$\varphi=\begin{cases}\left[\frac{k}{2}\left(\frac{2}{k+1}\right)^{\frac{k+1}{k-1}}\right]^{\frac{1}{2}} & 当\frac{p}{p_0}\leqslant\beta_k 时\\ \left\{\frac{k}{k+1}\left[\left(\frac{p}{p_0}\right)^{\frac{2}{k}}-\left(\frac{p}{p_0}\right)^{\frac{k+1}{k}}\right]\right\}^{\frac{1}{2}} & 当\frac{p}{p_0}>\beta_k 时\end{cases} \tag{8.40}$$

式中：

$$k=1.4(空气),\quad \Phi=0.8$$

$$\beta_k=\frac{p_c}{p_0}=\left(\frac{2}{k+1}\right)^{\frac{k}{k-1}}$$

$$\frac{\rho_0}{p_0}=\frac{1}{RT_0}$$

$$A=\frac{1}{4}\pi d^2(节流孔直径)$$

对于螺旋槽式泵入泵出型端面密封形式，其泄漏量可由下式求得：

$$Q_r=-\frac{h_0^3}{24\eta RT\ln(\overline{R}_g/\overline{R}_i)}\left(\int_0^{2\pi}\overline{P}_g^2\mathrm{d}\theta-2\pi\overline{P}_i^2\right) \tag{8.41}$$

3. 气膜最小开启压差

转子启动前，由于弹簧预紧力的作用，使主密封环与动环在初始位置保持一个较

小的间隙，当转子启动时，随着供气压力的升高，作用在高压区面积上的压力将逐渐增大，当压力达到某一值时，高压区的压力将克服弹簧的预紧力和二次密封处的摩擦力，推动主密封环向动环方向移动。因此，气膜的最小开启压差为

$$\Delta p_{\min} = (Fs_0 + \mathrm{Fric}f)/\pi(R_f^2 - R_i^2) \tag{8.42}$$

由此可知，弹簧的预紧力和主密封环的平衡半径对气膜的最小开启压差影响较大。如果弹簧的预紧力选择过大，会使气膜的开启压差较大，这样转子从启动到密封对偶面形成气膜所需的时间会较长；预紧力太小，会造成密封对偶面在小压差时发生碰撞磨损。主密封环平衡半径的大小决定了转子正常工作时气膜的膜厚，是密封结构能形成稳态气膜的关键参数。

【例 8.1】 静压吸气式气膜密封结构的主要参数为：密封坝内径 $R_i=76.5$ mm，外径 $R_o=79.5$ mm，气垫内径 $r_i=82.5$ mm，外径 $r_o=91.5$ mm，平衡半径 $R_f=80$ mm，节流孔均布圆周半径 $r_k=87$ mm，节流孔直径 $d_0=1.2$ mm，节流孔数目 $Z=24$，环境压力 $p_a=0.1$ MPa，供气压力 $p_s=0.70$ MPa。解算密封区压力场，定性分析泄漏量的组成及与膜厚的关系。

解 联立气膜所满足的基本方程，可解得承载区气膜压场分布（过程略）。图 8.13 所示为密封气垫一个周期的三维压力场，沿供气孔径向截面和周向截面的压力二维分布曲线如图 8.14 和图 8.15 所示。

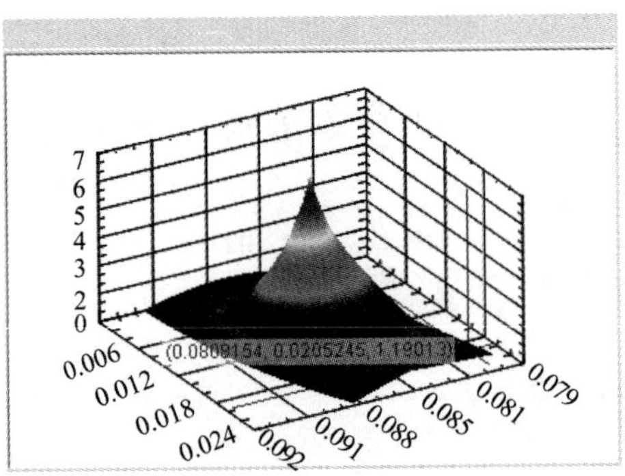

图 8.13 密封气垫压场分布

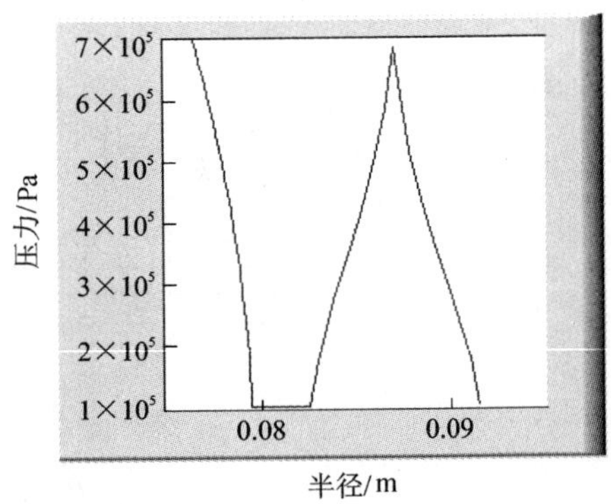

图 8.14 沿小孔径向截面压力分布

气膜泄漏量与膜厚的关系曲线如图 8.16 所示。

可以看出，泄漏量主要来自于密封坝部分，膜厚变化对升力垫部分引起的泄漏影响很小。

【例 8.2】 分析螺旋槽式气膜密封的压场分布、开启动、泄漏量。已知：

结构参数为外径 $r_o=0.079\ 45$ m，内径 $r_i=0.073\ 86$ m，螺旋角 $\beta=70°$，周期 $T=20$，槽底半径 $r_g=0.074\ 88$ m，槽深 $h_g=12.7$ μm，槽台宽比 $w_g/w_r=2.5$。

工况参数为内径压力 $p_i=0.11$ MPa，外径压力 $p_o=0.32$ MPa，转速 $n=15\ 000$ r/m，温度 $t=480$ ℃，环境压力 $p_a=0.1$ MPa，气膜厚度 $h_0=5.1$ μm。

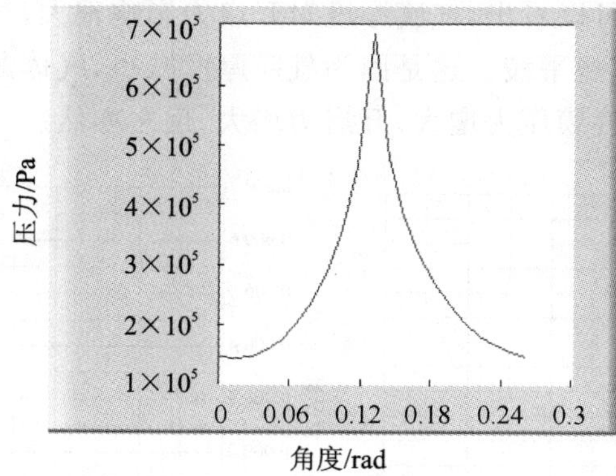

图 8.15　沿小孔周向截面压力分布

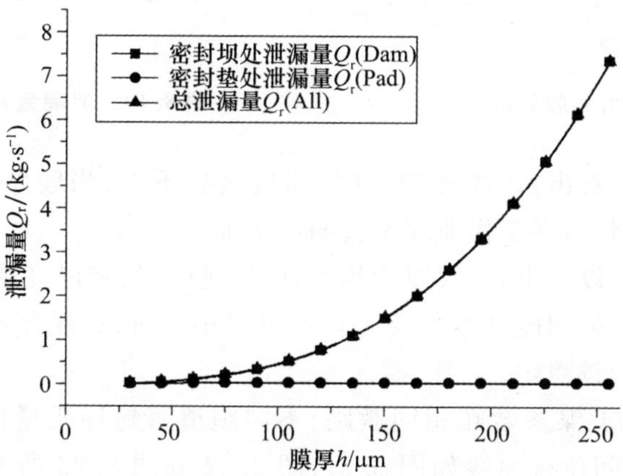

图 8.16　泄漏量和膜厚的关系

解　(计算过程略)图 8.17 所示为螺旋槽式端面气膜密封气膜内压力分布图。螺旋槽式端面气膜密封在不同气膜厚度下的密封性能变化情况如图 8.18～8.20 所示。

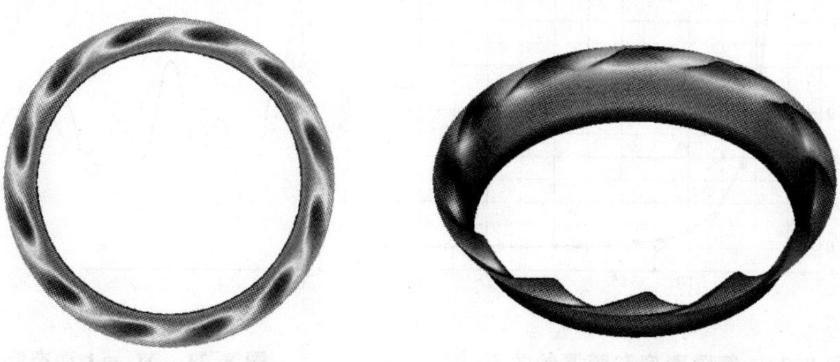

(a) 气膜压场分布二维视图　　(b) 气膜压场分布三维视图

图 8.17　气膜内压场分布图

分析 由图 8.18 可以看出,气膜厚度对开启力影响很大,气膜厚度越小,曲线越陡;气膜厚度越大,曲线越平缓。这是因为气膜厚度减小,气体的粘性剪切力增大,气体流体动压效应增强,气膜压力增大,开启力增大,反之亦然。

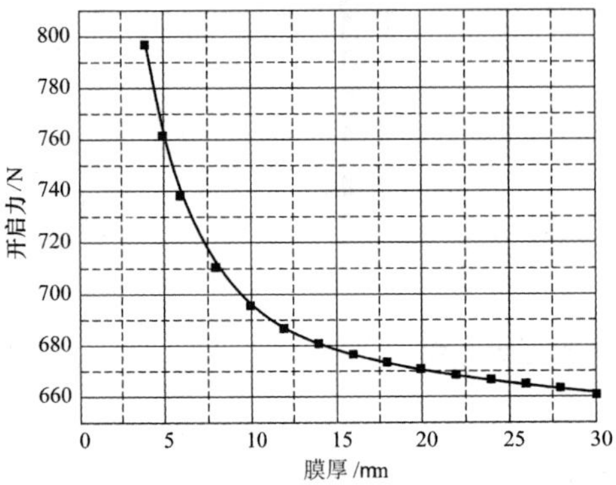

图 8.18 开启力和膜厚的关系

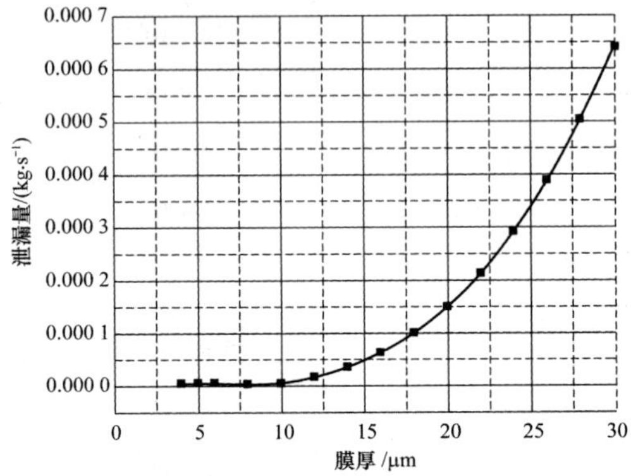

图 8.19 泄漏量和膜厚的关系

由图 8.19 可以看出,当膜厚较小时,曲线变化不大;当膜厚较大时,曲线很陡。密封在膜厚较大的状态下工作泄漏量将明显增加。

从图 8.20 中可以看出,气膜厚度越小,曲线越陡;气膜厚度越大,曲线越平缓,膜厚大于20 μm 后,气膜刚度基本不变而且数值很小。所以,膜厚越小,密封的抗干扰能力越强,密封运行越稳定。

【例 8.3】 已知:某参数在相同激励、不同跑道密封环质量比($M_2=1$)条件下,获得的自由振动时间位移曲线如图 8.21、图 8.22 和图 8.23 所示,$M_r=0.333$ 不同转速下的时间位移曲线如图 8.24、图 8.25 和图 8.26 所示,幅频特性曲线如图 8.27 所示,试分析系统振动特点。

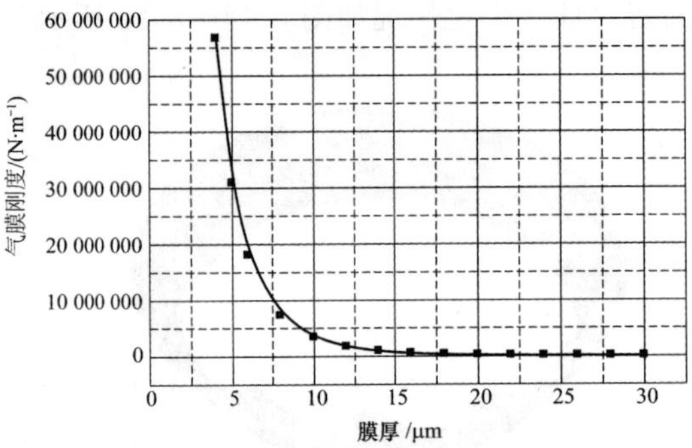

图 8.20 气膜刚度和膜厚的关系

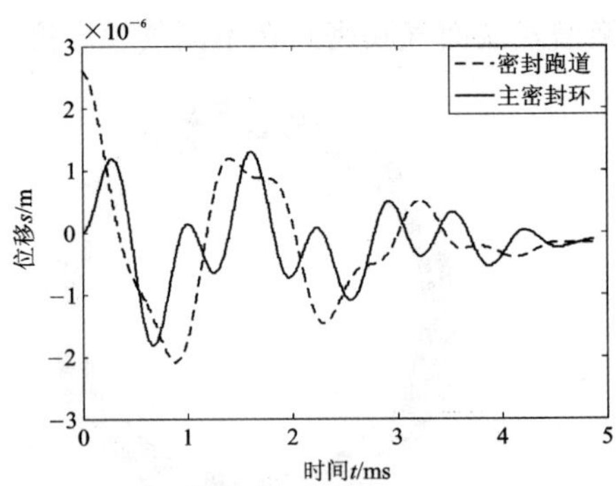

图 8.21 $M_r=1$ 动态响应

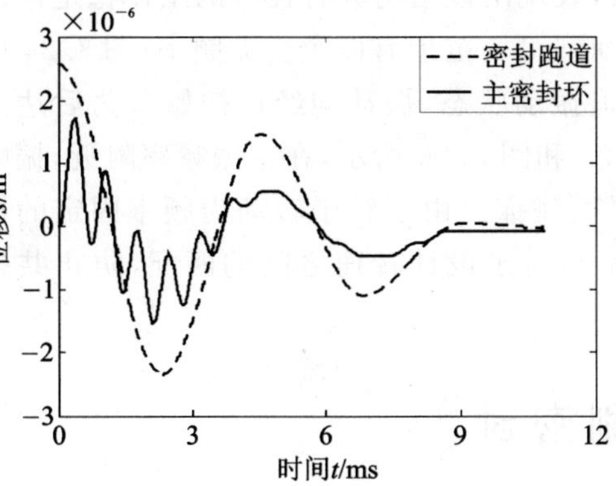

图 8.22　$M_r = 10$ 动态响应

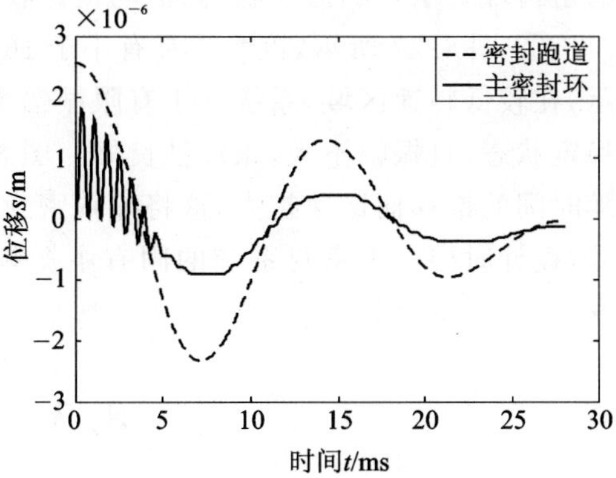

图 8.23　$M_r = 100$ 动态响应

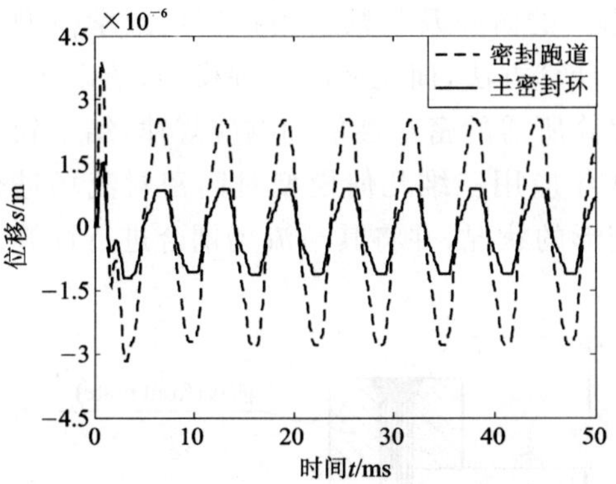

图 8.24　$M_r = 0.333$,1 000 rad/s 激振响应

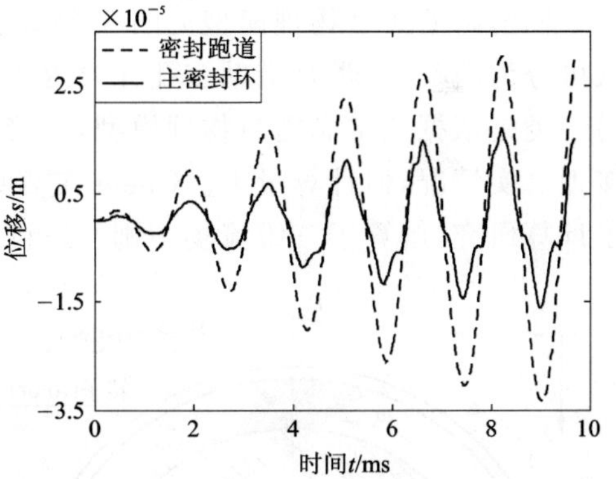

图 8.25　$M_r = 0.333$,4 000 rad/s 激振响应

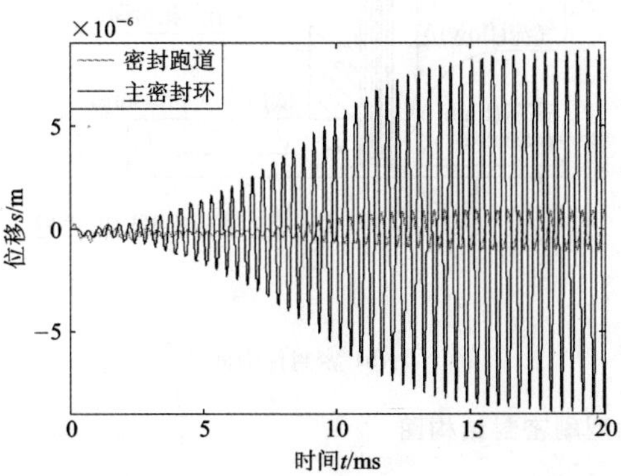

图 8.26　$M_r = 0.333$,16 000 rad/s 激振响应

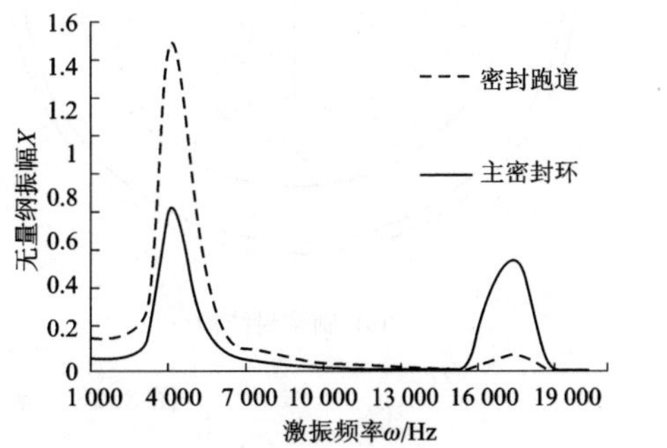

图 8.27　密封系统幅频特性曲线

分析

① 图 8.21、图 8.22 和图 8.23 所示，随着跑道质量增加，响应时间增加，且较轻

的密封环处于跟随振动状态,但均很快收敛,表现出该结构具有良好的工作稳定性。

② 图 8.27 所示,该系统具有小于 16 000 rad/s 范围有两个主振频率;图 8.24 所示,在较低转速区域,系统处于有限振幅受迫振动状态,振动均经过初始振荡后达到稳定状态,且振幅不大,跟踪性良好。图 8.25 和图 8.26 所示,在主振频率附近,振幅随时间的推移而迅速扩大,这将导致密封界面碰撞。由于转子转动为频率固定的振源,设计时要考虑密封系统的固有主振频率与转子设计转速之间的匹配,防止共振发生。

8.3 刷密封

8.3.1 刷密封及其设计技术

刷密封的典型物理模型见图 8.28,刷密封的研究及其数值模拟所用数学模型大致可分为两类:一类是借助多孔介质内流场计算方法,简化实际物理模型,予以研究;另一类是依据三维刷密封物理模型,直接解算所需的密封性能和响应规律,结果较为接近真实情况,但计算量大。Chew 在 2004 年应用三维几何模型对刷密封流场进行了计算研究,解算了三维流场中刷丝三维变形的状况,并将其与流场耦合进行计算。

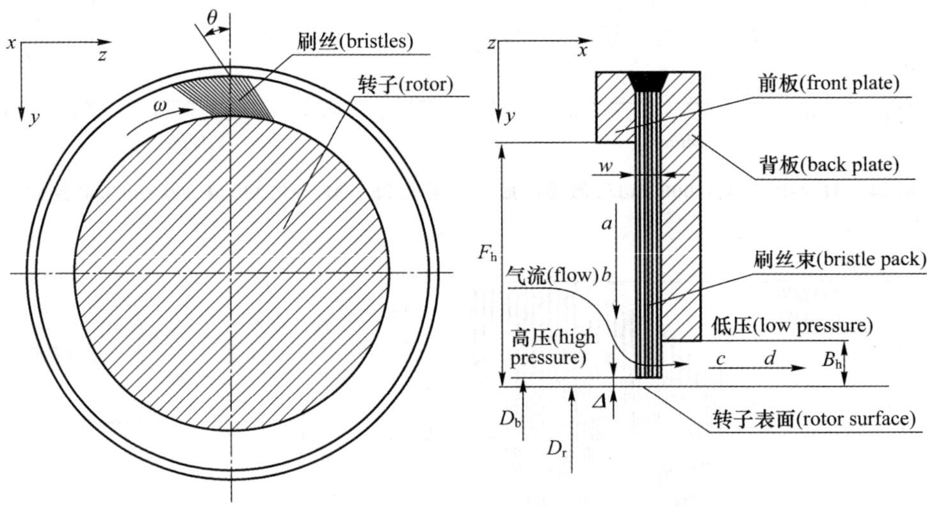

(a) 刷密封结构　　(b) 密封件剖面

图 8.28 基础型刷密封结构图

刷密封物理模型的特殊性和流体计算的复杂性,使现有的研究方法和数学模型中均或多或少存在一些问题,如刷密封模型的动态跟踪,流-固耦合计算,刷丝的力学行为与流体流动特性的耦合分析,刷丝及摩擦副间流体的流体动力学及其对密封性能的影响等,都有待进一步深入研究。

刷密封研究主要集中在以下几个方面：刷丝区域内大尺度变化的几何空间流场计算、网格设计及算法；二维多孔介质模型基础上的非线性流体阻抗处理和压力-速度场耦合计算方法与数值计算的实现；刷丝力学表现与流场的关系处理，以及与密封性能的相互作用；三维计算与动态仿真等。刷密封的特殊几何结构和动态自适应性，使其在使用过程中能够较好地适应严苛的工作状况，但也给设计分析造成了一定的困难。

8.3.2　刷密封数值模拟的数学模型

刷密封数学模型的建立主要依赖于流体力学基本方程，即质量、动量和能量守恒方程等；利用有限体积法和有限差分法，求解压力-速度耦合方程组的半隐式 SIMPLER 算法等，得到其分析数学模型和离散方程组并求解。

1. 刷密封的几何模型

建立直角坐标系如图 8.28(a)所示，其中 θ 为刷丝安装倾角。图 8.28(b)中左侧为高压区，右侧为低压区；Δ 为刷丝与转子表面间的安装间隙。刷式密封正常工作时，刷丝会在径向压力梯度作用下因“压力闭合作用”而向转子表面靠近直至贴紧。图 8.28(b)中，在 $x-y$ 平面内沿径向($a\rightarrow b$ 方向)和轴向($c\rightarrow d$ 方向)存在气体流动，刷丝在流场载荷、转子表面接触力、丝间作用和前后背板综合作用下产生运动，并发生变形，刷丝与转子表面的接触状态及其摩擦磨损状况是影响刷密封使用寿命和密封性能的主要因素。

刷式密封在应用中，由于刷丝集合在高压差下存在滞后效应(Hysteresis)，使刷丝端部和转子之间缝隙的闭合迟缓，跟随性下降，气体泄漏率增大。为减小刷丝滞后效应，提高密封性能，可以采用在背板内侧设计背板槽的低滞后刷式密封结构，如图 8.29 所示。为改善流体流动状态，减小刷丝所受随机干扰力作用，可将刷封前板设计高度加长至适当位置并开设孔栅，使密封腔体内的高压端气流入口处流动趋于平缓均匀；还可在长前板和上游刷丝之间设置挡圈，可减小由于压力变化和转子跳动引起的刷丝摆动。图 8.29(b)所示为一种带有前板的低滞后刷密封结构模型。

2. 刷密封数学模型

刷密封区域气体流动的计算单元满足如下假设：介质为理想气体，遵守牛顿内摩擦定理，在足够小的控制体内为不可压流体。考虑到密封结构的对称性，计算模型采用径向-轴向二维解域，流体的流动受物理守恒定律支配，其基本守恒定律包括：质量守恒、动量守恒和能量守恒定律。当其处于湍流状态时，系统遵守附加的湍流输运方程。

(1) 质量守恒方程

质量守恒定律可表述为与式(3.3)同形的质量守恒方程(Mass conservation equation)：

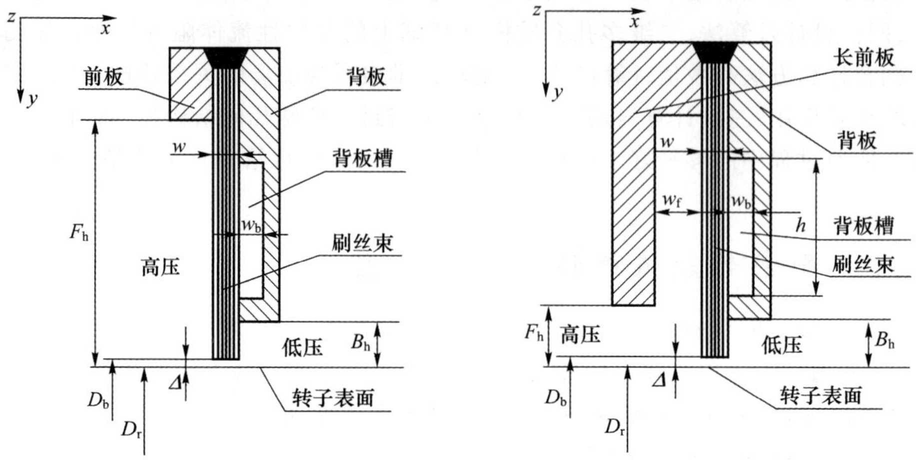

(a) 低滞后刷密封　　(b) 带长前板的低滞后刷密封

图 8.29　刷密封几何结构

$$\frac{\partial(\rho)}{\partial t}+\frac{\partial(\rho u)}{\partial x}+\frac{\partial(\rho v)}{\partial y}+\frac{\partial(\rho w)}{\partial z}=0 \tag{8.43}$$

对于二维可压流体，则上式写为

$$\frac{\partial(\rho)}{\partial t}+\frac{\partial(\rho u)}{\partial x}+\frac{\partial(\rho v)}{\partial y}=0 \tag{8.44}$$

质量守恒方程(8.43)、(8.44)也称为连续性方程。

(2) 动量守恒方程

动量守恒定律可表述为流体微元在 x、y、z 三个方向的动量守恒方程：

$$\frac{\partial(\rho u)}{\partial t}+\mathrm{div}(\rho u\boldsymbol{u})=\mathrm{div}(\mu\ \mathrm{grad}\ u)-\frac{\partial p}{\partial x}+S_u \tag{8.45}$$

$$\frac{\partial(\rho v)}{\partial t}+\mathrm{div}(\rho v\boldsymbol{u})=\mathrm{div}(\mu\ \mathrm{grad}\ v)-\frac{\partial p}{\partial y}+S_v \tag{8.46}$$

$$\frac{\partial(\rho w)}{\partial t}+\mathrm{div}(\rho w\boldsymbol{u})=\mathrm{div}(\mu\ \mathrm{grad}\ w)-\frac{\partial p}{\partial z}+S_w \tag{8.47}$$

式中：$\boldsymbol{u}$ 为速度矢量；u、v 和 w 分别为速度矢量在 x、y、z 方向的分量；S_u、S_v 和 S_w 分别为动量守恒方程的广义源项；μ 为动力粘度。

对于二维定常可压流体，式(8.45)和式(8.46)可展开为

$$\frac{\partial(\rho u)}{\partial t}+\frac{\partial(\rho uu)}{\partial x}+\frac{\partial(\rho uv)}{\partial y}=\frac{\partial}{\partial x}\left(\mu\frac{\partial u}{\partial x}\right)+\frac{\partial}{\partial y}\left(\mu\frac{\partial u}{\partial y}\right)-\frac{\partial p}{\partial x}+S_u \tag{8.48}$$

$$\frac{\partial(\rho v)}{\partial t}+\frac{\partial(\rho vu)}{\partial x}+\frac{\partial(\rho vv)}{\partial y}=\frac{\partial}{\partial x}\left(\mu\frac{\partial v}{\partial x}\right)+\frac{\partial}{\partial y}\left(\mu\frac{\partial v}{\partial y}\right)-\frac{\partial p}{\partial y}+S_v \tag{8.49}$$

式(8.48)和式(8.49)简称为 N-S 方程。

(3) 能量守恒方程

能量守恒体现了流体微元体中能量的增量等于同一时间进入微元体的净热流量加上体力与面力对微元体所做的功。

流体的能量 E 通常是内能 i、动能 ε 和势能 P 三项之和，一般可针对总能量 E 建立能量守恒方程。为了进一步得到刷式密封区域的温度分布，可由总能量方程推导出热平衡方程，得到关于内能 i 的守恒方程，而内能 i 与温度 T 之间存在关系：$i=c_pT$，其中 c_p 为比定压热容。这样，可以得到以温度 T 为变量的能量守恒方程：

$$\frac{\partial(\rho T)}{\partial t}+\mathrm{div}(\rho\boldsymbol{u}T)=\mathrm{div}\left(\frac{k}{c_p}\mathrm{grad}\ T\right)+S_{\mathrm{T}} \tag{8.50}$$

将上式展开得到：

$$\frac{\partial(\rho T)}{\partial t}+\frac{\partial(\rho uT)}{\partial x}+\frac{\partial(\rho vT)}{\partial y}=\frac{\partial}{\partial x}\left(\frac{k}{c_p}\frac{\partial T}{\partial x}\right)+\frac{\partial}{\partial y}\left(\frac{k}{c_p}\frac{\partial T}{\partial y}\right)+S_{\mathrm{T}} \tag{8.51}$$

式中：c_p 为比定压热容；T 为温度；k 为流体的传热系数；S_{T} 为流体的内热源及由于粘性作用流体机械能转换为热能的部分。

(4) 控制方程

二维对流扩散问题控制微分方程的一般形式为

$$\frac{\partial(\rho\phi)}{\partial t}+\frac{\partial}{\partial x}(\rho u\phi)+\frac{\partial}{\partial y}(\rho v\phi)=\frac{\partial}{\partial x}\left(\Gamma\frac{\partial\phi}{\partial x}\right)+\frac{\partial}{\partial y}\left(\Gamma\frac{\partial\phi}{\partial y}\right)+S_{\phi} \tag{8.52}$$

式中：ϕ 为通用变量，可以代表 u、v、T 等求解变量；Γ 为广义扩散系数；S_{ϕ} 为广义源项。式(8.52)中各项依次为瞬态项、对流项、扩散项和源项。对于特定的方程，ϕ、Γ 和 S_{ϕ} 具有特定的形式，表 8.2 给出了三个变量与各特定方程的对应关系。

表 8.2　通用控制方程中各符号的具体形式

方程变量	ϕ	Γ	S_{ϕ}
质量方程	1	0	0
动量方程	u_i	μ	$-\left(\frac{\partial p}{\partial x_i}\right)+S_i$
能量方程	T	k/c	S_{T}

所有控制方程都可经过适当的数学处理，将方程中各项写成标准形式，然后将方程右端的其余各项集中定义为源项，化为通用微分方程，考虑通用微分方程式(8.52)的数值解，构造求解方程式(8.52)的计算模型，就可以求解不同类型的流体流动及其热传递问题。

(5) 刷密封流场计算控制方程组

将刷丝区域视为各向异性的多孔介质区，采用各向异性的阻抗系数来表示刷丝对流体的阻碍作用，单位体积内刷丝对流体的阻抗力 F 可表示为

$$F=-\boldsymbol{A}\mu\boldsymbol{u}-\boldsymbol{B}\rho\,|\boldsymbol{u}|\,\boldsymbol{u} \tag{8.53}$$

式中：$\boldsymbol{A}$、$\boldsymbol{B}$ 分别代表粘性和惯性阻抗张量，两张量的值分别为

$$\boldsymbol{A}=\begin{bmatrix} a_n & 0 & 0 \\ 0 & a_s & 0 \\ 0 & 0 & a_x \end{bmatrix},\quad \boldsymbol{B}=\begin{bmatrix} b_n & 0 & 0 \\ 0 & b_s & 0 \\ 0 & 0 & b_x \end{bmatrix}$$

式中：a_x、a_n、a_s 分别代表沿转子轴线方向（x 方向）、沿垂直刷丝方向（n 方向）和与刷丝平行方向（s 方向）的粘性阻抗系数；b_x、b_n、b_s 分别为对应方向的惯性阻抗系数。各阻抗系数的选择可根据试验测试结果和模拟计算结果来确定，当刷丝安装过盈量为 0.25 mm 时，各阻抗系数可取值为 $a_x=a_n=60a_s=5.317\times10^{11}\ \text{m}^{-2}$，$b_x=b_n=1.998\times10^{6}\ \text{m}^{-1}$，$b_s=0$。

对于二维直角坐标情况，θ 为刷丝倾角，则粘性阻抗和惯性阻抗分别为

$$\boldsymbol{A}=\begin{bmatrix} a_x & 0 \\ 0 & a_n\sin\theta+a_s\cos\theta \end{bmatrix}$$

$$\boldsymbol{B}=\begin{bmatrix} b_x & 0 \\ 0 & b_n\sin\theta+b_s\cos\theta \end{bmatrix}$$

进而可得阻抗力在 x、y 方向上的分量分别为

$$F_x=-\mu a_x u-\rho\sqrt{u^2+v^2}\,b_x u \tag{8.54}$$

$$F_y=-\mu(a_n\sin\theta+a_s\cos\theta)v-\rho\sqrt{u^2+v^2}\,(b_n\sin\theta+b_s\cos\theta)v \tag{8.55}$$

以式(8.54)和式(8.55)中的 F_x、F_y 作为动量守恒方程(8.48)、(8.49)中的源项 S_u、S_v，将质量方程、动量方程、能量方程和理想气体状态方程 $p=\rho RT$ 联立，可得刷密封流场计算控制方程组：

$$\left.\begin{aligned}
&\frac{\partial(\rho)}{\partial t}+\frac{\partial(\rho u)}{\partial x}+\frac{\partial(\rho v)}{\partial y}=0\\
&\frac{\partial(\rho u)}{\partial t}+\frac{\partial(\rho uu)}{\partial x}+\frac{\partial(\rho vu)}{\partial y}=\frac{\partial}{\partial x}\left(\mu\frac{\partial u}{\partial x}\right)+\frac{\partial}{\partial y}\left(\mu\frac{\partial u}{\partial y}\right)-\frac{\partial p}{\partial x}+F_x\\
&\frac{\partial(\rho v)}{\partial t}+\frac{\partial(\rho vu)}{\partial x}+\frac{\partial(\rho vv)}{\partial y}=\frac{\partial}{\partial x}\left(\mu\frac{\partial v}{\partial x}\right)+\frac{\partial}{\partial y}\left(\mu\frac{\partial v}{\partial y}\right)-\frac{\partial p}{\partial y}+F_y\\
&\frac{\partial(\rho T)}{\partial t}+\frac{\partial(\rho uT)}{\partial x}+\frac{\partial(\rho vT)}{\partial y}=\frac{\partial}{\partial x}\left(\frac{k}{c_p}\frac{\partial T}{\partial x}\right)+\frac{\partial}{\partial y}\left(\frac{k}{c_p}\frac{\partial T}{\partial y}\right)+S_{\mathrm{T}}\\
&p=\rho RT
\end{aligned}\right\} \tag{8.56}$$

8.3.3 刷密封数值计算方法与数学模型的离散

1. 计算方法

在刷密封计算中主要应用以下计算方法：

有限差分法是计算机数值模拟中常用的方法，解算时将求解域划分为差分网格，用有限个网格节点连续求解域中的解，并结合泰勒级数展开，把控制方程中的导数用网格节点上的函数值的差商替代，离散并建立以网格节点上的值为未知数的代数方

程组。

有限元方法的基本求解思想是把计算域划分为有限个互不重叠的单元，在每个单元内，选择合适的节点作为求解函数的插值点，将微分方程中的变量改写成由各变量或其导数的节点值与所选用的插值函数组成的线性表达式，借助于变分原理或加权余量法，将微分方程离散求解。普遍应用于结构力学计算和流体力学的数值模拟。

有限体积法又称控制体积法，其基本思想是将计算区域划分为网格，并使每个网格节点周围有一个互不重叠的控制体积；将待解微分方程（控制方程）对每一个控制体体积积分，从而得到一组离散方程，其未知数是网格节点上的因变量，可以是速度、压力或温度等。有限体积法结合了加权余量法中的子域法和局部近似的离散方法。

2. 计算网格的设置

在进行控制体积划分时，若把速度 u、v 和压力 p 放在同一网格上离散，有可能会出现锯齿状压力分布和速度分布等不合理的解。如当图 8.30 所示的一维均匀流动在对动量方程进行离散时，需要对压力梯度项 $-\dfrac{\mathrm{d}p}{\mathrm{d}x}$ 在控制容积内积分，但如果速度的控制容积同压力控制容积相同，则该项对离散化方程的贡献是压力降 p_w-p_e，假设压力分段线性分布且把控制面 e 和 w 选在相应网格节点之间的中点，于是有

$$p_w-p_e=\frac{p_W+p_P}{2}-\frac{p_P+p_E}{2}=\frac{p_W-p_E}{2} \tag{8.57}$$

这意味着动量方程将包含两个相间而不是相邻网格节点之间的压力差。动量方程对如图 8.31 所示的锯齿状压力场与其对一个均匀压力场的响应相同。为避免出现这种锯齿状的压力场现象，可采用交错网格的技术，将压力、温度和密度等标量，在正常的网格节点上存储和计算，将矢量如速度的各个分量分别在错位后的网格上进行存储和计算，错位后网格中心位于原控制体积的界面上。对于二维流体的流动和换热问题，设置三套不同的网格，分别用于存放标量压力 p 和温度 T、沿水平方向速度矢量 $\boldsymbol{u}$ 和与其正交速度矢量 $\boldsymbol{v}$。

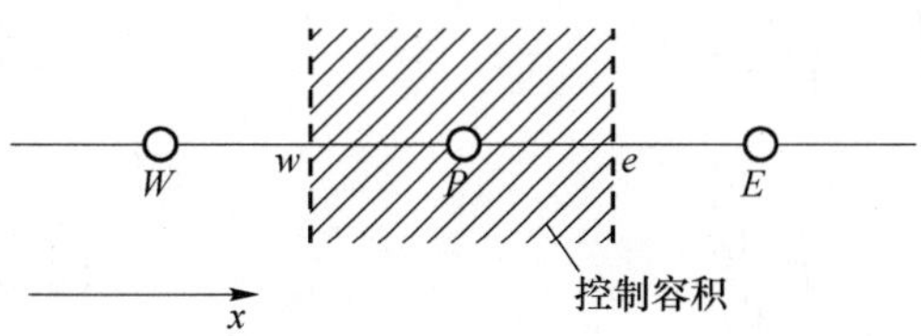

图 8.30　三网格点群

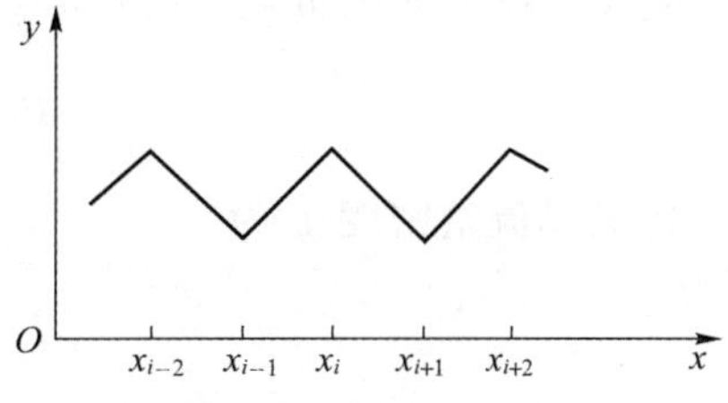

图 8.31　锯齿状压力分布

对于刷密封的二维质量守恒方程、动量守恒方程和能量守恒方程的离散，则采用图 8.32 所示的交错网格布置。图中设置了三种网格：用于压力 p 和温度 T 的主控制网格，用于 x 方向速度 u 的控制体网格和用于 y 方向速度 v 的控制体网格。相邻的

WC 和 P 两点间的压力差成为速度 u_w 的驱动力，以控制类似锯齿形数据结果的出现。

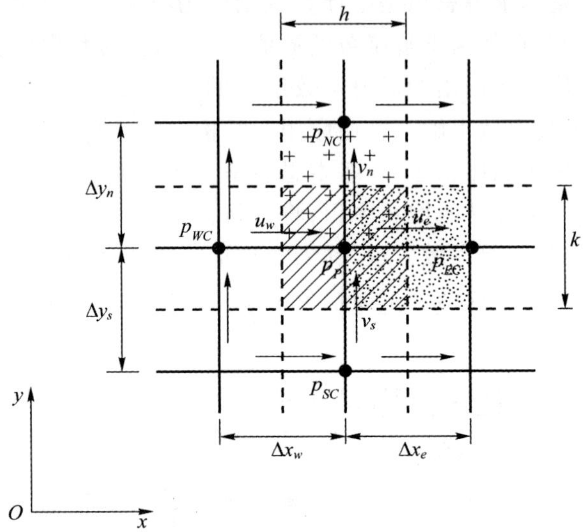

图 8.32　交错网格布置

3. 微分方程的离散与差分格式

定义物理量 F 和 D。F 表示通过界面上单位面积的对流强度，D 表示通过流体界面的扩散传导。在一维情况下有

$$F \equiv \rho u, D \equiv \frac{\Gamma}{\delta x}$$

式中：Γ 为广义扩散系数。这样，在控制体界面上的对流质量流量和扩散流量的值分别为

$$F_e = (\rho u)_e, F_w = (\rho u)_w, D_e = \left(\frac{\Gamma}{\delta x}\right)_e, D_w = \left(\frac{\Gamma}{\delta x}\right)_w$$

定义一维单元的贝克来(Peclet)数为对流与扩散强度之比：

$$Pe = \frac{F}{D} = \frac{\rho u}{\Gamma / \delta x} \tag{8.58}$$

定义总流量密度 J 为

$$J = \rho u \phi - \Gamma \frac{\mathrm{d}\phi}{\mathrm{d}x} \tag{8.59}$$

则一维稳态下的流体对流和换热微分方程为

$$\frac{\mathrm{d}J}{\mathrm{d}x} = 0 \tag{8.60}$$

为构成通用格式，讨论有关系数的某些一般性质，对于如图 8.33 所示的由距离 δ 分开的网格点 i 和 $i+1$，定义

$$J^{*} \equiv \frac{J\delta}{\Gamma} = Pe\phi - \frac{\mathrm{d}\phi}{\mathrm{d}\left(\dfrac{x}{\delta}\right)} \tag{8.61}$$

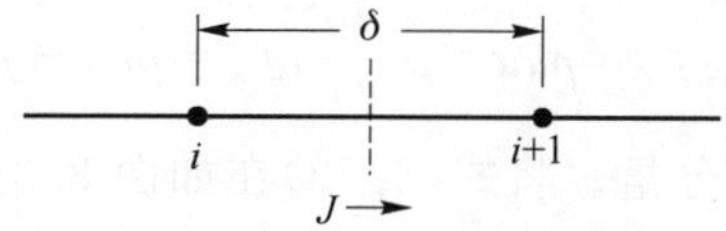

图 8.33　两网格点间的总流量密度 J

考虑到在界面上的 ϕ 值将是 ϕ_i 和 ϕ_{i+1} 的某个加权平均值，而梯度 $\frac{\mathrm{d}\phi}{\mathrm{d}\left(\frac{x}{\delta}\right)}$ 将是 $\phi_{i+1}-\phi_i$ 的某个倍数。可令

$$J^{*} = Pe\left[\alpha\phi_i + (1-\alpha)\phi_{i+1}\right] - \beta(\phi_{i+1}-\phi_i) \tag{8.62}$$

式中：α 和 β 是与 Pe 有关的无因次系数。式(8.62)简化为

$$J^{*} = B\phi_i - A\phi_{i+1} \tag{8.63}$$

式中：A 和 B 为无因次系数，它们是贝克莱数的函数，$A=Pe\alpha+\beta-Pe$，$B=Pe\alpha+\beta$。

所以有：

$$J^{*} - Pe\phi_i = A(\phi_i - \phi_{i+1}) \tag{8.64}$$

或

$$J^{*} - Pe\phi_{i+1} = B(\phi_i - \phi_{i+1}) \tag{8.65}$$

如果坐标轴方向相反，则 Pe 将以 $-Pe$ 出现，此时有：

$$A(-Pe) = B(Pe) \tag{8.66}$$

$$B(-Pe) = A(Pe) \tag{8.67}$$

故当 $Pe<0$ 时：

$$A(Pe) = B(Pe) - Pe = A(-Pe) - Pe = A(|Pe|) - Pe \tag{8.68}$$

所以有：

$$A(Pe) = A(|Pe|) + \max[-Pe, 0] \tag{8.69}$$

$$B(Pe) = A(Pe) + \max[Pe, 0] \tag{8.70}$$

对于不同的差分格式可以选择不同的函数 $A(Pe)$，见表 8.3。

表 8.3　不同差分格式对应 $A(Pe)$ 函数

差分格式	$A(Pe)$函数
中心差分	$1-0.5\lvert Pe\rvert$
上风差分	1
混合差分	$[0, 1-0.5\lvert Pe\rvert]$
幂函数差分	$[0, (1-0.1\lvert Pe\rvert)^5]$
指数差分(精确解)	$\lvert Pe\rvert/[\exp(\lvert Pe\rvert)-1]$

(1) 动量方程离散

二维刷密封流场中 x 方向的动量方程为

$$\frac{\partial(\rho u)}{\partial t} + \frac{\partial(\rho uu)}{\partial x} + \frac{\partial(\rho uv)}{\partial y} = \frac{\partial}{\partial x}\left(\mu\frac{\partial u}{\partial x}\right) + \frac{\partial}{\partial y}\left(\mu\frac{\partial u}{\partial y}\right) - \frac{\partial p}{\partial x} + S_u \tag{8.71}$$

将式(8.71)写成流量密度的形式为

$$\frac{\partial}{\partial t}(\rho u) + \frac{\partial(J_x)}{\partial x} + \frac{\partial(J_y)}{\partial y} = -\frac{\partial p}{\partial x} + S_u \tag{8.72}$$

式中：$J_x=\rho uu-\mu\dfrac{\partial u}{\partial x}$，$J_y=\rho vu-\mu\dfrac{\partial u}{\partial y}$为流量密度；$u$ 和 v 分别代表 x 和 y 方向的速度分量。将式(8.72)在如图 8.34 所示的控制容积内积分得：

$$\frac{(\rho_P u_P-\rho_P^0 u_P^0)\Delta x\Delta y}{\Delta t}+J_e-J_w+J_n-J_s=(p_w-p_e)\Delta y+(S_c+S_P u_P)\Delta x\Delta y \tag{8.73}$$

式中：J_e、J_w、J_n 和 J_s 分别是各个控制容积边界上的积分总流量，即 J_e 代表在界面 e 上的$\int J_x\mathrm{d}y$，依次类推；对源项进行线性化处理：$S_u=S_c+S_P u_P$；ρ_P^0 和 u_P^0 表示该节点处上一个时间步长时的密度和速度值。

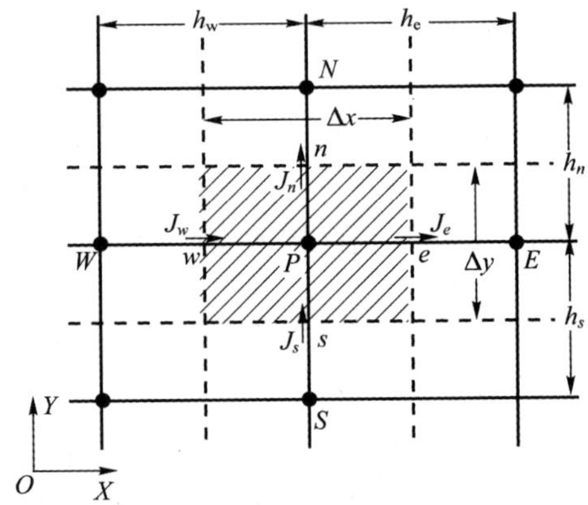

图 8.34　二维网格控制容积

引用连续性方程(8.44)，在图 8.34 所示的控制容积内积分可得：

$$\frac{(\rho_P-\rho_P^0)\Delta x\Delta y}{\Delta t}+F_e-F_w+F_n-F_s=0 \tag{8.74}$$

式中：F_e、F_w、F_n 和 F_s 是通过控制容积界面的质量流量。假设通过点 e、w、n 和 s 的单位流量 ρu 代表整个对应界面上的单位流量，则有：

$$\left.\begin{aligned}F_e&=(\rho u)_e\Delta y\\F_w&=(\rho u)_w\Delta y\\F_n&=(\rho u)_n\Delta x\\F_s&=(\rho u)_s\Delta x\end{aligned}\right\} \tag{8.75}$$

式(8.74)等号两边同乘以 u_P 得：

$$\frac{(\rho_P-\rho_P^0)\Delta x\Delta y}{\Delta t}u_P+F_e u_P-F_w u_P+F_n u_P-F_s u_P=0 \tag{8.76}$$

式(8.73)与式(8.76)的两边分别相减可得：

$$\begin{aligned}&\frac{(u_P-u_P^0)\rho_P^0\Delta x\Delta y}{\Delta t}+(J_e-F_e u_P)-(J_w-F_w u_P)+\\&(J_n-F_n u_P)-(J_s-F_s u_P)=(p_w-p_e)\Delta y+(S_c+S_P u_P)\Delta x\Delta y\end{aligned} \tag{8.77}$$

由式(8.62)和式(8.64)得：

$$\begin{aligned}\frac{(J_e-F_e u_P)}{D_e}&=J^*-(Pe)_e u_P=A[(Pe)_e](u_P-u_e)=\\&\{A[|(Pe)_e|]+[-(Pe)_e,0]\}(u_P-u_e)\end{aligned} \tag{8.78}$$

所以

$$J_e - u_P F_e = D_e \{A[|(Pe)_e|] + [-(Pe)_e, 0]\}(u_P - u_E) = \{D_e A[|(Pe)_e|] + [-F_e, 0]\}(u_P - u_E) \tag{8.79}$$

同理,可得其余各个控制容积面上的情况:

$$\left.\begin{aligned} J_w - u_P F_w &= \{D_w A[|(Pe)_w|] + [F_w, 0]\}(u_W - u_P) \\ J_n - u_P F_n &= \{D_n A[|(Pe)_n|] + [-F_n, 0]\}(u_P - u_N) \\ J_s - u_P F_s &= \{D_s A[|(Pe)_s|] + [F_s, 0]\}(u_S - u_P) \end{aligned}\right\} \tag{8.80}$$

令

$$\left.\begin{aligned} a_E &= D_e A[|(Pe)_e|] + [-F_e, 0] \\ a_W &= D_w A[|(Pe)_w|] + [F_w, 0] \\ a_N &= D_n A[|(Pe)_n|] + [-F_n, 0] \\ a_S &= D_s A[|(Pe)_s|] + [F_s, 0] \end{aligned}\right\} \tag{8.81}$$

将式(8.80)代入式(8.77)得:

$$\frac{(u_P - u_P^0)\rho_P^0 \Delta x \Delta y}{\Delta t} + a_E(u_P - u_E) - a_W(u_W - u_P) + a_N(u_P - u_N) - a_S(u_S - u_P) = (p_w - p_e)\Delta y + (S_c + S_P u_P)\Delta x \Delta y \tag{8.82}$$

令

$$a_P^0 = \frac{\rho_P^0 \Delta x \Delta y}{\Delta t}$$

$$b = S_c \Delta x \Delta y + a_P^0 u_P^0$$

$$a_P = a_E + a_W + a_N + a_S + a_P^0 - S_P \Delta x \Delta y$$

得:

$$a_P u_P = a_E u_E + a_W u_W + a_N u_N + a_S u_S + (p_w - p_e)\Delta y + b \tag{8.83}$$

以上各式中,传导性 D 的值为

$$D_e = \frac{\Gamma_e \Delta y}{h_e}, D_w = \frac{\Gamma_w \Delta y}{h_w}, D_n = \frac{\Gamma_n \Delta x}{h_n}, D_s = \frac{\Gamma_s \Delta x}{h_s}$$

贝克莱数仍为

$$(Pe)_e = \frac{F_e}{D_e} = \frac{(\rho u)_e \Delta y}{\dfrac{\Gamma_e \Delta y}{h_e}} = \frac{(\rho u)_e h_e}{\Gamma_e} = \frac{u_e \Delta x}{\nu}$$

$$(Pe)_w = \frac{u_w \Delta x}{\nu}, (Pe)_s = \frac{u_s \Delta y}{\nu}, (Pe)_n = \frac{u_n \Delta y}{\nu}$$

式中:ν 为运动粘度。

同理,可将 y 方向动量方程离散为

$$a_P v_P = a_E v_E + a_W v_W + a_S v_S + a_N v_N + (p_s - p_n)\Delta x + b \tag{8.84}$$

式中:

$$a_E = D_e A[|(Pe)_e|] + [-F_e, 0]$$
$$a_W = D_w A[|(Pe)_w|] + [F_w, 0]$$
$$a_N = D_n A[|(Pe)_n|] + [-F_n, 0]$$
$$a_S = D_s A[|(Pe)_s|] + [F_s, 0]$$
$$a_P^0 = \frac{\rho_P^0 \Delta x \Delta y}{\Delta t}$$
$$b = S_c \Delta x \Delta y + a_P^0 v_P^0$$
$$a_P = a_E + a_W + a_N + a_S + a_P^0 - S_P \Delta x \Delta y$$
$$F_e = (\rho u)_e \Delta y,\ F_w = (\rho u)_w \Delta y,\ F_n = (\rho v)_n \Delta x,\ F_s = (\rho v)_s \Delta x$$
$$D_e = \frac{\Gamma_e \Delta y}{h_e},\ D_w = \frac{\Gamma_w \Delta y}{h_w},\ D_n = \frac{\Gamma_n \Delta x}{h_n},\ D_s = \frac{\Gamma_s \Delta x}{h_s}$$

(2) 能量方程离散

能量方程离散的二维网格示意如图 8.34 所示，刷式密封二维计算区域的能量方程为

$$\frac{\partial(\rho T)}{\partial t} + \frac{\partial(\rho u T)}{\partial x} + \frac{\partial(\rho v T)}{\partial y} = \frac{\partial}{\partial x}\left(\frac{k}{c_p}\frac{\partial T}{\partial x}\right) + \frac{\partial}{\partial y}\left(\frac{k}{c_p}\frac{\partial T}{\partial y}\right) + S_T \tag{8.85}$$

将其写成总流量密度的形式为

$$\frac{\partial(\rho T)}{\partial t} + \frac{\partial(J_x)}{\partial x} + \frac{\partial(J_y)}{\partial y} = S_T \tag{8.86}$$

式中：

$$J_x \equiv \rho u T - \frac{k}{c_p}\frac{\partial T}{\partial x},\quad J_y \equiv \rho v T - \frac{k}{c_p}\frac{\partial T}{\partial y}$$

将式(8.86)在图 8.32 中的控制容积内积分可得：

$$\frac{(\rho_P T_P - \rho_P^0 T_P^0)\Delta x \Delta y}{\Delta t} + J_e - J_w + J_n - J_s = S_T \Delta x \Delta y \tag{8.87}$$

式中：S_T 为源项。类似地，在整个控制容积内积分连续性方程得：

$$\frac{(\rho_P - \rho_P^0)\Delta x \Delta y}{\Delta t} + F_e - F_w + F_n - F_s = 0 \tag{8.88}$$

以 T_P 乘以式(8.88)，并从方程(8.87)中减去所乘得的结果，得到：

$$\frac{(T_P - T_P^0)\rho_P^0 \Delta x \Delta y}{\Delta t} + (J_e - F_e T_P) - (J_w - F_w T_P) + (J_n - F_n T_P) - (J_s - F_s T_P) = S_T \Delta x \Delta y \tag{8.89}$$

与动量方程中的离散处理方法类似，设

$$a_E = D_e A[|(Pe)_e|] + [-F_e, 0]$$
$$a_W = D_w A[|(Pe)_w|] + [F_w, 0]$$
$$a_N = D_n A[|(Pe)_n|] + [-F_n, 0]$$

$$a_S = D_s A[|(Pe)_s|] + [F_s, 0]$$
$$J_e - T_P F_e = a_E(T_P - T_E)$$
$$J_w - T_P F_w = a_W(T_W - T_P)$$
$$J_n - T_P F_n = a_N(T_P - T_N)$$
$$J_s - T_P F_s = a_S(T_S - T_P)$$

得到离散后的方程如下：

$$a_P T_P = a_E T_E + a_W T_W + a_N T_N + a_S T_S + b \tag{8.90}$$

式中：

$$a_P = a_E + a_W + a_N + a_S + a_P^0$$
$$a_P^0 = \frac{\rho_P^0 \Delta x \Delta y}{\Delta t}$$
$$b = S_T \Delta x \Delta y + a_P^0 T_P^0$$

相应的各界面的流量为

$$F_e = (\rho u)_e \Delta y,\ F_w = (\rho u)_w \Delta y,\ F_n = (\rho v)_n \Delta x,\ F_s = (\rho v)_s \Delta x$$

界面传导性为

$$D_e = \frac{k_e}{c_p}\frac{\Delta y}{h_e},\ D_w = \frac{k_w}{c_p}\frac{\Delta y}{h_w},\ D_n = \frac{k_n}{c_p}\frac{\Delta x}{h_n},\ D_s = \frac{k_s}{c_p}\frac{\Delta x}{h_s}$$

贝克莱数为

$$(Pe)_e = \frac{F_e}{D_e},\ (Pe)_w = \frac{F_w}{D_w},\ (Pe)_n = \frac{F_n}{D_n},\ (Pe)_s = \frac{F_s}{D_s}$$

需要注意的是：

① 在计算刷丝区域温度分布时，以上各式中的 k 值应为刷丝导热系数和空气导热系数之和，且空气导热系数比刷丝导热系数小很多，可忽略不计；计算前板槽和背板槽区域温度分布时，k 值为空气导热系数。

② 刷密封温度场计算的热源为刷丝端部与转子表面的摩擦热，因此能量方程中的热源项只在靠近转子表面的控制容积内有取值，其余控制容积内热源项为 0，离散后的能量方程中在靠近转子表面的控制容积内

$$b = S_T \Delta x \Delta y + a_P^0 T_P^0 \tag{8.91}$$

其余控制容积内

$$b = a_P^0 T_P^0 \tag{8.92}$$

③ 由于刷密封中边界上的热流密度值取决于摩擦热为已知量，属于第二类边界条件，在能量守恒的离散方程中采用附加源项法，将边界上的热流通量折算成与该边界相邻内节点控制容积的内热源，同时把该边界处理成“绝热”边界。这样既保持了守恒性的成立，又可把未知的边界节点温度从内节点的控制方程中消去，使离散后代数方程的求解仅在内节点进行。

如图 8.35 所示的边界控制容积 P（阴影部分），设给定的边界热流密度为 q_B，则

在控制容积中加入以下附加源项：

$$S_{T,ad}=\frac{q_B}{\Delta x} \tag{8.93}$$

同时，令节点的离散方程中的系数 $a_W=0$。

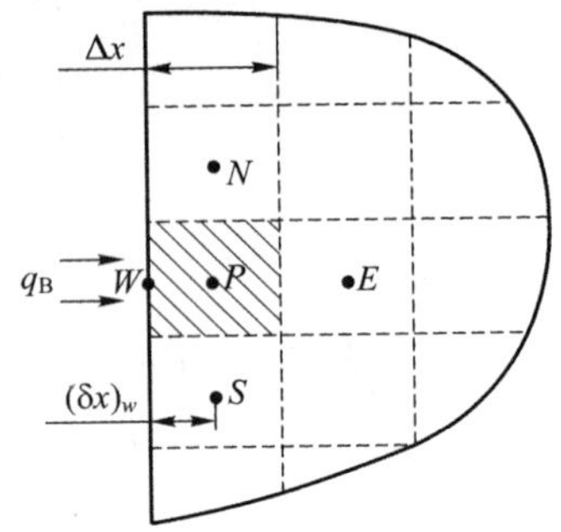

图 8.35　第二类边界条件

(3) 速度修正

对动量方程进行离散得到了关于 x 和 y 方向的速度 u 和 v 的代数方程组，在后续联立求解压力和速度方程时，需要利用前面的交错网格技术进行控制容积网格划分。x 方向动量方程的一个交错控制容积如图 8.14 中阴影部分所示，这种交错只发生在 x 方向。其中，主网格点 P 和 E 表示压力和温度等标量，差值 p_P-p_E 可以用来计算作用在速度 u 的控制容积上的压力合力。

在计算图 8.36 所示的控制容积面上的扩散系数与质量流量时，需要进行适当的内插，将式(8.88)写为

$$a_e u_e=\sum a_{nb}u_{nb}+b+(p_P-p_E)A_e \tag{8.94}$$

式中：u_{nb} 为二维区域四个相邻点的速度，如图 8.36 中箭头所示；a_{nb} 为相邻系数；A_e 为压力差作用面积，对于二维问题有 $A_e=\Delta y$。

y 方向的动量方程可按类似的方法处理，图 8.37 表示对 y 方向动量方程的控制容积，它在 y 方向是交错的，对 v_n 的离散化方程(8.84)可以写为

$$a_n v_n=\sum a_{nb}v_{nb}+b+(p_P-p_N)A_n \tag{8.95}$$

式中：v_{nb} 为相邻点的速度，如图 8.37 中箭头所示；a_{nb} 为相邻系数；$(p_P-p_N)A_n$ 为相应的压力合力且 $A_n=\Delta x$。

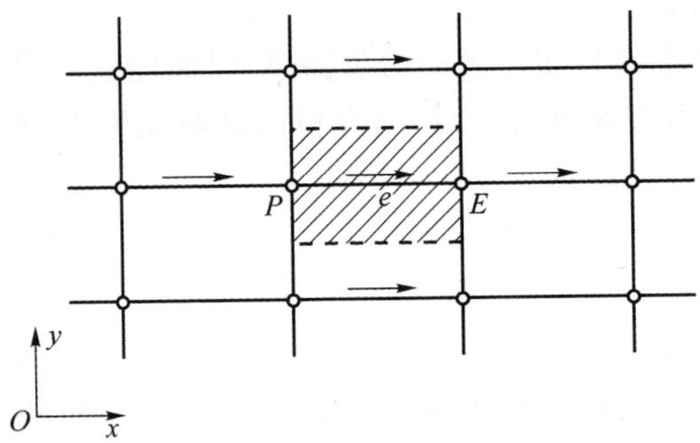

图 8.36　对 *u* 的控制容积

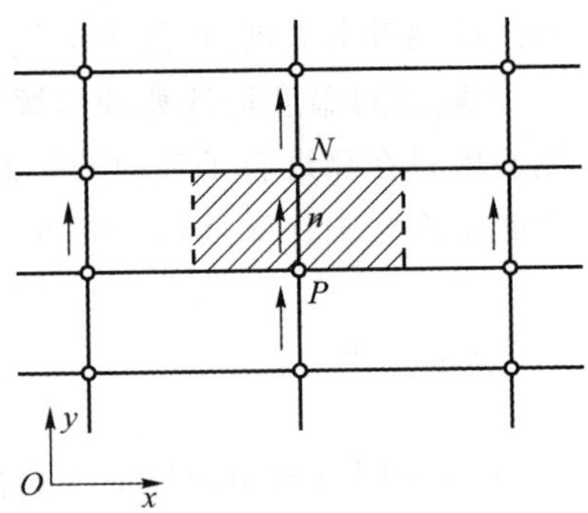

图 8.37　对 *v* 的控制容积

由方程式(8.94)和方程式(8.95)中的压力合力项可知，动量方程只有在压力场已知或是按照某种方法估计出来的情况下才能求解。正确的压力场初值选择是必要的，否则所得速度场将很难满足连续性方程。用 u^* 和 v^* 表示以估计的压力场 p^*

为基础的不完善的速度场，u^* 和 v^* 的场值将由下列离散化方程解得：

$$a_e u_e^* = \sum a_{nb} u_{nb}^* + b + (p_P^* - p_E^*) A_e \tag{8.96}$$

$$a_n v_n^* = \sum a_{nb} v_{nb}^* + b + (p_P^* - p_N^*) A_n \tag{8.97}$$

设：近似压力由下式得到：

$$p = p^* + p' \tag{8.98}$$

式中：p' 为压力修正。类似地，可以引入相应的速度修正 u' 和 v'：

$$u = u^* + u', \qquad v = v^* + v' \tag{8.99}$$

从方程(8.94)减去方程(8.96)得到：

$$a_e u'_e = \sum a_{nb} u'_{nb} + (p'_P - p'_E) A_e \tag{8.100}$$

在 SIMPLE 算法中所给定的收敛解并不包含任何由忽略 $\sum a_{nb} u'_{nb}$ 所产生的误差，在解收敛的情况下可获得一个使相应的 u^* 和 v^* 满足连续性方程的压力场。为了求解的简化，可在式(8.100)中舍去 $\sum a_{nb} u'_{nb}$ 项，并整理得到速度修正方程：

$$u_e = u_e^* + d_e (p'_P - p'_E) \tag{8.101}$$

式中：$d_e \equiv \dfrac{A_e}{a_e}$。类似地有

$$v_n = v_n^* + d_n (p'_P - p'_N) \tag{8.102}$$

式中：$d_n \equiv \dfrac{A_n}{a_n}$。

(4) 压力修正

引入压力修正 p'。二维连续性方程为

$$\frac{\partial \rho}{\partial t} + \frac{\partial (\rho u)}{\partial x} + \frac{\partial (\rho v)}{\partial y} = 0 \tag{8.103}$$

在图 8.38 所示的阴影部分的控制容积内积分连续性方程，为了对项 $\dfrac{\partial \rho}{\partial t}$ 进行积分，在控制容积内可设密度 ρ_P 为定值，可得：

$$\frac{(\rho_P - \rho_P^0) \Delta x \Delta y}{\Delta t} + [(\rho u)_e - (\rho u)_w] \Delta y + [(\rho v)_n - (\rho v)_s] \Delta x = 0 \tag{8.104}$$

将式(8.101)和式(8.103)表述的速度修正公式来代替所有的速度分量，整理后可得下列对 p' 的离散方程：

$$a_P p'_P = a_E p'_E + a_W p'_W + a_N p'_N + a_S p'_S + b \tag{8.105}$$

式中：

$$a_E = \rho_e d_e \Delta y, a_W = \rho_w d_w \Delta y, a_N = \rho_n d_n \Delta x, a_S = \rho_s d_s \Delta x, a_P = a_E + a_W + a_N + a_S$$

$$b = \frac{(\rho_P - \rho_P^0) \Delta x \Delta y}{\Delta t} + [(\rho u^*)_w - (\rho u^*)_e] \Delta y + [(\rho v^*)_s - (\rho v^*)_n] \Delta x$$

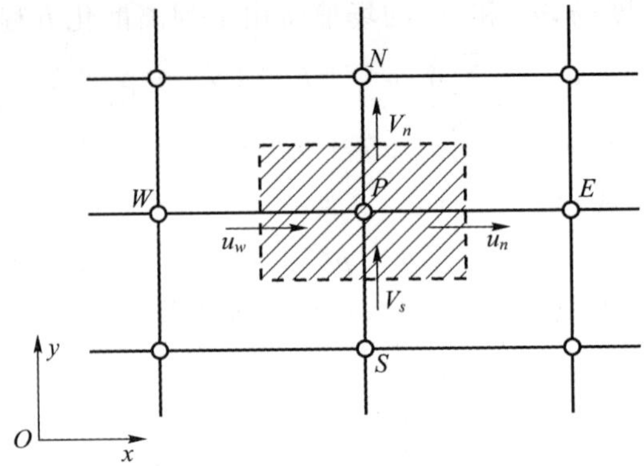

图 8.38　对连续性方程的控制容积

因为通常只计算在主网格点处的密度值，界面上的密度可采用内插公式计算得到，且内插公式将保持在其界面所属的两个控制容积内连续。至此得到计算速度分量、压力和温度所需要的方程组。

4. 流场计算的 SIMPLE 和 SIMPLER 算法

(1) SIMPLE 算法

SIMPLE(Semi-Implicit Method for Pressure-Linked Equations)算法是进行流场计算的主要方法之一，即求解压力耦合方程的半隐式法。SIMPLE 算法的计算步骤如下：

① 设置压力场初值 p^*；

② 求解动量方程，得到速度 u^* 和 v^*；

③ 求解压力修正方程，得到 p'；

④ 由方程(8.98)计算压力 p；

⑤ 利用速度修正公式，由 u^*、v^* 计算 u 和 v；

⑥ 求解能量方程得到温度值 T；

⑦ 将修正得到的压力 p 作为新的压力 p^*，重复步骤②～⑦直到方程组收敛。

SIMPLE 算法的计算流程图如图 8.39 所示。

(2) SIMPLER 算法

由于压力修正方程(8.100)忽略了 $\sum a_{nb}u'_{nb}$，使得压力修正的作用明显但存在偏差，而速度场的收敛速度较快，为了提高压力场的计算效率，在 SIMPLE 算法的基础上改进的 SIMPLER 算法将压力场与速度场交叉迭代求解，解算过程中使用了过渡压力场，用于修正速度的压力增量等。执行 SIMPLER 算法时，先将离散化的动量方程(8.94)和方程(8.95)改写为

$$u_e = \frac{\sum a_{nb}u_{nb} + b}{a_e} + d_e(p_P - p_E) \tag{8.106}$$

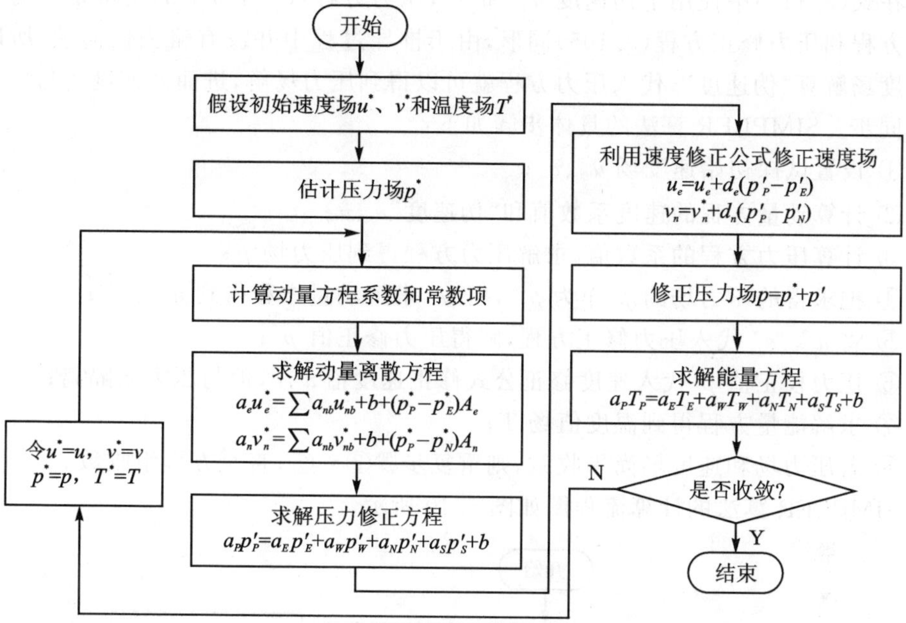

图 8.39　SIMPLE 算法计算流程图

$$v_n=\frac{\sum a_{nb}v_{nb}+b}{a_n}+d_n(p_P-p_N) \tag{8.107}$$

定义“伪速度”为

$$\hat{u}_e=\frac{\sum a_{nb}u_{nb}+b}{a_e} \tag{8.108}$$

$$\hat{v}_n=\frac{\sum a_{nb}v_{nb}+b}{a_n} \tag{8.109}$$

将式(8.108)和式(8.109)分别代入式(8.106)和式(8.107)，得：

$$u_e=\hat{u}_e+d_e(p_P-p_E) \tag{8.110}$$

$$v_n=\hat{v}_n+d_n(p_P-p_N) \tag{8.111}$$

式(8.110)、(8.111)与速度公式(8.100)、(8.102)形式相似，不同的是用 $\hat{u}_e$ 和 $\hat{v}_n$ 代替了 u_e^* 和 v_n^*，用 p_E 和 p_N 代替了 p'_E 和 p'_N。将式(8.110)、(8.111)代入连续方程的离散化形式(8.104)，经整理后得到压力方程为

$$a_Pp_P=a_Ep_E+a_Wp_W+a_Np_N+a_Sp_S+b \tag{8.112}$$

式中：a_P、a_E、a_W、a_N 和 a_S 的表达式与式(8.105)中的参数表达式相同，质量源项 b 的表达式为

$$b=\frac{(\rho_P^0-\rho_P)\Delta x\Delta y}{\Delta t}+[(\rho\hat{u})_w-(\rho\hat{u})_e]\Delta y+[(\rho\hat{v})_s-(\rho\hat{v})_n]\Delta x \tag{8.113}$$

在式(8.113)中使用了伪速度 $\hat{u}_e$ 和 $\hat{v}_n$，压力方程(8.112)中的变量是压力。该压力方程和压力修正方程(8.105)同形，由于推导过程中并没有略去任何项，所以使用速度场解算"伪速度"，代入压力方程就可以得到压力场解，进而使速度场与压力场收敛同步。SIMPLER 算法的具体步骤如下：

① 设置试探初始速度场 u_0、v_0；

② 计算动量方程的速度系数值和"伪速度"$\hat{u}$、$\hat{v}$；

③ 计算压力方程的系数值，求解压力方程得到压力场 p；

④ 把求得的压力场的 p 作为 p^*，用 p^* 求解动量方程得到 u^*、v^*；

⑤ 将 u^*、v^* 代入压力修正方程，解得压力修正值 p'；

⑥ 压力校正值 p' 代入速度修正公式修正速度值 u、v，但与压力场隔离；

⑦ 求解能量方程得到温度值场 T；

⑧ 若压力场和速度场尚未收敛，则重复步骤②～⑦，直至方程组收敛。

SIMPLER 算法的计算流程图如图 8.40 所示。

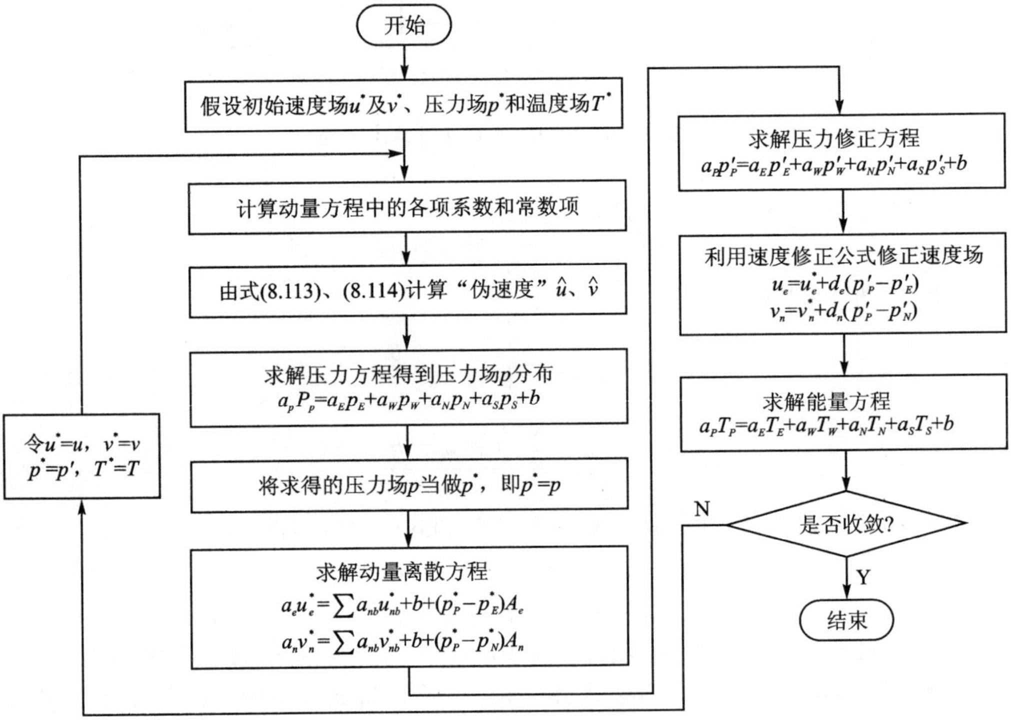

图 8.40　SIMPLER 算法计算流程图

虽然 SIMPLER 算法比 SIMPLE 算法单次迭代复杂，但由于 SIMPLER 算法的收敛速度加快，迭代次数减少，所以使计算效率明显提高。

5. 边界条件

参照几何模型，设置边界条件如下：

(1) 压力边界

下游出口压力：右侧出口与外界大气连通，出口压力边界为标准大气压，记为 p_d。

上游入口压力：根据设定的密封两侧压比 R_p 可得左侧入口高压值为

$$p_u = R_p p_d \tag{8.114}$$

(2) 速度边界

固壁边界包括密封区域上壁、前板、背板和转子表面等，在固壁边界上流体的速度为零。

(3) 温度边界

第一类边界条件：上游入口和下游出口温度设为恒定值，即发动机工作温度 T_0。

第二类边界条件：设定刷丝端部与转子接触面的热流密度为

$$q_w = \frac{0.5Q}{S} \tag{8.115}$$

式中：Q 为接触面摩擦生热量；S 为摩擦接触面积。综合考虑参与导热的刷丝端面面积和转子表面积比，以及刷丝与转子表面涂层的导热差异等因素，设传入刷丝接触面区域和转子接触面内的热量相等，取热载荷分配系数为 0.5。

(4) 绝热边界

除了刷丝与转子接触面以外的其他固体边界。

6. 离散方程的求解

压力方程、动量方程和能量方程的离散格式都可写成以下通用格式：

$$a_P\phi_P = a_E\phi_E + a_W\phi_W + a_N\phi_N + a_S\phi_S + b_\phi \tag{8.116}$$

式中：ϕ 可表示压力 p、速度 u 和 v 或温度 T 等待求变量；a_P、a_E、a_W、a_N 和 a_S 分别为相应位置变量的系数；b_ϕ 为包括源项在内的常数项。

离散格式(8.116)表示的是控制容积内某一变量与其相邻的四个同类变量之间的关系式。假定某一次计算中选定某一行或列内变量值为求解目标，其相邻行或列上的变量值可用上一次计算得出的最新值，这样式(8.116)就可以用来表示同一行或列上每相邻三个变量之间的关系；而边界点通常为已知，则可得到三对角系数矩阵：

$$\mathbf{A} = \begin{bmatrix} a_1 & c_1 & & & \\ d_2 & a_2 & c_2 & & \\ & \ddots & \ddots & \ddots & \\ & & \ddots & \ddots & c_{n-1} \\ & & & d_n & a_n \end{bmatrix}$$

进而得到最后的方程组为 n 元三对角线性方程组 $\mathbf{Ax}=\mathbf{b}$，该方程组的求解可采用三对角矩阵算法求解。三对角矩阵算法的求解过程如下：

设矩阵 $\boldsymbol{A}$ 的前 $n-1$ 个顺序主子式都不为零，将 $\boldsymbol{A}$ 进行 Crout 分解为如下形式的矩阵乘积：

$$\boldsymbol{A}=\widetilde{\boldsymbol{L}}\widetilde{\boldsymbol{U}}=\begin{bmatrix} p_1 & & & & \\ r_2 & p_2 & & & \\ & \ddots & \ddots & & \\ & & \ddots & \ddots & \\ & & & r_n & p_n \end{bmatrix}\begin{bmatrix} 1 & q_1 & & & \\ & 1 & q_2 & & \\ & & \ddots & \ddots & \\ & & & \ddots & q_{n-1} \\ & & & & 1 \end{bmatrix} \tag{8.117}$$

由此得到三对角矩阵 $\boldsymbol{A}$ 的 Crout 分解计算公式和求解 $\widetilde{\boldsymbol{L}}\boldsymbol{y}=\boldsymbol{b}$ 与 $\widetilde{\boldsymbol{U}}\boldsymbol{x}=\boldsymbol{y}$ 的计算公式为

$$\begin{cases} p_1=a_1 \\ q_i=c_i/p_i & (i=1,2,\cdots,n-1) \\ p_{i+1}=a_{i+1}-d_{i+1}q_i & (i=1,2,\cdots,n-1) \end{cases} \tag{8.118}$$

$$\begin{cases} y_1=b_1/p_1 \\ y_i=(b_i-d_iy_{i-1})/p_i & (i=2,3,\cdots,n) \\ x_n=y_n \\ x_i=y_i-q_ix_{i+1} & (i=n-1,n-2,\cdots,1) \end{cases} \tag{8.119}$$

式(8.118)和式(8.119)组成求解 n 元三对角线性方程组的“追赶法”数学表达。此算法所需的存储量和计算量小，乘和除运算次数为 $5n-4$ 次。

8.3.4 刷密封性能分析

1. 刷密封模型参数与网格

刷密封的结构参数与网格划分如图 8.41 所示。后挡板宽度 $W_b=1.75$ mm。工况条件：密封压力为 0.4 MPa，密封压比为 1.2，环境温度为 300 ℃，转轴转速为 13 000 r/min，摩擦因数为 0.15。结构参数如图 8.42 所示。

2. 刷密封压力场和速度场

引入阻抗力 F 来表示刷丝对流体的作用力，并定义粘性阻抗张量 $\boldsymbol{A}$ 和惯性阻抗张量 $\boldsymbol{B}$ 及 6 个阻抗系数（a_z、a_n、a_s、b_z、b_n、b_s），取各向异性比为 $a_z=60a_s=a_n$，$a_z=5.3\times10^{11}$，$b_z=b_n=1.998\times10^6$，$b_s=0$。刷丝束的轴向（z）和法向（n）阻抗系数相等，且在刷丝纵向（s）上无惯性阻抗。

计算所得压力分布如图 8.43 所示。轴向（x 向）和径向（y 向）压力降都主要集中在靠近背板的间隙处。由于刷丝的阻挡，刷丝中对应背板以下的区域压力降并不明显。压力场分布特点表现为轴向和径向渐变，径向压力梯度较大，流场在出口处表现出较大压力降，高低压区域内流场变化基本平缓。速度计算结果见图 8.44，出口上边缘点，径向和轴向压力梯度较大，该处流体流向下侧，且达到最大值，轴向流动流体在出口后段与贴近轴面的流体交汇而形成尾涡。

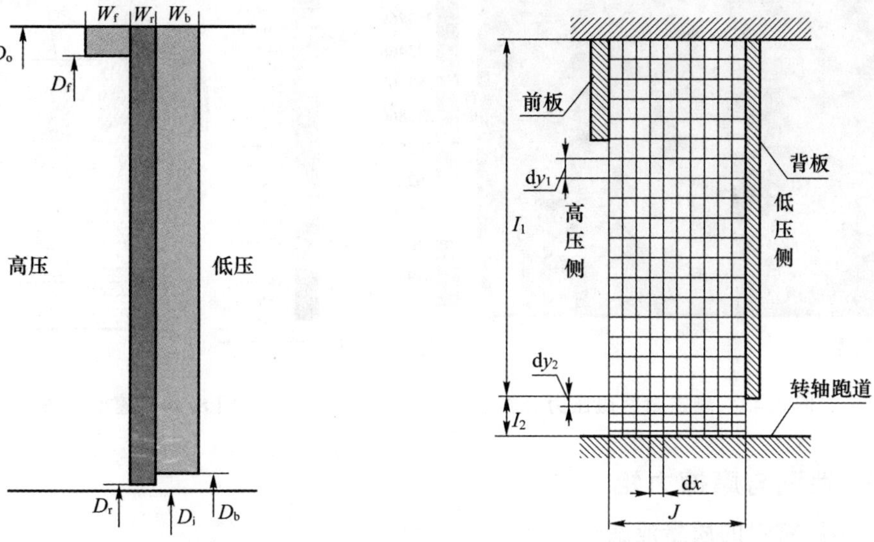

(a) 计算区域参数　　(b) 模型网格

图 8.41　计算模型结构参数与网格

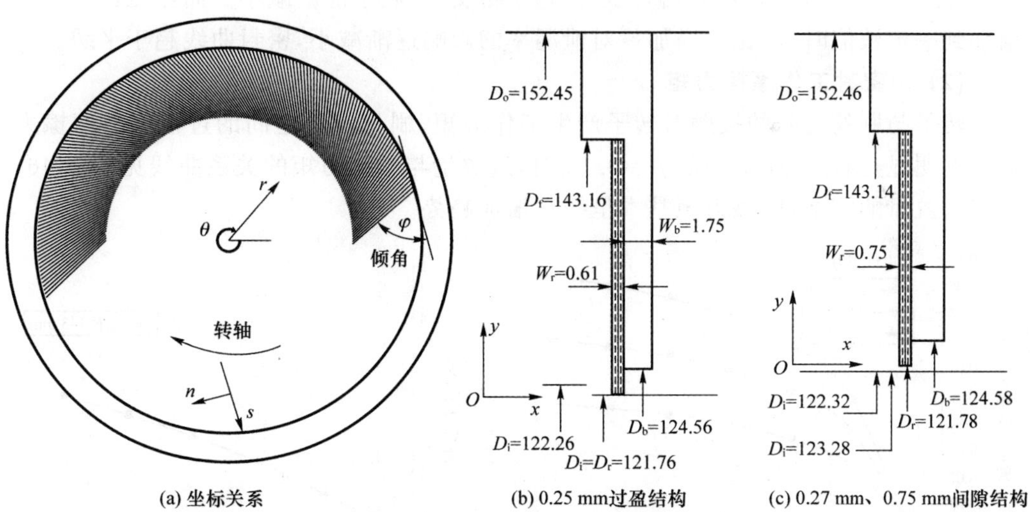

(a) 坐标关系　　(b) 0.25 mm过盈结构　　(c) 0.27 mm、0.75 mm间隙结构

图 8.42　刷密封计算结构

轴发生径向跳动或偏心运转时，包括离心增长和热变形引起的轴表面径向偏移，刷孔将有沿转子表面于径向随动的趋势。由于轴向压力降的存在使得刷丝间及其与背板之间贴紧而产生摩擦，摩擦力的作用使刷丝跟随转轴径向偏移的灵敏度下降，产生迟滞，进而使其与转轴表面之间的径向间隙增加，泄漏量增加。

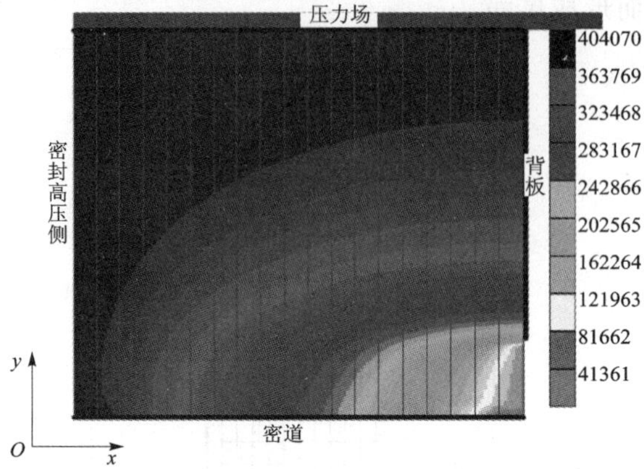

图 8.43　刷密封区域压力分布

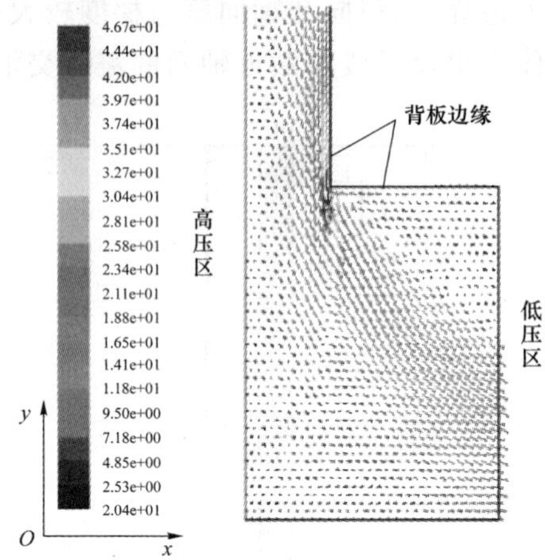

图 8.44　速度分布

3. 泄漏与摩擦力矩

(1) 刷密封的质量泄漏

刷密封的质量泄漏率随着压比的增加而增加，在压比较小的情况下，压比或压差的增加对泄漏的影响更为明显，见图 8.45。由于刷密封承压时，刷丝被压向跑道表面，且随压差增加，刷丝簇被相对压紧，趋于密实，有利于泄漏减小。而当压比或压差增加到一定数值时，压比的增加量对泄漏率的影响逐渐减小，密封曲线趋于平缓。

(2) 刷密封工作摩擦力矩

转子与刷丝之间的接触对转子产生工作力矩，刷丝与跑道间的过盈量对摩擦力矩影响明显，当计算摩擦因数 $\mu=0.15$ 时，过盈量与摩擦力矩的关系曲线见图 8.46，随着过盈量的增加，摩擦力矩基本呈线性增加趋势。

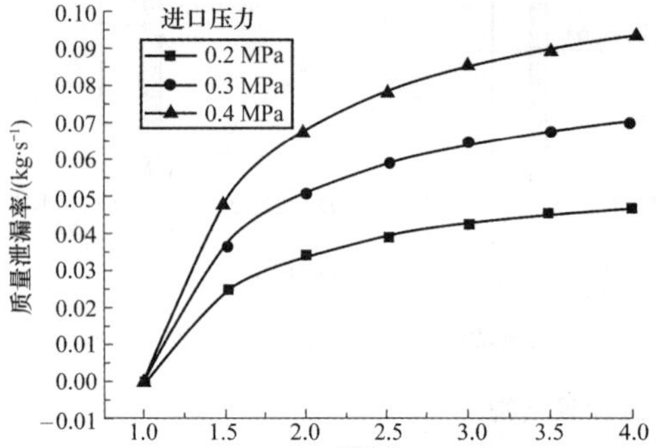

图 8.45　密封压比与质量泄漏率关系图

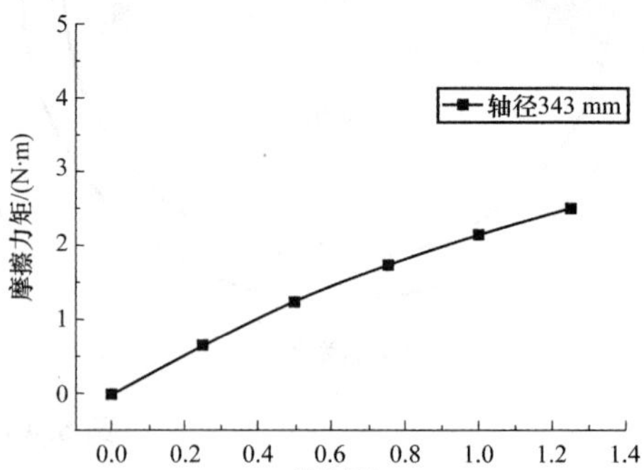

图 8.46　刷丝-跑道过盈量与摩擦力矩

(3) 刷密封宽度 W_r 与质量泄漏率

图 8.47 所示为 0.1 MPa、0.2 MPa 和 0.3 MPa 压差状况下，密封丝束宽度和密封质量泄漏率之间的关系曲线。随刷丝束宽度增加，质量泄漏率减小；刷丝束宽度降至 1 mm 后，质量泄漏率随刷丝束宽度的减小增长较快；宽度大于 1.5 mm 时，随刷丝束宽度的增加，密封泄漏量的减小趋缓。

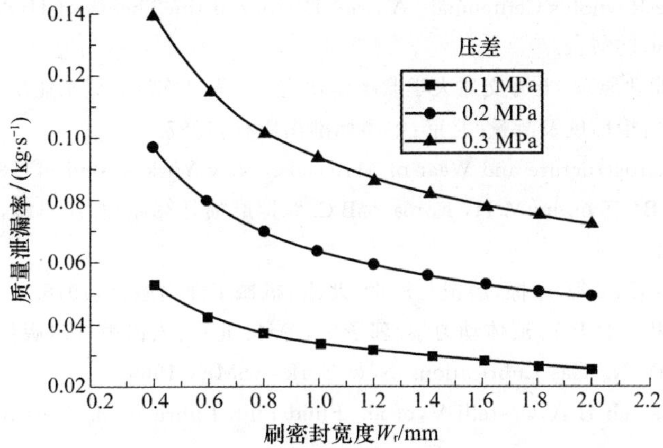

图 8.47　刷密封宽度 W_r 与质量泄漏率关系曲线

刷密封的设计在基本型基础上有多种改进，改进型一般都针对降低滞后效应和增加刷密封的自适应能力进行，刷丝和密封跑道材料的改进也对刷密封性能和使用寿命的提高起到一定的作用。

习　题

8.1　气体动密封有哪些应用？有哪些基本形式？

8.2　气膜密封中的压力场计算有何用途？与油膜润滑比较有哪些不同？

8.3　刷密封与气膜密封相比有何优缺点？在流场分析中应该注意哪些问题？

参考文献

[1] Pinkus O. The Reynolds Centeunial: A Brief History of the Theory of Hydrodynamic Lubrication. Tribology,1987:2.

[2] Halling J. 摩擦学原理. 上海交通大学摩擦学研究室,译. 北京:机械工业出版社,1981.

[3] 俞汉清,等. 表面粗糙度及测量. 北京:中国标准出版社,1987.

[4] Zum Gahr. Microstructure and Wear of Materials. New York:Elsevier,1987.

[5] КрагельскийИ В, ДобычинМ Н, КотбаловВ С. 摩擦磨损计算原理. 汪一麟,等译. 北京:机械工业出版社,1981.

[6] 机械工程手册:第 22 篇 摩擦、磨损与润滑. 北京:机械工业出版社,1978.

[7] 戴莱 J W, 哈里曼 D R F. 流体动力学. 郭子中,等译. 北京:人民教育出版社,1981.

[8] ConstantinescuV N. Gas Lubrication. New York:ASME, 1969.

[9] Gross W A,Matsch L A,Castelli V,et al. Fluid Film Lubrication. New York:John Wiley & Sons,1980.

[10] Dubois G B,Ocvirk F W. Analytical Derivation and Experimental Evaluation of Short-Bearing Approximation for Full Journal Bearings. National Advisory Committee for Aeronautics, Report 1157,1953.

[11] Sommerfeld A Zur. Hydrodynamischen Theorie der Schmiermittel reibung. Z. Math. u. Physik, 1904,50:97.

[12] Szeri A Z. Tribology-Friction,Lubrication,and Wear. Washington:Hemisphere,1980.

[13] Barwell F T. 轴承系统-理论和实践. 西安交通大学机械原理及机械零件考研室,译. 北京:机械工业出版社,1983.

[14] Lund J W. Review of the Concept of Dynamic Cofficients for Fluid Film Journal Bearmgs. ASME J Tribol 1987,109.

[15] Booker J F. A Table of the Journal-Bearing Integral. J. Basic Eng, Trans. ASME,1965,87:533-535.

[16] Camcron A, FW Ocvirk. The Principles of Lubrication. New York: Wiley,1967.

[17] 张直明. 滑动轴承的流体动力润滑理论. 北京:高等教育出版社,1986.

[18] Lund J W. Rotor-Bearing Dynamics Design Technology Part V: Computer Program Manual for Rotor Response and Stability. AFAPL-TR-65-45, 1965.

[19] Cooper S. Preliminary Investigation of Oil Film for the Control of Vibration. Lubrication and Wear Convention, Inst. Mech. Engrs,1963,28:305.

[20] 温诗铸. 弹性流体动力润滑. 北京:清华大学出版社,1992.

[21] Campbell J, Love P P , Martin F A ,et al. Bearings for Reciprocating Machinery: a Review of the Present State of Theoretical. Experimental and Service Knowledge. Proceedings of the Institution of Mechanical Engineers,1968,182(3A):37-51.

[22] Childs D, Moes H, Van Leeuwen H. Journal Bearing Impedance Descriptions for Rotordynamic Applications. ASME Journal of Lubrication Technology,1977,99:198-213.

[23] Booser E R. CRC handbook of lubrication(Theory and practice of tribology): Volume II: Theory and design. Boca Raton:CRC Pree:1984.

[24] Christopherson D G. A New Mathematical Method for the Solution of film Lubrication Problems. Proc Inst Mech Eng 1941,146:126.

[25] Li D F, et al. A Generalize Short Bearing Theory. ASEM Journal of Lubrication Techology, 1980, 102:278-282.

[26] SHEN X X,WANG Y M. Comparison of Algorithms for Two-Dimensional Mechanical Performances of Squeeze Film Damper. Tran. ASME,1985,85-IGT-37

[27] Raimondi A A, John Boyd. A Solution for the Finite Journal Bearing and its Application to Analysis and Design Ⅲ. Trans ASLE,1958,1(1):194-209.

[28] Pinkus O, Sternlicht B. Theory of Hydrodynamic Lubrication. New York: McGraw-Hill,1961.

[29] Constantinescu V N, Galetuse S. Pressure Drop Due to Inertia Forces in Step Bearings. Journal of Tribology,1976,98(1):167-174.

[30] Rhow S K,Elrod H G. The Effects on Bearing Load-Carrying Capacity of Two-Sided Striated Roughness. Journal of Tribology,1974,4:554-558.

[31] Christensen H. Stochastic Models for Hydrodynamic Lubrication of Rough Surfaces//Proceedings of the Institution of Mechanical Engineers, 1969,184(1969):1013-1026.

[32] Patir N, Cheng H S. An Average Flow Model for Determining Effects of Three-Dimensional Raughness on Partial Hydrodynamic Lubrication. Tran ASME Jour of Lubr Tech,1978,100(1): 12-17.

[33] Patir N, Cheng H S. Effect of surface roughness orientation on the central film thickness in E. H. D. contacts. Leeds-Lyon Symp. on Tribology 5th,1979:15-21.

[34] Hayward A T J. How Air Bubbles Affect the Compressibility of Hydraulic Oil . Hydraulic Power Transmission, 1962:384.

[35] Jacobson B O, Hamrock B J. High-Speed Motion Picture Camera Experiments of Cavitations in Dynamically Loaded Journal Bearings. Journal of Tribology,1983,105(3):446-452.

[36] Mcbroom H L. Scientific LUBREICATION. 1953(4):10-16.

[37] Cole J A, Hughes C J. Oil Flow and Film Extent in Complete Journal Bearings. Proc. Iust. Mech. Eng. , 1956,170(1956):499-510.

[38] Floberg L. On Hydrodynamic Lubrication with Special Reference to Cavitation in Bearings. Coteborg Elanders Boktryckeri Aktiebolag, 1961.

[39] Cole J A, Hughes C J, et al. Visual Study of Film Extent in Dynamically Loaded Complete Journal Bearings. Inst. Mech. Eng. Proc., 1957:147-150.

[40] White D C. Squeeze film journal bearings. Cambridge: University of Cambridge, 1970.

[41] Lundholm G. The Circumferential Groove Journal Bearing Considering Cavitation and Dynamic Stability. Wear, 1969,14(4):303.

[42] 沈心敏，徐万孚. 进动挤压油膜轴承中的油气二相流效应. 机械工程学报，1989，25(4)：15-19.

[43] Hayward A T J. The Viscosity of Bubbly Oil . J. of the Institute of Petroleum，1962，48(461).

[44] Dowson D，Higginson G R. Elastohydrodynamic Lubrication. 6th ed. Oxford：Pergamon Press，1977.

[45] Martin H M. Lubrication of Geartaeth. Engineering，1976，102(3)：119-121.

[46] Cheng H S. A Numerical Solution of the Elastohydrodynamic Film Thickness in an Elliptical Contact. Trans. ASME，J. Lub. Tech.，1970：55-161.

[47] Hooke C J. The Elastohydrodynamic Lubrication of Heavily Loaded Contacts. J. Mech. Eng. Sci.，1977，19(4)：149-156.

[48] Gohnson K L. Regimes of Elastohydrdynamic Lubrication. J. Mech. Eng. Sci.，1970，12(1)：9-16.

[49] Crook A W. Elasto-hydrodynamic Lubrication of Rollers. Phil，translated. R. Soc.，1961，254A：237-258.

[50] Crook A W. The Lubrication of Rollers，Ⅳ-Measurements of Frication and Effective Viscosity. Phil. translated. R. Soc.，1963，255A：281-312.

[51] Hamrok B J，Dowson D. Isothermal Elastohydrodynamic Lubrication of Point Contact：Part Ⅰ，Ⅱ，Ⅲ. Trans. ASME，J. Lub. Tech.，1976：55-161，375-383，1977：267-276.

[52] Tevaarwerk J L. The Influence of Fluid Rheology on the Performance of Traction Drivers. Trans. ASME，J. Lub. TECH.，1979，101：266-274.

[53] 陈燕生，等. 液体静压支承原理和设计. 北京：国防工业出版社，1980.

[54] Castelli W，Shpiro W. Improved Method for Numerical Solutions of the General Incomprissible Fluid Film Lubrication Problem. Trans. ASME，F，1967：211-218.

[55] Ph Kapsa，Martin J M. Boundary Lubrication. Tribology International，1982，15(1)：37-42.

[56] Moore D F. Principle and Application of Tribology. Oxford：Pergamon Press，1975.

[57] 余俊，等. 摩擦学. 长沙：湖南科学技术出版社，1984.

[58] 齐毓霖，等. 摩擦与磨损. 北京：高等教育出版社，1986.

[59] 刘家，等. 材料耐磨抗蚀及其表面技术概论. 北京：机械工业出版社，1984.

[60] 李诗卓，董祥林. 材料的抗冲击磨损及微动磨损. 北京：机械工业出版社，1987.

[61] Hayes D F，Feiten J B. Cavities Between Moving Paralled Plates/Cavitation in Real Liquids . Davies，R. Ed.，Elsevier Pub. Co.，1964：122.

[62] Parkins D W，May-Miller R. Cavitation in an Oscillatory Oil Squeeze Film. Trans ASME，J Tribology，1984：360.

[63] Floberg. L On Hydrodynamic Lubrication with Special Reference to Sub-cavity Pressures and Number of Streamers in Cavitation Regions，Acta Polytech Scand. Mech Eng Ser，ME19，1965.

[64] Ferron J，Frene J，et al. A Study of the Thermohydrodynamics Performance of a Plain Journal Bearing Comparison Between Theory and Experiments. Trans. ASME，J. Lub. Tech.，1983，

105(3)：422-428.

[65] McCallion H，Yoursif F，Lloyd T. The Analysis of Thermal Effects in a Full Journal Bearing. London：Journal of Tribology，1970,92(4):570 .

[66] Walowit J A，Anno J N. Modern Developments in Lubrication Mechanics. London：Journal of Tribology,1975,99(2):304-305，

[67] Ddde M，Hormes R. On prediction and experimental assessment of engine-bearing performance，Tribology internation，1984,17(5)：251-268.

[68] Holmes R，Dogan M. Investigation of a Rotor Bearing Assembly Incorporating a Squeeze-Flim Damper Bearing，J. Mech. Eng. Sci.,1982,24(3):129.

[69] 董勋.润滑理论.上海:上海交通大学出版社,1994.

[70] 沈心敏,闻英梅,刘候周.用有限元素法验证挤压油膜短轴承解的有效性.北京航空航天大学学报,1982,3.

[71] DowsonD，et al. An Experimental Investigation of the Thermal Equilibrium of Steadily Loaded Journal Bearing，Proc. Inst. Mech. Engs.，1966,79(3):251-269.

[72] Dowson D，Toylor C M. Cavitation in Bearing. Ann. Rev. Fluid Mech.,1979,11:35-66.

[73] Dyer D，Reason B R. A Study of Tensile Stresses in a Journal-Bearing Oil Film，Journal Mechanical Engineering Science，1976，18(18):46-52.

[74] Tanaka T，Someya T. Investigation into Oil Film Pressure Distribution in Journal Bearing. Child Development，1985,51(470)：2562-2570.

[75] Kawase T，Someya T. An Investigation into the Oil Film Pressure Distribution in Dynamically Load Journal Bearing. 4th European Tribology Congress，1985,51(470):1-10.

[76] Peeken H，Benner J. The Influence of Bubbled Oil on the Behavior of Journal-Bearing. 4th European Tribology Congress，1985,4(11):1-6.

[77] Khalil M F，Rhodes E. Effects of Air Bubbles on Externally Pressurized Bearing Performance，Wear,65(1980):113-123.

[78] Coyne J C，Elrod H G. Conditions for the rupture of a lubricating film，Part Ⅱ：New boundary condition for Reynolds equation，Tran. ASME. F，1971,93(1):156-157.

[79] Taylor G I. The Viscosity of a Fluid Containing Small Drops of Another Fluid. London：Proceeding of the Royal Society，1932,138 (834):41-48 .

[80] Lin L Y，Tallian T E，et al. Dependance of Bearing Fatigue Life on Film Thickness to Surface Roughness Ratio，Trans. ASLE,1975,18(2):144-152.

[81] Dowson D，et al. Ball Bearing Lubrication：The elastohydrodynamics of elliptical,1981,104(2):279-281.

[82] 谢希文.金属材料与热加工工艺.西安:西北工业大学出版社,1983.

[83] 高衫桥.摩擦金属学.哈尔滨:哈尔滨工业大学出版社,1988.

[84] 中国科学院兰州化学物理研究所《固体抗摩材料》编写组.固体抗摩材料.北京:科学出版社,1973.

[85] 党鸿年,周国民.固体润滑.武汉:武汉工学院,1981.

[86] Guo Heng，Zao Jun,Sun Xitong. A Study on The Wear Mechanism of Filled PTFE，Wear of

Material, Trans. ASME, J. Tribology, 1989.

[87] THC Childs. Fundamentals of Friction and Wear of Materials. American Society for Metals, 1983,16(2):118 .

[88] 范垂.齿轮的强度和试验.北京:机械工业出版社,1979.

[89] Shen Xinmin, Zhou Yanpei, Du Lijie. The Physical Properties of Two-Phase Oil-Air Fluid in Precession. Squeeze-Film Dampers, Xian: Proc. of The IC-HBRSD,1990:165-169.

[90] Du Lijie, Shen Xinmin. The Effects of Cavitation and Precession Film Damper Performance, Xian: Proc. of The IC-HBRSD, 1990: 415-420.

[91] 王之栎, 梁小峰,黄其武. 刷式密封二维模型数值计算. 航空动力学报,2008,23 (8) : 1461-1465.

[92] 王之栎, 王宗根. 航空发动机刷密封技术发展与展望. 润滑与密封,2005:203 -204.

[93] Chi Jiadong, Wang Zhili, Li Like. Numerical Simulation and Analysis of Low Hysteresis Brush Seals. Management Manufacturing and Matarials Engineering Part 2, 452-453(2012): 1455-1459.

[94] 王之栎,刘国西,郭艳丽. 反转轴间气膜密封振动过程分析. 振动与冲击,2011,30(2): 181-185.